Cornelia Schröder
Hans-C. Oppermann

Pädiatrische Sonographie

Mit einem Geleitwort von M. Reither

Mit 568 Abbildungen und Diagrammen

Urban & Schwarzenberg • München–Wien–Baltimore

Anschriften der Verfasser:

Dr. med. Cornelia Schröder
Ärztin für Radiologische Diagnostik/
Kinderradiologie
Radiologische Gemeinschaftspraxis
Prüner Gang 16–20
24103 Kiel

Priv.-Doz. Dr. med. Hans-C. Oppermann
Leiter der Abteilung Pädiatrische Radiologie
und Sonographie
Klinik für Radiologische Diagnostik
Christian-Albrechts-Universität Kiel
Schwanenweg 20
24105 Kiel

Hinweis für den Benutzer:
Die in diesem Werk enthaltenen Angaben zu diagnostischen und therapeutischen Maßnahmen sind durch die Erfahrungen der Autoren und den aktuellen Stand der Wissenschaft bei Drucklegung begründet. Dies entbindet den Benutzer jedoch nicht von der Pflicht, die Indikation zu therapeutischen Interventionen sorgfältig abzuwägen. Die Gabe von Medikamenten erfordert in jedem Fall die Beachtung der Herstellerinformationen und die Prüfung von Zweckmäßigkeit, Dosierung und Applikation.

Die Deutsche Bibliothek – CIP Einheitsaufnahme

Schröder, Cornelia:
Pädiatrische Sonographie / C. Schröder und H.-C. Oppermann. Mit einem Geleitw. von M. Reither. – München ; Wien ; Baltimore : Urban und Schwarzenberg, 1997
ISBN 3-541-19521-5

Planung: Dr. med. Burkhard Scheele
Lektorat: Elke Simon
Herstellung: Christine Zschorn
Zeichnungen: Michael Budowick, Esther Schenk-Panic
Einbandgestaltung: Dieter Vollendorf

Satz: Typodata GmbH, München
Druck: Appl, Wemding
Bindung: Monheim, Monheim
Printed in Germany

ISBN 3-541-19521-5

Gedruckt auf chlorfrei gebleichtem Papier

Geleitwort

Bei der Aus- und Weiterbildung in pädiatrischer Sonographie wird immer wieder die Frage nach entsprechender Literatur gestellt.
Gerade für den Anfänger gibt es kaum geeignete Lernhilfen, die das Verständnis sonographischer Standardschnitte im Vergleich zur Anatomie erleichtern. Meistens behilft man sich mit Skizzen und Zeichnungen.
Hier liegt nun ein Buch vor, das diese Lücke schließt: Es ist von zwei Kinderradiologen geschrieben, der eine kommt von der Pädiatrie und Radiologie, die andere direkt von der modernen diagnostischen Radiologie zur Kinderradiologie. Es ist eine ideale Voraussetzung dafür, einen Leitfaden für Interessenten an der Pädiatrischen Sonographie zu erstellen und zum Erlernen der „sonographischen Anatomie" ein Bildmaterial anderer Schnittbildverfahren wie der Kernspintomographie und Computertomographie einzuarbeiten.
So werden z.B. für das Kapitel über das Zentralnervensystem sorgfältig ausgesuchte und hervorragend reproduzierte Kernspintomogramme direkt neben die sonographischen Standardschnitte plaziert, und damit das Sehen der normalen und pathologischen Anatomie entscheidend verbessert.
Im Gegensatz zu Untersuchern, die als einzige bildgebende Methode den Ultraschall in der Pädiatrie anwenden, verfügen beide Autoren über ein hohes Maß an Erfahrung im geeigneten Einsatz anderer bildgebender Verfahren. Sie kennen deren Vorzüge, aber auch deren Grenzen und Fehlermöglichkeiten.
Diese Erfahrungen ziehen sich wie ein roter Faden durch das Buch, sie sollen dem Leser helfen, den Untersuchungsablauf sinnvoll und nützlich zu gestalten. Ich bin sicher, daß die Konzeption dieses Buches viel Interesse wecken wird. Und ich meine, daß dieses Buch ein Beleg für die Aufgabe der Kinderradiologie ist, Mittler zwischen Pädiatrie und Radiologie zu sein.

Kassel, im Juni 1997

Prof. Dr. M. Reither
(1. Vorsitzender der Gesellschaft für Pädiatrische Radiologie 1992–1994)

Vorwort

Die Sonographie ist gerade bei der Untersuchung von Kindern ein faszinierendes Verfahren, mit dem sich auf technisch einfache Weise richtige diagnostische Einblicke gewinnen lassen.

Für jeden Arzt ist es natürlich eine Freude, mit Hilfe des Ultraschalls Diagnosen stellen zu können, ohne dem Kind Schmerzen zuzufügen oder es einer unnötigen Strahlenbelastung aussetzen zu müssen.

Die ständige Verfügbarkeit der Sonographie und ihre technisch einfache Durchführbarkeit sollte aber nicht darüber hinwegtäuschen, daß die Sonographie von Kindern große Geduld, Geschicklichkeit, Übung, Erfahrung und ein fundiertes Wissen erfordert.

Grundlage für jede Ultraschalluntersuchung ist die genaue Kenntnis der Anatomie der zu untersuchenden Organe, insbesondere die Lagebeziehung der einzelnen Organe zueinander. Weitere Grundvoraussetzungen für eine sinnvolle Ultraschalluntersuchung sind eine klinisch relevante – weitgehend präzisierte – Fragestellung und die Gewißheit, daß sich die Fragestellung mit einer Sonographie beantworten läßt. Der sonographierende Arzt muß auf Grund seiner Kenntnisse und Fähigkeiten in der Lage sein, die Untersuchung in richtiger Weise durchzuführen.

Ein in der Ultraschalldiagnostik noch wenig erfahrener Untersucher sollte sich immer wieder der Verantwortung gegenüber dem von ihm untersuchten Kind bewußt sein: Ein übersehener Befund kann schlimmstenfalls Folgen für ein ganzes Leben haben und somit für den Patienten wie auch für die Eltern über lange Jahre sehr belastend sein.

Mit dem vorliegenden Buch möchten wir dem Anfänger in der Pädiatrischen Sonographie das Basiswissen vermitteln und ihm in einem anschaulichen Bildmaterial typische sonographische Befunde darstellen. Im speziellen Fall werden Hinweise für eine ergänzend notwendige bildgebende Diagnostik gegeben.

Wir wünschen allen Anfängern in der Sonographie viel Freude und Erfolg bei ihren Ultraschalluntersuchungen. Mögen ihnen zum Wohle der ihnen anvertrauten Kinder gute Aufnahmen gelingen, so daß eine Diagnosestellung leicht möglich wird.

Allen Kolleginnen und Kollegen der Universitätskinderklinik Kiel danken wir für ihre Unterstützung. Allen Kinderradiologen möchten wir sehr herzlich dafür danken, daß sie uns Bildmaterial für dieses Buch zur Verfügung gestellt haben. Unser Dank gilt auch allen MRTA der kinderradiologischen Abteilung der Klinik für Radiologische Diagnostik für ihre Mithilfe. Frau G. Klotz, die Fotografin der radiologischen Klinik der Universität Kiel, hat mit bewundernswerter Geduld und größter Sorgfalt die Abbildungen für die Reproduktionen vorbereitet. Dem Verlag Urban & Schwarzenberg, München, insbesondere Herrn Dr. B. Scheele, Frau E. Simon und Frau C. Zschorn gilt unser besonderer Dank für ihre stete Ansprechbarkeit, ihre Ratschläge und großmütige Unterstützung bei der Entstehung dieses Buches.

Kiel, im Juni 1997

Cornelia Schröder
Hans-C. Oppermann

Inhaltsverzeichnis

Abkürzungsverzeichnis

CT	Computertomographie
IR	Inversion-Recovery (= spezielles MRT-Meßverfahren)
J	Junge
KM	Kontrastmittel
M	Mädchen
MCL	Medioklavikularlinie
MHz	Megahertz
MRT	Magnetresonanztomographie
SE	Spin-Echo (= spezielles MRT-Meßverfahren)
STL	Sternallinie
T1	T-1-Wichtung (Spin-Gitter-Relaxationszeit)
T2	T-2-Wichtung (Spin-Spin-Relaxationszeit)
VAL	vordere Axillarlinie

1 Schädel

1.1 Allgemeines

1.1.1 Indikationen

- Frühgeburtlichkeit
- Hirn-/Ventrikelblutung
- perinatale Infektion
- abnorme Zunahme des Kopfumfangs
- neurologische Auffälligkeiten
- Entwicklungsverzögerung
- Hirntumor
- Fehlbildungssyndrome
- Schädel-Hirn-Trauma

1.1.2 Vorbereitungsmaßnahmen

Das Kind sollte kurz vor der Untersuchung gestillt bzw. gefüttert werden, damit es ruhig liegt oder besser noch schläft.

1.1.3 Lagerung

Zur Schädelsonographie liegt das Kind in Rückenlage auf einem Kissen, eine Hilfsperson hält den Kopf des Kindes mit beiden Handflächen „geradeaus". Kranial des Kopfes sollte genügend Platz auf dem Kissen gelassen werden, damit der Untersucher hier seine Hand bzw. sein Handgelenk abstützen kann.
Bei älteren Säuglingen, die sich nicht mehr gern festhalten lassen, sind Beschäftigungs- und Ablenkungsmanöver durch die Mutter oder eine vertraute Pflegekraft sehr hilfreich.
Frühgeborene sollte man – wenn irgend möglich – *nicht* im Inkubator untersuchen, besser wird unter Standardlagerung eine kurze Ultraschalluntersuchung außerhalb des Inkubators durchgeführt. Eine Wärmelampe sollte bei der Untersuchung dieser Kinder zur Verfügung stehen.

Es ist im Interesse des Kindes besser, auf Anhieb suffiziente Ultraschallbilder in Standardebenen

zu erhalten, so daß keine Befunde übersehen werden. „Geniale" Schallkopfpositionierungen im Inkubator mit unüblichen Projektionsebenen sind zu vermeiden, da dies zu Fehldiagnosen führt.
Sind bei der Ultraschalluntersuchung der Kinder Eltern anwesend, sollte der untersuchende Arzt mit vorzeitigen Interpretationen sehr zurückhaltend sein, um nicht unnötig Angst auszulösen. Insbesondere sollten den Eltern nicht während der noch laufenden Untersuchung pathologische Befunde beschrieben werden. Aufklärungsgespräche bezüglich eines pathologischen Befundes erfordern Zeit und Einfühlungsvermögen und sollten oft besser gemeinsam mit dem betreuenden Kinderarzt erfolgen. Selbstverständlich kann und sollte auch bei Untersuchungsende ein gutes Ergebnis bzw. ein Normalbefund mitgeteilt werden.

1.1.4 Schallkopf

- Sektorschallkopf, 7,5 MHz (bei älteren Säuglingen, ab ca. 6. Lebensmonat, auch 5 MHz)
- Linearschallkopf, 5 MHz (zur Darstellung der äußeren Liquorräume und sonstiger oberflächennaher Strukturen)

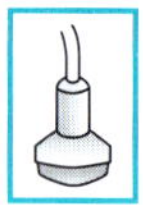
Nur mit angewärmtem Kontaktgel arbeiten (Flaschenwärmer), da kaltes Gel das Kind erschreckt und zu unnötiger Unruhe führt.

1.1.5 Standardebenen mit Standardabbildungen

Die Ultraschalluntersuchung des Schädels wird üblicherweise in koronaren und sagittalen Schichten durch die große Fontanelle durchgeführt (Schema 1-1 und 1-2).
Bei speziellen Fragestellungen werden zusätzlich transversale Schichten durch die postero-laterale Fontanelle oder durch das Os temporale hindurch angefertigt.

Koronare Schichten:
1. Frontalhirn, Darstellung der kranialen Orbitabegrenzung bds.

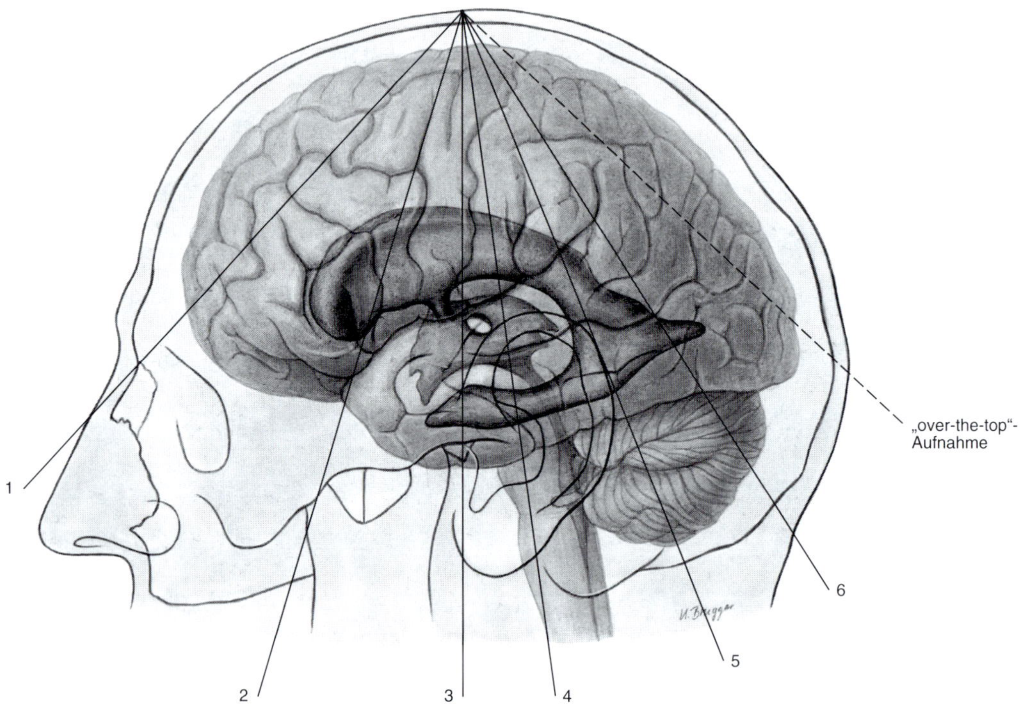

Schema 1-1 Darstellung der koronaren Schnittebenen (Schichten 1–6 s. Text).
(modifiziert nach Putz, R., R. Pabst [Hrsg.]: Sobotta. Atlas der Anatomie des Menschen, 20. Aufl., Bd. 1, S. 298. Urban & Schwarzenberg, München–Wien–Baltimore 1993).

2. Frontalhirn, Darstellung des vorderen Temporalpols sowie der frontalen Anteile der Fissura Sylvii („Mercedesstern“-Formation)
3. Medianebene, 3. Ventrikel
4. Medianebene, dorsale Anteile des 3. Ventrikels, 4. Ventrikel, Pedunculi cerebri
5. „Kleeblattformation“, Darstellung der Cella media sowie der Unterhörner beider Seitenventrikel mit hinterem Temporalpol und choroidaler Fissur
6. beide Hinterhörner mit Plexus choroideus

Sagittale Schichten:
1. linker Seitenventrikel
2. linker Seitenventrikel, Kontrolldarstellung
3. rechter Seitenventrikel
4. rechter Seitenventrikel, Kontrolldarstellung
5. Medianebene, Corpus callosum und Kleinhirn inklusive Schädelbasis
6. Medianebene, vergrößerte Darstellung des Corpus callosum

Für die richtige Einstellung der koronaren und sagittalen Schichten ist die Kenntnis anatomischer Strukturen notwendig, die als Landmarken für die richtige Schnitteinstellung dienen. Als Vergleich zu den Sonographie-Standardschichten ist jeweils die entsprechende MRT-Schicht abgebildet, auf der sich deutlich mehr anatomische Bezugspunkte erkennen lassen als im Ultraschallbild.

Eine Hilfe bei der Ultraschalluntersuchung ist folgendes Vorgehen: Bevor Aufnahmen angefertigt werden, sollte der Untersucher den gesamten darzustellenden Bereich mit dem Schallkopf überstreichen, um einen Eindruck von der Größe des Untersuchungsareals zu erhalten. Es gelingt so besser, die 6 Schichten gleichmäßig über die gesamte abzubildende Region zu verteilen. Außerdem müssen ohnehin sämtliche erreichbaren Hirnregionen am Monitor durchgemustert werden, um keinen pathologischen Befund zu übersehen. Auffälligkeiten müssen zusätzlich zu den 12 Standardbildern auf speziellen Aufnahmen (immer in 2 Ebenen) abgebildet werden.

Bei der Darstellung der äußeren Liquorräume mit Hilfe eines 5-MHz-Linearschallkopfes soll im Koronarschnitt der Sinus sagittalis superior mittelständig abgebildet werden.

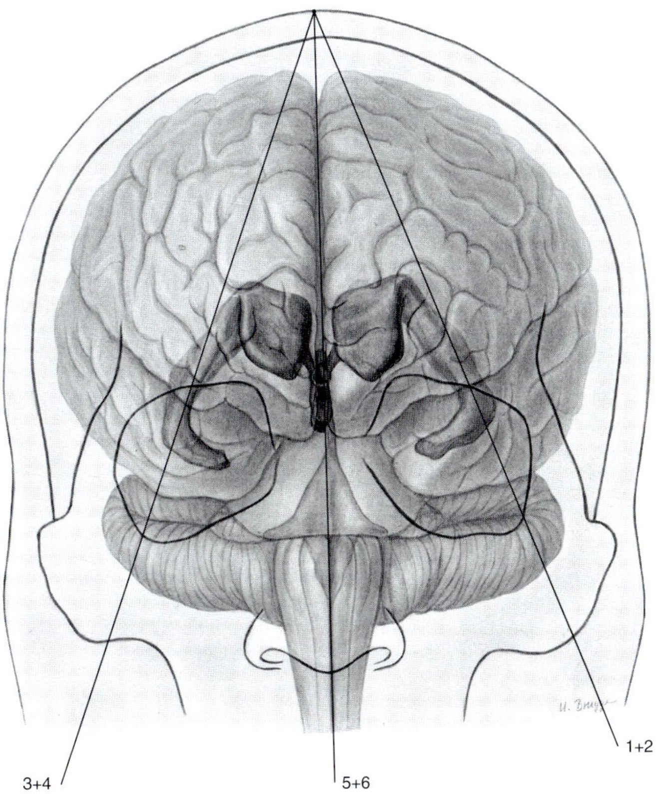

Schema 1-2 Darstellung der sagittalen Schnittebenen (Schichten 1–6 s. Text). (modifiziert nach Putz, R., R. Pabst [Hrsg.]: Sobotta. Atlas der Anatomie des Menschen, 20. Aufl., Bd. 1, S. 298. Urban & Schwarzenberg, München–Wien–Baltimore 1993).

1.2 Normalbefund

- Vergleichende Anatomie: Sonographie – Kernspintomographie

Die sonographischen Standardschichten der Abbildungen 1-1 bis 1-9 wurden bei einem reifen, gesunden Neugeborenen angefertigt, die vergleichenden Schichten der kernspintomographischen Untersuchung stammen von einer 25jährigen gesunden Person. Zum besseren Vergleich der anatomischen Strukturen wurden die MR-Schichten jeweils schräg koronar, entsprechend den bei der Schädelsonographie üblichen Winkeln, eingestellt.

Im Sonogramm (s. Teilabbildungen a der Abb. 1-1 bis Abb. 1-6, Abb. 1-8 und Abb. 1-9 sowie Abb. 1-7) lassen sich im Vergleich zu MRT-Aufnahmen (s. Teilabbildungen b der Abb. 1-1 bis Abb. 1-6, Abb. 1-8 und Abb. 1-9) folgende Strukturen erkennen:

Die **1. koronare Schicht** erfaßt die vorderen Anteile der Frontallappen. Anatomische Landmarken sind die kranialen Orbitabegrenzungen, welche symmetrisch abgebildet werden sollen (Abb. 1-1a und b). Sie sind im Sonogramm kräftig echoreich. Das Marklager der weißen Substanz ist im Sonogramm eher echoreich, seine Randbegrenzung unscharf. Die echoarme Hirnrinde wird von zahlreichen echoreichen Sulci unterbrochen. Im MRT (s. Abb. 1-1b) läßt sich die Grenze zwischen dem signalreichen Marklager und der signalarmen Hirnrinde wesentlich besser erkennen als im Sonogramm.

Für die **2. koronare Schicht** ist die Fissura Sylvii die sonographische Leitstruktur; ihre vorderen Anteile lassen sich hier bds. in Form eines „Mercedessterns" darstellen (Abb. 1-2a). Am Monitor kann man in der Fissura Sylvii die pulsierende A. cerebri media erkennen. Außerdem werden in Schicht 2 die Vorderhörner beider Seitenventrikel, die vorderen Temporalpole bds. sowie ggf. ein Cavum septi pellucidi erfaßt. Die rostralen Balkenanteile (Genu corporis callosi) zeigen sich als

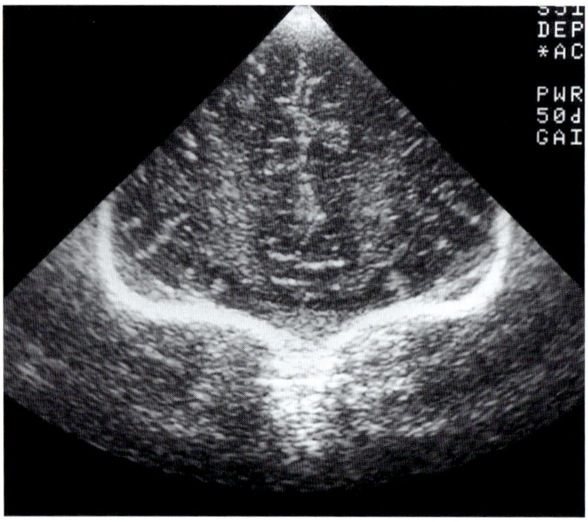

Abb. 1-1a Sonogramm, koronar, Standardschicht 1:
Leitstrukturen: beide Orbitadächer.
Beide Frontallappen sind symmetrisch dargestellt, dazwischen findet sich in der Mittellinie, senkrecht verlaufend und von zwei echoreichen Linien begrenzt, der Interhemisphärenspalt. Zahlreiche Sulci laufen als echoreiche Linien auf diesen zu, weitere finden sich im Bereich der Hirnrinde; somit handelt es sich um eine normale Gyrierung bei einem reifen Neugeborenen. Das Marklager der weißen Substanz ist als unscharf begrenzter Bezirk mit angehobener Echogenität bds. erkennbar.

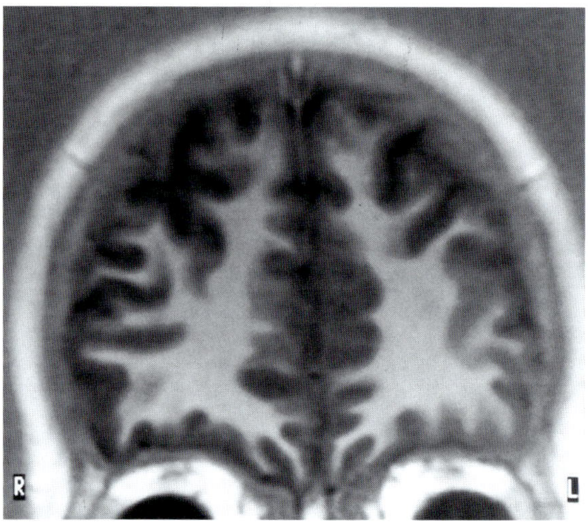

Abb. 1-1b MRT, IR, T1, koronar:
Beide Bulbi sind in ihren kranialen Anteilen dargestellt, die Anatomie ist daher noch leichter vorstellbar als im Sonogramm (s. Abb. 1-1a). Die Hirnrinde (signalarm) und die faserreiche weiße Marksubstanz (signalreich) lassen sich sehr viel besser differenzieren als mittels Ultraschall.

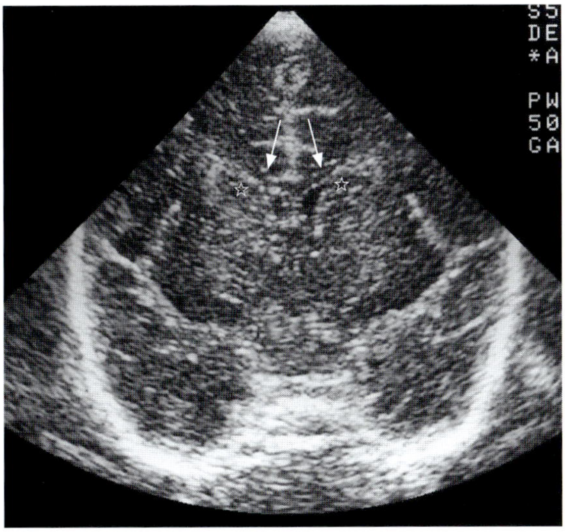

Abb. 1-2a Sonogramm, koronar, Standardschicht 2:
Leitstrukturen: Fissura Sylvii bds. mit „Mercedesstern"-Konfiguration, vordere Temporalpole bds.
In dieser Schicht sieht man die Vorderhörner beider Seitenventrikel als schmale, sichelförmige echofreie Strukturen. Außerdem ist die Fissura Sylvii bds. sichtbar, in dieser wird am Monitor die pulsierende A. cerebri media erkennbar. Der Nucleus caudatus (☆) ist lateral der Vorderhörner als ovale, echoärmere Region mehr oder weniger gut abgrenzbar (s. Abb. 1-2b und 1-13). Die Region der sonstigen Stammganglien ist überwiegend echoreich, Einzelheiten lassen sich (im Gegensatz zum MRT, s. Abb. 1-2b) nicht differenzieren. Kranial der Vorderhörner verläuft horizontal als echoarme Struktur mit echoreicher Randbegrenzung der Balken (Corpus callosum, —▷).

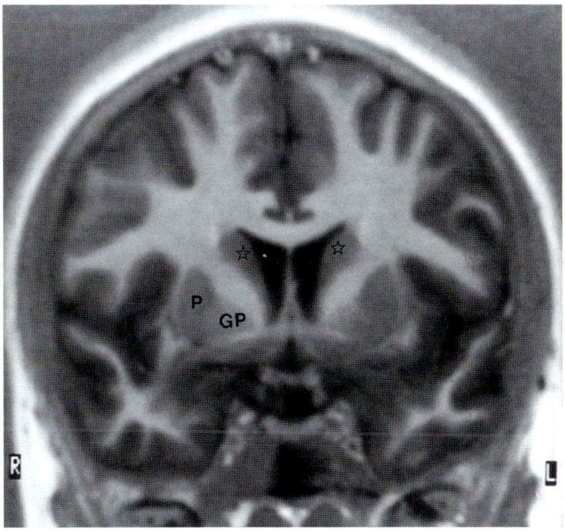

Abb. 1-2b MRT, IR, T1, koronar:
Im MRT stellt sich die Fissura Sylvii als feine signalarme Linie dar, die von signalarmer Hirnrinde umgeben wird. Diese aufgrund des Grenzflächenphänomens im Sonogramm so gut sichtbare Leitstruktur ist im Kernspintomogramm längst nicht so eindrucksvoll! Dagegen lassen sich im Kernspintomogramm die einzelnen Anteile der Stammganglien (Basalganglien) eindeutig differenzieren: Lateral der Seitenventrikel findet sich der ovale, signalarme Nucleus caudatus (☆), kaudolateral davon der Nucleus lentiformis. Bei letzterem lassen sich durch die unterschiedliche Signalintensität seine beiden Anteile Putamen (P) und Globus pallidus (GP) voneinander unterscheiden. Gut erkennbar ist auch das signalreiche breite Band weißer Substanz der Capsula interna, welches den Nucleus caudatus vom Nucleus lentiformis trennt. Kranial der Vorderhörner findet sich als signalreiche, horizontal verlaufende Struktur der Balken.

bogenförmige echoarme Struktur mit kaudal und kranial echoreicher Begrenzung. Die Stammganglien, bestehend aus dem Nucleus caudatus und dem Nucleus lentiformis, sind erkennbar. Der oval geformte Nucleus caudatus liegt lateral der Vorderhörner und ist aufgrund seiner relativen Echoarmut bei verschiedenen Kindern mehr oder weniger gut abgrenzbar (s. Abb. 1-2a). Ein sich auffallend echoarm darstellender Nucleus caudatus ist als Normvariante anzusehen (s. Abb. 1-13).

Kaudal des Nucleus caudatus liegt der echoreichere Nucleus lentiformis, der aus dem Globus pallidus und dem Putamen besteht. Letztere lassen sich sonographisch nicht differenzieren. Kernspintomographisch sind alle Anteile der Stammganglien scharf gegeneinander abgrenzbar (Abb. 1-2b). Die Fissura Sylvii dagegen, die als signalarme linienförmige Struktur von signalarmer Hirnrinde begrenzt wird, ist längst nicht so eindrucksvoll wie im Sonogramm!

In der **3. Schicht** werden die vorderen Anteile der Cellae mediae der Seitenventrikel sowie die mittleren Anteile der Fissura Sylvii abgebildet (Abb. 1-3a und b). Der 3. Ventrikel, der in dieser Schicht liegt, stellt sich meist schlitzförmig und echoarm dar. Er ist bei geringer Ausdehnung aber nicht immer sicher zu identifizieren. Es ist daher hilfreich, die Fissura Sylvii zu verfolgen und diese abzubilden, sobald sie von der „Mercedesstern"-Konfiguration in ein auf der Seite liegendes „Y" übergeht (s. Abb. 1-3a). In der 3. Standardschicht wird – im Gegensatz zu Schicht 1 und 2 – erstmalig der Plexus choroideus dargestellt. Dieser findet sich als echoreiche Struktur am Boden beider Seitenventrikel und ist meistens wie ein „U" oder ein „V" geformt.

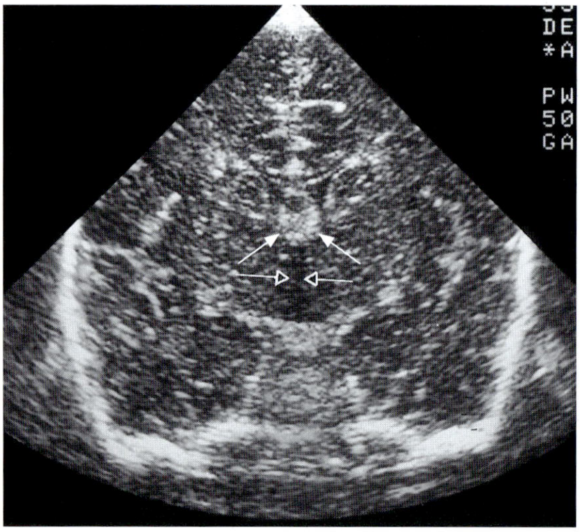

Abb. 1-3a Sonogramm, koronar Standardschicht 3:
Leitstrukturen: 3. Ventrikel, Fissura Sylvii als „liegendes Y". In dieser Schicht werden die vorderen Anteile des 3. Ventrikels erfaßt. Wenn dieser nicht erweitert ist, stellt er sich lediglich als schmale, schlitzförmige, echofreie Struktur dar (—▷ offen), die gelegentlich schwer zu erkennen ist. Die echoreiche Fissura Sylvii bildet bds. ein auf der Seite liegendes „Y". Am Boden beider Seitenventrikel findet sich – U- oder V-förmig konfiguriert und echoreich – der Plexus choroideus (—▷ weiß).

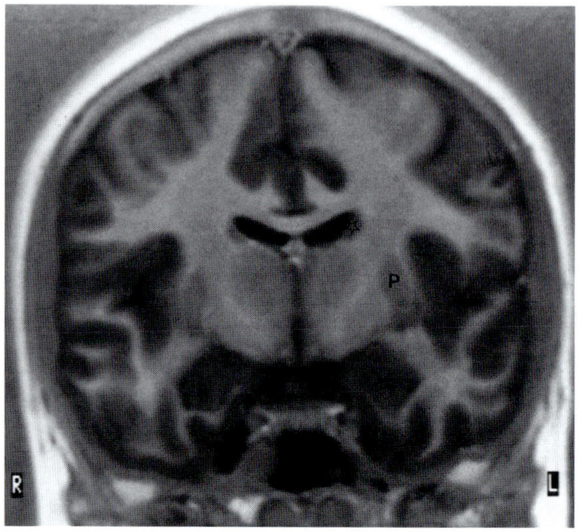

Abb. 1-3b MRT, IR, T1, koronar:
Neben dem engen signalarmen 3. Ventrikel bds. stellt sich als halbrunde signalarme Struktur der Thalamus dar (☆ Nucleus caudatus, P = Putamen).

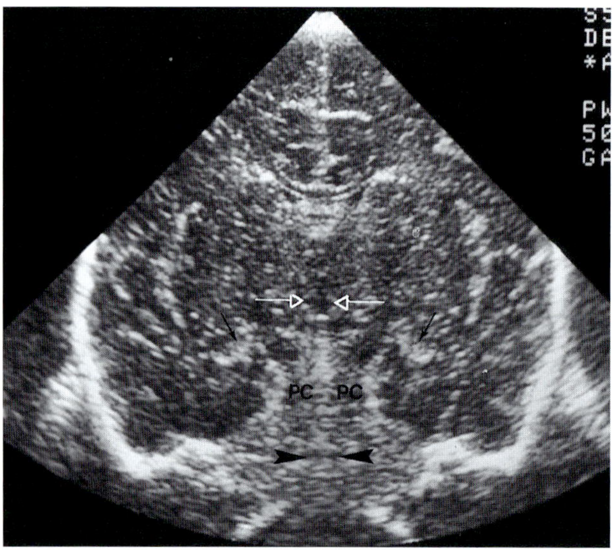

Abb. 1-4a Sonogramm, koronar, Standardschicht 4:
Leitstrukturen: dorsale Anteile des 3. Ventrikels, Pedunculi cerebri, 4. Ventrikel.
Die dorsalen Anteile des 3. Ventrikels stellen sich punktförmig echoarm dar (—▷ offen). Gut erkennbar sind die im Vergleich zum sonstigen Hirngewebe etwas echoreicheren Pedunculi cerebri (PC). Die Region des 4. Ventrikels wird miterfaßt, dieser selbst (➤) ist sonographisch (im Gegensatz zum MRT, s. Abb. 1-4b) nicht immer leicht abgrenzbar. Die Fissura Sylvii ist weiterhin wie ein auf der Seite liegendes „Y" konfiguriert. Von der Standardschicht 3 unterscheidet sich Schicht 4 dadurch, daß die choroidale Fissur (—▷ schwarz) hier bereits angeschnitten wird. Die Temporallappen wirken dadurch so, als ob sie sich nach innen einrollen.

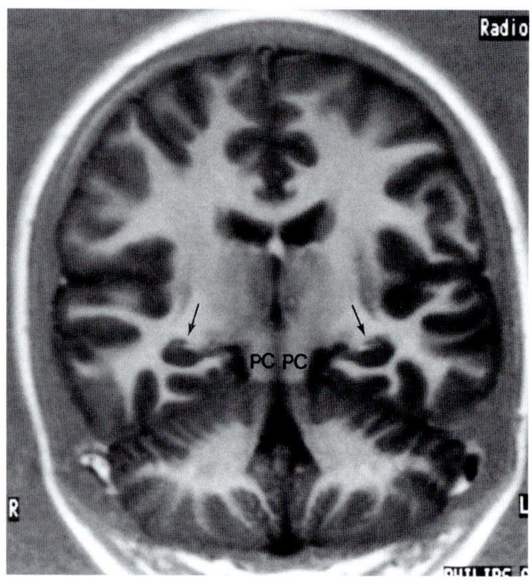

Abb. 1-4b MRT, IR, T1, koronar:
Die Pedunculi cerebri (PC) stellen sich als zwei säulenförmige Strukturen von mittlerer Signalintensität dar, kaudal davon findet sich der signalarme 4. Ventrikel. Auf beiden Seiten des 3. Ventrikels läßt sich als halbkugelförmige, signalarme Struktur der Thalamus abgrenzen (choroidale Fissur, —▷ schwarz).

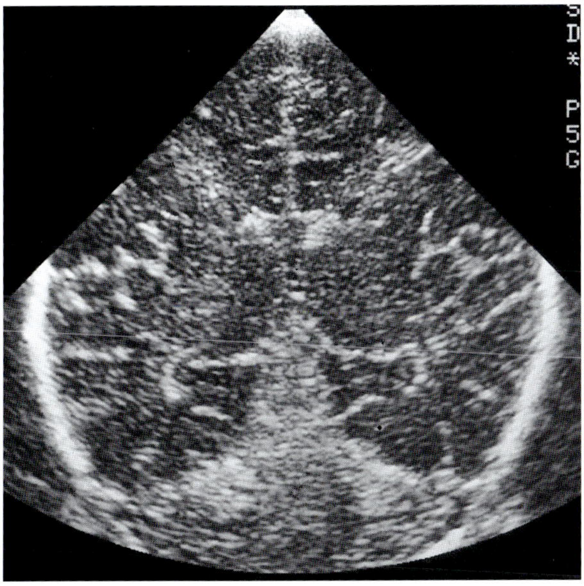

Abb. 1-5a Sonogramm, koronar, Standardschicht 5:
Leitstrukturen: Cellae mediae der Seitenventrikel, Umschlagspunkte der Hinterhörner in die Unterhörner, choroidale Fissur bds., Tentorium cerebelli.
Die choroidale Fissur stellt sich als echoreiche hakenförmige Linie dar. Kranial finden sich als schmale sichelförmige echofreie Areale die Seitenventrikel, an deren Boden echoreicher Plexus choroideus. Die Cellae mediae und die Umschlagspunkte der Hinterhörner in die Unterhörner bzw. die „Haken" der choroidalen Fissur bilden die Formation eines unregelmäßigen vierblättrigen „Kleeblatts". Andeutungsweise erkennt man das echoreiche Marklager der weißen Substanz, das die Ventrikel „schmetterlingsförmig" umgibt. Das Kleinhirn ist deutlich echoreicher als das Großhirn.

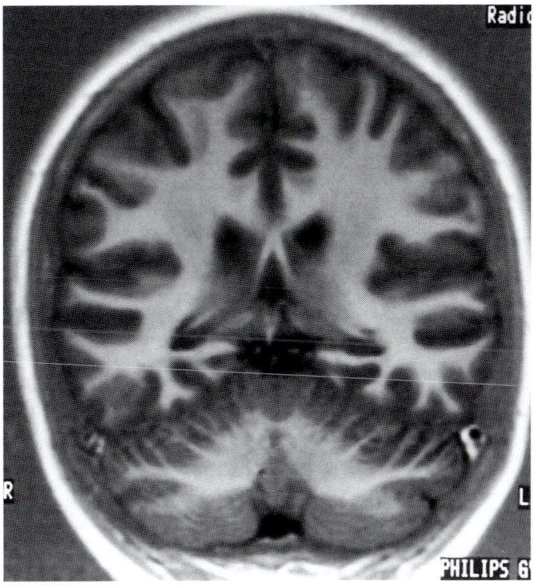

Abb. 1-5b MRT, IR, T1, koronar:
Die „Kleeblattstruktur", gebildet aus Cellae mediae und den dorsalen Anteilen der Unterhörner bzw. der choroidalen Fissur, ist noch deutlicher zu erkennen als im Sonogramm (s. Abb. 1-5a). Leichter erkennbar ist auch das signalreiche Marklager, das die Ventrikel „schmetterlingsförmig" umgibt sowie das gut abgrenzbare Kleinhirn.

Die **4. koronare Schicht** verläuft durch die dorsalen Anteile des 3. Ventrikels sowie durch die Region des 4. Ventrikels. Neben dem 3. und 4. Ventrikel gelten die Pedunculi cerebri als Leitstrukturen für diese Schicht (Abb. 1-4a). Letztere lassen sich aufgrund ihrer im Vergleich zum Hirngewebe etwas angehobenen Echogenität gut erkennen, während der 3. und 4. Ventrikel oft nur schemenhaft zur Darstellung kommen. Die Fissura Sylvii ist weiterhin wie ein auf der Seite liegendes „Y" konfiguriert. Von der Standardschicht 3 unterscheidet sich Schicht 4 aber dadurch, daß die choroidale Fissur bereits angeschnitten wird. Dadurch wirken die Temporallappen so, als ob sie sich schneckenförmig nach innen (medial) einrollen. Im MRT (Abb. 1-4b) lassen sich die Pedunculi cerebri noch besser erkennen als im Sonogramm. Außerdem sind Thalamus, Putamen, choroidale Fissur und 4. Ventrikel eindeutig abgrenzbar.

In der **5. koronaren Schicht** sind die dorsalen Anteile der Cellae mediae beider Seitenventrikel und die dorsalen Temporalpole mit der choroidalen Fissur die sonographischen Leitstrukturen (Abb. 1-5a). Das Marklager der weißen Substanz umgibt die Ventrikel angedeutet „schmetterlingsförmig" (Abb. 1-5b).

Die **6. koronare Standardebene** erfaßt die Hinterhörner beider Seitenventrikel mit dem an dieser Stelle normalerweise breiten, echoreichen Plexus choroideus (Abb. 1-6a und b).

Zur Einstellung der 5. koronaren Schicht geht man am besten so vor, daß man sich die 6. Standardschicht am Monitor einstellt und den Schallkopf von hier aus gering nach vorne kippt. Man erkennt so leicht den Punkt,

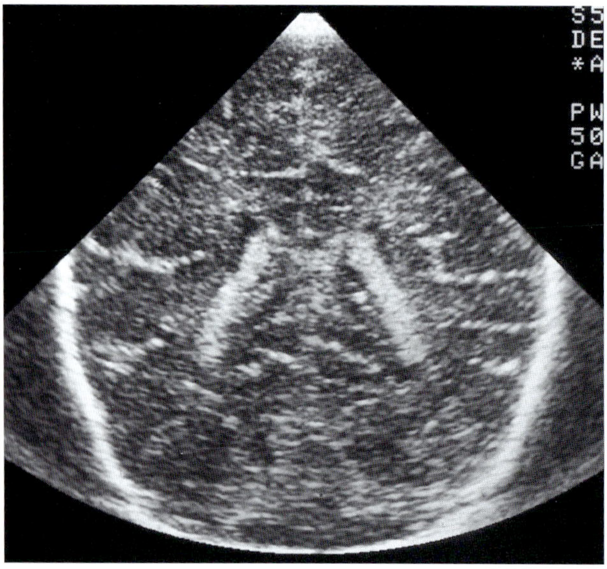

Abb. 1-6a Sonogramm, koronar, Standardschicht 6:
Leitstrukturen: Hinterhörner mit Plexus choroideus.
Der Plexus choroideus stellt sich als gut abgrenzbares, breites echoreiches Band innerhalb des Hinterhorns bds. dar. Zahlreiche nahezu horizontal verlaufende echoreiche Sulci sprechen für eine normale Gyrierung des Großhirns. Das Marklager ist etwas echoreicher als die Hirnrinde und umgibt die Hinterhörner angedeutet „schmetterlingsförmig". Die dorsalen und kaudalen Kleinhirnanteile lassen sich nur schwer differenzieren.

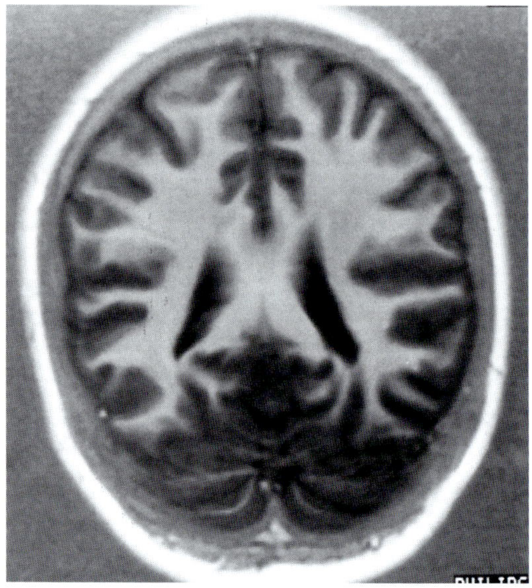

Abb. 1-6b MRT, IR, T1, koronar:
Beide Hinterhörner sind aufgrund des Liquorgehaltes signalarm, der Plexus choroideus wäre nur nach Kontrastmittelgabe als feine Struktur zu erkennen (s. Abb. 1-16b). Das signalreiche Marklager und die signalarme Hirnrinde sowie die dorsalen Kleinhirnanteile lassen sich gut unterscheiden.

an dem die Hinterhörner der Seitenventrikel in die Unterhörner im Temporallappen umbiegen, medial davon findet sich als hakenförmige echoreiche Linie jeweils die choroidale Fissur. Wenn die 5. Schicht richtig eingestellt ist, bilden die dorsalen Anteile der Cellae mediae sowie der Unterhörner bzw. die „Haken" der choroidalen Fissur die Formation eines unregelmäßigen vierblättrigen „Kleeblatts".

Zur Beurteilung der Gyrierung und somit der Reife des Hirns kann es hilfreich sein, die dorsalen Großhirnanteile mit dem Centrum semiovale abzubilden.

Dies erfolgt in einer sehr schrägen koronaren – eher schon transversalen – Schicht, die dorsal der Hinterhörner und somit dorsal der 6. Standardschicht liegt (s. Schema 1-1 und s. Abb. 1-10d). Im Amerikanischen heißt diese Aufnahme „over-the-top"-Aufnahme, deutsch spricht man vom „Hutkrempenschnitt". Es läßt sich in dieser Ebene die Anzahl der – horizontal zum Interhemisphärenspalt verlaufenden – Sulci feststellen. Bei reifen Neugeborenen finden sich deutlich mehr Sulci als beim Frühgeborenen (s. Abb. 1-10c und d). Als Standardebene ist diese Schicht unserer Meinung nach nicht geeignet, da sie bei größeren Kindern wegen der sich schließenden großen Fontanelle oft nur noch schwer einzustellen ist.

Die sagittale sonographische Darstellung der Seitenventrikel erfolgt in schräg eingestellten Schichten (Abb. 1-7), die sich aus der anatomischen Anordnung des Ventrikelsystems ergeben. Die Distanz der Vorderhörner zur Mittellinie ist deutlich geringer als diejenige der Hinterhörner, der Schallkopf muß somit schräg zur Mittellinie aufgesetzt und gleichzeitig in Richtung auf den jeweiligen Seitenventrikel gekippt werden. Gut eingestellt ist eine sagittale Aufnahme des Seitenventrikels nur dann, wenn gleichzeitig alle Anteile des Seitenventrikels dargestellt sind und sich das Grenzflächenphänomen am Übergang des Vorderhorns zur Cella media zeigt (s. Abb. 1-7).
Jeder Seitenventrikel sollte sicherheitshalber zweimal dokumentiert werden.

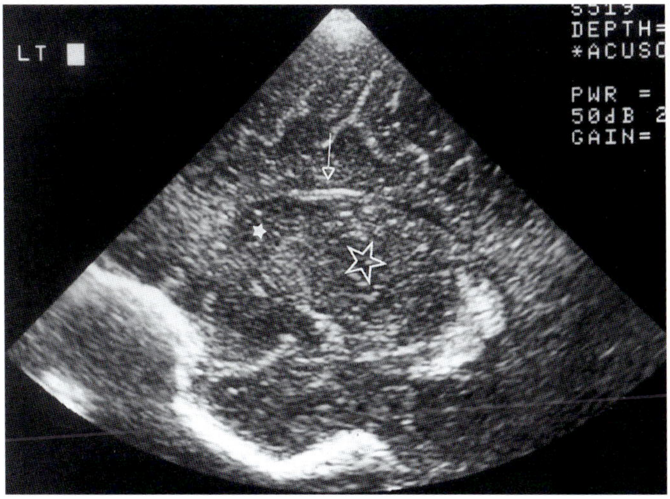

Abb. 1-7 Sonogramm, sagittal, Standardschichten 1, 2, 3 und 4:
Leitstrukturen: Seitenventrikel mit allen Anteilen inklusive Grenzflächenphänomen.
Der Seitenventrikel ist mit Vorderhorn, Cella media und Hinterhorn sowie deutlichem echoreichen Grenzflächenphänomen (—▷) am Übergang vom Vorderhorn in die Region der Cella media dargestellt. Im Hinterhorn – am Übergang zum Unterhorn (Temporalhorn) – findet sich als bogenförmige echoreiche Struktur der Plexus choroideus. Der Thalamus (☆) wird vom Seitenventrikel bogenförmig umgeben. Seine rostrale Begrenzung liegt etwa auf Höhe des Grenzflächenphänomens, dorsal befindet sich das Hinterhorn mit Plexus choroideus. Die Region des Nucleus caudatus (★) ist partiell mitabgebildet, sie ist gering echoärmer als diejenige des Thalamus. Frontal ist die kraniale Orbitabegrenzung, kaudal der Temporallappen dargestellt.

Wir empfehlen, grundsätzlich immer erst zwei Aufnahmen des linken, dann zwei Aufnahmen des rechten Seitenventrikels anzufertigen, um Verwechslungen zu vermeiden.

Falls sich nicht alle Seitenventrikelanteile gleichzeitig erfassen lassen, sollte in einer Aufnahme die Region des Vorderhorns, in der anderen die Region des Hinterhorns abgebildet werden.

Die kaudothalamische Rinne als häufigste Lokalisation von subependymalen Blutungen ist in den Standardschichten nicht ausreichend erfaßt, da sie leicht schräg zur Ebene des Seitenventrikels verläuft. Sie muß bds. grundsätzlich immer am Monitor sorgfältig durchgemustert werden und ist als echoreiche linienförmige Struktur gut zu erkennen.

Die Mediansagittalebene wird ebenfalls zweimal dargestellt. In der ersten Aufnahme ist darauf zu achten, daß die Schädelbasis miterfaßt wird. Nur so kann die Größe der Cisterna magna sowie die Lage des Kleinhirns in bezug auf das Foramen magnum beurteilt werden. Das Kleinhirn sowie der 4. Ventrikel müssen scharf abgebildet werden (Abb. 1-8a und b). Die gleichzeitige Darstellung des Kleinhirns und des Balkens mit allen Anteilen gelingt nur geübten Untersuchern, deswegen sollte der Balken in einer weiteren Aufnahme vergrößert dargestellt werden (Abb. 1-9a und b). In der Vergrößerung lassen sich der 3. Ventrikel, Balken und Fornix gut erkennen, außerdem ist die Region der Glandula pinealis besser beurteilbar.

Zusätzlich zu den genannten anatomischen Landmarken sollten dem sonographischen Untersucher folgende Strukturen bekannt sein, auch wenn diese sich im Sonogramm nicht oder nur unter bestimmten – z.T. pathologischen – Bedingungen abgrenzen lassen: Adhaesio interthalamica (Massa intermedia), Stratum germinativum (Keimzellschicht), Aquaeductus cerebri, Foramen Monroi, basale Zisternen, Vierhügelplatte, Pons, Medulla, Glandula pinealis, Centrum semiovale, Sinus sagittalis superior, V. Galeni, A. cerebri anterior, A. cerebri media, A. carotis interna, A. basilaris, Chiasma opticum, Hypophyse.

Es hat sich sehr bewährt, die Standardschichten immer in der gleichen – oben beschriebenen – Reihenfolge anzufertigen, dies gilt besonders für unerfahrene Untersucher. Auf diese Weise wird mit Sicherheit der gesamte zu untersuchende Bereich durchgemustert. Außerdem lassen sich verschiedene Untersuchungen leichter vergleichen. Standardschichten mit festgelegten anatomischen Landmarken zwingen Anfänger in der Sonographie dazu, anatomische Strukturen einzuordnen und wiederzuerkennen und sich so allmählich das erforderliche dreidimensionale Vorstellungsvermögen zu erarbeiten. Leichter gelingt dies natürlich im Vergleich mit anderen Schnittbildverfahren wie CT und MRT.

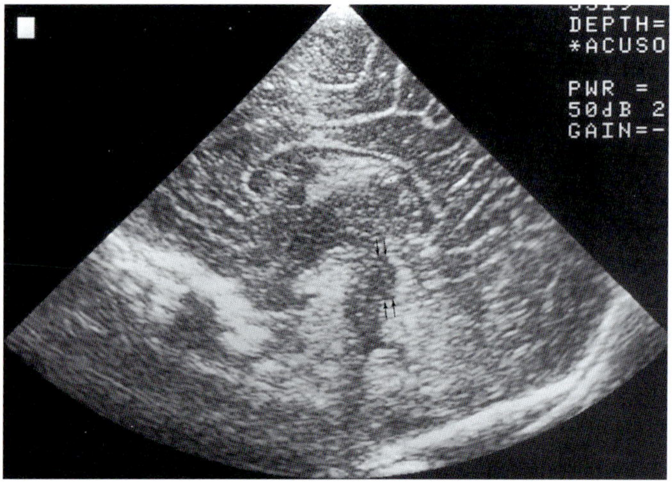

Abb. 1-8a Sonogramm, sagittal, Standardschicht 5 („Übersicht"):
Leitstrukturen: Kleinhirn, 4. Ventrikel, Balken.
Das Kleinhirn ist annähernd dreieckig konfiguriert und stellt sich echoreich dar. Der 4. Ventrikel ist echoarm und erscheint als ein spitzwinkliges Dreieck. Es gelingt nicht immer, in dieser Schicht gleichzeitig noch den Balken mit seiner typischen echoreichen Doppelkontur in allen Anteilen abzubilden. Kaudal des Balkens findet sich als echoreicher Bogen der Fornix.
Cave: Die echoarme Struktur mit dorsal echoreicher Randbegrenzung (Grenzflächenphänomen!), welche kranial an das Kleinhirn angrenzt, ist die Vierhügelplatte (—▷), nicht der Aquaeductus cerebri!

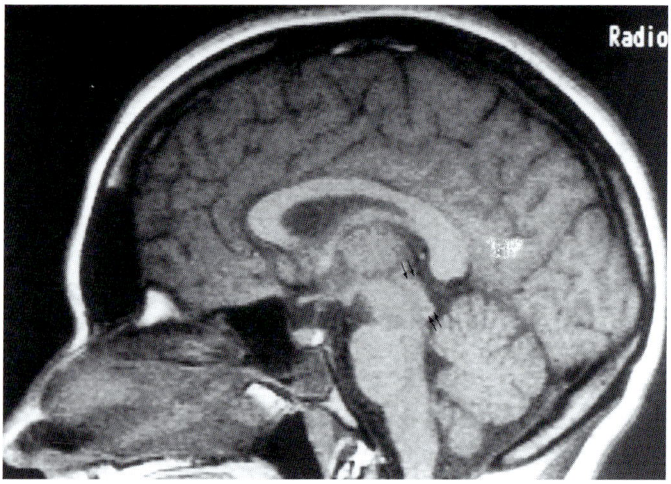

Abb. 1-8b MRT, IR, T1, sagittal:
Zusätzlich zu den im Sonogramm (s. Abb. 1-8a) erkennbaren Strukturen lassen sich u.a. abgrenzen: Thalamus, Hypothalamus, Adeno- und Neurohypophyse. Der Aquaeductus cerebri ist als feine signalarme Linie eben erkennbar. Die Vierhügelplatte ist mit Pfeilen (—▷) markiert.

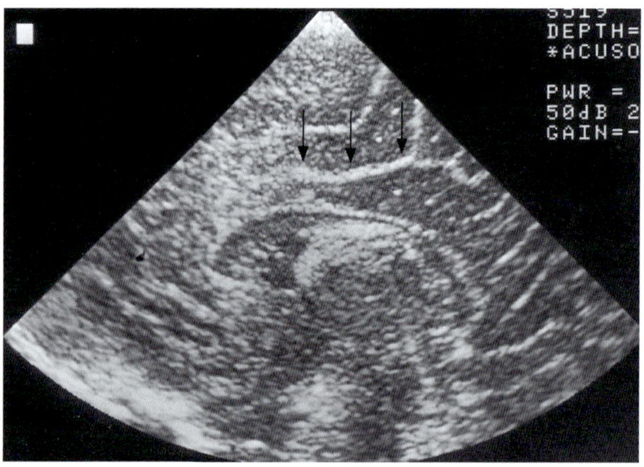

Abb. 1-9a Sonogramm, sagittal, Standardschicht 6:
Leitstrukturen: Balken, Fornix.
Der Balken ist eine bogenförmige Struktur mit gleicher Echogenität wie Hirngewebe, seine kraniale und kaudale Begrenzungslinie ist echoreich. Die bogenförmige echoreiche Struktur kaudal des Balkens ist der Fornix. Kranial des Balkens findet sich mit wellenförmiger echoreicher Randkontur der Gyrus cinguli (—▷).

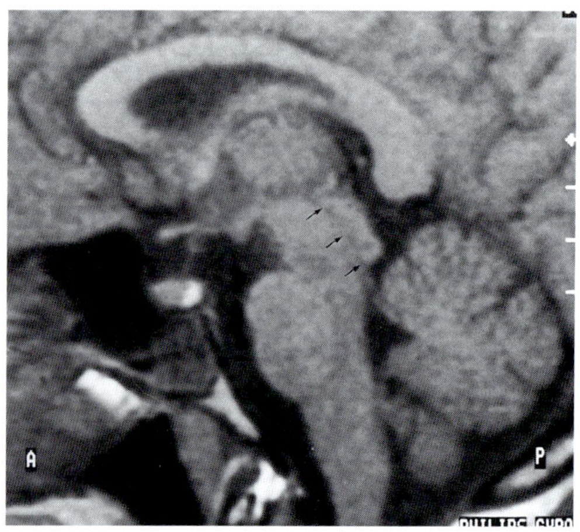

Abb. 1-9b MRT, IR, T1, sagittal.
In der vergrößerten Aufnahme lassen sich Balken, Fornix, Thalamus, Vierhügelplatte, 4. Ventrikel, Kleinhirn, Aquaeductus cerebri (—▷) sowie Adeno- und Neurohypophyse gut erkennen.

Normalbefund – typische Formulierung

Reifes Neugeborenes
Beschreibung: Das Ventrikelsystem ist eng und symmetrisch. Das Hirnparenchym ist von regelrechter Echogenität und Struktur, die Gyrierung ist normal. Balken und Kleinhirn sind in allen Anteilen angelegt. Die äußeren Liquorräume sind nicht erweitert.
Beurteilung: Normales Schädelsonogramm.

Frühgeborenes
Beschreibung: Das Ventrikelsystem ist symmetrisch; wie oft bei Frühgeborenen sind beide Hinterhörner weiter als bei Normalbefunden eines reifen Neugeborenen. Die Gyrierung ist entsprechend der Frühgeburtlichkeit (deutlich) vermindert, Strukturdefekte finden sich nicht. Balken und Kleinhirn sind in allen Anteilen angelegt. Die äußeren Liquorräume sind nicht erweitert.
Beurteilung: Normales Schädelsonogramm eines Frühgeborenen.

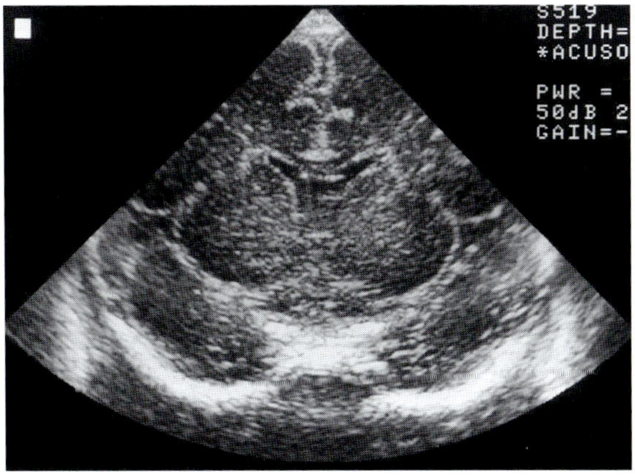

Abb. 1-10a Frühgeborenes (koronar, Standardschicht 2): deutlich geringere Gyrierung als bei einem reifen Neugeborenen (s. Abb. 1-2a).

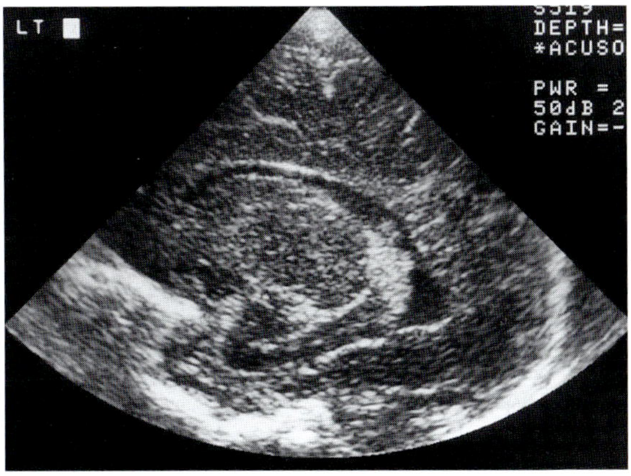

Abb. 1-10b Frühgeborenes (Seitenventrikel, sagittale Schicht): Hinterhorn des Seitenventrikels als Zeichen der Frühgeburtlichkeit erweitert. Plexus choroideus plump, keine Blutung!

1.3 Normvarianten und Frühgeborenenzeichen

- Cavum septi pellucidi
- Cavum veli interpositi
- Cavum Vergae
- Stammganglien mit auffälliger Echogenität
- unterschiedliche Balkenformen

Die sonographischen Leitstrukturen lassen sich sowohl beim reifen Neugeborenen wie auch beim Frühgeborenen abgrenzen. Das Schädelsonogramm eines frühgeborenen Kindes (≦ 32. Schwangerschaftswoche, Geburtsgewicht ≦ 1500 g) zeigt eine deutlich geringere Gyrierung und Strukturierung als beim reifen Neugeborenen (Abb. 1-10a bis d). In der Region des Centrum semiovale finden sich beim Frühgeborenen deutlich weniger Sulci als bei einem reifen Neugeborenen (s. Abb. 1-10c und d). Ein weiteres typisches Frühgeborenenzeichen sind symmetrisch erweiterte und nach dorsal ausgezogene Hinterhörner beider Seitenventrikel (s. Abb. 1-10b). Dieser Befund ist nicht Folgezustand einer Ventrikelblutung. Der Plexus choroideus ist bei Frühgeborenen oft plumper und unregelmäßiger geformt als bei reifen Neugeborenen, was nicht als Plexusblutung fehlgedeutet werden darf. Bei Frühgeborenen findet sich sehr häufig ein **Cavum septi pellucidi** unterschiedlicher Größe (Abb. 1-11a und b, Abb. 1-12), welches oft mit einem Cavum veli interpositi (s. Abb. 1-11a) vergesellschaftet ist. Seltener ist das **Cavum Vergae** (s. Abb. 1-12). Die erwähnten Strukturen entsprechen liquorgefüllten Räumen aus der Embryonalzeit, die in 50% bis

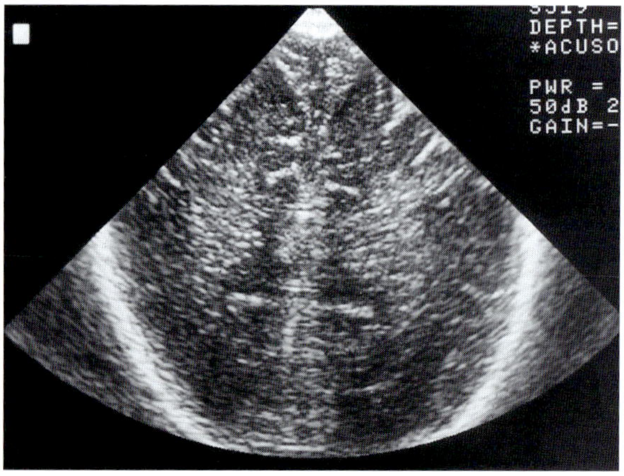

Abb. 1-10c Frühgeborenes: „over the top"-Aufnahme mit Darstellung des Centrum semiovale als ovales echoreiches Areal bds. der Mittellinie. Nur wenige, horizontal zum Interhemisphärenspalt verlaufende echoreiche Sulci, somit verminderte Gyrierung im Vergleich zu einem reifen Neugeborenen (s. Abb. 1-10d).

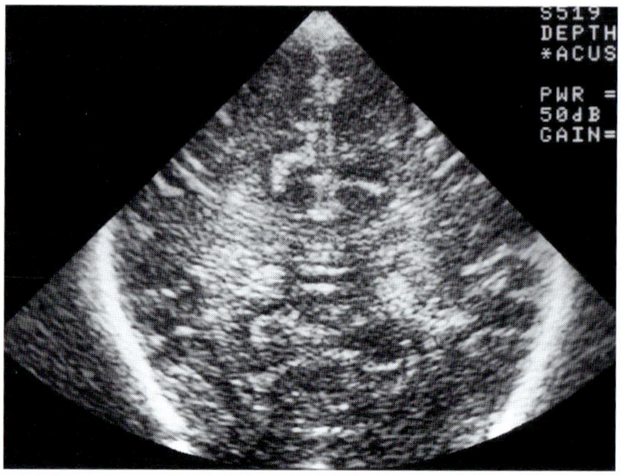

Abb. 1-10d Reifes Neugeborenes: „over the top"-Aufnahme mit Centrum semiovale als ovales echoreiches Areal bds. der Mittellinie. Zahlreiche echoreiche Sulci, die senkrecht auf den Interhemisphärenspalt zulaufen, somit normale Gyrierung.

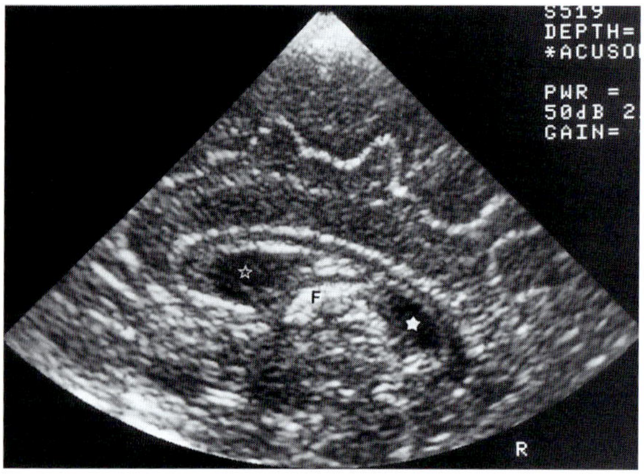

Abb. 1-11a Frühgeborenes (Mediansagittalebene): Cavum septi pellucidi (☆), Cavum veli interpositi (★), Fornix (F). Darüber liegt der normale Balken mit echoreicher Doppelkontur. Die kraniale echoreiche Begrenzungslinie ist der Sulcus, in dem die A. pericallosa verläuft, die kaudale echoreiche Linie entsteht durch das Grenzflächenphänomen zum Cavum septi pellucidi und zum Cavum veli interpositi. Kranial des Balkens mit wellenförmiger – „hahnenkammartiger" – Begrenzung der normal breite Gyrus cinguli.

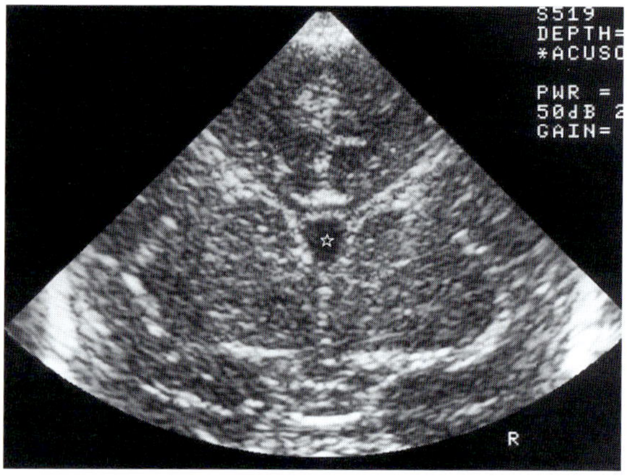

Abb. 1-11b Frühgeborenes (koronar): Das Cavum septi pellucidi (☆) liegt zwischen beiden Vorderhörnern. Letztere sind im Normalfall wie hier eng und nur an ihrer zarten echoreichen Grenzfläche zu erkennen. Kranial des Cavum septi pellucidi horizontal verlaufend mit echoreicher Doppelkontur der normale Balken.

zum 3. Lebensmonat obliterieren. In ca. 20% können sie bis in das Erwachsenenalter persistieren. Die Hohlräume sind in der Regel ohne Krankheitswert und fallen beim Erwachsenen als Zufallsbefunde bei CT- oder MRT-Untersuchungen des Hirns auf. Das Cavum septi pellucidi liegt zwischen den normalerweise miteinander verschmolzenen Blättern des Septum pellucidum, es kommuniziert am Foramen Monroi meist mit dem Ventrikelsystem. Bei Fehlen dieser Verbindung entsteht eine Septum-pellucidum-Zyste, die zu einem intermittierenden Hydrozephalus der Seitenventrikel führen kann. Das **Cavum veli interpositi** (= Cavum septi interpositi) ist eine mit Liquor gefüllte Höhle zwischen Fornix und Dach des 3. Ventrikels. Es kommt bei Frühgeborenen deutlich häufiger vor als das Cavum Vergae, wird aber häufig als das letztere fehlgedeutet. Die beiden Strukturen lassen sich in ihrer Lagebeziehung zum Fornix voneinander unterscheiden: Das Cavum veli interpositi liegt kaudal des Fornix, während sich das Cavum Vergae kranial des Fornix, somit zwischen Fornix und Balken befindet. Manche Autoren beschreiben das Cavum Vergae als eine Ausstülpung des Cavum septi pellucidi nach dorsal, so daß der liquorgefüllte Raum jetzt bis unter die dorsalen Balkenanteile reicht (s. Abb. 1-12).

Eine Normvariante ist der sehr **echoarme Nucleus caudatus** (Abb. 1-13), der sich vom umgebenden Hirngewebe aufgrund seiner Echoarmut sehr gut abgrenzen läßt. Als Normvarianten sind auch die **unterschiedlichen Balkenformen** anzusehen, bei denen das Corpus callosum zwar atypisch geformt, aber in allen Anteilen angelegt ist. Eine häufige Variante ist diejenige, bei der der Balken am Übergang vom Truncus in das Splenium von kranial her eingedellt ist (Abb. 1-14a). Auch

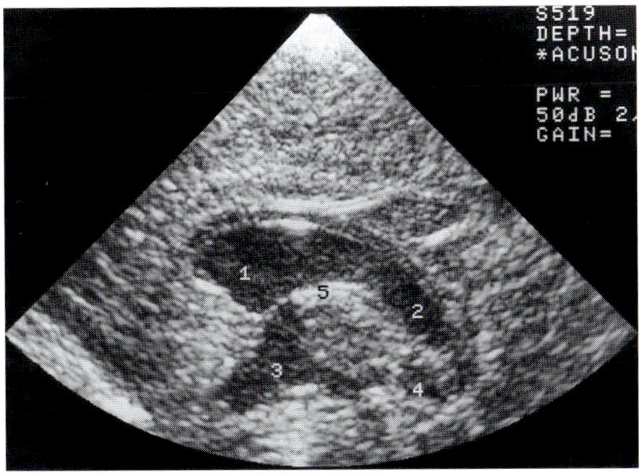

Abb. 1-12 Frühgeborenes (Mediansagittalebene): Cavum septi pellucidi (1), Cavum Vergae (2), 3. Ventrikel (3), kleine Pinealiszyste (4), Fornix (5), der durch das Cavum Vergae gering nach kaudal verlagert wird. Darüber in allen Anteilen angelegter normaler Balken mit echoreicher Doppelkontur.

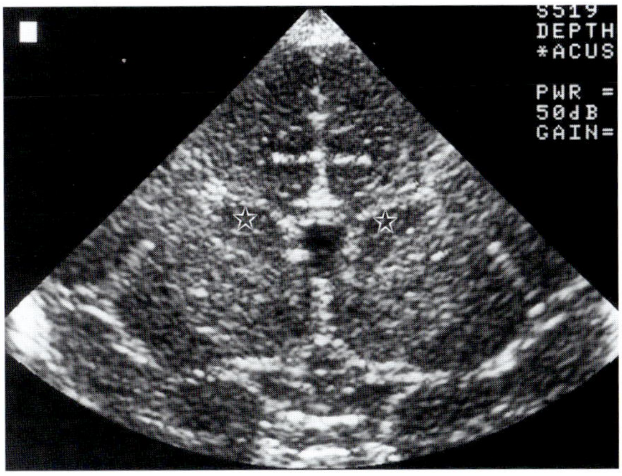

Abb. 1-13 Frühgeborenes (koronar, Standardschicht 2): Auffallend gut abgrenzbarer Nucleus caudatus (☆), welcher den engen Vorderhörnern und dem Cavum septi pellucidi als annähernd ovale echoarme Formation eng anliegt. Kaudal davon ist die Region der sonstigen Stammganglien (Nucleus lentiformis, bestehend aus Putamen und Globus pallidus) als etwas echoreicher abgrenzbar (s. Abb. 1-2a und b).

a

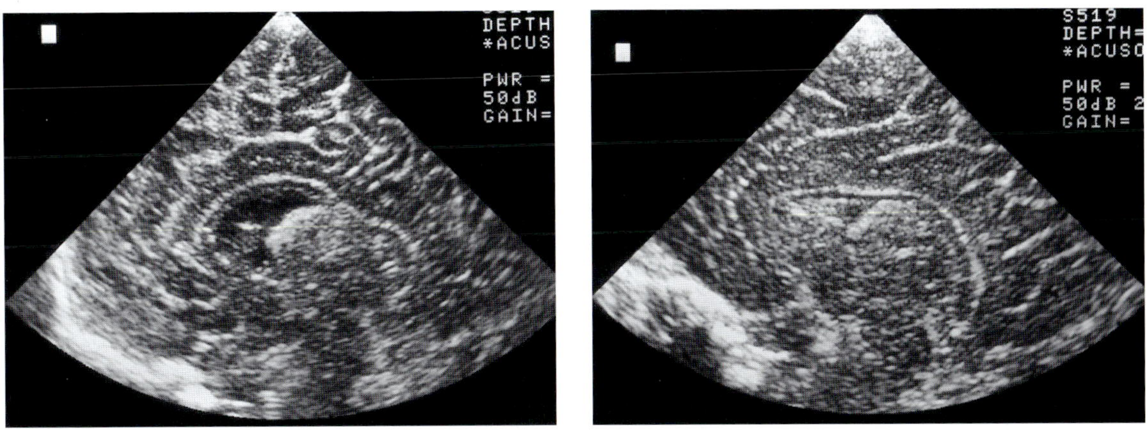

b

Abb. 1-14a und b Atypische Balkenformen (Normvarianten).
a) Der Balken ist am Übergang vom Truncus zum Splenium von kranial her eingedellt.
b) Der Balken ist in den dorsalen Anteilen extrem nach kaudal abgewinkelt.

finden sich – insbesondere bei türkischen Kindern – Formen, bei denen die dorsalen Balkenanteile nach kaudal abgewinkelt sind (Abb. 1-14b).

1.4 Veränderungen der Liquorräume

- Ventrikelasymmetrie
- Ventrikelverplumpung
- Hydrocephalus internus
- Mittellinienzyste
- Subduralerguß
- Subduralblutung

Innere und äußere Liquorräume können erweitert sein. Der Ausprägungsgrad der Befunde ist unterschiedlich. Oft kann eine klinische Konsequenz erst im Rahmen von Verlaufskontrolluntersuchungen gezogen werden. Wenn Kinder durch eine abnorme Zunahme des Kopfumfangs oder neurologische Veränderungen auffallen, liegen oft ausgeprägtere Befunde vor. Durch die Ultraschalluntersuchung soll das Ausmaß der Erweiterung der Ventrikel oder des Subduralraumes dargestellt und nach Möglichkeit auch die Ursache hierfür gefunden werden.

Eine häufige Veränderung der inneren Liquorräume ist die **Ventrikelasymmetrie.** Hierbei ist der eine Seitenventrikel – insbesondere im Vorderhornbereich – weiter als der andere. Das Vorderhorn kann dabei weiterhin spitz nach lateral ausgezogen sein, bei einem ausgeprägteren Befund findet sich eine Abrundung und Verplumpung des Seitenventrikels (Abb. 1-15a und b). Ursache für diese Art von Ventrikelveränderungen sind meist kleine periventrikuläre Blutungen bzw. Ischämien, die zu geringen Gewebsnekrosen führen. Der Seitenventrikel dehnt sich dann in Richtung auf den Gewebsdefekt aus. Es kann auch dazu kommen, daß periventrikuläre Zysten Anschluß an das Ventrikelsystem bekommen und so zu einer Deformierung der Seitenventrikel führen.

Die wichtigste Veränderung der inneren Liquorräume ist der **Hydrozephalus** (Abb. 1-15c). In Extremfällen kann die sofortige Anlage eines Shunts erforderlich sein (Abb. 1-15d). Neben Abklärung der Ursache soll die Sonographie auch Aufschluß über eine eventuelle Progredienz eines Hydrocephalus internus geben, damit therapeutisch rechtzeitig eingegriffen werden kann. Es ist daher besonders wichtig, bei Verlaufskontrollen immer die gleichen Ebenen abzubilden. Dies wird durch die Untersuchung der beschriebenen Standardschichten sehr erleichtert. In den Standardschichten lassen sich die jeweiligen Maximaldurchmesser der Ventrikel leicht ausmessen und in verschiedenen Untersuchungen miteinander vergleichen. Spezielle Messungen der Ventrikelspannweite, des Ventrikel-Hirn-Quotienten, des Cella-media-Index sowie des okzipitalen Restparenchyms können im Einzelfall durchgeführt werden, haben aber eine untergeordnete praktische Bedeutung. Die Ventrikelspannweite (Schema 1-3) ist die maximale Distanz zwischen den beiden Außenkonturen der Ventrikel. Sie wird in einer koronaren Schicht auf Höhe der Foramina Monroi (Standardschicht 3) gemessen. Im von temporal angefertigten Sonogramm kann der Ventrikel-Hirn-Quotient (Quotient aus Ventrikel- und Hemisphärendurchmesser, Schema 1-4) bestimmt werden. Der Cella-media-Index (Schema 1-5) entspricht dem Quotienten aus Ventrikelspannweite und Hirndurchmesser. Bei der Messung des okzipitalen Restparenchyms wird die Strecke vom Hinterhorn zur okzipitalen Schädelkalotte bestimmt (Schema 1-6).

Häufigste Ursachen für das Auftreten eines **Hydrocephalus internus** sind eine frühere Ventrikelblutung (posthämorrhagischer Hydrozephalus) oder eine Liquorabflußstörung. Die Obstruktion kann dabei auf Höhe des Foramen Monroi, des Aquaeductus cerebri oder des 4. Ventrikels liegen. Sämtliche Liquorräume, die kranial der Obstruktion liegen, sind erweitert, die kaudal befindlichen Liquorräume dagegen normal konfiguriert. Es muß daher z.B. die Verdachtsdiagnose „Aquäduktstenose" geäußert werden, wenn die Seitenventrikel symmetrisch erweitert sind, der 3. Ventrikel ebenfalls erweitert und der 4. Ventrikel normal ist.

Ein Verschlußhydrozephalus auf der Ebene der Foramina Monroi entsteht oft durch eine **Mittellinienzyste** (Abb. 1-16a bis d), zu denen auch die Septum-pellucidum-Zyste gehört. Die Aquäduktstenose ist meist durch Raumforderungen in der Mittellinie (z.B. Pinealiszyste) bedingt, die zu ei-

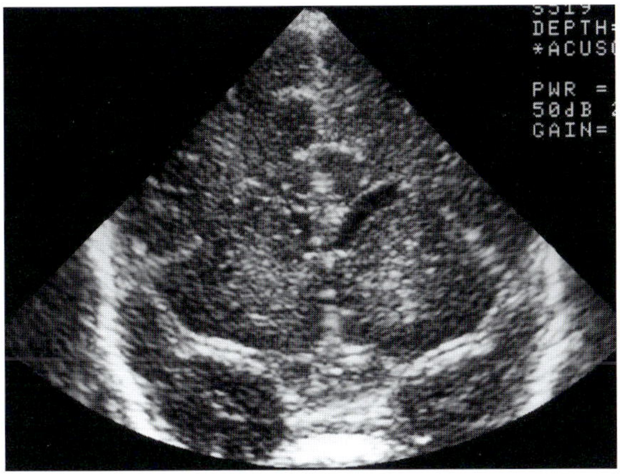

Abb. 1-15a Ventrikelasymmetrie und -verplumpung, gering ausgeprägt.

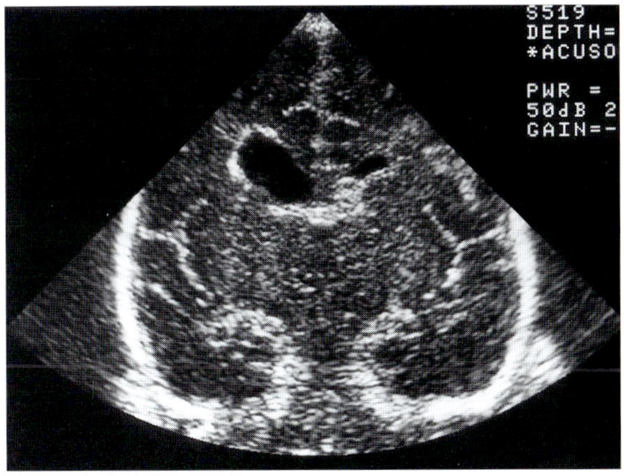

Abb. 1-15b Ventrikelasymmetrie und -verplumpung erheblichen Ausmaßes.

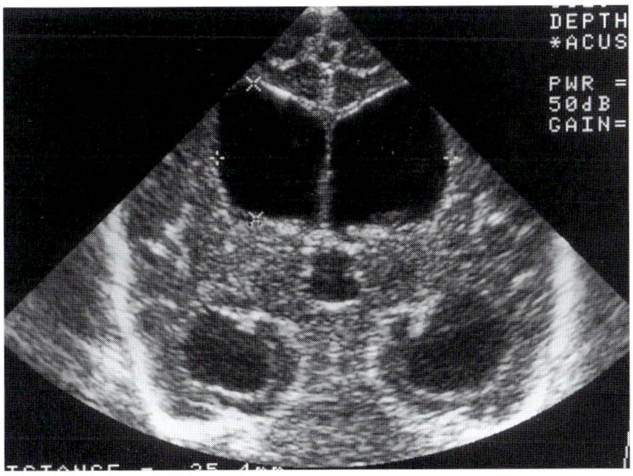

Abb. 1-15c Hydrocephalus internus, sehr ausgeprägt.

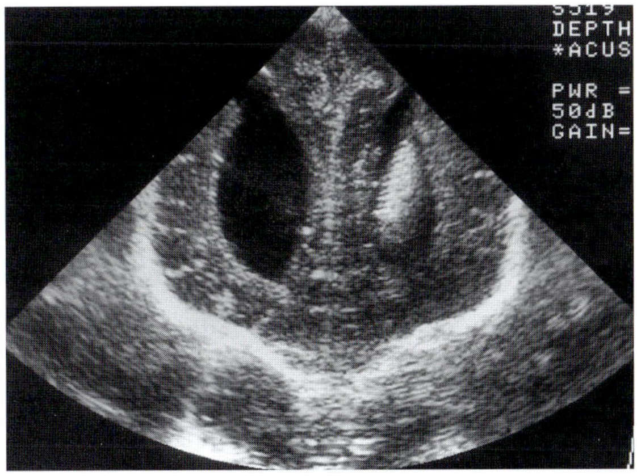

Abb. 1-15d Hydrocephalus internus nach Shuntimplantation. Der Shunt stellt sich als echoreiche Struktur innerhalb des Ventrikels deutlich dar.

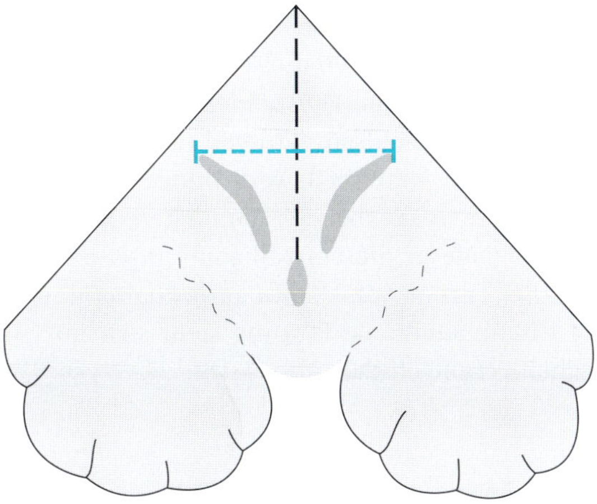

Schema 1-3 Ventrikelspannweite,
Normwert: 22 mm (± 1,7 mm).

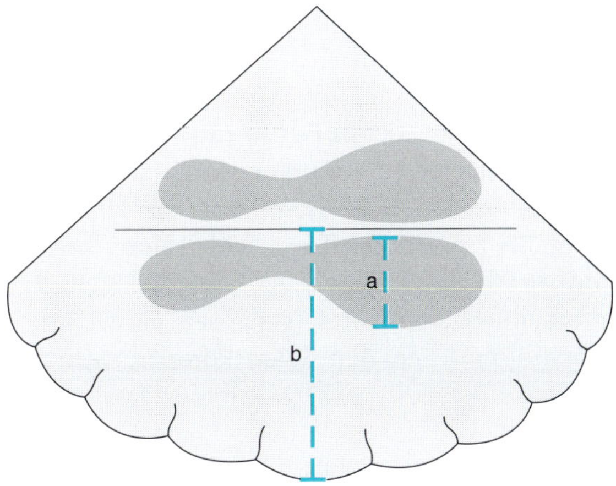

Schema 1-4 Ventrikel-Hirn-Quotient,
$\frac{a}{b} \times 100$ = Ventrikel-Hirn-Quotient (%).

Normwerte: Frühgeborene: 31% (24–34%)
Reifgeborene: 28% (24–30%)

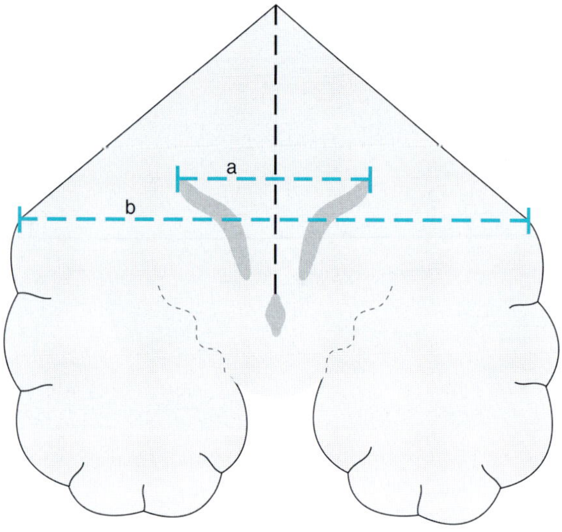

Schema 1-5 Cella-media-Index,

Normwert: $\frac{\text{Hirndurchmesser}}{\text{Ventrikelspannweite}} = \frac{b}{a} \geqq 4{,}1.$

4,0–3,6 = mäßiggradiger Hydrozephalus,
3,5–3,0 = mittelgradiger Hydrozephalus,
> 2,9 = hochgradiger Hydrozephalus.

Schema 1-6 Okzipitales Restparenchym.

ner Verlagerung der Vierhügelplatte nach rostral und somit zum Verschluß bzw. zur Verschmälerung des Aquaeductus cerebri führen. Seltener ist der Aquädukt aufgrund entzündlicher Prozesse verklebt bzw. durch Blutung verlegt. Veränderungen in der Region des Kleinhirns wie das Dandy-Walker-Syndrom und das Arnold-Chiari-Syndrom (s. „Fehlbildungen") führen zur Deformierung und teilweise zu einer Verlagerung des 4. Ventrikels, was ebenfalls einen Hydrocephalus internus zur Folge haben kann.

Eine Erweiterung der **äußeren Liquorräume** beruht im allgemeinen auf einer Verbreiterung des Subduralraumes. Die Distanz von der Hirnoberfläche bis zur echoreichen Schädelkalotte beträgt normalerweise nicht mehr als 4 mm, die Breite des Interhemisphärenspaltes (gemessen als weitester Abstand zwischen den Sulci, koronare Schichtführung) nicht mehr als 6 mm. Ist der Subduralraum bereits mit einem Sektorschallkopf sichtbar (Abb. 1-17a), ist er sicher erweitert. In diesem Fall ist eine ergänzende Darstellung mit einem Linearschallkopf zwecks genauer Ausmessung erforderlich (Abb. 1-17b).

Eine Verbreiterung des **Subduralraumes** ist meist durch einen **Subduralerguß** (Abb. 1-17c und d) bedingt. Dieser kann postoperativ oder nach Entzündungen (Meningitis) auftreten. Ein Subduralerguß stellt sich meist echoarm dar, kann aber auch echoreiche Fibrinfäden enthalten oder homogen echoreich sein. Ein verbreiterter Subduralraum ohne Krankheitswert findet sich auch idiopathisch, meist bei der familiären Makrozephalie. Gerade in diesem Fall sollte man mit der Diagnose „Hirnatrophie" sehr zurückhaltend sein! Eine frische subdurale Blutung stellt sich im Ultraschall echoreich dar (Abb. 1-18).

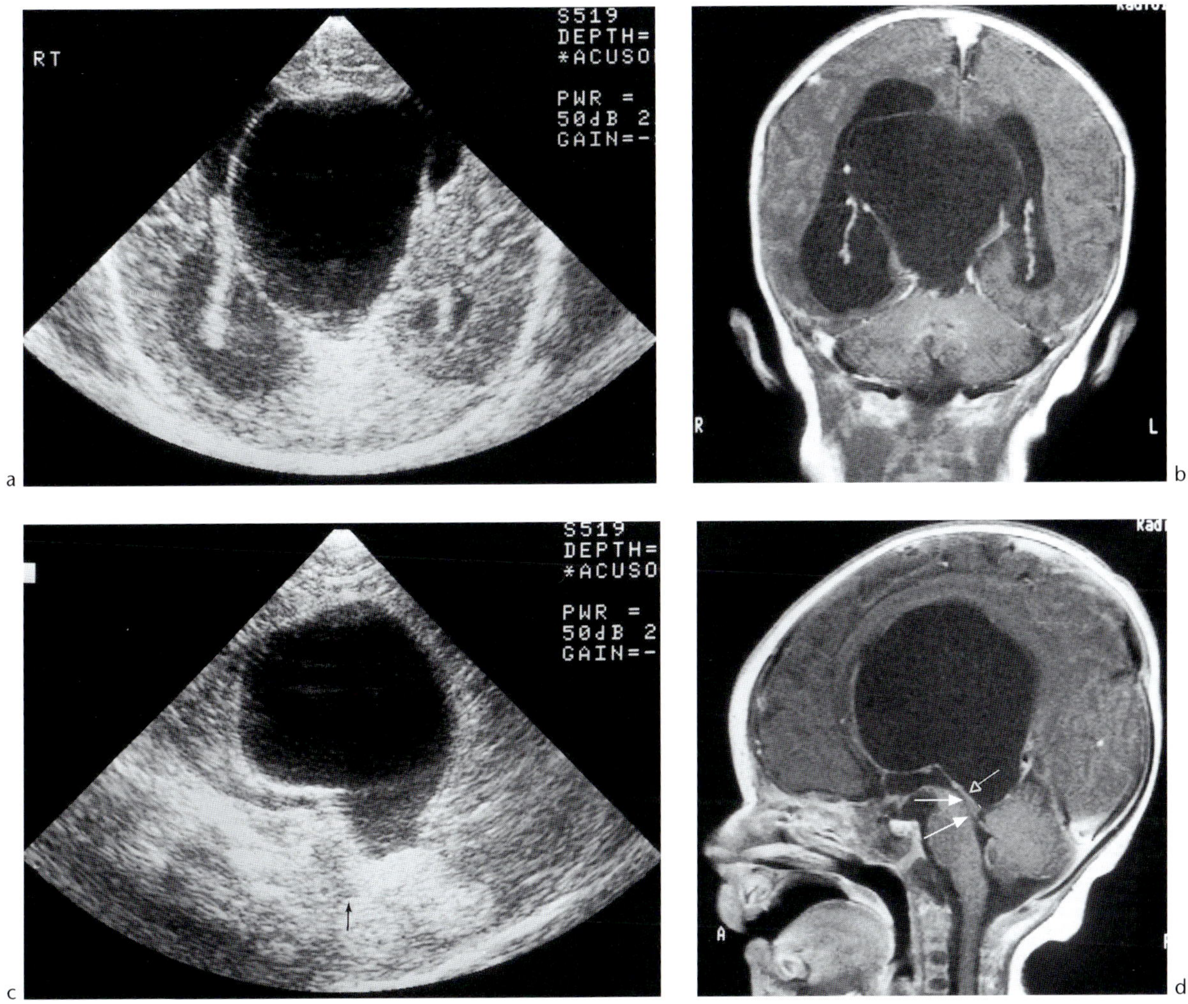

Abb. 1-16a bis d Ausgedehnte Mittellinienzyste mit sekundärem Hydrocephalus internus (Verschlußhydrozephalus).

a) Ausgedehnte echoarme Raumforderung in der Mittellinie, die gegenüber den Seitenventrikeln von einer feinen, echoreichen Membran begrenzt wird. Deutlich erweiterte Seitenventrikel, der rechte ist etwas weiter als der linke. Der Plexus choroideus hängt als breite, echoreiche Struktur in die Hinterhörner bzw. dorsalen Anteile der Unterhörner hinein (Sonogramm, koronar, Standardschicht 5).

b) Befund wie im Sonogramm unter Abbildung 1-16a, allerdings stellt sich der Plexus choroideus im MRT längst nicht so prominent dar wie im Ultraschallbild. Der MRT-Befund zeigt die reale Anatomie besser! (MRT, SE, T1, KM, koronar).

c) Die große Mittellinienzyste reicht bis auf die kraniale Kleinhirnbegrenzung herab. Das Kleinhirn grenzt kaudal scheinbar an die Schädelbasis, der 4. Ventrikel (—▷) ist nicht erweitert (Sonogramm, Mediansagittalebene, Standardschicht 5).

d) Gegenüber dem Sonogramm (s. Abb. 1-16c) ergeben sich folgende Zusatzinformationen: Die große Mittellinienzyste reicht bis in die Cisterna quadrigemina, die Vierhügelplatte (—▷ offen) wird komprimiert. Der Aquaeductus cerebri ist als hauchfeine signalarme Struktur (—▷ weiß) eben erkennbar, somit deutlich verschmälert. Der 4. Ventrikel sowie die Cisterna magna sind normal weit, somit kein Kleinhirntiefstand, wie man aus dem Sonogramm vermuten könnte (MRT, SE, T1, KM, sagittal).

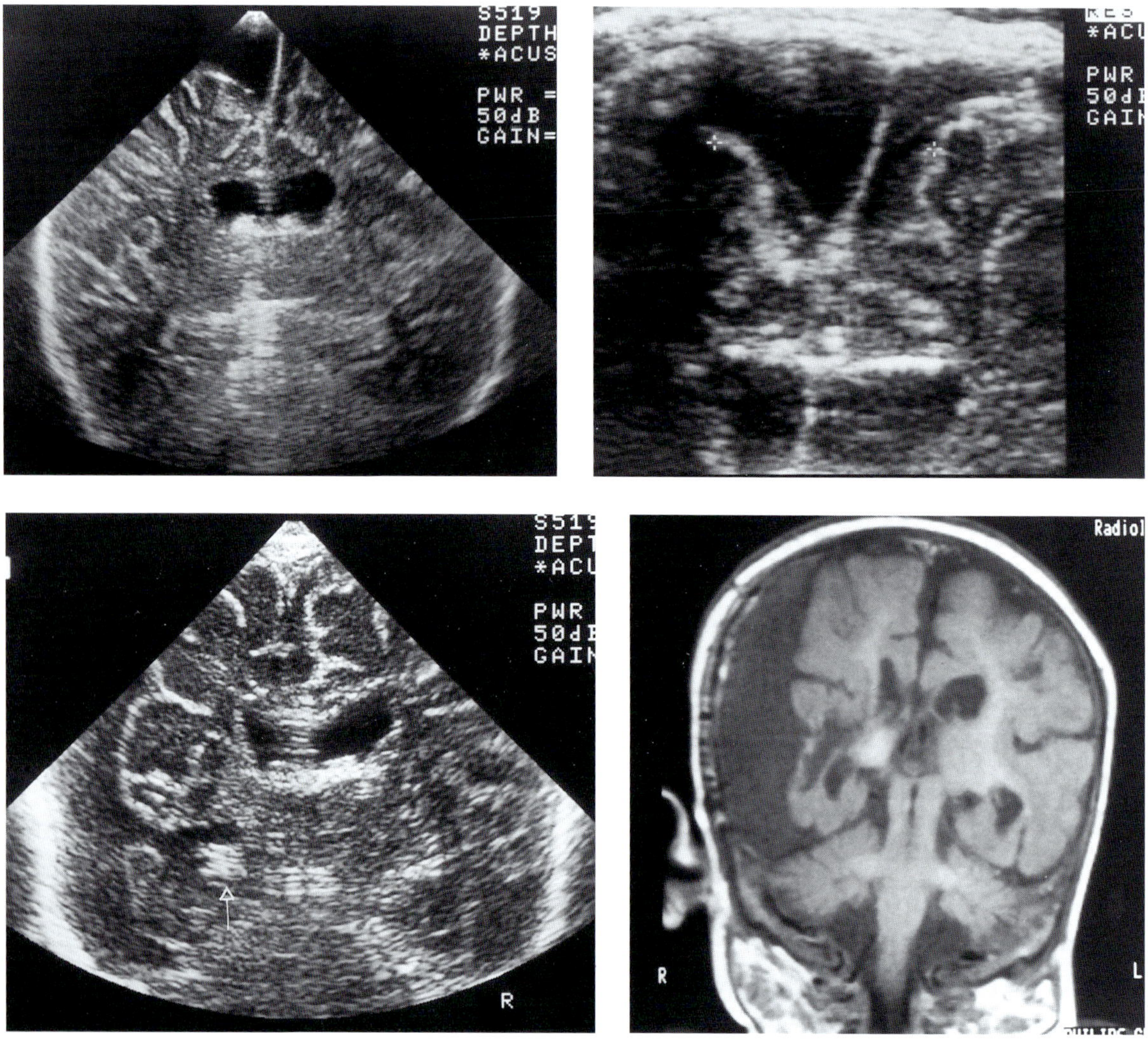

a b c d

Abb. 1-17a bis d Subduralerguß.

a) Äußerer Liquorraum rechts über der Konvexität deutlich verbreitert, die Echoarmut spricht für liquorähnliche Flüssigkeit, somit für einen Subduralerguß. Ist dieser schon – wie im vorliegenden Fall – mit einem Sektorschallkopf sichtbar, handelt es sich um eine größere Flüssigkeitsmenge (Nebenbefund: Verlagerung der Mittellinie, Falx cerebri, nach links: Sonogramm, koronar, Sektorschallkopf).

b) Deutlicher Subduralerguß bds. über der Konvexität, rechts ausgedehnter als links. Distanzen der Hirnoberfläche zur Schädelkalotte bzw. zum Interhemisphärenspalt lassen sich genauer ausmessen als in Aufnahmen mit einem Sektorschallkopf (Sonogramm, koronar, Linearschallkopf, gleicher Fall wie in Abb. 1-17a).

c) Ausgedehnte, echoarme Flüssigkeitsansammlung in den äußeren Liquorräumen rechts, entsprechend einem Subduralerguß. Dieser umgibt die gesamte rechte Hemisphäre. Mäßige asymmetrische Erweiterung und Verplumpung des Ventrikelsystems. Nebenbefund: ca. 8 mm großes unscharf begrenztes echoreiches Areal (—▷) in der rechten Großhirnhemisphäre, kaudal und mittelliniennah gelegen. Ein solcher Befund ist im Sonogramm vieldeutig. Die hier vorliegende Parenchymblutung wurde im MRT (s. Abb. 1-17d) bewiesen (Sonogramm, koronar).

d) Das MRT zeigt das Ausmaß des rechtsseitigen Subduralergusses und die Größendifferenzierung der Großhirnhemisphären eindrucksvoller als das Sonogramm (s. Abb. 1-17c). Das signalreiche Areal in der rechten Großhirnhemisphäre kaudal und mittelliniennah entspricht einer Parenchymblutung (MRT, SE, T1, nativ, koronar; gleicher Fall wie in Abb. 1-17c).

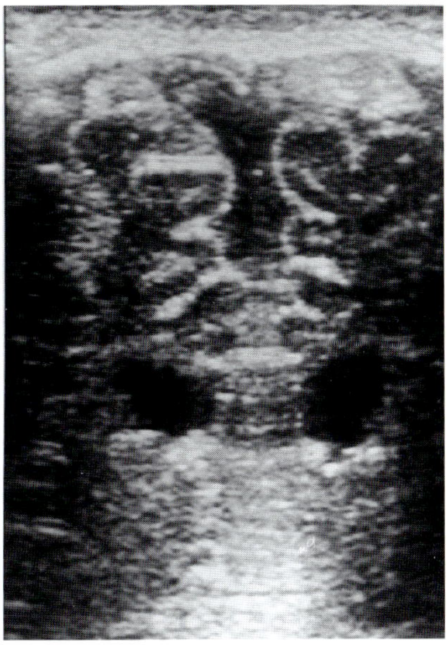

Abb. 1-18 Subdurale Blutungen über der Konvexität bds. Die Blutungsherde stellen sich echoreich und glatt begrenzt dar. Subduralraum und Interhemisphärenspalt sind verbreitert. Nebenbefund: mäßige Erweiterung und Verplumpung der Seitenventrikel.

1.5 Blutung

- subependymale Blutung
- Ventrikelblutung
- Parenchymblutung

Blutungen treten bei Frühgeborenen wesentlich häufiger auf als bei reifen Neugeborenen. Der Grund dafür ist die extreme Empfindlichkeit der Kapillargefäße, der sog. germinalen Matrix (= Keimzellschicht, Stratum germinativum) in der Periventrikulärregion gegenüber Blutdruckschwankungen. Die germinale Matrix liegt subependymal und ist als Ursprungsort von neuronalen Zellen und Gliazellen reich vaskularisiert. Beim Frühgeborenen ist die Fähigkeit der vaskulären Autoregulation, bei der die zerebrale Perfusion durch gefäßeigene Tonusänderungen unabhängig ist vom arteriellen Systemdruck, noch deutlich eingeschränkt. Somit sind die fragilen periventrikulären Kapillaren der Germinalmatrix direkt dem arteriellen Druck ausgesetzt. Dies führt bei Blutdruckschwankungen, wie sie bei der Geburt, bei Apnoen, Azidose oder bei Asphyxie auftreten, zur Gefäßruptur und damit zur – subependymalen – Blutung. Das Stratum germinativum bildet sich im Laufe der Entwicklung (24.–28. Schwangerschaftswoche) von posterior nach anterior zurück. Ein Rest bleibt im Bereich des Caput nuclei caudati bestehen, so daß die sog. kaudothalamische Rinne insbesondere bei Frühgeborenen die bevorzugte Region subependymaler Blutungen ist.

Die subependymale Blutung in der kaudothalamischen Rinne ist im frischen Stadium annähernd halbkugelförmig und echoreich, sie läßt sich oft in einer schrägen sagittalen Ebene (Abb. 1-19b) besser erkennen als im Koronarschnitt (Abb. 1-19a). Die kaudothalamische Rinne muß bei jeder Schädelsonographie speziell am Monitor durchgemustert werden, da diese Region mit den Standardschichten nicht ausreichend dargestellt wird und eine Blutung somit leicht zu übersehen ist. Der Nachweis einer subependymalen Blutung sollte dem behandelnden Neonatologen unmittelbar mitgeteilt werden. Im Verlauf einiger Wochen wird die Blutung meist resorbiert, es entsteht eine subependymale Zyste (Abb. 1-19c und d), die auch im koronaren Bild gut zu erkennen ist.

In Abhängigkeit von der Lokalisation unterscheidet man **subependymale Blutungen, Ventrikelblutungen** und lokalisierte oder diffuse **Parenchymblutungen.** Die klinischen Symptome korrelieren nicht unbedingt mit dem Ausmaß der Blutung. Auch läßt sich die Prognose für den Einzelfall nicht aus dem sonographischen Befund ableiten. Für eine Gradeinteilung der intrakraniellen Blutungen ist diejenige von Papile und Burstein die gebräuchlichste. Sie wurde ursprünglich für die CT-Untersuchung konzipiert:

Grad I: subependymale Blutung,
Grad II: intraventrikuläre Blutung ohne Ventrikelerweiterung,
Grad III: intraventrikuläre Blutung mit Ventrikelerweiterung,
Grad IV: intraventrikuläre Blutung mit Ventrikelerweiterung und Parenchymeinbruch.

Ein Beispiel für eine Blutung Grad III ist in Abbildung 1-20a bis c dargestellt. Die Seitenventrikel sind enorm erweitert, die Blutung befindet sich bereits im Stadium der Resorption. Bei Blutungen der Grade II–IV kommt es häufig zur Ausbildung eines progressiven Hydrozephalus. Sonstige Veränderungen, die nach intrazerebralen Blutungen

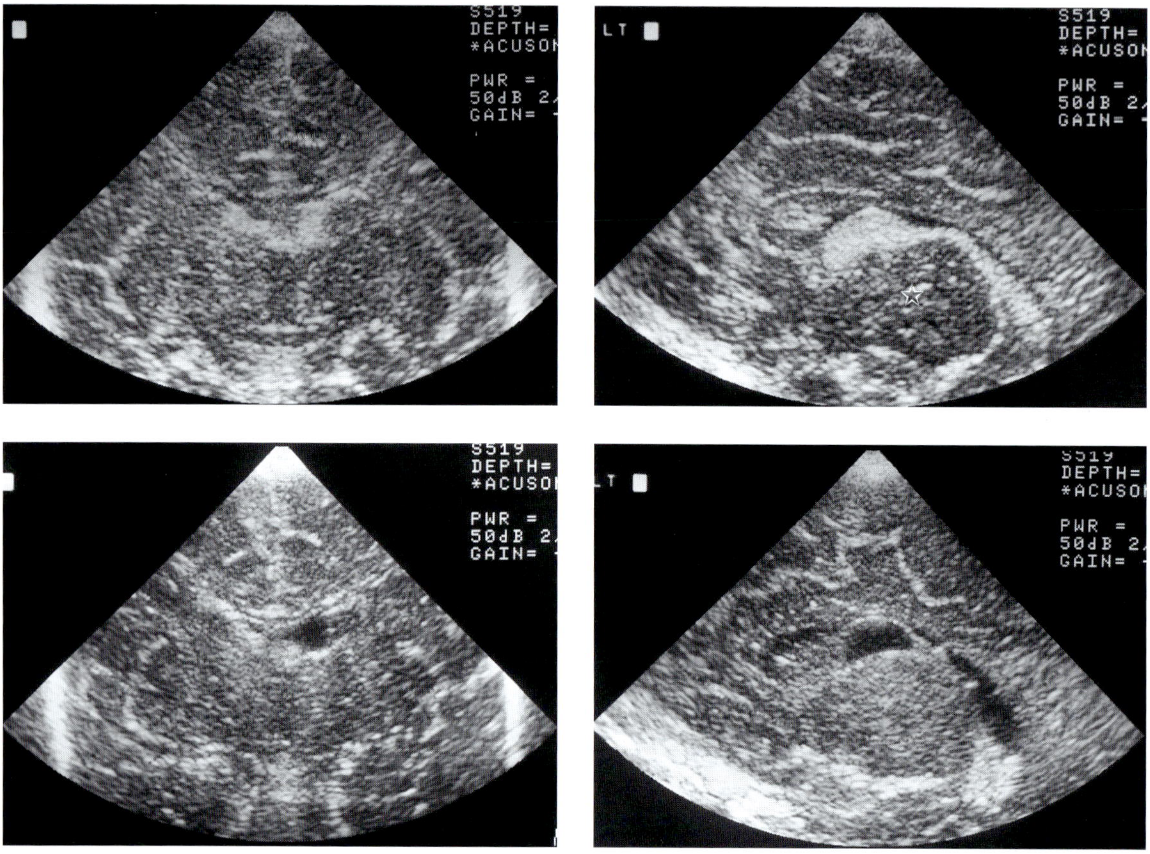

a b c d

Abb. 1-19a bis d Subependymale Blutung in der kaudothalamischen Rinne links (germinale Matrix), frisch und nach Resorption.
a) Die echoreiche, rundliche Raumforderung als Ausdruck der Blutung kaudal des linken Ventrikels ist in dieser Schichtführung nur schwer von dem sich ebenfalls echoreich darstellenden Plexus choroideus zu unterscheiden. Im Vergleich zur gesunden rechten Seite reicht die Blutung etwas weiter nach kaudal als der normale Plexus (Sonogramm, koronar).
b) Echoreiche, halbkugelförmige Raumforderung in der kaudothalamischen Rinne, typisches Bild einer subependymalen Blutung im Bereich der germinalen Matrix. (☆ Thalamus; Sonogramm, schräg sagittal).
c) Echoarme, ca. 5 mm große Zyste im Bereich des linken Seitenventrikels, in dieser Schicht von diesem nicht eindeutig abgrenzbar (Sonogramm, koronar).
d) Halbkugelförmige, echoarme Raumforderung in der kaudothalamischen Rinne, entsprechend einer Zyste nach Resorption einer subependymalen Blutung (Sonogramm, schräg sagittal).

auftreten, führen zu Ventrikeldeformierungen, die überwiegend im Vorderhornbereich auftreten und zu einer Abrundung und Verplumpung (s. Abb. 1-15a und b) der Vorderhörner führen. Das Endstadium von periventrikulären Parenchymblutungen besteht in zystischen Veränderungen im Sinne einer Porenzephalie. Diese Defekte stellen sich im Ultraschall im allgemeinen echoarm bis echofrei dar (Abb. 1-21a), während frische Blutungen echoreich sind (Abb. 1-21c). Im Kernspintomogramm (Spin-Echo-Technik, T1-Wichtung) lassen sich noch genauere Informationen erhalten: Der Bereich der ehemaligen Parenchymblutung ist wegen seines höheren Methämoglobingehaltes deutlich signalreicher als Liquorflüssigkeit (Abb. 1-21b); konzentriertes frischeres Blut grenzt sich durch noch höhere Signalintensität besser ab als im Sonogramm (Abb. 1-21b und d).

Es ist zu berücksichtigen, daß nicht alle umschriebenen, flächenhaften echoreichen Bezirke im Hirnparenchym das Korrelat einer frischen Blutung sind (s. Abb. 1-27a und b!).

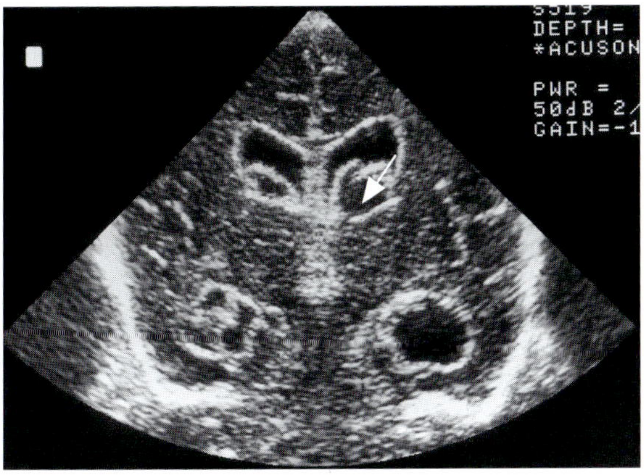

a

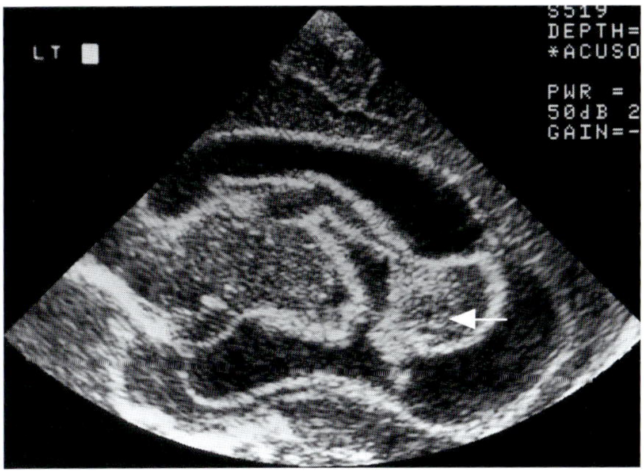

b

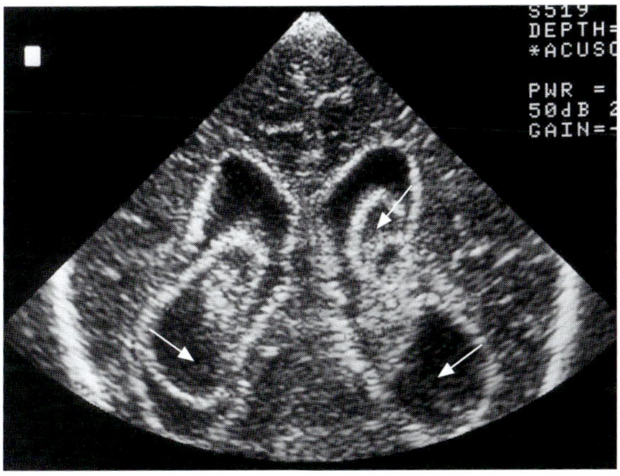

c

Abb. 1-20a bis c Ausgedehnte Ventrikelblutung mit posthämorrhagischem Hydrozephalus (Stadium III nach Papile). Die Blutung ist schon teilweise resorbiert, erkennbar an den echoarmen Binnenstrukturen innerhalb der Ventrikel (—▷).

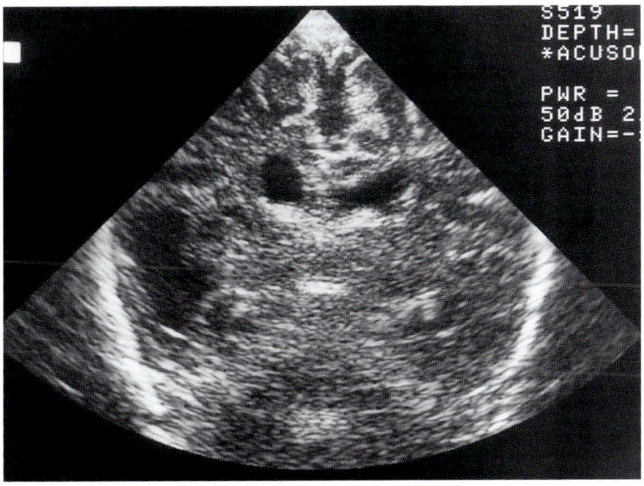

a

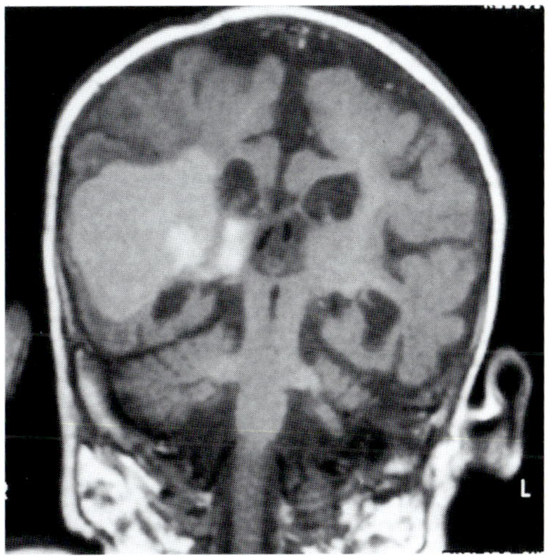

b

Abb. 1-21a bis d Parenchymblutung in unterschiedlichen Stadien (Vergleich Sonographie – MRT).
a) Großer, unscharf begrenzter, echoarmer Bezirk in der rechten Hemisphäre peripher entsprechend einem ausgedehnten Gewebsdefekt. Nebenbefund: Ventrikelverplumpung, Erweiterung der Ventrikel und des Subduralraumes (Sonogramm, koronar).
b) Der ausgedehnte Gewebsdefekt stellt sich mäßig signalangehoben dar (Liquor-/Blutgemisch), medial davon frische (signalreiche) Blutung (MRT, SE, T1, koronar).

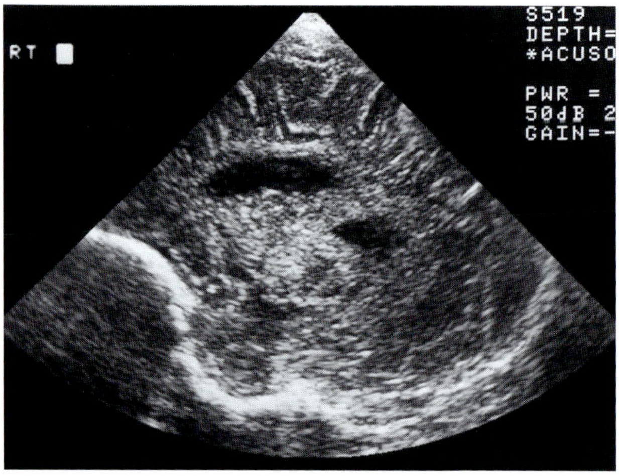

c

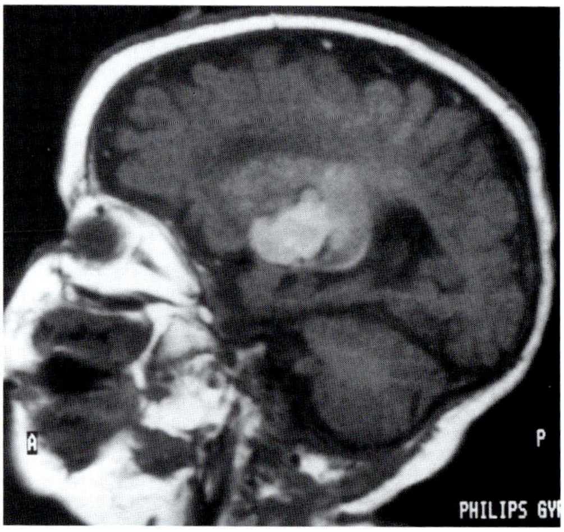

d

Abb. 1-21a bis d Parenchymblutung in unterschiedlichen Stadien (Vergleich Sonographie – MRT). (Fortsetzung)
c) Ausgedehnte Echogenitätsanhebung in der Thalamusregion rechts, einer frischen Blutung entsprechend (Sonogramm, parasagittal-paramedian!).
d) Thalamusblutung rechts in unterschiedlichen Stadien, zentral signalreich die frische Blutung (MRT, SE, T1, sagittal).

1.6 Hirnparenchym-veränderungen

- Ischämie
- porenzephale Defekte
- Leukomalazie
- Infektion
- Verkalkungen:
  lokalisiert nach einer Blutung, in Tuberomen, in Basalganglien;
  diffus bei konnataler Infektion

Die häufigsten Ursachen für Veränderungen des Hirnparenchyms sind – abgesehen von den oben beschriebenen Blutungen – Infektionen sowie eine Minderperfusion (Ischämie, Infarkt). Sowohl **entzündliche Prozesse** als auch **ischämische Ereignisse** können umschrieben oder diffus ubiquitär auftreten. Frische Infektionen führen zu einer deutlichen umschriebenen oder diffusen Echogenitätserhöhung des Hirnparenchyms (Abb. 1-22a bis c). Bei der Asphyxie des Neugeborenen kommt es zu einem globalen Hirnödem, was sich ebenfalls in einem Anstieg der Echogenität des Hirnparenchyms äußert. Hierbei ist das Echomuster gröber als bei infiltrativen Prozessen.

In hypoxisch ischämischen Infarktbezirken kommt es zum Gewebsuntergang. Bekanntermaßen ist die Periventrikulärregion von Frühgeborenen – insbesondere anterior des Foramen Monroi – eine Prädilektionsstelle hierfür, man spricht auch von **„periventrikulärer Leukomalazie“.** Im zeitlichen Verlauf findet sich im Anfangsstadium des Infarktgeschehens eine periventrikuläre Echogenitätsanhebung, die in ca. 50% bilateral auftritt (Abb. 1-23a und b). Allerdings ist der Ultraschall zum sicheren Nachweis von Frühveränderungen bei Ischämie nicht die geeignete Methode, insbesondere wenn die periventrikuläre Gewebsschädigung symmetrisch auftritt! Ein normales Sonogramm bedeutet nicht, daß nicht doch periventrikuläre ischämische Bezirke vorhanden sind; 25–60% solcher Befunde sind im Ultraschall nicht sichtbar! In diesen Fällen kann eine MRT-Untersuchung weiterhelfen.

Sonographisch läßt sich die Echogenitätsanhebung bei ischämisch bedingter periventrikulärer Leukomalazie nicht von einer Blutung unterscheiden. Ischämischer Infarkt und Parenchymblutung können auch kombiniert vorkommen. Ein Sonderfall ist das Auftreten einer umschriebenen Echogenitätserhöhung im Hirnparenchym bei umschriebener Blutung infolge einer venösen Abflußbehinderung (Abb. 1-24a und b). Erst die MRT-Untersuchung deckte hier als Ursache der Parenchymblutung eine ausgedehnte Sinusvenenthrombose auf (Abb. 1-24c)! Folgezustand einer

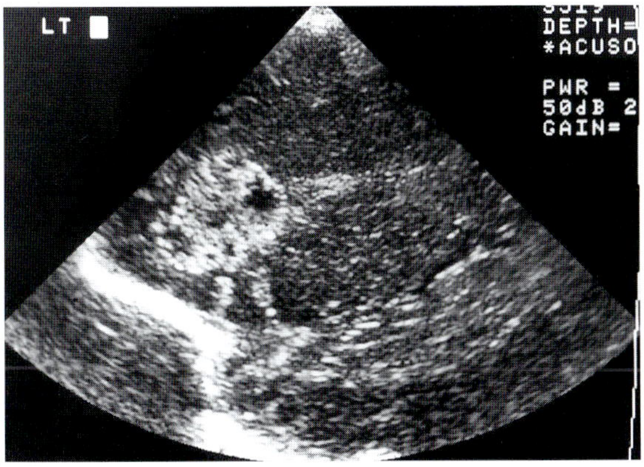

a

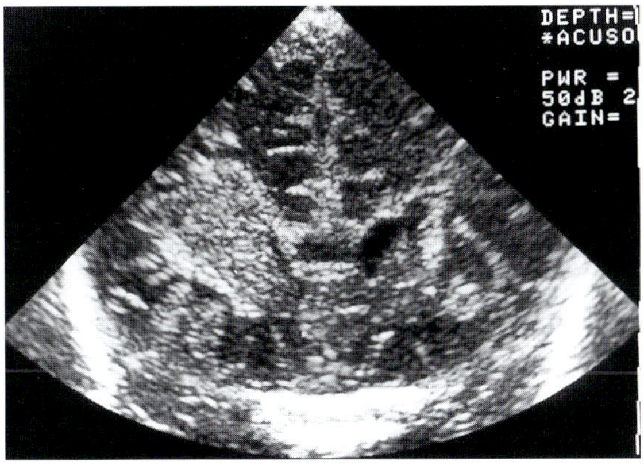

b

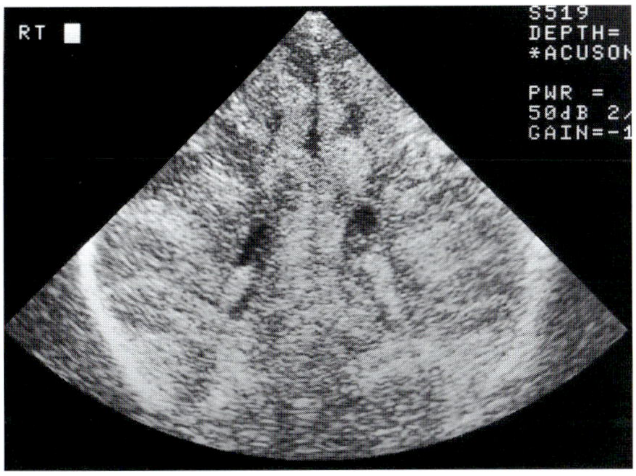

c

Abb. 1-22a bis c Infektionen des Hirnparenchyms.
a und b) Hirnabszeß rechts frontal. Unscharf begrenzte, echoreiche periventrikulär rechts gelegene Formation mit dorsal abgrenzenden echoarmen, teilweise septierten Arealen, a) koronar, b) sagittal.
c) Diffuse Echogenitätsanhebung beider Großhirnhemisphären bei Staphylokokkensepsis.

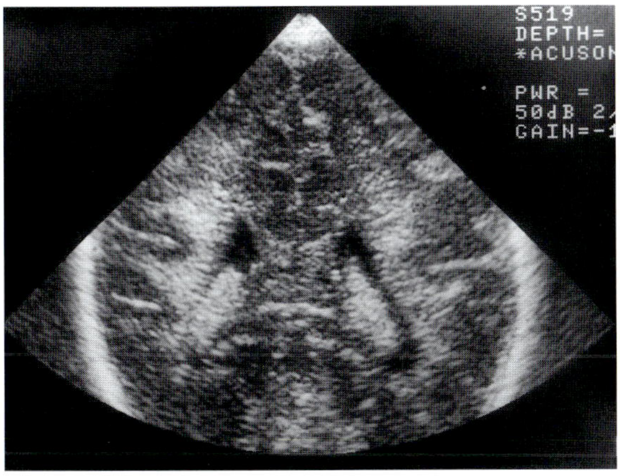

a

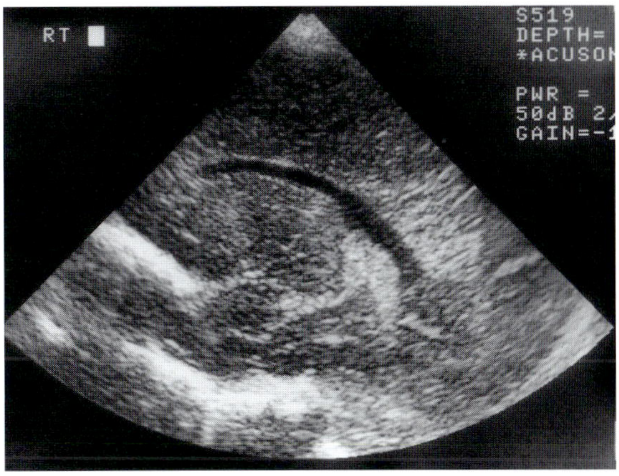

b

Abb. 1-23a und b Periventrikuläre Leukomalazie. Nahezu symmetrische, flächenhafte Echogenitätsanhebung periventrikulär. Im sagittalen Sonogramm deutlich über die Norm (s. Abb. 1-7) hinausgehende Echogenitätsvermehrung dorsokranial des Hinterhorns (reifes Neugeborenes, klinisch symptomlos).

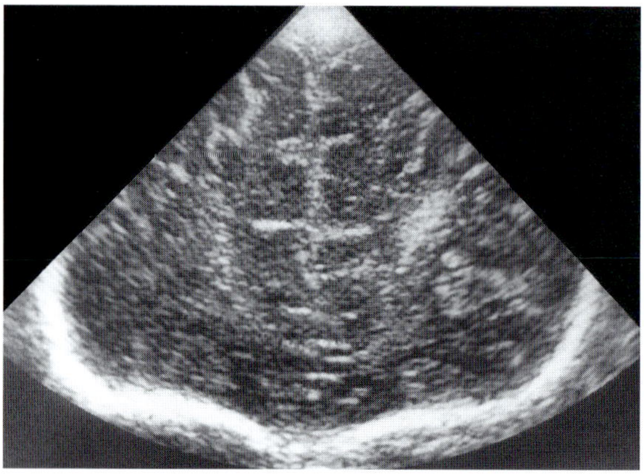

a

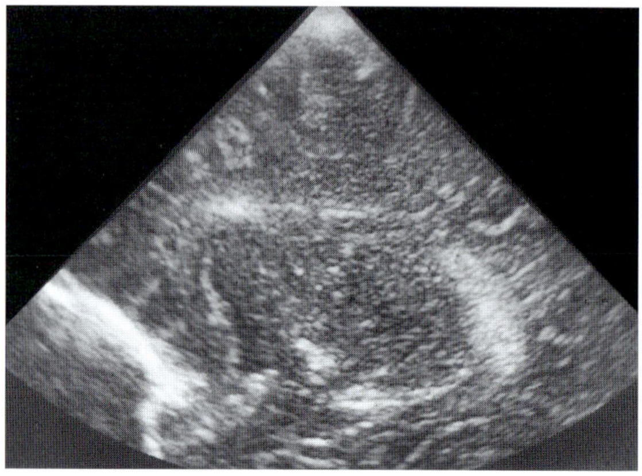

b

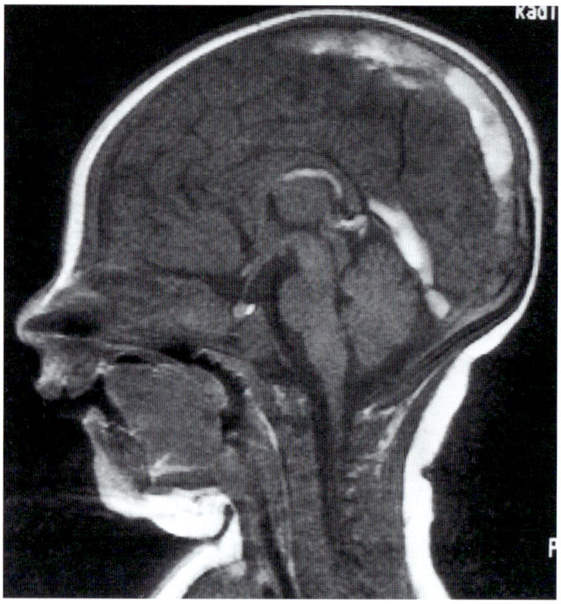

c

Abb. 1-24a bis c Umschriebene Hirnparenchymblutung bei Sinusvenenthrombose.

a) Frontal links paramedian umschriebene, inselförmige Echogenitätsvermehrung. Differentialdiagnose: Blutung, Ödem bei Infarkt? (Sonogramm, koronar, Standardschicht 1).

b) Umschriebene Echogenitätsanhebung präventrikulär (Sonogramm, parasagittal).

c) Ausgedehnte Thrombose der V. cerebri interna, des Sinus rectus und des Sinus sagittalis superior in unterschiedlichen Stadien. Das im Sonogramm (s. Abb. 1-24a) auffällige Areal links frontal entsprach einer Blutung mit Ödem (venöser Infarkt; MRT, SE, T1, sagittal).

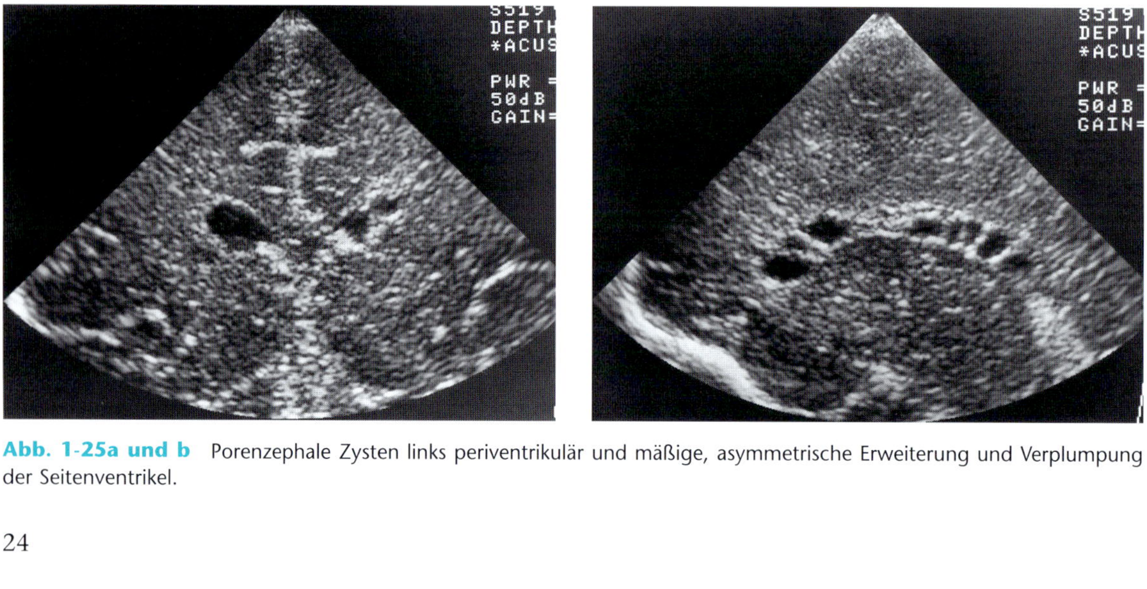

a b

Abb. 1-25a und b Porenzephale Zysten links periventrikulär und mäßige, asymmetrische Erweiterung und Verplumpung der Seitenventrikel.

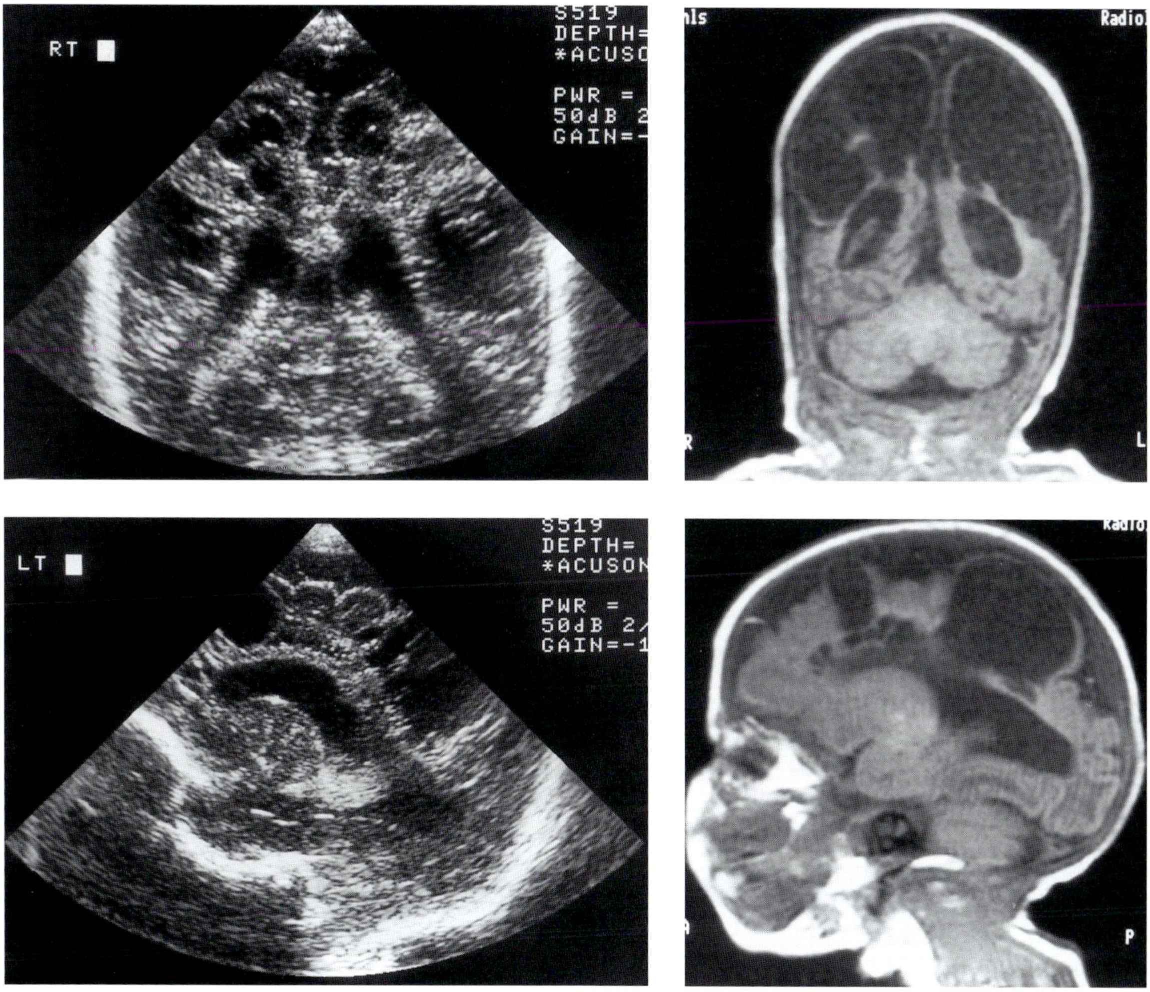

a b c d

Abb. 1-26a bis d Ausgedehnte, porenzephale Zysten in beiden Großhirnhemisphären bei einem Frühgeborenen nach lang anhaltender Asphyxie.
a) Multiple, unscharf begrenzte echoarme Areale in beiden Großhirnhemisphären periventrikulär und parietal. Das Großhirn wirkt netzartig durchlöchert. Nebenbefund: Ventrikelsystem symmetrisch erweitert (Sonogramm, koronar, Standardschicht 6).
b) Die porenzephalen Defekte in beiden Großhirnhemisphären stellen sich im MRT noch eindrucksvoller dar als in der Sonographie (s. Abb. 1-26a; MRT, SE, T1, koronar).
c) Die ausgedehnten porenzephalen Gewebsdefekte liegen kranial des gesamten Seitenventrikels und sind im Hinterhornbereich besonders ausgeprägt. Der Plexus choroideus ist – wie oft bei Frühgeborenen – plump und ragt in Richtung auf das Hinterhorn vor. Keine Plexusblutung, diese müßte sich im MRT (s. Abb. 1-26d) signalreich darstellen (Sonogramm, sagittal).
d) Die bis zur Konvexität reichenden ausgedehnten Gewebsdefekte lassen sich in ihrer gesamten Ausdehnung abbilden. Der Plexus choroideus ist längst nicht so prominent, wie man es nach dem Sonogramm (s. Abb. 1-26c) annehmen könnte. Eine Plexusblutung liegt nicht vor (MRT, SE, T1, sagittal).

ischämisch bedingten Gewebsschädigung ist entweder die Entstehung von Narbengewebe oder die Ausbildung von Zysten. **Porenzephale Zysten** (Abb. 1-25a und b) sind sonographisch echoarm. Sie entsprechen Gewebsdefekten, die liquorähnliche Flüssigkeit enthalten. Die zystischen Areale können sich in Extremfällen von der Periventrikulärregion ausgehend über große Hirnbereiche erstrecken (Abb. 1-26a bis d).

Erstaunlicherweise kann die Kolliquationsnekrose (= der Gewebsdefekt) nach lange zurückliegendem Infarkt im Versorgungsgebiet einer großen Hirnarterie sonographisch auch als *echoreicher* Bezirk erscheinen (Abb. 1-27a und b). Eine mögliche Er-

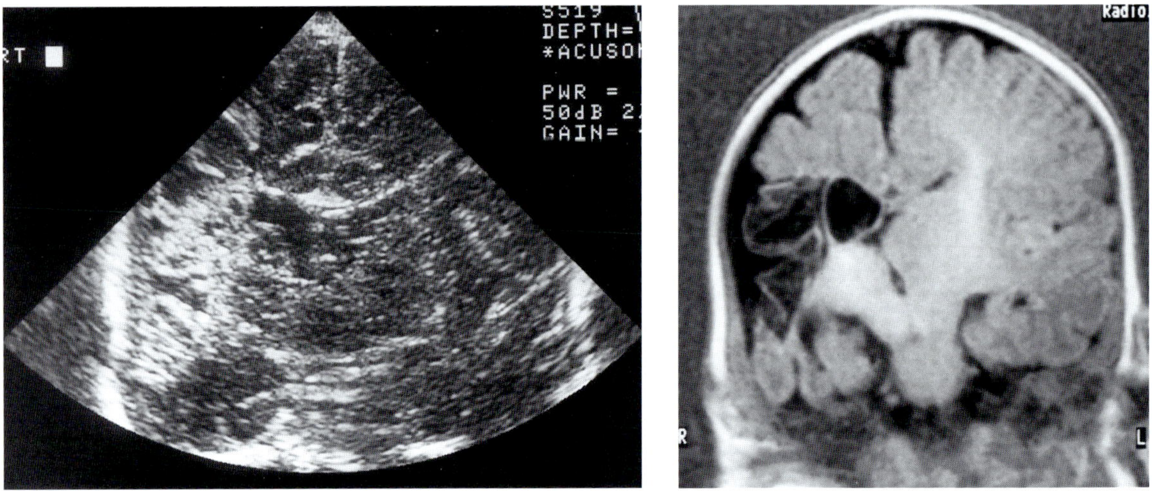

a b

Abb. 1-27a und b Kolliquationsnekrose nach Mediainfarkt.
a) Großes, etwas unscharf begrenztes echoreiches Areal in der rechten Großhirnhemisphäre, welches von der Inselregion bis nach periventrikulär rechts reicht. Vom sonographischen Bild her würde man zunächst an eine ausgedehnte Parenchymblutung denken – das MRT (s. Abb. 1-27b) ergab aber eindeutig den Befund eines großen Gewebsdefektes (Zustand nach Infarkt im Versorgungsgebiet der A. cerebri media). Nebenbefund: Ventrikelverplumpung und -asymmetrie (Sonogramm, koronar).
b) Großer Gewebsdefekt in der rechten Großhirnhemisphäre, entsprechend einem Zustand nach Mediainfarkt rechts. Der rechte Ventrikel ist vergrößert und in Richtung auf den Gewebsdefekt hin ausgezogen. Nebenbefund: Asymmetrie der Großhirnhemisphären (MRT, IR, T1, koronar).

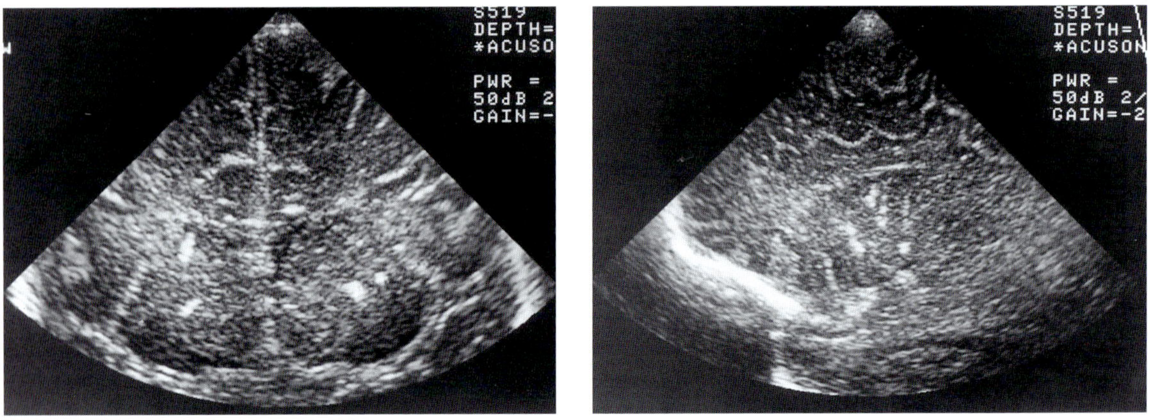

a b

Abb. 1-28a und b Verkalkungen in der Thalamusregion bds. nach konnataler Infektion (Toxoplasmose).

klärung dafür ist, daß sich innerhalb des Infarktareals (wie im MRT sichtbar) zahlreiche feine Binnenstrukturen befinden, durch die es zu Grenzflächenphänomenen kommt. Die Sicherung der Diagnose ist in diesem Fall nur mittels der MRT-Untersuchung möglich, die das signalarme Infarktareal mit zarten signalreichen Binnenstrukturen deutlich zeigt. Mit der Interpretation von Echogenitätsanhebungen ist somit Vorsicht geboten!

Verkalkungen können lokalisiert, z. B. nach Blutung oder in Tuberomen, auftreten. Diffus über das Parenchym des Großhirns verteilt findet man sie nach konnataler Infektion (z. B. Toxoplasmose, Zytomegalie, Röteln; Abb. 1-28a und b). Feine Verkalkungen im Hirnparenchym eines Kindes mit

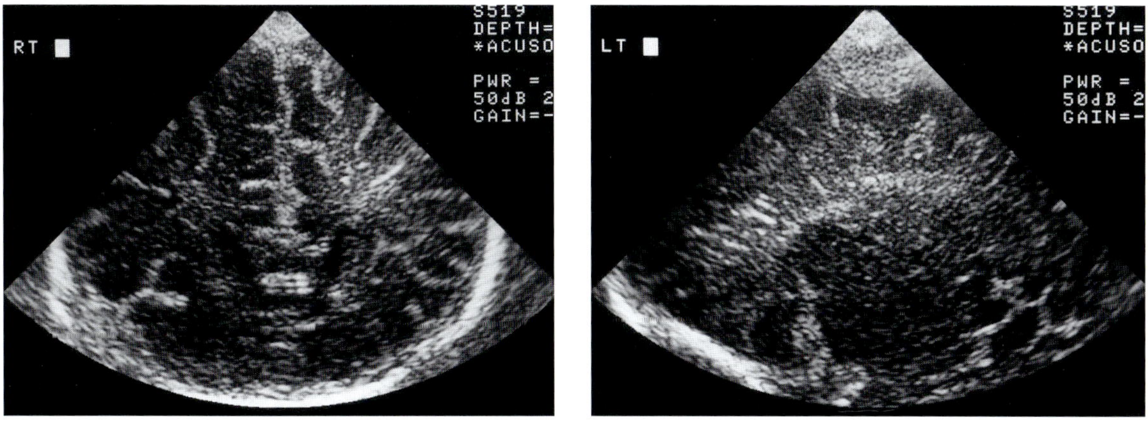

a b

Abb. 1-29a und b Sturge-Weber-Syndrom.
a) Links frontal paraventrikulär feine, strichförmige Echoanhebungen, die Verkalkungen entsprechen (Sonogramm, koronar).
b) Die Echoanhebungen befinden sich präventrikulär links. Sie erschienen im Monitorbild deutlich echoreicher („leuchtender") als Sulci. Dieses Echoverhalten spricht für Verkalkungen (Sonogramm, sagittal).

einem Naevus flammeus sprechen für das Vorliegen eines Sturge-Weber-Syndroms (Abb. 1-29a und b). Sie können sonographisch Monate bevor das Kind durch den ersten Krampfanfall auffällt bereits nachweisbar sein!

Die Verteilung der kalkdichten Herde allein sagt nichts über deren Pathogenese aus. Verkalkungen lassen sich leicht von anderen echoreichen Hirnstrukturen unterscheiden und sind auf dem dynamischen Bild besser erfaßbar als auf dem dokumentierten Film. Verkalkungen im Hirnparenchym „leuchten" auf dem Monitorbild „wie Sternchen", ihre Intensität ist mit dem Grenzflächenphänomen am Dach und Boden des Seitenventrikels in sagittaler Ebene (s. Abb. 1-7) vergleichbar. Die Echogenität von Verkalkungen ist sowohl in koronarer wie auch in sagittaler Schichtführung sehr hoch. Die zweite Ebene ist hier unbedingt erforderlich, um die Artdiagnose zuverlässig stellen zu können. Schallschatten treten nur in seltenen Fällen auf, die Herde sind dazu oft nicht groß und nicht dicht genug. Ein fehlender Schallschatten bei einer intrazerebralen Verkalkung spricht also keineswegs gegen diese Diagnose. Da die Sonographie die empfindlichste Methode zum Nachweis von Verkalkungen ist, sollte sie – so lange wie dies aufgrund der Fontanellengröße möglich ist – auch als einzige Methode durchgeführt werden. Die leider immer wieder gewünschten „Beweise" von Verkalkungen im Hirnparenchym durch für diese Fragestellung unempfindlichere Methoden (Röntgen, CT) sollten zum Schutz des Kindes unterbleiben.

1.7 Fehlbildungen

- Balkenhypoplasie – Balkenaplasie
- Mittellinienstörung
- Dandy-Walker-Zyste – Dandy-Walker-Variante
- Arnold-Chiari-Syndrom
- Pinealiszyste
- Arachnoidalzyste
- Septum-pellucidum-Agenesie (De-Morsier-Syndrom)
- Hemimegalenzephalie
- Lissenzephalie
- Hirnatrophie

Fehlbildungen des Hirns sind in vielen Fällen sog. Mittellinienstörungen. Zu unterscheiden sind solche, bei denen die Strukturen der Mediansagittalebene (Balken, Gyrus cinguli, Septum pellucidum, Kleinhirnunterwurm) hypoplastisch sind oder ganz fehlen und solche, bei denen in der Mittellinie Zysten auftreten (Dandy-Walker-Zyste, Dandy-Walker-Variante, Pinealiszyste, Mittellinienzyste).

Die wichtigste Störung von Mittellinienstrukturen ist die **Balkenhypoplasie** (Abb. 1-30a und b, Abb. 1-31a und b) oder die **Balkenaplasie/-agenesie.** Ein markantes Merkmal für den Balkenmangel ist in der sagittalen Schichtführung die sog. radiäre Streifung im Ultraschallbild. Es handelt sich hier um echoreiche Sulci, die in radiärer Formation auf die Region des 3. Ventrikels zulaufen (s. Abb. 1-30a). Im amerikanischen Schrifttum spricht man auch von einem „sunburst“-Phäno-

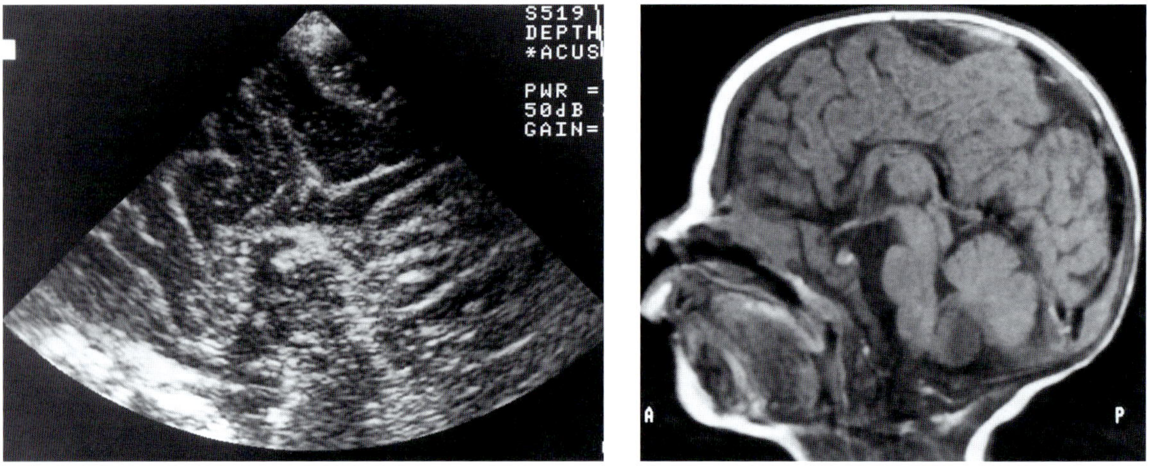

a b

Abb. 1-30a und b Balkenmangel.

a) Die typische Balkenstruktur mit ihrer echoreichen Doppelkontur ist nicht vorhanden. Echoreiche Sulci laufen radiär auf den 3. Ventrikel zu, entsprechend dem typischen „sunburst“-Phänomen als Zeichen des Balkenmangels. Der 3. Ventrikel stellt sich als annähernd dreieckiges, etwas echoärmeres Areal normal dar. Die Adhaesio interthalamica findet sich als punktförmige, echoreiche Struktur im 3. Ventrikels, der echoreiche Bogen kranial des 3. Ventrikels entspricht dem Fornix (Sonogramm, Mediansagittalebene).

b) Als Zusatzinformation zum sonographischen Befund zeigt sich, daß es sich nicht um einen kompletten Balkenmangel handelt. Die vorderen Balkenanteile lassen sich als hypoplastische Strukturen differenzieren (MRT, SE, T1, sagittal).

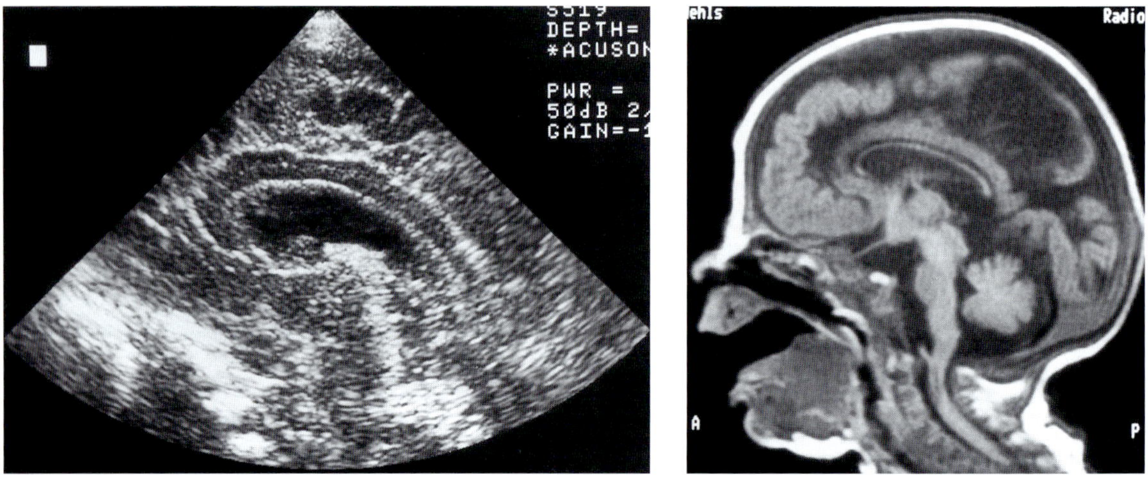

a b

Abb. 1-31a und b Balkenhypoplasie.

a) Auf den ersten Blick erscheint der Balken breit, in allen Anteilen angelegt. Allerdings fällt die echoreiche, etwas unharmonische, wellige kraniale Kontur auf. Diese Außenkontur muß als Indiz dafür gewertet werden, daß es sich nicht um die kraniale Begrenzung des Balkens, sondern um diejenige des Gyrus cinguli handelt, wie das MRT (s. Abb. 1-31b) beweist (Sonogramm, Mediansagittalebene).

b) Der Balken ist in allen Anteilen angelegt, aber allseits hypoplastisch. Darüber als bogenförmige Struktur der Gyrus cinguli. Nebenbefund: Dandy-Walker-Variante – war im Übersichts-Sonogramm ebenfalls sichtbar (MRT, SE, T1, sagittal).

men. Der Balkenmangel kann mit einem Fehlen des Gyrus cinguli kombiniert sein (s. Abb. 1-30a und b). Da der Balken (Corpus callosum) sich in der Embryonalentwicklung von rostral nach okzipital entwickelt, sind oft die rostralen Balkenanteile (Genu corporis callosi) vorhanden, während die dorsalen Anteile (Splenium corporis callosi) fehlen. Da für diese Differenzierungen die Auflösung der Schallköpfe im Ultraschall nicht ausreicht, lassen sich Details nur im MRT erfassen (s. Abb. 1-30b). Im Einzelfall kann die Sonographie einen falsch-positiv breiten Balken vortäuschen (s. Abb. 1-31a). Der „Balken" in diesem Sonogramm ist ausgesprochen breit und prominent. Er weist zwar eine echoreiche Doppelkontur auf, diese ist im kranialen Anteil im Gegensatz zum Normalbefund (s. Abb. 1-8a) jedoch nicht glatt, sondern wellig konturiert. Das Kernspintomogramm (s. Abb. 1-31b) zeigt, daß in diesem Fall nur ein – in allen Anteilen angelegter – sehr schmaler, somit hypoplastischer Balken vorliegt. Die kranial wellig konturierte Struktur ist der Gyrus cinguli, der im Vergleich zu einem Normalbefund (s. Abb. 1-11a) ebenfalls hypoplastisch ist. Selbstverständlich läßt sich ein Balkenmangel auch in koronarer Schichtführung erkennen, da die typische echoreiche Doppelkontur (s. Abb. 1-2a, 1-3a und 1-11b) fehlt. Bei einer typischen **Mittellinienstörung** (Abb. 1-32a bis f) gibt es außer der Balkenaplasie noch weitere sonographische Besonderheiten: Die Hinterhörner und Unterhörner beider Seitenventrikel sind symmetrisch erweitert (Erweiterung der Hinterhörner = Kolpozephalie), die Vorderhörner sind eng wie bei einem Normalbefund, sie sind jedoch nach lateral gebogen. Außerdem verläuft die Achse der Seitenventrikel parallel zur Mittellinie (s. Abb. 1-32f), nicht – wie normalerweise – schräg dazu. Die Fasern, die sich im Normalfall im Balken befinden, verlaufen dann als „Probstsche Bündel" medial der Seitenventrikel parallel zur Mittellinie. Sie lassen sich auf koronaren Aufnahmen manchmal im Sonogramm abgrenzen. Der Balkenmangel kann in Kombination mit Mittellinienzysten und Lipomen auftreten.

Cave: Der Befund einer Mittellinienstörung darf nicht mit einem (Verschluß-)Hydrozephalus verwechselt werden! Eine Unterscheidungsmöglichkeit ist durch die Art der Ventrikelerweiterung gegeben. Bei einer Liquorabflußbehinderung müßten auch die beiden Vorderhörner erweitert sein.

Eine weitere Fehlbildung in der Mittellinie ist die **Dandy-Walker-Zyste** sowie die **Dandy-Walker-Variante** (Abb. 1-33a bis d), wobei letztere deutlich häufiger auftritt und in unterschiedlichen Ausprägungsgraden vorkommt. Die Dandy-Walker-Malformation ist eine komplexe Fehlbil-

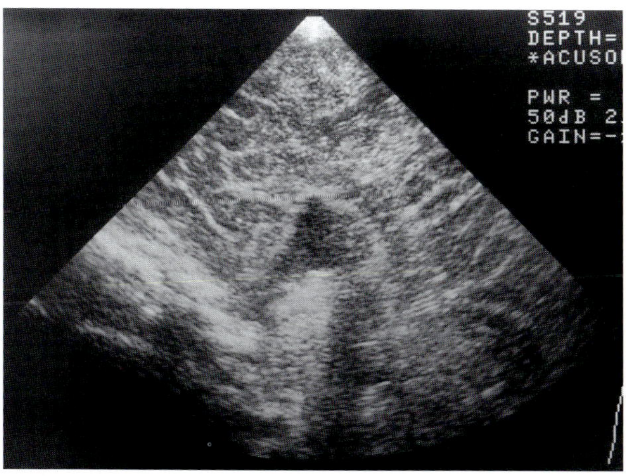

a

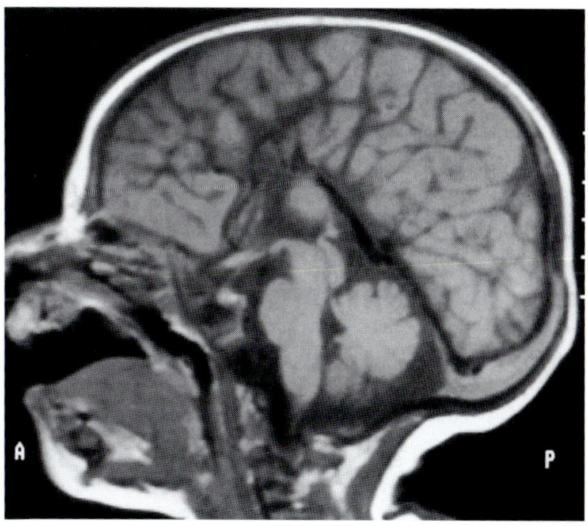

b

Abb. 1-32a bis f Mittellinienstörung.
a) Der Balken ist nicht vorhanden, echoreiche Sulci laufen in radiärer Formation auf die Region des 3. Ventrikels bzw. die anatomische Region des Balkens zu („sunburst"-Phänomen als Zeichen des Balkenmangels; Sonogramm, Mediansagittalebene).
b) Balkenmangel, nur noch rostral hypoplastische Balkenanteile (MRT, SE, T1, sagittal).

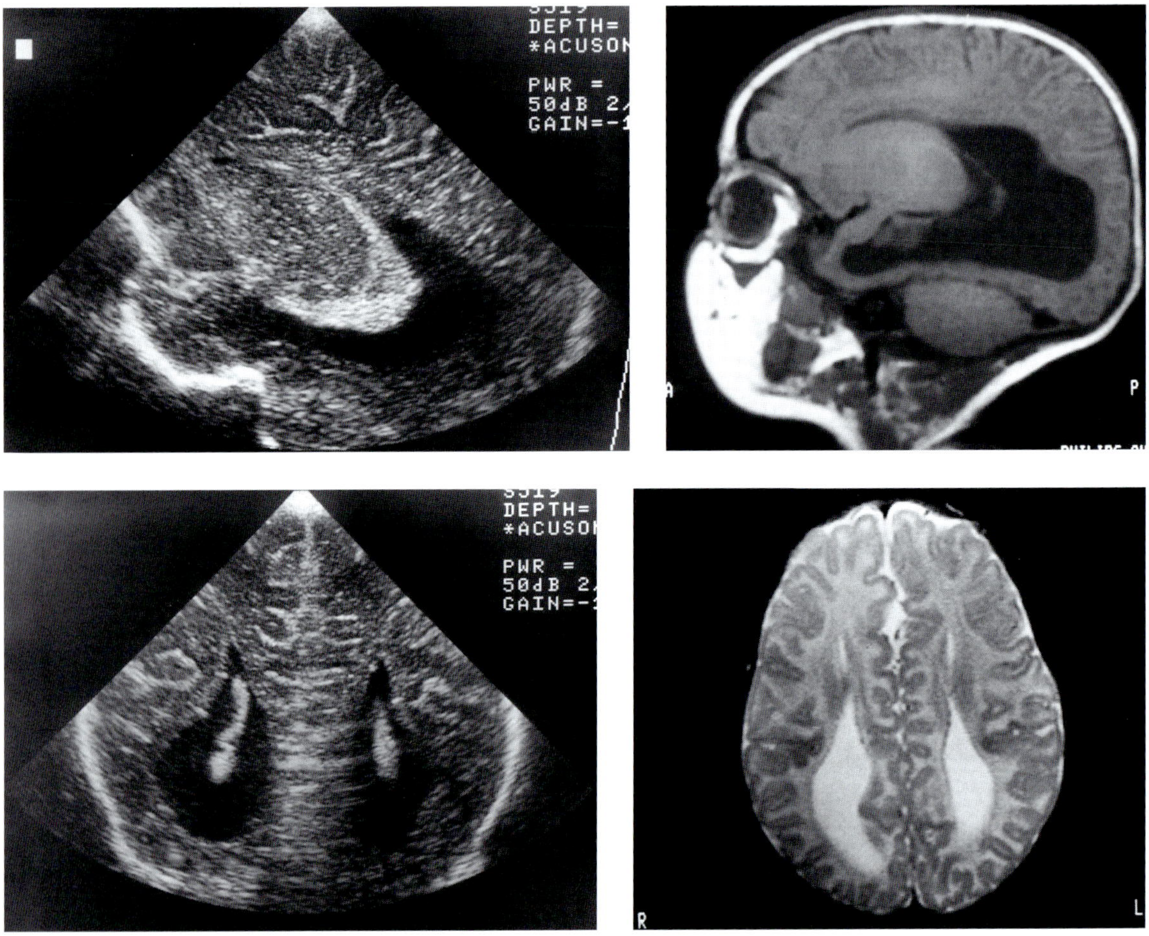

c d e f

Abb. 1-32a bis f Mittellinienstörung (Fortsetzung).
c) Das Vorderhorn ist eng, kaum abgrenzbar, während Hinterhorn und Unterhorn deutlich weiter sind als bei einem Normalbefund (Abb. 1-7). Der Plexus choroideus stellt sich als echoreiche breite bogenförmige Struktur dar (Sonogramm, parasagittal, Standardebenen 1, 2, 3 und 4).
d) Das enge Vorderhorn ist noch besser abgrenzbar als im Sonogramm (s. Abb. 1-32c). Hinterhorn und Unterhorn sind erheblich erweitert (MRT, SE, T1, sagittal).
e) Die Hinterhörner stellen sich tropfenförmig dar und sind erheblich weiter als bei einem Normalbefund (s. Abb. 1-6a). Der Plexus choroideus hängt als echoreiche bandförmige Struktur in die Ventrikel hinein (Sonogramm, koronar, Standardschicht 6).
f) Im Gegensatz zu einem Normalbefund verlaufen die Achsen der Seitenventrikel hier nahezu parallel zur Mittellinie. Dies kann als indirektes Zeichen für einen Balkenmangel gewertet werden (MRT, SE, T2, transversal).

dung, bei der außer einer Kleinhirnwurmaplasie oder -hypoplasie eine zystische Aufweitung des 4. Ventrikels sowie eine unterschiedlich ausgeprägte Hypoplasie des Kleinhirns besteht. Es herrscht bisher keine Einigkeit darüber, ob die Zyste in der Region des 4. Ventrikels aufgrund der nicht durchgängigen Öffnungen des 4. Ventrikels (Foramina Magendii et Luschkae) entsteht, oder ob es sich um eine dysrhaphische Störung des Kleinhirns handelt. Die Dandy-Walker-Zyste kann enorme Ausmaße annehmen, reicht üblicherweise bis in die hintere Schädelgrube und führt oft zu einer Anhebung des Tentoriums. Eine große Dandy-Walker-Zyste kann zum Hydrozephalus führen.

Bei der Dandy-Walker-Variante (dieser Begriff wurde von Harwood-Nash und Fitz geprägt) fehlt der Kleinhirnunterwurm, es besteht gleichzeitig eine retrozerebelläre Zyste, die mit einer breiten Verbindung in den 4. Ventrikel übergeht. Die kranialen Anteile des 4. Ventrikels sind normal konfiguriert, das Kleinhirn ist in der Mediansagittalebene

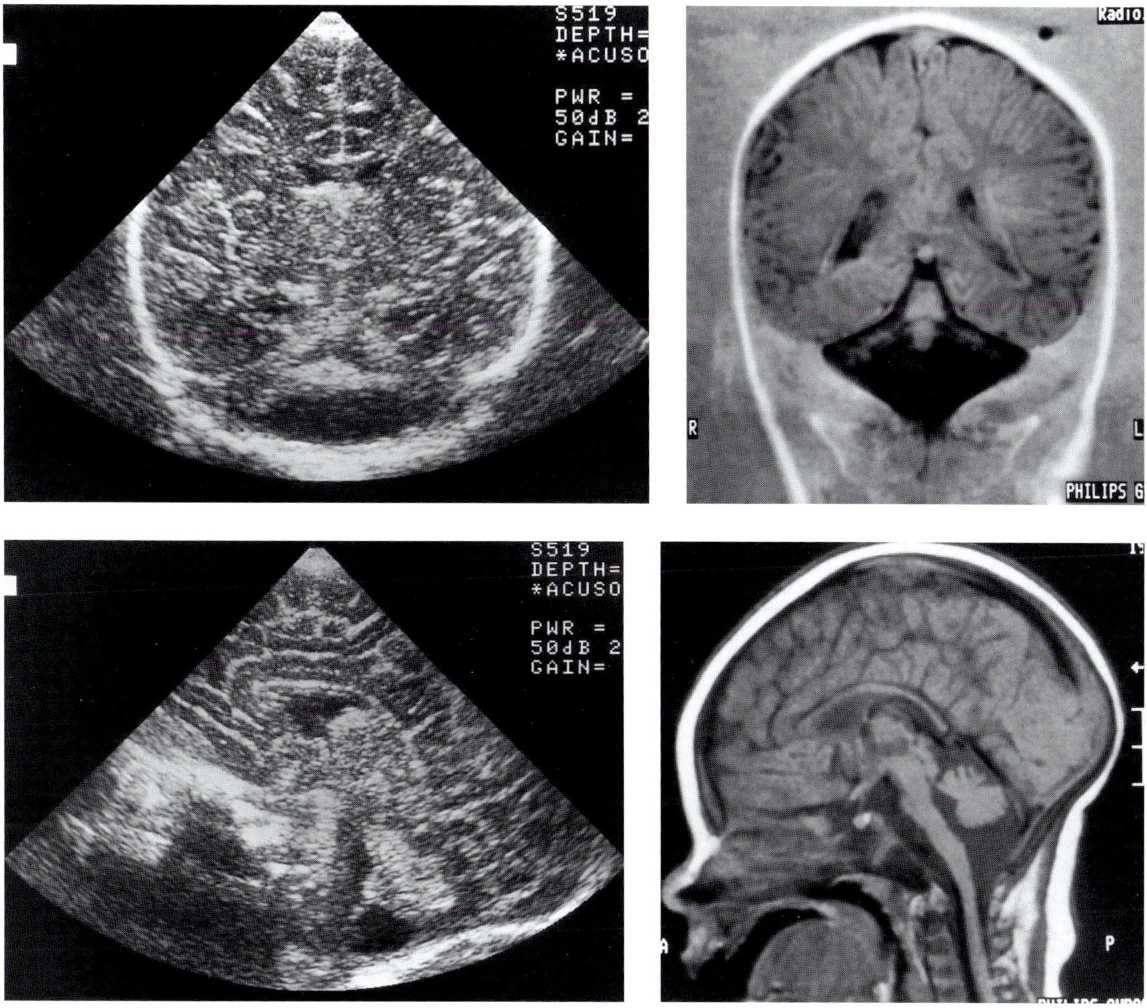

a b c d

Abb. 1-33a bis d Dandy-Walker-Variante.
a) Erhebliche Kleinhirnhypoplasie. Die noch vorhandenen Kleinhirnanteile sind etwas asymmetrisch (Sonogramm, koronar).
b) Die Kleinhirnhypoplasie ist noch ausgeprägter als nach dem Sonogramm vermutet (MRT, IR, T1, koronar).
c) Großer, echoarmer Bezirk kaudal des Kleinhirns, einer Flüssigkeitsansammlung entsprechend. Kleinhirn in den kaudalen Anteilen abgeflacht, 4. Ventrikel etwas atypisch konfiguriert, stumpfwinklig. Nebenbefund: Balken sehr schmal, darüber der Gyrus cinguli mit welliger Außenkontur (Sonogramm, Mediansagittalebene).
d) Dandy-Walker-Variante mit Kleinhirnunterwurmhypoplasie und Hypoplasie der kaudalen Kleinhirnanteile, dadurch wirkt das Zerebellum kaudal abgeflacht, wie abgeschnitten. Breiter Übergang der kaudozerebellären Flüssigkeitsansammlung in den 4. Ventrikel. Eine retrozerebelläre Liquoransammlung findet sich in diesem Fall nicht. Nebenbefund: Balkenhypoplasie, Ponshypoplasie (MRT, SE, T1, sagittal).

aufgrund der Kleinhirnunterwurmaplasie oder -hypoplasie abgeflacht. Sowohl die Dandy-Walker-Zyste als auch die häufigere Dandy-Walker-Variante ist oft mit anderen Hirnfehlbildungen kombiniert (Balkenagenesie, Lissenzephalie, Holoprosenzephalie).

Der Kleinhirntiefstand, **Arnold-Chiari-Syndrom** (Abb. 1-34a und b), ist ebenfalls eine Störung in der Mittellinie, bei der es zu einer Liquorzirkulationsstörung und somit zum Hydrozephalus kommen kann. Man unterscheidet 4 Typen der Arnold-Chiari-Mißbildung:

- Typ I: Kleinhirntonsillen und kaudale Kleinhirnanteile sind durch das Foramen magnum in den Spinalkanal herniert, Medulla und 4. Ventrikel normal.
- Typ II: Kleinhirntonsillen und kaudale Kleinhirnanteile hernieren durch das Foramen ma-

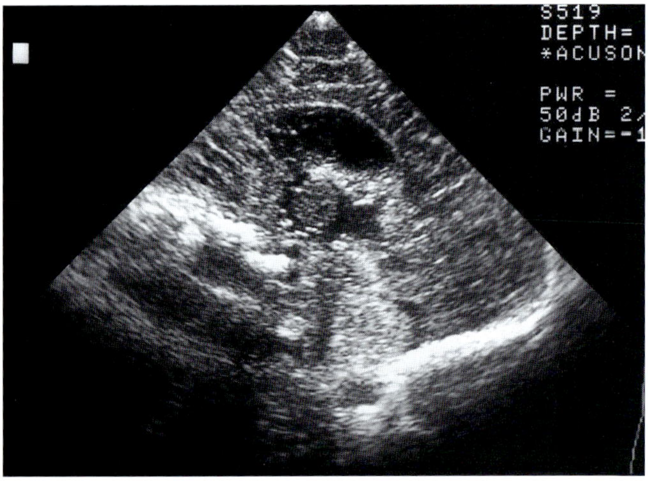

a

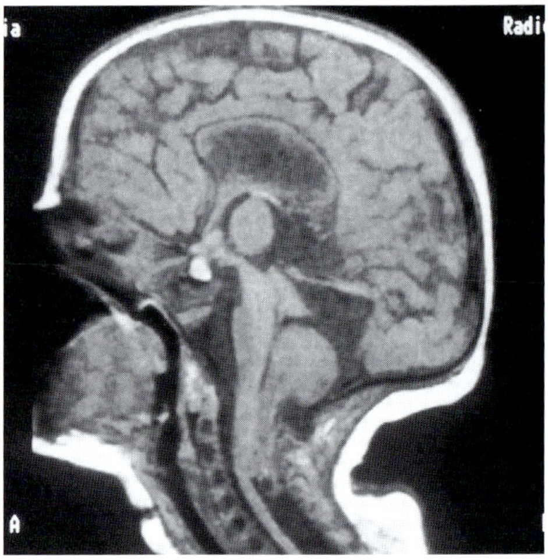

b

Abb. 1-34a und b Arnold-Chiari-Syndrom Grad II.
a) Die kaudalen Kleinhirnanteile hernieren durch das Foramen magnum bis in den Spinalkanal hinein. Die Adhaesio interthalamica ist sehr breit (Anschnittphänomen). Nebenbefund: kaudal der Schädelbasis kleine echoarme Flüssigkeitsansammlung. Klinische Diagnose: Status nach Operation einer lumbalen Meningomyelozele (Sonogramm, sagittal, Standardschicht 6).
b) Ausgeprägte Herniation der kaudalen Kleinhirnanteile bis weit in den Spinalkanal hinein. Die im Sonogramm (s. Abb. 1-34a) schon dargestellte Liquoransammlung kaudal der Schädelbasis ist hier deutlicher sichtbar, Pons und Halsmark sind hypoplastisch (MRT, SE, T1, sagittal).

gnum nach kaudal. Der 4. Ventrikel ist nach kaudal verzogen, was einen Verschlußhydrozephalus hervorruft. Der 3. Ventrikel ist nicht erweitert, die Massa intermedia ist verbreitert. Assoziiert kommt eine Meningozele oder Myelomeningozele vor.

- Typ III: Das gesamte Kleinhirn, der 4. Ventrikel und die Medulla sind in eine hoch zervikal oder okzipital gelegene Meningomyelozele verlagert.
- Typ IV: Das nach kaudal verlagerte Kleinhirn ist ausgesprochen hypoplastisch.

Typ II des Arnold-Chiari-Syndroms ist der häufigste und manifestiert sich bereits im Neugeborenen- und Kleinkindalter. Das Arnold-Chiari-Syndrom kann mit zahlreichen anderen Mißbildungen, wie lumbale Meningomyelozele, Hydrosyringomyelie, Diastematomyelie, Balkenmangel, Lückenschädel u.a., kombiniert sein.

Ein Kleinhirntiefstand, bei dem das Kleinhirn direkt an die Schädelbasis angrenzt (Abb. 1-35a und b) wird noch nicht als Arnold-Chiari-Syndrom bezeichnet.

Eine nicht selten auftretende Fehlbildung der Mittellinie ist die Pinealiszyste (Abb. 1-36a bis c). Bei genügender Größe kann die **Pinealiszyste** zu einer Verlagerung der Vierhügelplatte nach rostral und somit zu einer Stenose des Aquaeductus cerebri mit sekundärem Hydrozephalus führen. Die Verdachtsdiagnose „Aquäduktstenose“ muß immer dann geäußert werden, wenn die Seitenventrikel sowie der 3. Ventrikel erweitert sind, der 4. Ventrikel jedoch normal groß ist (s.o.). Kleine Pinealiszysten, die noch nicht zu einer Liquorabflußstörung geführt haben, sollten sonographisch kontrolliert werden, um festzustellen, ob sie eine Größenzunahme zeigen. Bleiben sie konstant, können die Kontrolluntersuchungen eingestellt werden. Von „routinemäßigen“ Untersuchungen mittels CT oder MRT ist im Sinne des Kindes abzuraten.

Weitere zystische Fehlbildungen sind Mittellinienzysten (s. Abb. 1-16a bis d) und **Arachnoidalzysten.** Die typische Lokalisation für die Arachnoidalzyste (Abb. 1-37a und b) ist der vordere Temporalpol (50–66%), sie können aber auch okzipital oder an anderen Lokalisationen vorkommen. Arachnoidalzysten in der mittleren Schädelgrube können mit einer Agenesie des Temporallappens assoziiert sein. Eine seltenere Fehlbildung von Mittellinienstrukturen, die im Sonogramm leicht übersehen werden kann, ist die **Agenesie des Septum pellucidum** (Abb. 1-38). Bei dieser Mißbildung sind die Vorderhörner der Seitenven-

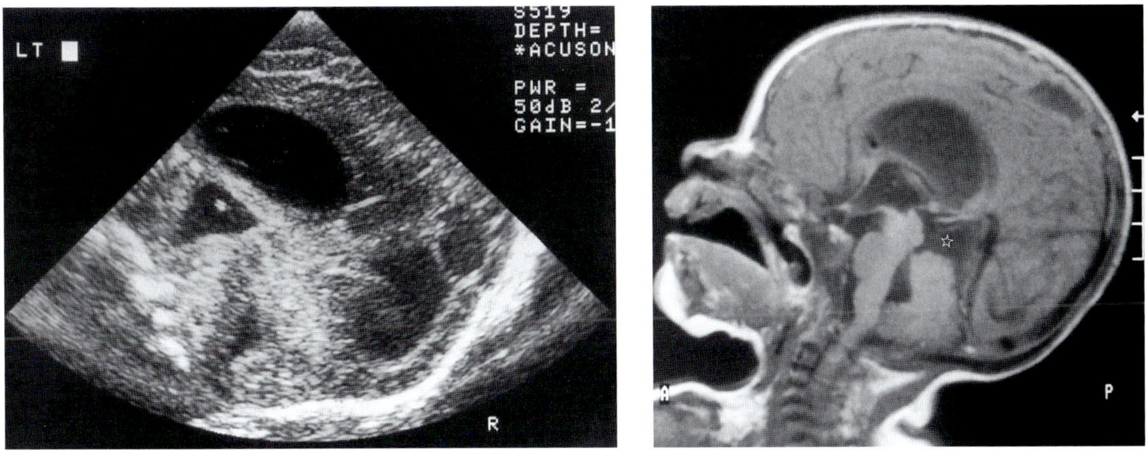

a b

Abb. 1-35a und b Kleinhirntiefstand bei Hydrozephalus.

a) Das echoreiche Kleinhirn reicht mit seiner kaudalen Begrenzung bis an die Schädelbasis heran. Der 4. Ventrikel ist stumpfwinklig und etwas nach kaudal verzogen. Die (im Gegensatz zu Abb. 1-34a) normale Adhaesio interthalamica ist als punktförmiges echoreiches Areal innerhalb des echoarmen 3. Ventrikels hier sehr gut zu erkennen (Sonogramm, sagittal, Standardschicht 5).

b) Kleinhirntiefstand, noch keine Herniation von Kleinhirnanteilen durch das Foramen magnum, somit noch kein Arnold-Chiari-Syndrom. Der 3. Ventrikel und die Cisterna quadrigemina (☆) sind erweitert. Der liquorhaltige Raum kranial des 3. Ventrikels entspricht Anteilen der massiv erweiterten Seitenventrikel (Anschnittphänomen, kein Cavum septi pellucidi! MRT, SE, T1, sagittal).

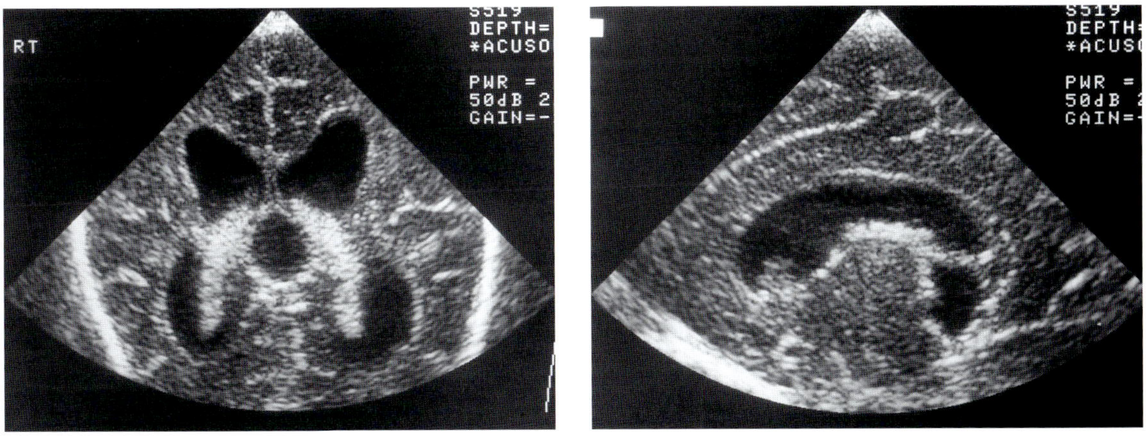

a b

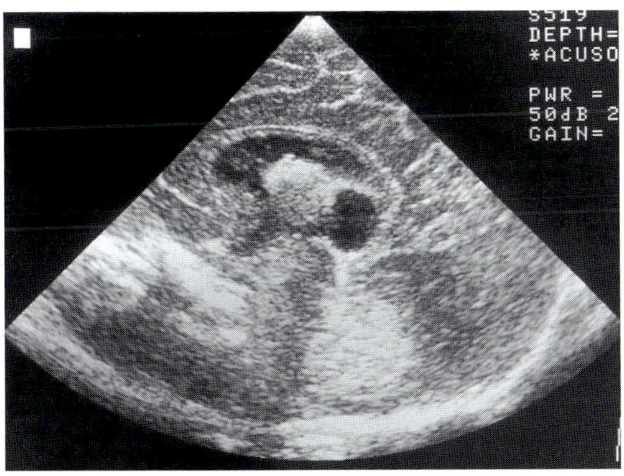

c

Abb. 1-36a bis c Pinealiszyste mit sekundärem Hydrozephalus.

a) Die ca. 1 cm große echoarme Pinealiszyste liegt zwischen den massiv erweiterten Hinterhörnern. Die echoreiche bandförmige Struktur bds. im Seitenventrikel entspricht dem Plexus choroideus (Sonogramm, koronar, Standardschicht 6).

b) Pinealiszyste in typischer Lokalisation. Cave: Die echoarmen – somit flüssigkeitsgefüllten – Räume kaudal des Balkens entsprechen hier nicht einem Cavum septi pellucidi bzw. Cavum Vergae! Es handelt sich um ein Anschnittphänomen der massiv erweiterten Seitenventrikel (Erläuterung: Der Schallkopf ist so breit, daß bds. der Mittellinie noch Anteile der Seitenventrikel miterfaßt werden). Nebenbefund: Balken extrem schmal, komprimiert, darüber der Gyrus cinguli mit wellenförmiger Begrenzung (Sonogramm, Mediansagittalebene, vergrößerte Darstellung, Standardschicht 6).

c) Befund wie in Abb. 1-36b, zusätzlich ist das normale Kleinhirn abgebildet; kein Kleinhirntiefstand (Sonogramm, Mediansagittalebene, Standardschicht 5).

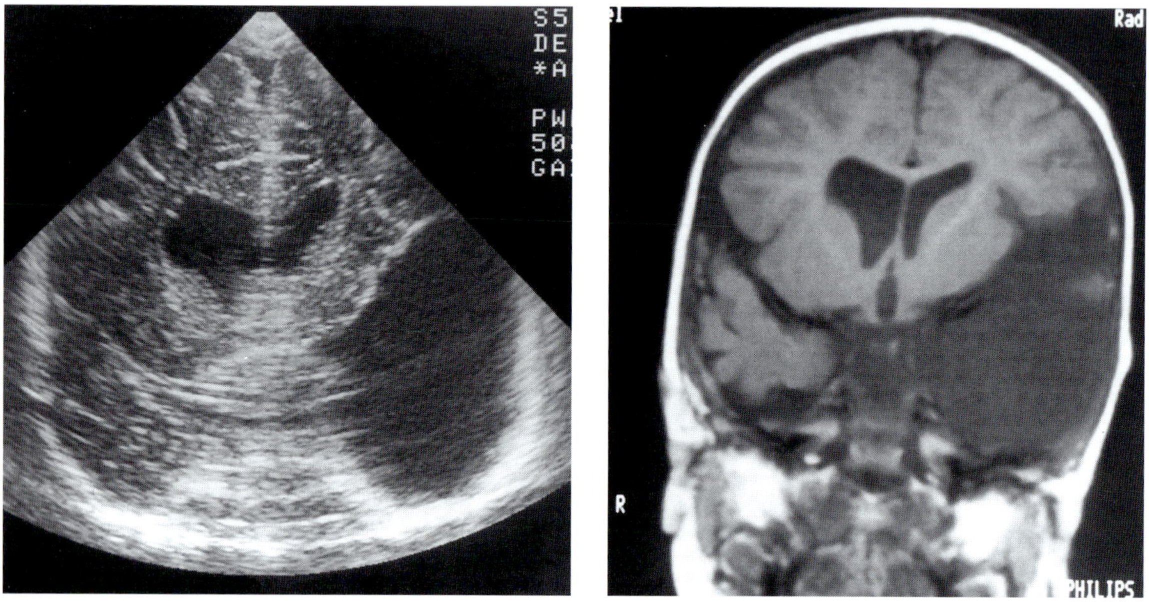

Abb. 1-37a und b Arachnoidalzyste links temporal.
a) Die sehr große Arachnoidalzyste stellt sich als echoarmer Bezirk dar, rechts der normale vordere Temporalpol. Nebenbefund: asymmetrische Ventrikelerweiterung und Ventrikelverplumpung (Sonogramm, koronar).
b) Befund entsprechend der Arachnoidalzyste links wie im Sonogramm. Zusätzlich ist als schlitzförmige signalarme Struktur der 3. Ventrikel dargestellt (MRT, SE, T1, koronar).

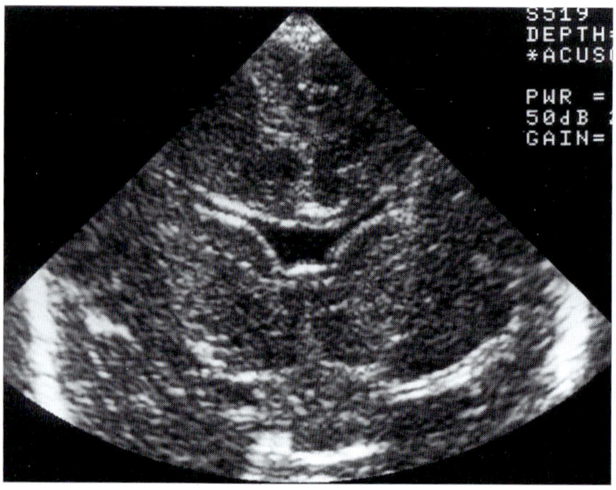

Abb. 1-38 Agenesie des Septum pellucidum. Die beiden Vorderhörner sind stierhornartig geformt und stehen direkt miteinander in Verbindung. Kranial der Vorderhörner findet sich mit horizontal verlaufender echoreicher Doppelkontur das Corpus callosum.

trikel „stierhornförmig“ nach lateral und kranial ausgezogen. In Kombination mit einer Hypoplasie der Nn. optici sowie Thalamusveränderungen und Schizenzephalie tritt die Agenesie des Septum pellucidum bei der sehr seltenen septoorbitalen Dysplasie (= De-Morsier-Syndrom) auf. Der Befund einer Septum-pellucidum-Agenesie sollte immer Anlaß zur Suche nach weiteren Fehlbildungen sein, da diese häufig assoziiert auftreten: Balkenmangel, Arnold-Chiari-Syndrom, Schizenzephalie, Hydrozephalus bei Aquäduktstenose.
Die aufgrund eines Sonogramms gestellte Diagnose einer **Hemimegalenzephalie** (= unterschiedlich große Hemisphären) sowie einer **Lissenzephalie** (= fehlende Gyrierung) muß durch eine MRT-Untersuchung überprüft werden. Mit dem Begriff **„Hirnatrophie“** sollte zurückhaltend umgegangen werden, da nicht alle Erweiterungen des Subduralraums gleichbedeutend mit einer Hirnatrophie sind (s. Abschnitt 1.4, „Veränderungen der Liquorräume“).

1.8 Raumforderungen

- Angiom
- V.-Galeni-Aneurysma
- Hirnabszeß
- Tuberom
- Lipom
- Plexuspapillom
- primitiv neuroektodermaler Tumor (PNET)
- anaplastisches Astrozytom
- umschriebener Leukämieherd

Hirntumoren sind bei Neugeborenen und Säuglingen selten, dies gilt insbesondere für die malignen zerebralen Raumforderungen. Die wichtigsten gutartigen intrazerebralen Prozesse sind Gefäßmißbildungen (Angiom, V.-Galeni-Aneurysma), der Hirnabszeß, Tuberome bei tuberöser Hirnsklerose, das Balkenlipom sowie das Plexuspapillom. Als bedeutsamste maligne Raumforderungen sind das Astrozytom sowie der primitiv neuroektodermale Tumor (PNET) zu nennen, die intrakranielle Manifestation einer Leukämie gehört zu den Raritäten.

Benigne intrazerebrale Raumforderungen. Die wichtigste Gefäßmißbildung ist das **V.-Galeni-Aneurysma.** Es stellt sich sonographisch als echoarme Raumforderung in der Region der Cisterna quadrigemina dar (Abb. 1-39a bis c). Das V.-Galeni-Aneurysma kann im B-Bild nicht von einer Liquoransammlung (erweiterte Cisterna quadrigemina, Pinealiszyste) unterschieden werden. Als weiterführende Diagnostik ist hier die Doppler-Sonographie, die MRT und MR-Angiographie, eventuell auch die konventionelle Angiographie erforderlich. Die Diagnose eines V.-Galeni-Aneurysmas muß umgehend erfolgen, da die Kinder aufgrund des großen Shuntvolumens nach wenigen Lebenstagen herzinsuffizient werden. Oft fallen die Kinder klinisch auch primär durch die Herzinsuffizienz auf.

Umschriebene **Hirnabszesse** (s. Abb. 1-22a und b) sind zu Beginn der Erkrankung aufgrund des Ödems echoreich, später bei Einschmelzung echoarm. Die Sicherung der sonographischen Verdachtsdiagnose erfolgt heute mittels der Kernspintomographie. Neurochirurgische Maßnahmen müssen schnellstmöglich veranlaßt werden. Neurokutane Erkrankungen wie die tuberöse Sklerose können zu intrazerebralen Absiedlungen führen. Die **Tuberome,** welche auch verkalken können, liegen meist subependymal periventrikulär, sie sind im Sonogramm rundlich und echoreich (Abb. 1-40a und b). Selten findet man Tuberome auch in der Hirnrinde oder im Kleinhirn. Die Hamartome der tuberösen Sklerose können abgesehen vom Hirnparenchym auch in Haut, Nieren und Skelett auftreten.

Das **Balkenlipom** stellt sich sonographisch echoreich dar, es kann sich symmetrisch bis in die Seitenventrikel ausbreiten (Abb. 1-41a und b). Schon das Röntgenbild ist pathognomonisch (Abb. 1-41c). Genauere Informationen bezüglich der Ausdehnung des Tumors erhält man mittels MRT (Abb. 1-41d). Das Balkenlipom geht manchmal mit einer Aplasie von Balkenanteilen einher. Eine Kombination von Balkenlipom und intrakraniellen Dermoiden findet man beim Goldenhar-Syndrom (okuloaurikulovertebrale Dysplasie).

Das vom Plexus choroideus ausgehende **Plexuspapillom** ist ebenfalls echoreich, es kann einen gesamten Seitenventrikel ausfüllen. Weitere Prädilektionsstellen sind der 4. Ventrikel, der 3. Ventrikel und sehr selten der Kleinhirnbrückenwinkel. Plexuspapillome weisen häufiger Verkalkungen auf. Selten finden sich Plexuspapillome beim Aicardi-Syndrom (Balkenmangel, Chorioretinopathie, mentale Retardierung, infantile Spasmen).

Maligne intrazerebrale Raumforderungen. Mehr als 50% aller malignen Hirntumoren im Kleinkindalter sind Tumoren im Bereich des Kleinhirns, des 4. Ventrikels und des Hirnstammes.

Die wichtigsten Tumoren dieser Gruppe sind das **Astrozytom** (Abb. 1-42a bis d) sowie der **primitiv neuroektodermale Tumor** (PNET; Abb. 1-43a und b). Beide Tumoren stellen sich sonographisch inhomogen und nur mäßig echoangehoben dar. Da die hintere Schädelgrube insbesondere bei größeren Säuglingen aus technischen Gründen sonographisch nur noch bedingt erreichbar ist, ist immer eine ergänzende bildgebende Diagnostik – mittels MRT – erforderlich.

Sehr selten kann es zu einer umschriebenen intrakraniellen Manifestation einer **Leukämie** kommen (Abb. 1-44a und b). Im vorliegenden Fall ging diesem Prozeß ein Knochenmarkbefall der Diploe des Schädels mit anschließender Kortikalisde-

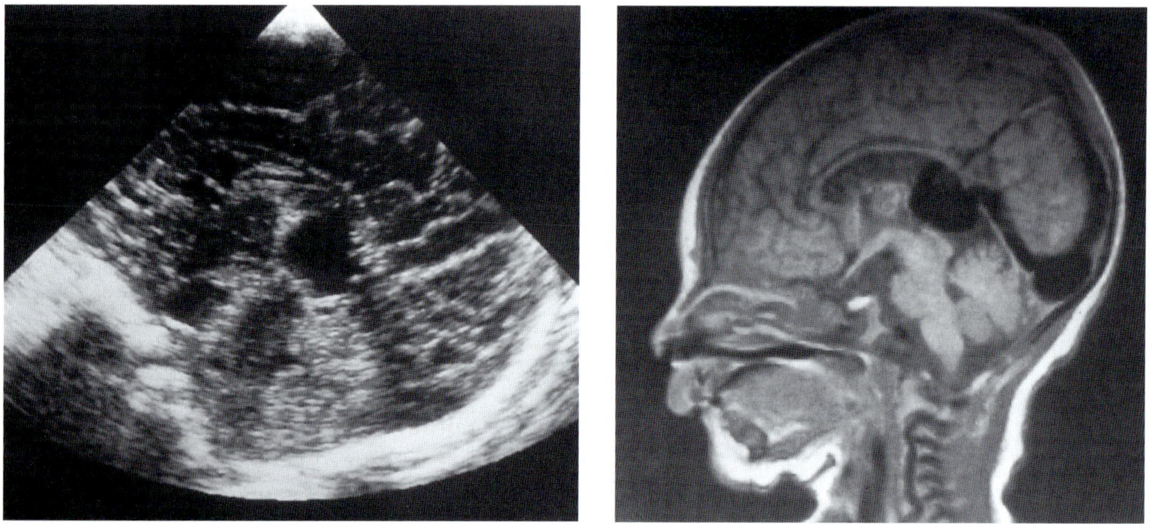

a b

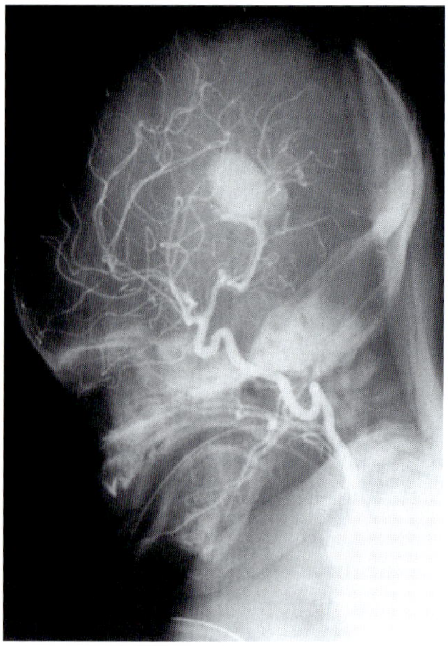

c

Abb. 1-39a und b V.-Galeni-Aneurysma.
a) Großer, echoarmer rundlicher Bezirk kaudal der dorsalen Balkenanteile und kranial der oberen Kleinhirnkontur. Sonographisch ist das V.-Galeni-Aneurysma nicht von einer Pinealiszyste zu unterscheiden. Die Diagnose „V.-Galeni-Aneurysma" wird aber in Verbindung mit der entsprechenden klinischen Symptomatik (Herzinsuffizienz, oft Strömungsgeräusch über der Fontanelle auskultierbar) sehr wahrscheinlich (Sonogramm, Mediansagittalebene).
b) Das signalarme V.-Galeni-Aneurysma steht mit dem ebenfalls signalarmen Sinus rectus und Sinus sagittalis superior in Verbindung (MRT, SE, T1, sagittal).
c) Angiographie: V.-Galeni-Aneurysma, gespeist aus Ästen der A. carotis interna.

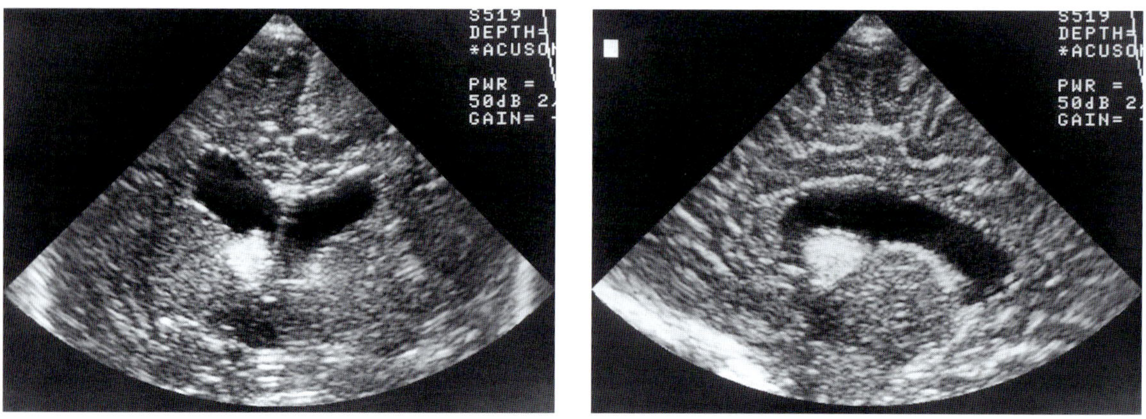

a b

Abb. 1-40a und b Tuberöse Sklerose. Kugelförmige echoreiche Raumforderung am Boden des rechten Seitenventrikels, entsprechend einem Tuberom. Nebenbefund: Die Ventrikel sind mäßig erweitert.

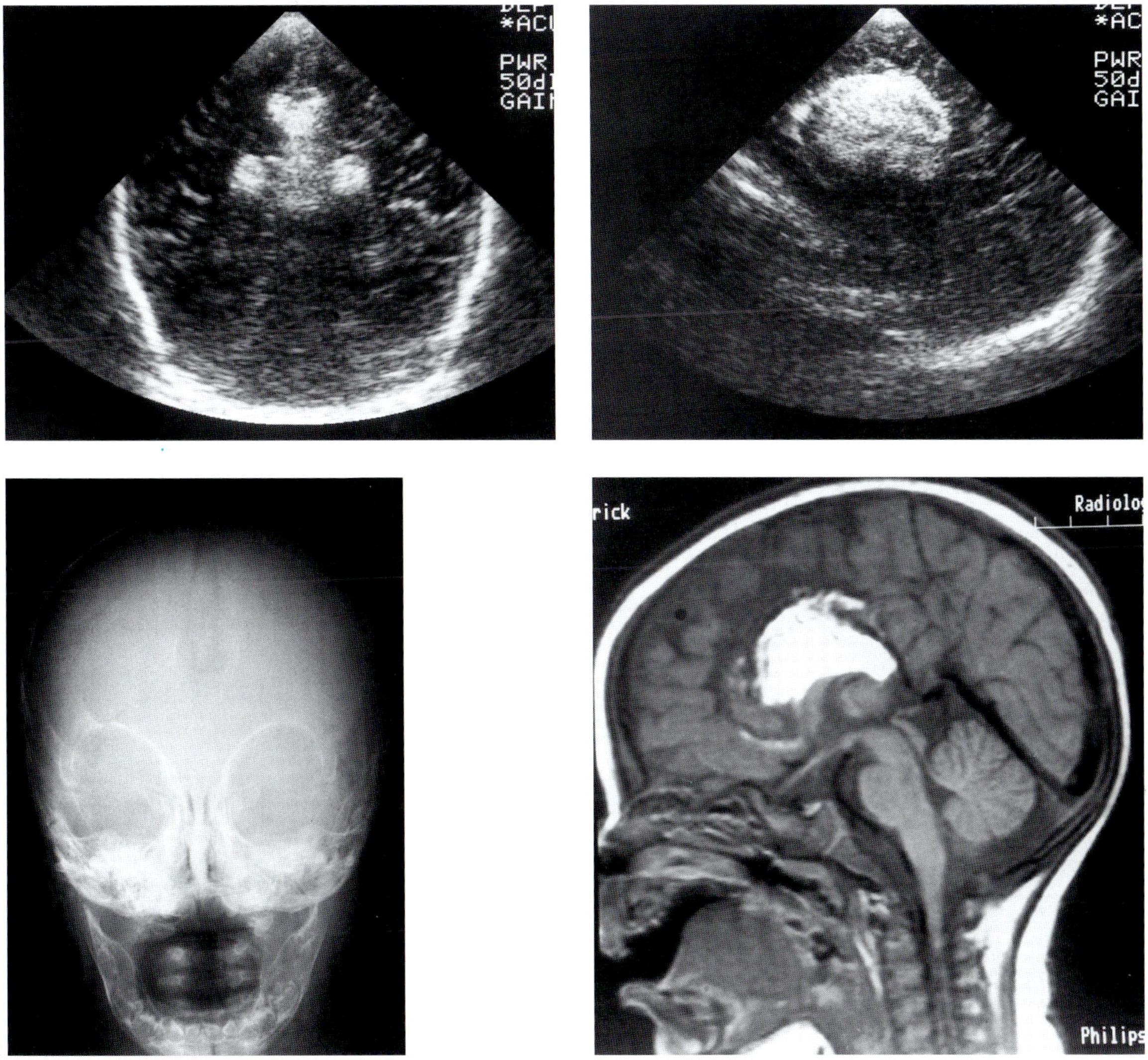

Abb. 1-41a bis d Balkenlipom.

a) und b) In der Mittellinie echoreiche Raumforderung mit symmetrischen Ausläufern in beide Seitenventrikel (Sonogramme).

c) Ovaläre Aufhellungszone in der Mittellinie. Dieser Befund ist pathognomonisch für ein Balkenlipom (Röntgenaufnahme des Schädels ap).

d) Großer, signalreicher Tumor in der Balkenregion (MRT, SE, T1, sagittal).

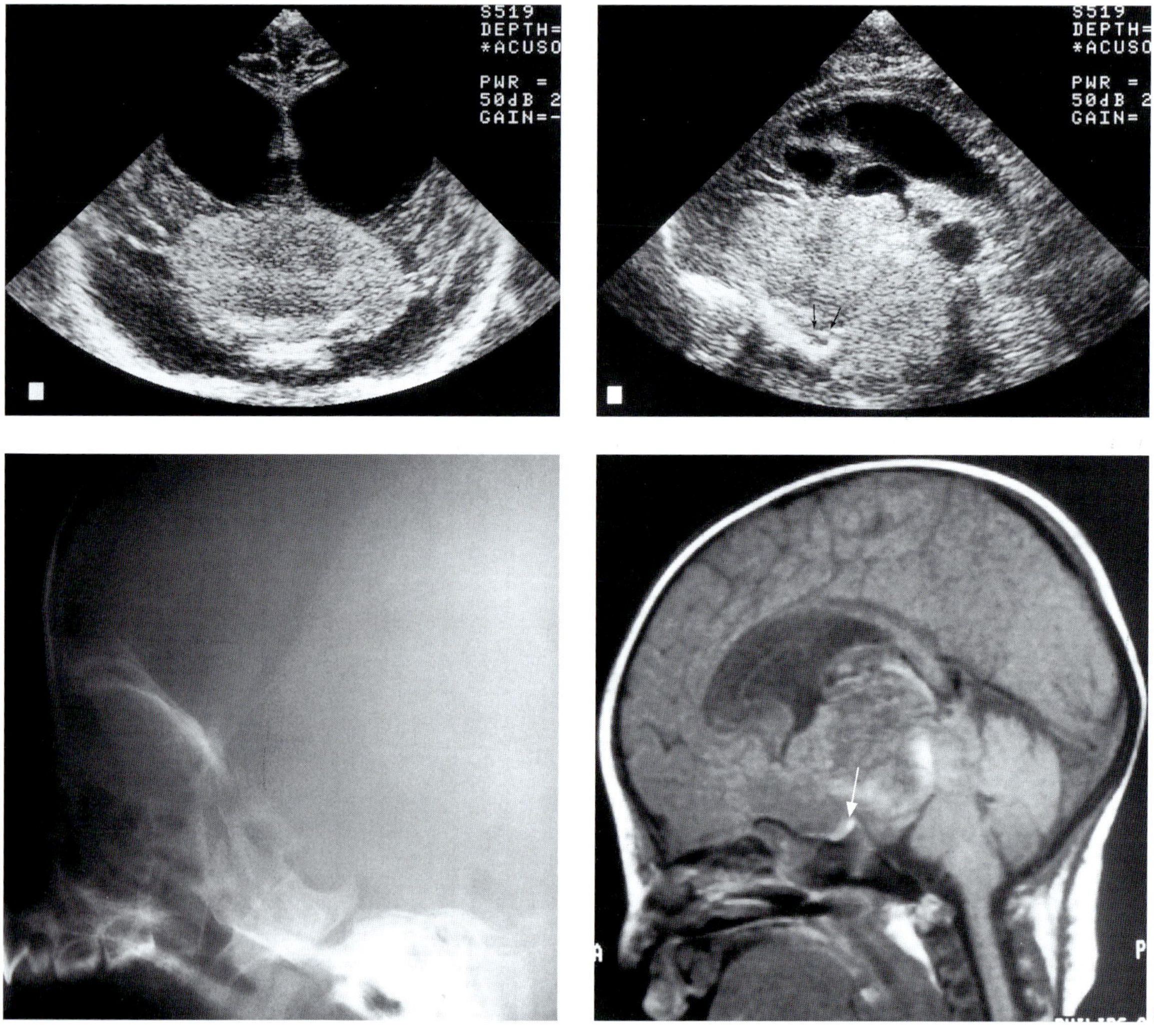

a b c d

Abb. 1-42a bis d Anaplastisches Astrozytom.

a) Ausgedehnte, glatt begrenzte echoreiche Raumforderung in der Mittellinie, massive Ventrikelerweiterung (Sonogramm, koronar).

b) Die echoreiche Raumforderung reicht bis an die Schädelbasis, insbesondere die Hypophysenregion (—▷) heran (Sonogramm, Mediansagittalebene).

c) Massive Knochendestruktionen der Schädelbasis mit Sella-Aufweitung (Röntgenaufnahme der Schädelbasis seitlich).

d) Der große, schädelbasisnahe Tumor ist hirnisointens und somit schlecht abgrenzbar. Randständig finden sich signalreiche Einblutungen. Die Hypophyse (—▷) ist tumorbedingt komprimiert (MRT, SE, T1, sagittal).

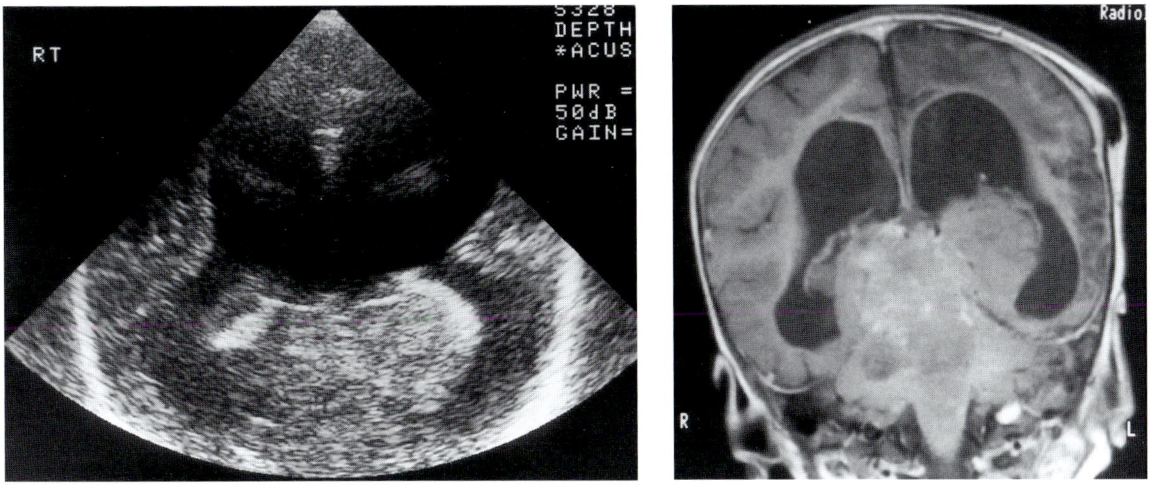

a b

Abb. 1-43a und b Primitiv neuroektodermaler Tumor (PNET, 10 Monate alter Säugling) mit Tumorwachstum unter laufender Chemotherapie, 3 Monate nach subtotaler Resektion.

a) Von der Region des 4. Ventrikels ausgehend findet sich eine echoreiche Raumforderung, welche halbkugelförmig in das Hinterhorn des linken Seitenventrikels einbricht und den Plexus choroideus dort leicht nach kranial verlagert. Gegenüber dem Kleinhirn und dem rechten Seitenventrikel ist der Tumor nur schwer abgrenzbar. Nebenbefund: Ausgeprägter, symmetrischer Hydrocephalus internus (Sonogramm, koronar, Standardschicht 6).

b) Annähernd hirnisointense, teilweise inhomogen strukturierte Raumforderung in der Region des 4. Ventrikels, die in beide Seitenventrikel einbricht. Durch halbkugelförmige Tumoranteile im linken Hinterhorn wird der Plexus choroideus nach kranial angehoben (MRT, SE, T1, KM, koronar).

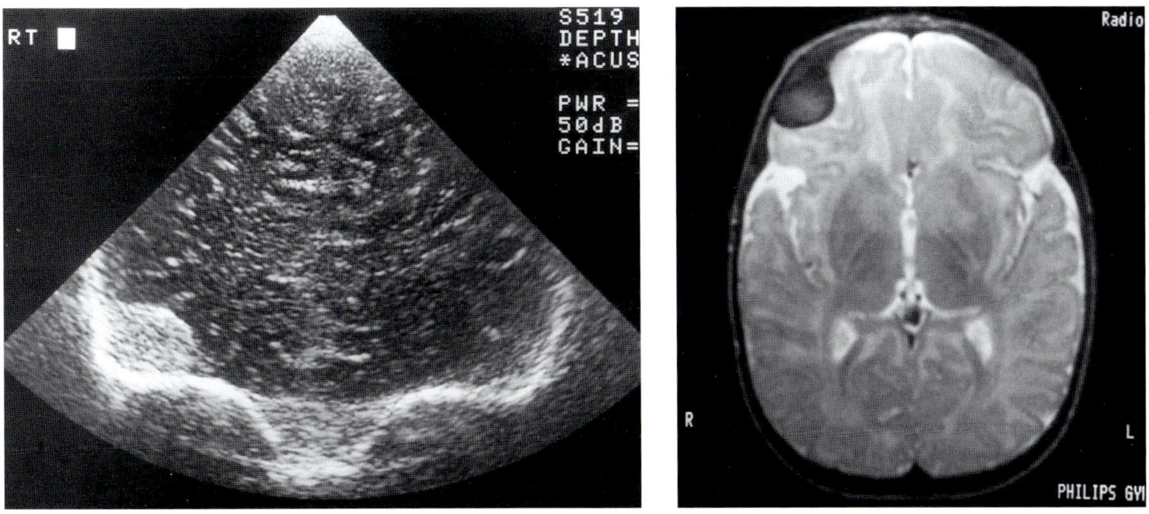

a b

Abb. 1-44a und b Umschriebene Manifestation einer Leukämie (Megakaryozytenleukämie FAB M7) rechts supraorbital mit Einbruch nach intrakraniell. Im Röntgenbild waren Knochendestruktionen sichtbar.

a) Halbkugelförmige, echoreiche Raumforderung rechts supraorbital entsprechend einer umschriebenen Leukämiemanifestation. Ethmoidalzellen ebenfalls homogen echoreich durch Tumormassen, wie im MRT (nicht abgebildet) festgestellt wurde (Sonogramm, koronar, Standardschicht 1).

b) Aufgrund des hohen Desoxyhämoglobingehaltes stellt sich die Leukämiemanifestation auffallend signalarm dar (MRT, SE, T2, transversal).

struktion durch leukämische Zellen voraus. Bei noch offener großer Fontanelle lassen sich supraorbital gelegene Prozesse sonographisch gut erfassen.

1.9 Weiterführende Diagnostik

Eine sonographisch eindeutig diagnostizierte Ventrikelblutung bedarf in der Regel keiner weiteren Diagnostik, Verlaufskontrollen sollten regelmäßig mittels Sonographie erfolgen. Eine Parenchymblutung kann in Abhängigkeit vom Alter des Kindes Anhalt zur Suche nach einem Angiom oder einer anderen Gefäßveränderung geben. In diesem Fall ist eine MRT-Untersuchung, sehr selten auch eine Angiographie, anzustreben.
Bei der Erstdiagnose eines Hydrozephalus ohne vorangegangene Ventrikelblutung ist dessen Ursache abzuklären. Gelingt dies sonographisch nicht, muß eine MRT-Untersuchung erfolgen. Nur mit dieser Methode läßt sich z.B. der Aquaeductus cerebri exakt darstellen und ausmessen. Hirntumoren, unklare Raumforderungen, Fehlbildungen sowie nicht einzuordnende Strukturveränderungen des Hirnparenchyms werden ebenfalls im MRT ergänzend untersucht, um dem Kind eine Strahlenbelastung zu ersparen. Außerdem ergibt der bessere Weichteilkontrast im MRT deutlich mehr Informationen als das CT, dies gilt insbesondere für Myelinisierungsstörungen.

> Die akute Notfallsituation eines schweren Schädel-Hirn-Traumas sowie eines plötzlichen Bewußtseinsverlustes (z.B. Verdacht auf subdurales Hämatom) ist eine eindeutige Indikation zur sofortigen Durchführung einer CT-Untersuchung.

Das CT wird in Zukunft allerdings weitgehend von der MRT abgelöst werden, wenn entsprechende Geräte überall auch für Notfalluntersuchungen zur Verfügung stehen.
Unterbleiben sollten – von wenigen Ausnahmen (z.B. Sturge-Weber-Syndrom) abgesehen – die häufig frustranen Versuche, sonographisch sichtbare feinste Verkalkungen auch mittels eines konventionellen Röntgenbildes darzustellen. In der Regel reicht die Dichte der Verkalkungen zur röntgenologischen Darstellung nicht aus, außerdem führt auch der „Beweis“ durch eine zweite Methode differentialdiagnostisch nicht weiter.

2 Spinalkanal

2.1 Allgemeines

2.1.1 Indikationen

- Verdacht auf Tethered-cord-Syndrom (Sakralgrübchen, Neuroporus etc.)
- dysrhaphische Störung
- Fehlbildung des Gastrointestinaltrakts
- Verdacht auf intra- oder paraspinalen Tumor

2.1.2 Vorbereitungsmaßnahmen

Das Kind sollte satt zur Untersuchung kommen, damit es möglichst ruhig liegt. Ideal ist es, die Ultraschalluntersuchung zu einer üblichen Schlafenszeit des Kindes vorzunehmen. Es ist unbedingt für eine ungestörte ruhige Umgebung und genügend Wärmezufuhr (Wärmelampe) zu sorgen. Hilfreich ist es, das normale Einschlafritual (einschließlich Schnuller, Spieluhr etc.) einzuhalten.

2.1.3 Lagerung

Das Kind liegt in Bauchlage längs auf einem nicht zu weichen Kissen. Es liegt in solcher Höhe, daß der Untersucher die Hand mit dem Schallkopf gut auf der Unterlage abstützen kann.

2.1.4 Schallkopf

- Linearschallkopf, 5 MHz;
  ggf. 7 MHz, um Detailaufnahmen von Befunden anzufertigen.

2.1.5 Standardebenen mit Standardabbildungen

- 6 longitudinale Aufnahmen des Spinalkanals
- 6 transversale Aufnahmen des Spinalkanals

Es müssen auf jeden Fall der Conus medullaris sowie die kaudalen Anteile des Spinalkanals dargestellt werden, so daß ein Tethered-cord-Syndrom mit einem weit kaudal im Spinalkanal befindlichen Lipom sicher ausgeschlossen bzw. nachgewiesen werden kann. Bei einem Sakralgrübchen bzw. einem Neuroporus muß nach einem Fistelgang bzw. einem Dermalsinus oder einer atypischen Verbindung zum Spinalkanal gesucht werden. Dies ist technisch nicht einfach, eine eventuell eingeschränkte Beurteilbarkeit der Untersuchung muß im Befund erwähnt werden. Die Höhe, bis zu welcher das Rückenmark untersucht wird, ist von der klinischen Symptomatik bzw. Fragestellung abhängig zu machen, sie sollte aber im Befund angegeben werden.

Es sollte unbedingt immer mit angewärmtem Ultraschallgel gearbeitet werden. Besonders wichtig ist bei dieser nicht einfachen Ultraschalluntersuchung die entspannte Sitzhaltung des Untersuchers, die oft entscheidend davon abhängt, in welcher Höhe das Kind gelagert wird. Kontinuierlich höhenverstellbare Untersuchungsliegen sollten daher selbstverständlich sein.

2.2 Normalbefund

Normalerweise läßt sich das Rückenmark (Abb. 2-1a bis f) eines gesunden Neugeborenen oder Säuglings als ein breiter Streifen von mittlerer Echogenität gut darstellen (s. Abb. 2-1a bis c). Die Grenzfläche zwischen Rückenmark und dem im Ultraschall echoarmen Liquor ist als feine echoreiche Linie kontinuierlich zu verfolgen (Pfeilköpfe). In der Medianebene läßt sich eine feine echoreiche Linie abgrenzen, die sich bis in den Conus medullaris nach kaudal verfolgen läßt. Diese echoreiche Binnenstruktur, die auch in Transversalschnitten als punktförmige Formation zu erkennen ist, wurde lange Zeit für den obliterierten Zentralkanal gehalten. Nelson und Mitarbeiter (1989) konnten jedoch zeigen, daß es sich um die Grenzfläche zwischen myelinisierten Fasern der weißen Kommissur und dem zentralen Anteil der vorderen medianen Fissur handelt. Die Fasern der Cauda equina im lumbalen Spinalkanal sind echoreich, zwischen ihnen ist der sich nach kaudal immer weiter verjüngende Conus medullaris

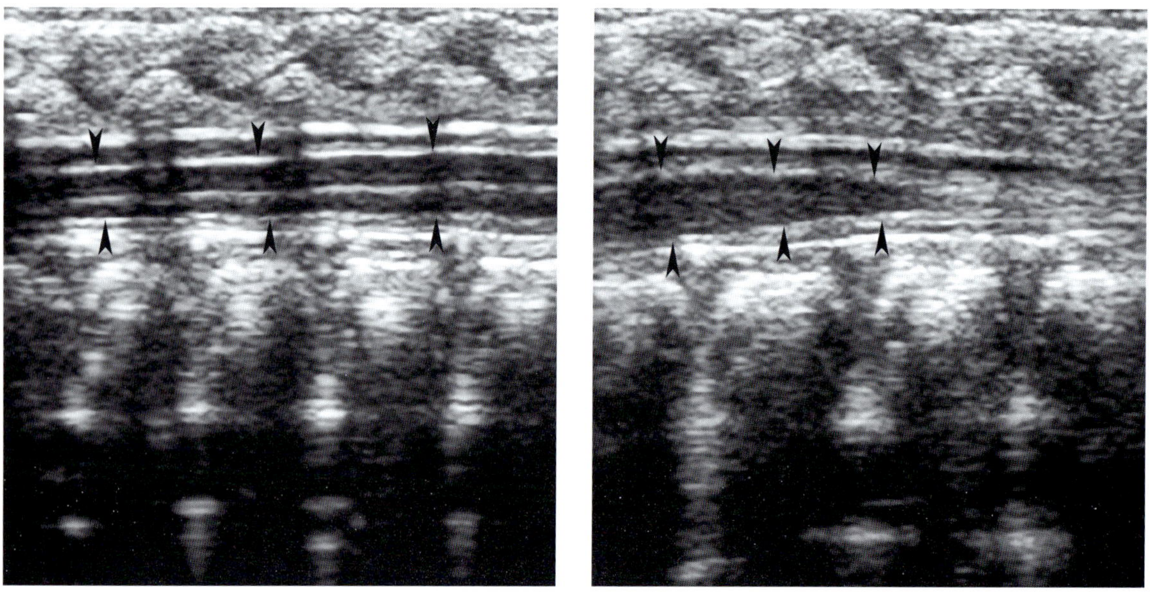

a b

Abb. 2-1a bis f Normaler Spinalkanal bei einem Neugeborenen.
Das Myelon ist echoarm, die Grenzfläche zwischen Rückenmark und Liquor echoreich (➤). Die linienförmige echoreiche Binnenstruktur, welche sich in Längsrichtung durch das Myelon zieht, entspricht der Grenzfläche zwischen der weißen Kommissur und dem zentralen Anteil der vorderen medianen Fissur.
a) Thorakaler Spinalkanal im Längsschnitt.
b) Lumbaler Spinalkanal mit regelrechtem Conus medullaris, Längsschnitt.

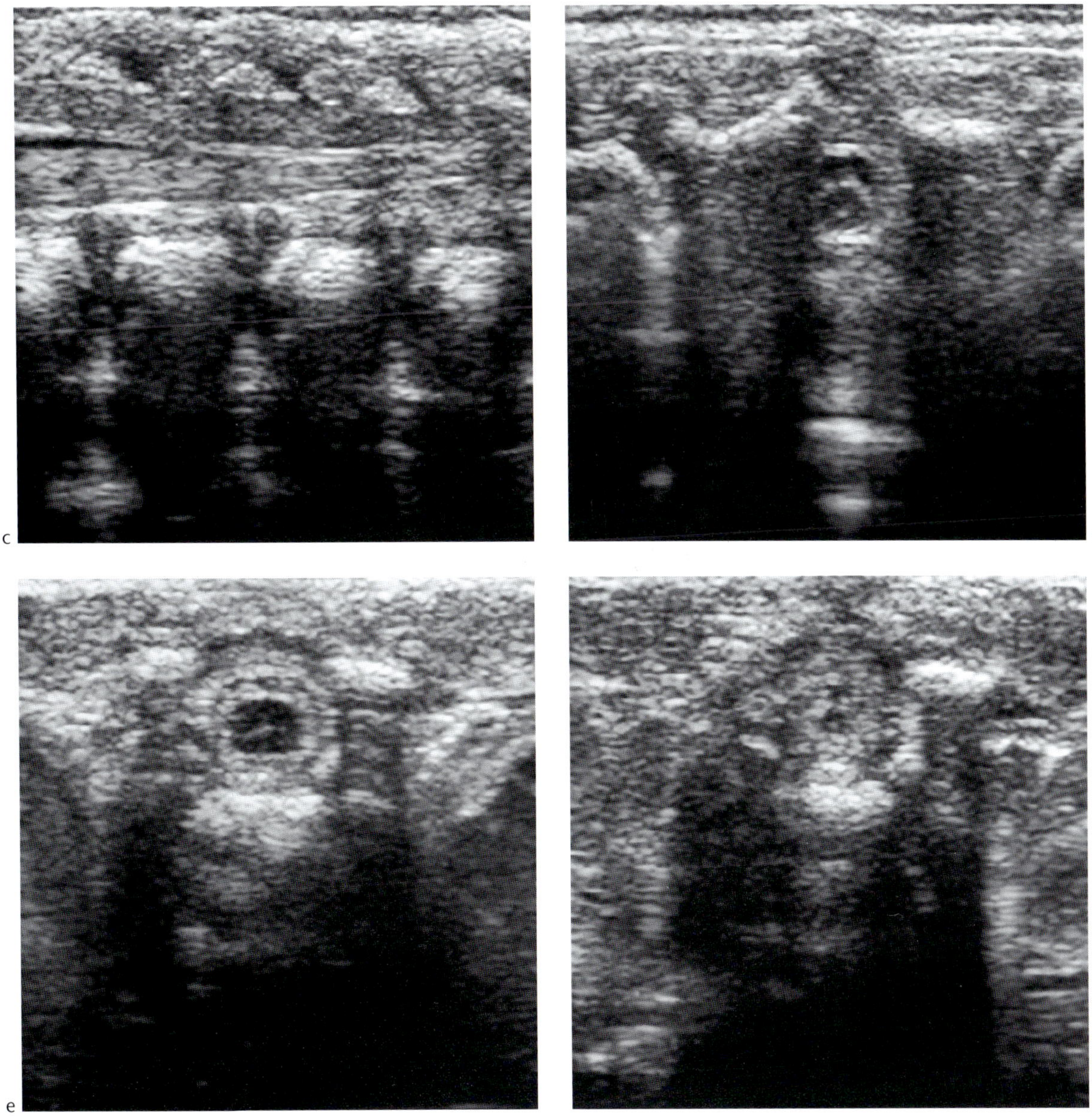

c d e f

Abb. 2-1a bis f Normaler Spinalkanal bei einem Neugeborenen (Fortsetzung).
Das Myelon ist echoarm, die Grenzfläche zwischen Rückenmark und Liquor echoreich (➤). Die linienförmige echoreiche Binnenstruktur, welche sich in Längsrichtung durch das Myelon zieht, entspricht der Grenzfläche zwischen der weißen Kommissur und dem zentralen Anteil der vorderen medianen Fissur.
c) Normaler Spinalkanal lumbosakral mit den echoreichen Fasern der Cauda equina, Längsschnitt.
d) Normaler Spinalkanal thorakal, Querschnitt.
e) Normaler Spinalkanal lumbal, Querschnitt.
f) Normaler Spinalkanal lumbosakral, Querschnitt. Im Zentrum (punktförmig) das echoreiche Filum terminale.

angeordnet. Dieser liegt beim gesunden Neugeborenen etwa in Höhe LWK II/III, kann aber in seiner Höhe von BWK X/XI bis zur Deckplatte des 3. Lendenwirbelkörpers variieren. Die Fasern der Cauda equina bewegen sich durch Liquorfluß und Atembewegungen des Kindes wellenförmig, diese Beweglichkeit ist bei einem Normalbefund immer zu beobachten.

Normalbefund – typische Formulierung

Beschreibung: Der Conus medullaris ist regelrecht geformt und liegt in normaler Höhe (ca. LWK II/III). Die Cauda-equina-Fasern lassen sich in normaler Weise abgrenzen und bewegen sich mit dem Atemrhythmus und Liquorfluß. Eine intraspinale Raumforderung (z.B. im Sinne eines Lipoms) findet sich nicht. Das Rückenmark wurde bis auf Höhe von ... untersucht und weist keine Strukturveränderungen auf. Auf Höhe des sichtbaren Neuroporus/ der vermehrten Behaarung etc. kein Anhalt für einen Fistelgang oder eine Fehlbildung.
Beurteilung: Unauffälliges Sonogramm des Spinalkanals, insbesondere des Conus medullaris und der Cauda-equina-Fasern. Kein Anhalt für ein Tethered-cord-Syndrom.

2.3 Fehlbildungen

- dysrhaphische Störungen
  - Meningozele
  - Myelomeningozele
  - Lipomeningozele
  - Dermalsinus

Die wichtigsten Fehlbildungen des Spinalkanals sind die dysrhaphischen Störungen, bei denen sowohl die knöchernen als auch die neuronalen Strukturen des Spinalkanals fehlgebildet sein können.

Die Darstellung der knöchernen Strukturen erfolgt nach wie vor am besten durch die konventionelle Röntgendiagnostik.

Zu unterscheiden sind bei den dysrhaphischen Störungen die Meningozele, die Lipomeningozele, der Dermalsinus und die Diastematomyelie. **Meningozelen** entsprechen Aussackungen der Meningen durch knöcherne Defekte der Wirbelsäule. Sie sind sonographisch – da sie Liquor enthalten – echoarm. Binnenstrukturen mit mittlerer Echogenität sprechen für neuronale Anteile, somit eine Myelomeningozele, eventuell enthaltenes Fett ist sonographisch meist echoreicher als das Rückenmark.
Ein **Dermalsinus** ist eine angeborene Fistelbildung zwischen der Hautoberfläche und dem Rückenmarkskanal. Äußerlich haben die Kinder oft ein Sakralgrübchen bzw. einen Neuroporus. Da die offene Verbindung in den Spinalkanal ein Infektionsrisiko darstellt, ist eine rasche Diagnostik und Therapie angezeigt. Sonographisch ist die Darstellung eines feinen Fistelgangs oft schwierig, diese gelingt meist besser mittels einer Kontrastmitteldarstellung in der konventionellen Röntgendiagnostik oder im MRT. Allerdings ist der Dermalsinus oft mit einem intraspinalen Lipom, oft auch mit einem Tethered-cord-Syndrom vergesellschaftet. Sowohl das im Ultraschall meist echoreiche, seltener auch echoarme Lipom als auch der fixierte, tiefstehende Conus medullaris sind mittels einer Ultraschalluntersuchung in vielen Fällen gut zu erfassen.

2.4 Raumforderungen

- Tethered-cord-Syndrom
- (Hydro-)Syringomyelie
- Tumoren

Intraspinale Tumoren sind bei Neugeborenen und Säuglingen sehr selten. Der häufigste **gutartige Tumor** ist das intraspinale Lipom, welches oft im Rahmen eines **Tethered-cord-Syndroms** (Abb. 2-2a bis d) auftritt. Beim Tethered-cord-Syndrom ist das Rückenmark durch ein im kaudalen Spinalkanal lokalisiertes Lipom fixiert. Das Lipom kann gelegentlich so klein sein, daß es sich sonographisch manchmal gar nicht oder nur mit Mühe darstellen läßt. Der Conus medullaris steht beim Tethered-cord-Syndrom tiefer als der Diskus zwischen LWK II und III, manchmal geht er kontinuierlich in ein breites echoreiches Band von Cauda-equina-Fasern über. Letztere sind beim Tethered-cord-Syndrom starr, sie bewegen sich nicht mit dem normalen Atemrhythmus bzw. Liquorfluß des Kindes. Die Unbeweglichkeit der Fasern der Cauda equina kann sonographisch der einzige Hinweis auf ein Tethered-cord-Syndrom sein. Bei

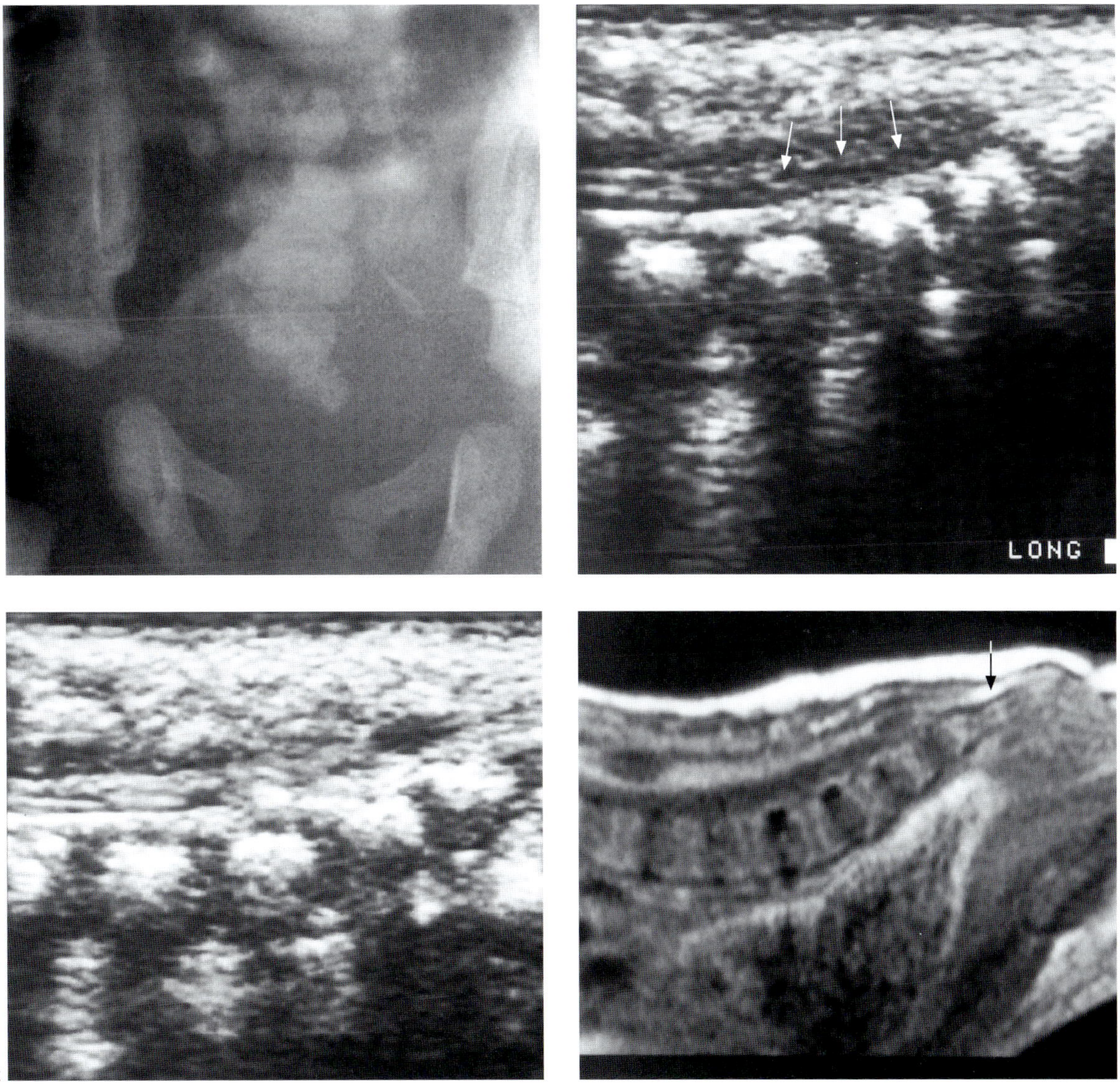

Abb. 2-2a bis d Tethered-cord-Syndrom bei einem Neugeborenen mit perinealer Rektumfehlmündung und Analatresie.
a) Das Röntgenbild zeigt das erheblich dysplastische Os sacrum.
b und c) Sonographisch ist der Conus medullaris nicht in normaler Weise abgrenzbar, sondern geht kontinuierlich in eine breite echoreiche Gewebsformation über, die nach dorsal verzogenen und dorsal fixierten Cauda-equina-Fasern entspricht (—▷).
d) Ein kleines intraspinales Lipom (—▷) im sakralen Spinalkanal als Ursache des Tethered-cord-Syndroms ist erst durch die MRT nachweisbar.

der Darstellung der sonstigen intraspinalen Morphologie kann in solchen Fällen die hochauflösende Kernspintomographie wertvolle Zusatzinformationen liefern.

Weitere gutartige Raumforderungen sind intraspinale Flüssigkeitsansammlungen bei Hydromyelie oder **Hydrosyringomyelie,** sie sind sonographisch naturgemäß echofrei. Während die Hydromyelie (Abb. 2-3a und b) einer umschriebenen Erweiterung des Zentralkanals entspricht, ist die Flüssigkeitsansammlung bei einer Syringomyelie innerhalb des Rückenmarks selbst lokalisiert. Eine Hydromyelie kommt gelegentlich in Kombination mit einem Tethered-cord-Syndrom vor.

Maligne Tumoren des Spinalkanals sind bei Kindern sehr selten. Häufiger ist bei Neugeborenen und Säuglingen die Ausbreitung von primär paravertebralen Tumoren (Neuroblastom, embryona-

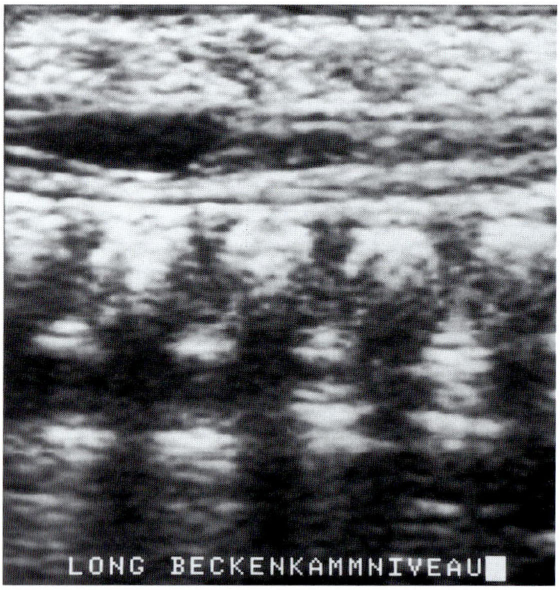

a

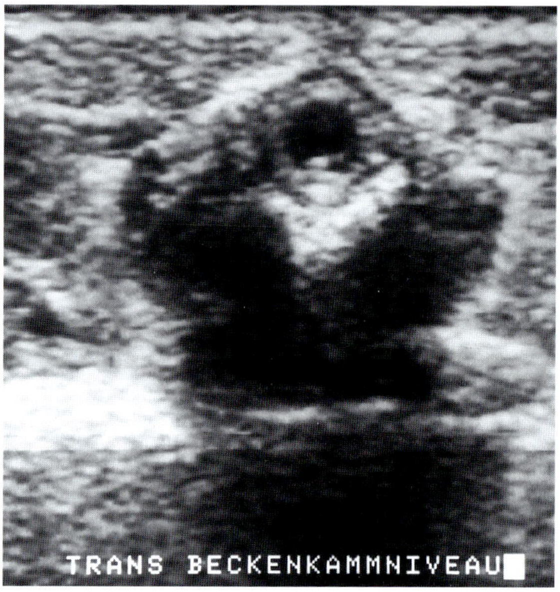

b

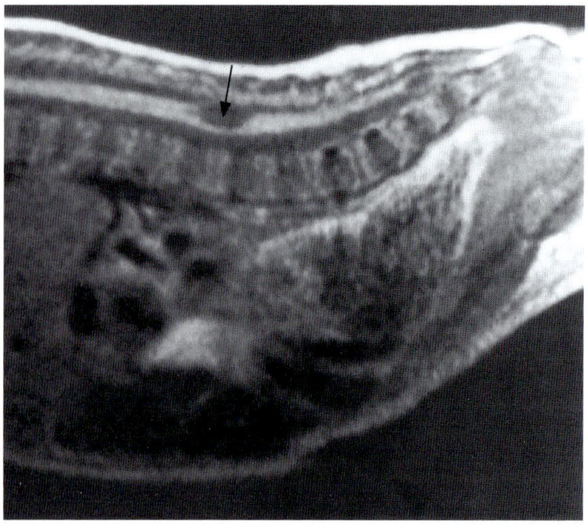

c

Abb. 2-3a bis c Hydrosyringomyelie.
a und b) Sonogramm, Längs- und Querschnitt (gleicher Patient wie Abb. 2-2):
Das obere Lumbalmark weist eine echoarme spindelförmige Auftreibung auf. Das Rückenmark wird hierdurch in die Peripherie verdrängt.
c) Entsprechender Befund (—▷) im MRT, SE, T1, sagittal.

les Rhabdomyosarkom, Hämangiom) nach intraspinal sonographisch darstellbar.

Bei operativer Konsequenz sollte in allen Fällen aufgrund der übersichtlicheren Dokumentation ergänzend eine MRT-Untersuchung erfolgen. Dies gilt insbesondere für Kinder jenseits des Säuglingsalters, bei denen der Spinalkanal aus anatomischen Gründen sonographisch nicht mehr ausreichend einsehbar ist.

Ein extraspinaler Tumor, der gelegentlich in den Spinalkanal einbricht, ist das Steißbeinteratom (Abb. 2-4). Es kann sich bis in das kleine Becken ausbreiten. Der Tumor kann solide und zystische Anteile haben und sich somit sonographisch teils echoarm, teils mit mittlerer Echogenität darstellen. Steißbeinteratome müssen umgehend operativ entfernt werden, da ein hohes Entartungsrisiko besteht.

2.5 Weiterführende Diagnostik

Bei allen Fragestellungen, die sich sonographisch nicht ausreichend klären lassen, ist für die Dar-

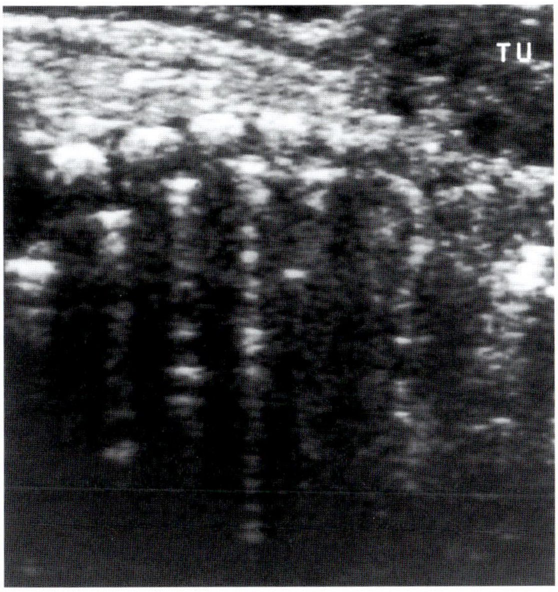

Abb. 2-4 Steißbeinteratom.
Der Tumor ist echoarm und liegt dem Os sacrum eng an. Ein Tumoreinbruch in den Spinalkanal ist nicht nachweisbar.
(Die Aufnahme verdanken wir Frau PD Dr. med. H. Schmidt, Kinderradiologie der Universität Frankfurt.)

stellung des Spinalkanals das MRT die Methode der Wahl. Selten einmal kann ein sog. Myelo-CT erforderlich werden, bei dem nach einer konventionellen Myelographie ergänzend CT-Schichten angefertigt werden. Ein solches Vorgehen bedarf selbstverständlich der Absprache mit einem Neurochirurgen und Radiologen bzw. einem Neuroradiologen.

3 Hals und Gesichtsschädel

3.1 Allgemeines

3.1.1 Indikationen

- Verdacht auf Lymphadenitis colli
- unklare zervikale Schwellung bzw. Raumforderung

Eine Sonographie des Halses erfolgt im allgemeinen nur, wenn ein auffälliger klinischer (Palpations-)Befund vorliegt. Bei einem Kind mit einer bekannten Lymphomerkrankung sollten Therapieentscheidungen nicht nur aufgrund eines sonographischen Befundes, sondern besser aufgrund einer CT- oder MRT-Untersuchung erfolgen. Diese Schnittbildverfahren gewährleisten – unabhängig vom Untersucher – zuverlässiger als eine Ultraschalluntersuchung, daß kein Restlymphom übersehen wird. Sie ermöglichen zusätzlich die Beurteilung des Knochenmarks und des zervikalen Spinalkanals.

3.1.2 Vorbereitungsmaßnahmen

Es sind normalerweise keine besonderen Vorbereitungsmaßnahmen erforderlich. In ganz seltenen Ausnahmefällen kann bei einem kleinen Kind, welches zu unruhig ist, eine kurze Sedierung notwendig werden.

3.1.3 Lagerung

Das zu untersuchende Kind liegt in Rückenlage mit möglichst weit überstrecktem Kopf. Um diese Lage zu erleichtern, wird ein dünneres Kissen zu einer Rolle geformt und in den Nacken gelegt. Bei kleinen Kindern muß eine Hilfsperson mit beiden

Händen den Kopf in der überstreckten Position halten, was sich insbesondere bei Säuglingen nicht immer einfach gestaltet.
Kleinkinder verstehen natürlich nicht, was es heißt, den „Kopf zu überstrecken“, aber sie können fast alle „einen langen Giraffenhals“ machen. Größere Kinder können motiviert werden, den Kopf genügend zu überstrecken, wenn sie dadurch auf den Monitor des Ultraschallgeräts sehen können.

3.1.4 Schallkopf

- Linearschallkopf, 5 MHz oder 7 MHz
- bei sehr großen Prozessen Curved-array-Schallkopf, 3,5 MHz
- bei sehr kleinen Kindern, die den Hals nicht genügend überstrecken, kleiner Curved-array-Schallkopf, 5 MHz oder 7,5 MHz

3.1.5 Standardebenen

Es gibt keine Standardebenen. Befunde müssen in zwei aufeinander senkrecht stehenden Ebenen abgebildet werden. Nach Möglichkeit sollte der pathologische Befund in bezug auf leicht zu identifizierende anatomische Strukturen (A. carotis communis, V. jugularis, Schilddrüse, Larynx, Trachea, M. sternocleidomastoideus) abgebildet werden. Dabei müssen sowohl Detailaufnahmen des Befundes als auch Übersichtsaufnahmen zwecks Größenbestimmung angefertigt werden.

Sehr nah unter dem Schallkopf liegende Prozesse können insbesondere mit einem Sektorschallkopf oft schlecht erfaßt werden. Es empfiehlt sich in diesen Fällen, eine Vorlaufstrecke (Gelkissen) zu benutzen, um den darzustellenden Bereich in eine Tiefe zu bringen, in die der Schallkopf besser fokussieren kann.

3.2 Normalbefund

Normalbefund – typische Formulierung

Beschreibung: Zervikal bds. kein Nachweis von vergrößerten Lymphknoten oder einer sonstigen pathologischen Raumforderung. Die großen Halsgefäße lassen sich bds. regelrecht darstellen, die Schilddrüse ist gut schluckverschieblich und homogen strukturiert.
Beurteilung: Unauffällige Sonographie des Halses. (Der auffällige Palpationsbefund läßt sich sonographisch nicht nachvollziehen. Bei klinischer Relevanz wird CT bzw. MRT empfohlen.)

3.3 Parotis

- Normalbefund
- Parotitis
- Sialoadenitis

Die Ohrspeicheldrüse, Glandula parotis, ist die größte der Speicheldrüsen. Im Sonogramm ist ihr Drüsengewebe normalerweise echoreich mit feinen, gleichmäßig im Drüsenparenchym verteilten echoarmen Binnenechos (Abb. 3-1a). Die Parotis läßt sich gut in koronarer Schnittführung (Längsschnitt, parallel zum aufsteigenden Unterkieferast, Schallkopf vor dem Ohr) und auch in transversalen Aufnahmen erfassen. Innerhalb des Drüsengewebes läßt sich oft die A. carotis externa abgrenzen.
Bei einer **Parotitis,** wie sie z. B. bei Mumps vorkommt, kommt es zu einer deutlichen Auflockerung des Drüsengewebes, verbunden mit einer Volumenvermehrung (Abb. 3-1b).

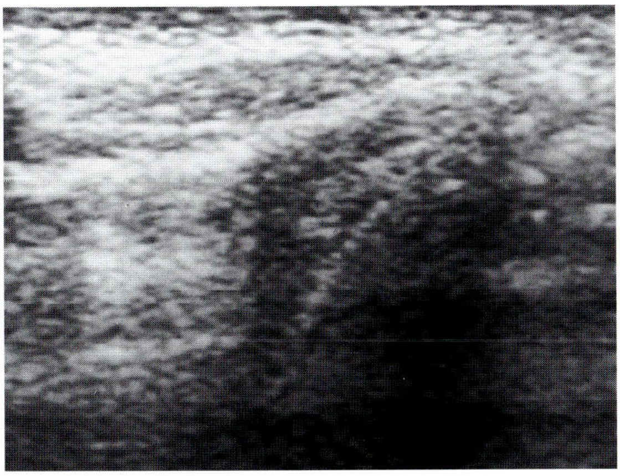

Abb. 3-1a Normale Glandula parotis rechts (Längsschnitt).

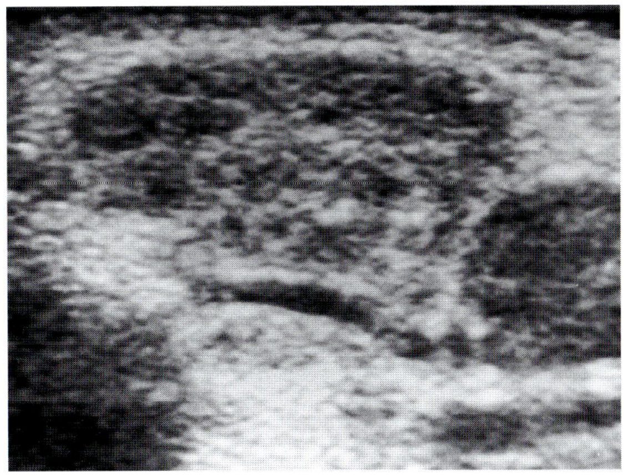

Abb. 3-1b Parotitis links, das Drüsengewebe ist aufgelockert und deutlich volumenvermehrt (Längsschnitt).

Bei einer **Sialoadenitis** aufgrund einer durch einen Speichelstein hervorgerufenen Speichelabflußstörung kann das Konkrement oft als eine echoreiche Struktur mit dorsaler Schallauslöschung sonographisch erfaßt werden.

3.4 Lymphknoten

- Lymphknotenvergrößerung
  - bei Lymphadenitis colli
  - mit nekrotischer Einschmelzung

Die wichtigsten Lymphknotengruppen des Halses liegen entlang der V. jugularis interna, in der Supraklavikulargrube sowie submental. Bei gesunden Kindern sind diese Lymphknoten im allgemeinen sonographisch nicht zu erfassen. Infektionen in der Kopf-Hals-Region (z.B. Zahnentzündungen, Tonsillitis, Pharyngitis) führen oft zu einer Mitbeteiligung der zervikalen Lymphknoten, die dabei über ihren normalen Durchmesser von maximal 5 mm anschwellen und Ausdehnungen von mehreren Zentimetern erreichen können. Sonographisch sind Lymphknoten bei einer **Lymphadenitis colli** echoarm und meist von längsovaler Form (Abb. 3-2). Die Differenzierung eines **Lymphknotenabszesses,** der oft eine chirurgische Maßnahme zur Folge hat, gelingt sonographisch leicht: der liquide Anteil ist echofrei (Abb. 3-3a) und wird in der Peripherie von echoreicherem, somit entzündlich verändertem, aber noch intaktem Lymphknotengewebe begleitet (Abb. 3-3c). Die entzündliche Begleitreaktion kann sehr ausgedehnt sein und läßt sich in einem Kernspintomogramm gut erfassen (Abb. 3-3b).

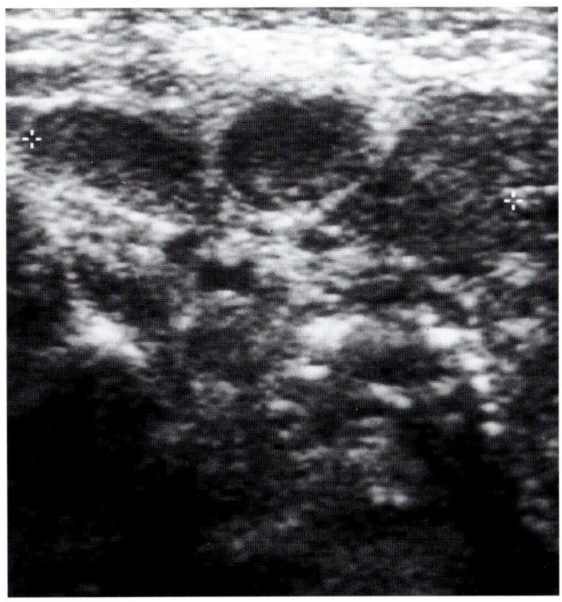

Abb. 3-2 Vergrößerte Halslymphknoten bei einer Infektion der oberen Atemwege. Die Lymphknoten sind homogen strukturiert und von mittlerer Echogenität, kein Anhalt für eine nekrotische Einschmelzung.

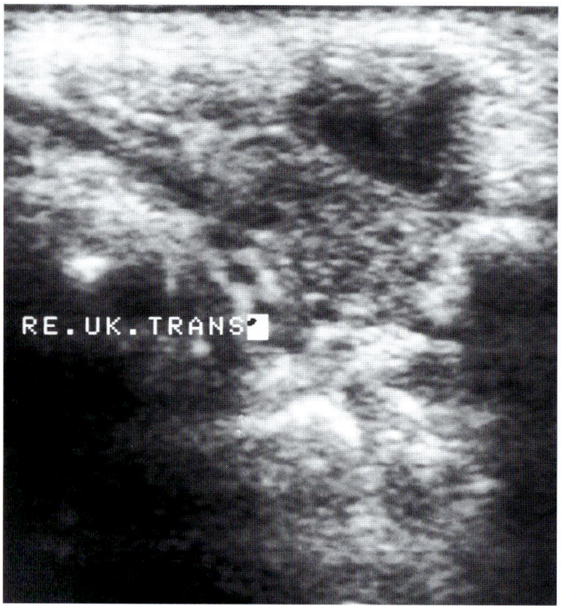

a

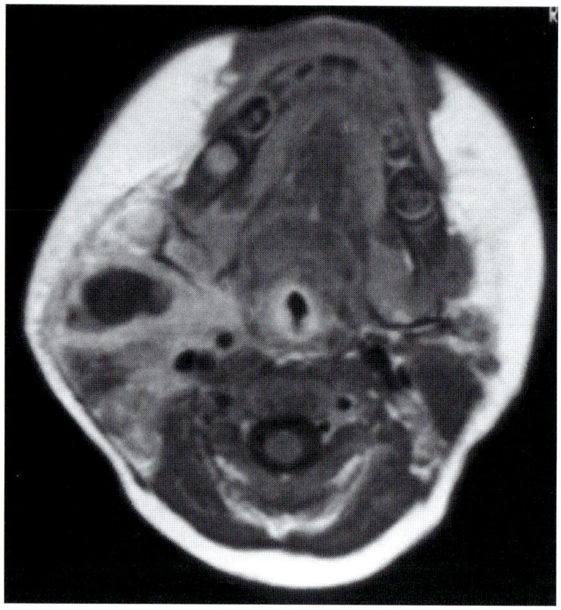

b

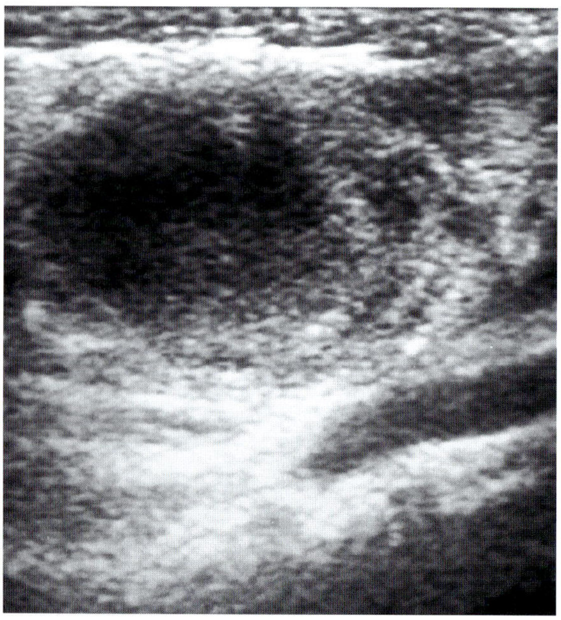

c

Abb. 3-3a bis c Vergrößerter Halslymphknoten mit nekrotischer Einschmelzung im rechten Kieferwinkel.
a) Der nekrotische Lymphknotenanteil ventral ist echoarm (Sonogramm, Querschnitt).
b) Ausgedehntes Lymphknotenpaket mit hypointensem Zentrum und kräftiger marginaler Kontrastmittelaufnahme (MRT, transversal, SE, T1, nach intravenöser Kontrastmittelgabe).
c) Lymphknoten mit echoarmer zentraler Einschmelzung, unscharfe Randbegrenzung (Sonogramm, Längsschnitt anderer Patient).

Bei allen Lymphknotenvergrößerungen, die zunächst als entzündlich bedingt eingestuft wurden, aber keine Normalisierungstendenz aufweisen, muß immer auch an die Möglichkeit einer Lymphomerkrankung bzw. eines M. Hodgkin (s. Abschnitt 3.5.2 „Maligne Raumforderungen") gedacht werden. Dies gilt insbesondere, wenn die Lymphknoten nicht längsoval, sondern mehr globulär geformt und extrem echoarm sind.

3.5 Raumforderungen

3.5.1 Raumforderungen und benigne Tumoren

- Hämatom – Fibromatosis colli
- Lymphangiom
- kavernöses Hämangiom
- Teratom
- Halszyste
- Aktinomykose
- Epithelkörperchenadenom

Hämatom – Fibromatosis colli. Im Rahmen eines Geburtstraumas (z.B. Vakuumextraktion oder Zangengeburt) kann es bei Neugeborenen zur Ausbildung eines zervikalen Hämatoms innerhalb des M. sternocleidomastoideus kommen. Wird dieses nicht gleich resorbiert, kann ein bindegewebiger Umbau erfolgen. Diese Fibromatosis colli läßt sich sonographisch als eine spindelförmige, homogen mäßig echoangehobene Raumforderung im Verlauf des M. sternocleidomastoideus abgrenzen (Abb. 3-4a).

Eine Fibromatosis colli bildet sich im allgemeinen innerhalb einiger Monate zurück. In Fällen eines sekundären, sehr ausgeprägten Torticollis, wie im vorliegenden Fall (s. Abb. 3-4a und b), ist eine chirurgische Intervention erforderlich.

Lymphangiome oder auch **zystische Hygrome** sind gutartige, schmerzlose kongenitale Tumoren, die sich über eine gesamte Halsseite bis in das Mediastinum erstrecken können. Sie können aufgrund ihrer Größe ein Geburtshindernis darstellen und auch Ursache respiratorischer Probleme sein. Lymphangiome sind Fehlbildungen des lymphatischen Systems, histologisch werden kavernöse und zystische Lymphangiome unterschieden. Sonographisch besteht ein Lymphangiom aus multiplen echofreien, somit zystischen Arealen, welche durch unterschiedlich dicke echoreiche Septen voneinander getrennt sind (Abb. 3-5a und b, Abb. 3-6a). In manchen Zysten finden sich echoreiche homogene Binnenechos, die Einblutungen oder Lymphflüssigkeit mit erhöhtem Eiweißgehalt repräsentieren (s. Abb. 3-5b). Im Rahmen der präoperativen Diagnostik kann die genaue Ausdehnung eines Lymphangioms – insbesondere in der

a

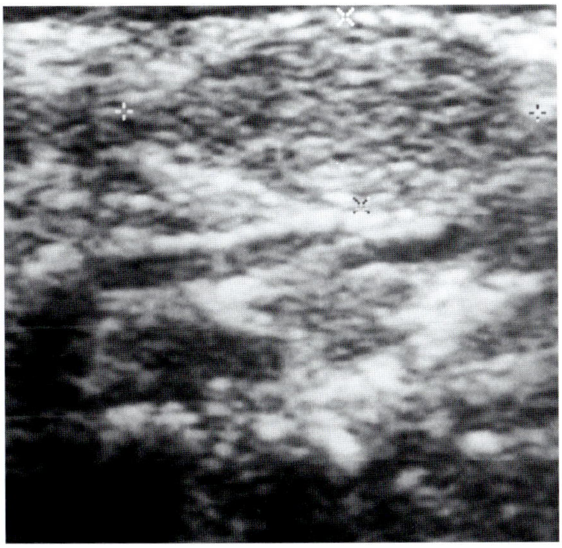

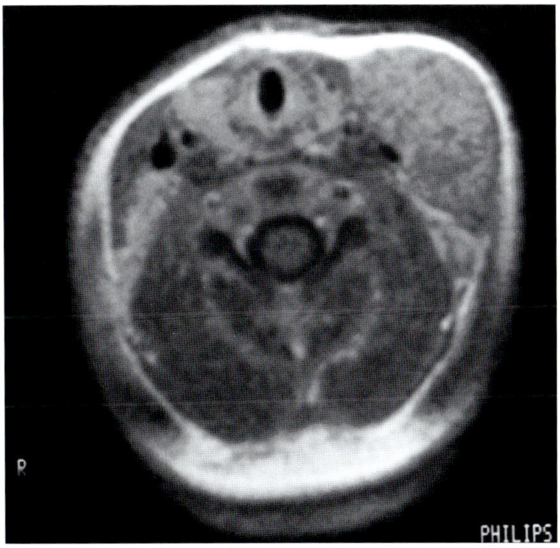

b

Abb. 3-4a und b Hämatom (mit beginnendem bindegewebigen Umbau) im M. sternocleidomastoideus bei einem vier Wochen alten Säugling.
a) Die Raumforderung ist glatt begrenzt, von mittlerer Echogenität mit feinen strichförmigen Binnenechos (Sonogramm, Längsschnitt).
b) Als Ausdruck des bindegewebigen Umbaus nimmt das Hämatom (histologisch gesichert) in mäßigem Ausmaß Kontrastmittel auf (MRT, transversal, SE, T1, nach intravenöser Kontrastmittelgabe).

Tiefe – mittels MRT (Abb. 3-6b) oder CT dargestellt werden. Diese präoperative Diagnostik ist besonders wichtig, da Lymphangiome chirurgisch in toto entfernt werden müssen, da Resttumoren zu erneutem Wachstum neigen.

Hämangiome sind Fehlbildungen der Gefäße; man unterscheidet kapilläre und kavernöse Hämangiome. Kapilläre Hämangiome bestehen aus vielen kleinen Unterstrukturen von Kapillardurchmesser, sie sind aufgrund der vielen Grenzflächen-

a 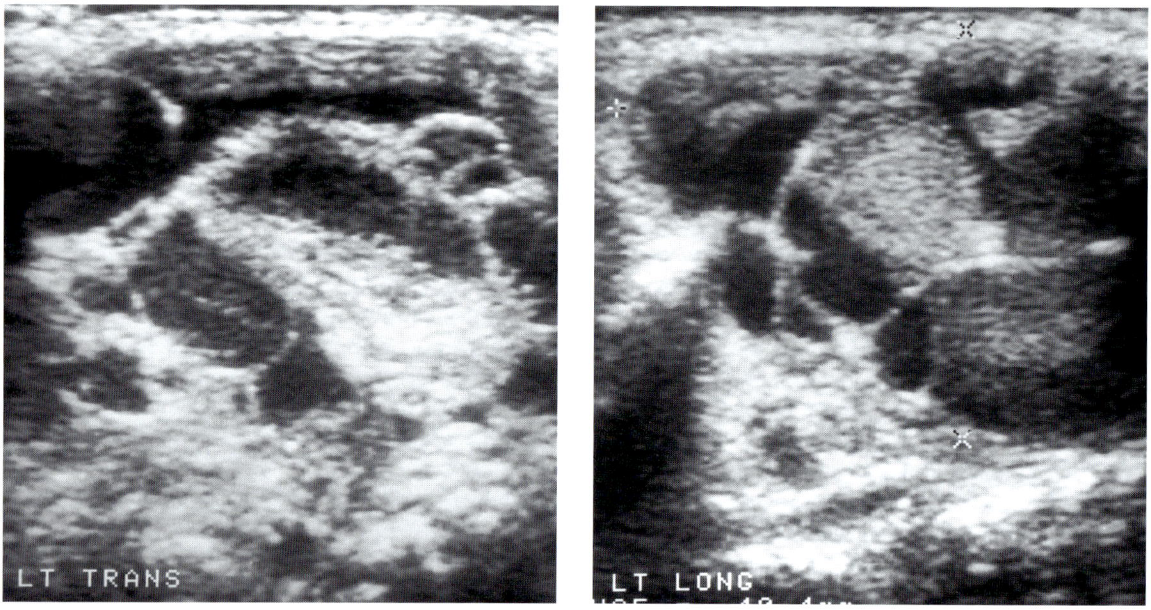 b

Abb. 3-5a und b Lymphangiom mit zahlreichen echoarmen zystischen Arealen, die teilweise echoreiche Binnenechos (eiweißreiche Flüssigkeit, Einblutungen) aufweisen (Quer- und Längsschnitt).

a 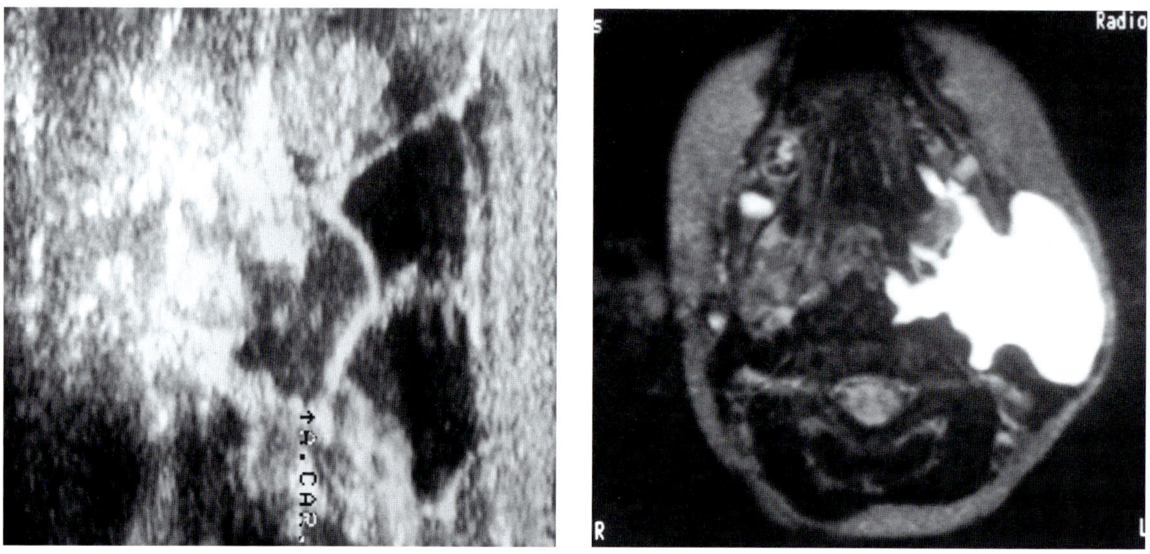 b

Abb. 3-6a und b Lymphangiom im Sonogramm (a) und MRT (b, SE, T2-Wichtung). Die Abgrenzung zur Wirbelsäule ist im MRT einfacher.

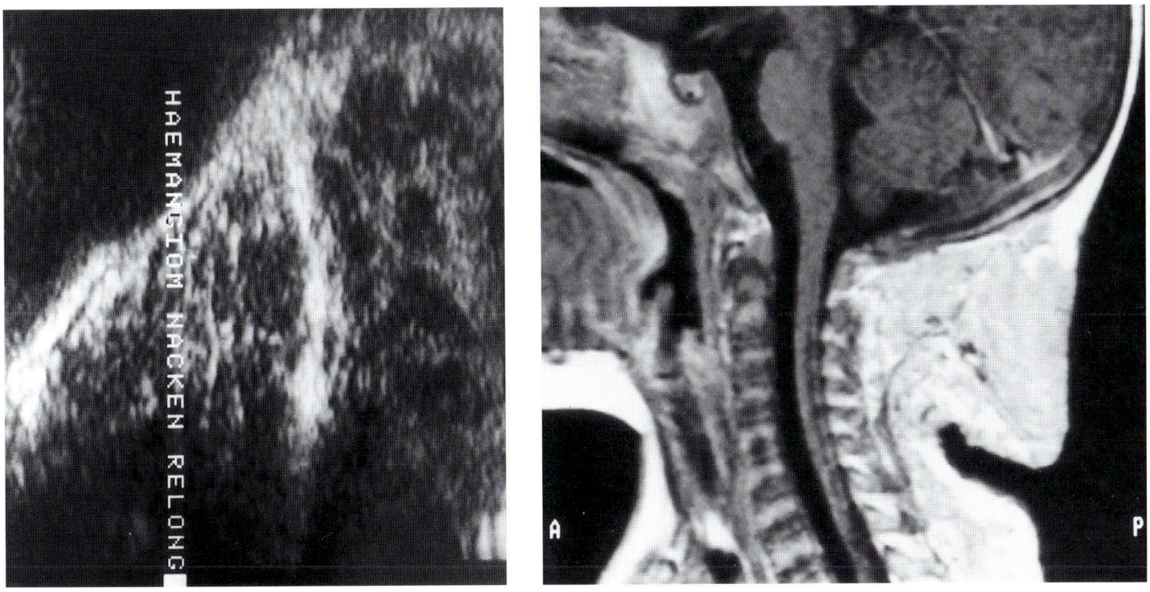

a b

Abb. 3-7a und b Ausgedehntes kavernöses Hämangiom bei einem Kleinkind.
a) Sonogramm: Die Raumforderung hat flüssigkeitshaltige (echoarme), aber auch bindegewebige (echoreiche) Anteile (Ausrichtung entspricht Abbildung b).
b) Im MRT (sagittal, SE, T1) wird das Ausmaß des Hämangioms, welches bis in Höhe der Skapula reicht, sichtbar.

phänomene meist echoreich. Kavernöse Hämangiome bestehen sonographisch aus multiplen echoarmen Arealen, welche durch unregelmäßige echoreiche Septen voneinander getrennt sind (Abb. 3-7a). Hämangiome bilden sich meist bis zum 6. Lebensjahr spontan zurück, selten sind chirurgische oder radiologisch-interventionelle Maßnahmen erforderlich. In diesen Fällen läßt sich die Ausdehnung eines Hämangioms gut mittels MRT (Abb. 3-7b) bestimmen. Aus dem MRT ergeben sich oft auch Zusatzinformationen über die Gefäßversorgung.

Teratome sind gutartige Fehlbildungen, die sich aus pluripotenten Keimzellen entwickeln und Anteile aller drei Keimblätter enthalten. Es handelt sich oft um Mittellinien-Tumoren; sie können so groß sein, daß sie ein Geburtshindernis bilden. Der sonographische Aspekt hängt vom Fettgewebs- und Weichteilanteil ab, meist findet sich ein Tumor mit gemischter Echogenität und schmaler echoreicher Begrenzung (Abb. 3-8a). Kleine echoreiche Binnenstrukturen können Verkalkungen entsprechen. Teratome müssen bald nach Diagnosestellung operativ entfernt werden, da ein Entartungsrisiko besteht. Die weitergehende präoperative Diagnostik besteht oft in einer CT-Untersuchung (Abb. 3-8b), da in dieser auch die Verkalkungen im Tumor erfaßt werden können.

Halszyste. Bei Fehlbildungen des Ductus thyreoglossus oder der Kiemenbögen können Halszysten entstehen. Diese sind in der Medianlinie lokalisiert, wenn sie auf einer Fehlbildung des Ductus thyreoglossus beruhen. Besteht ein Zusammenhang mit einer Fehlbildung der Kiemenbögen, liegen die Zysten lateral, meist im oberen Halsdrittel, vor dem M. sternocleidomastoideus. Sonographisch sind Halszysten echoarm, glatt begrenzt und von einer feinen echoreichen Membran umgeben (Abb. 3-9). Eine angehobene Echogenität, eventuell in Assoziation mit einer Wandverdickung, spricht für eine infizierte Zyste, die operativ entfernt werden muß.

Aktinomykose. Eine seltene Ursache einer gutartigen zervikalen Raumforderung ist eine Pilzinfektion mit Actinomyces israelii. Sonographisch findet sich eine unscharf begrenzte Raumforderung von gemischter Echogenität mit überwiegend echoarmen Anteilen (Abb. 3-10a und c).

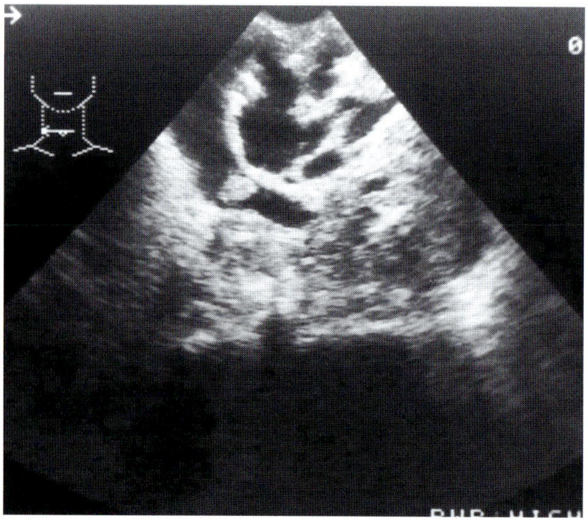

a

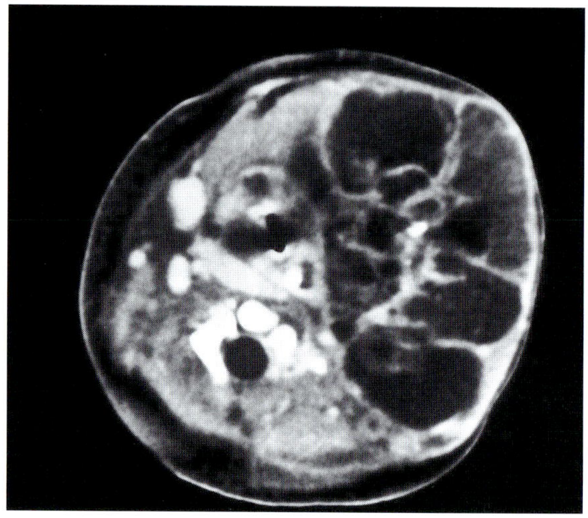
b

Abb. 3-8a und b Zystisches Teratom bei einem männlichen Neugeborenen.
a) Irregulär begrenzte echoarme Areale mit unterschiedlich dicken Septen (Sonogramm, transversal).
b) CT nach intravenöser Kontrastmittelgabe.

Eine eindeutige Diagnose ist hier sonographisch nicht möglich, sie muß laborchemisch am mittels Punktion oder Probeexzision gewonnenen Material erfolgen.

Zur Bestimmung der Ausdehnung des Pilzbefalls ist die Kernspintomographie (Abb. 3-10b) besonders informativ.

Epithelkörperchenadenom. Die normale Nebenschilddrüse (Glandula parathyreoidea) besteht aus vier Epithelkörperchen. Diese sind jeweils dorsal des oberen und unteren Schilddrüsenpols lokalisiert, sie sind sonographisch aufgrund ihrer geringen Größe nur selten darstellbar. Nebenschilddrüsenadenome können entweder an gleicher Lokalisation wie normale Epithelkörperchen, aber auch ektop, innerhalb der Schilddrüse oder im Mediastinum, vorkommen. Sonographisch sind Epithelkörperchenadenome rundliche oder ovale Raumforderungen, die glatt begrenzt und echoarm oder echoleer-zystisch sind (Abb. 3-11a und b). In Abhängigkeit von der hormonellen Aktivität des Adenoms kann sich das Vollbild eines primären Hyperparathyreoidismus entwickeln. Radiologisch-diagnostisch hilft eine Röntgenaufnahme des Handskeletts hier entscheidend weiter. Ein sekundärer Hyperparathyreoidismus kann zu einer Hyperplasie sämtlicher Epithelkörperchen führen.

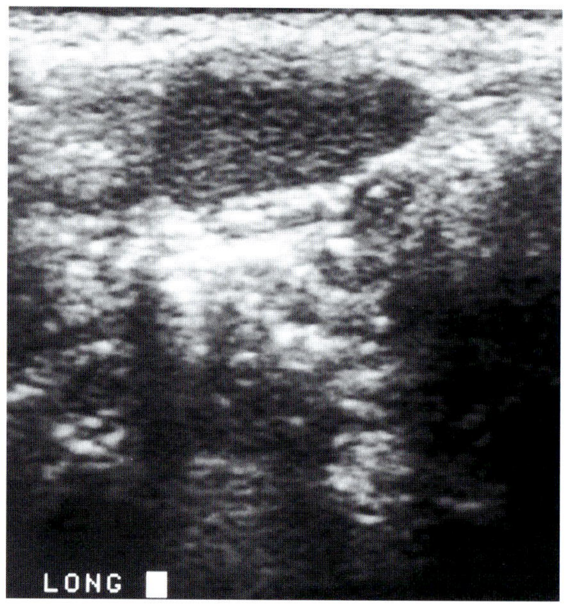

Abb. 3-9 Laterale Halszyste bei einem 9jährigen Jungen. Die Raumforderung ist glatt begrenzt. Feine Binnenechos entsprechen eiweißreichem Exsudat.

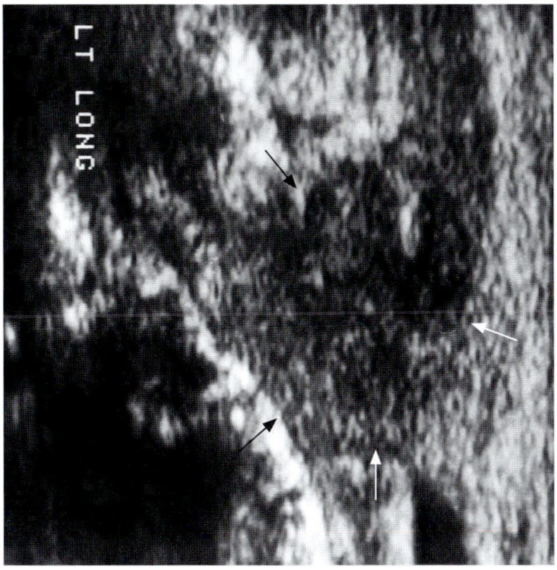

a

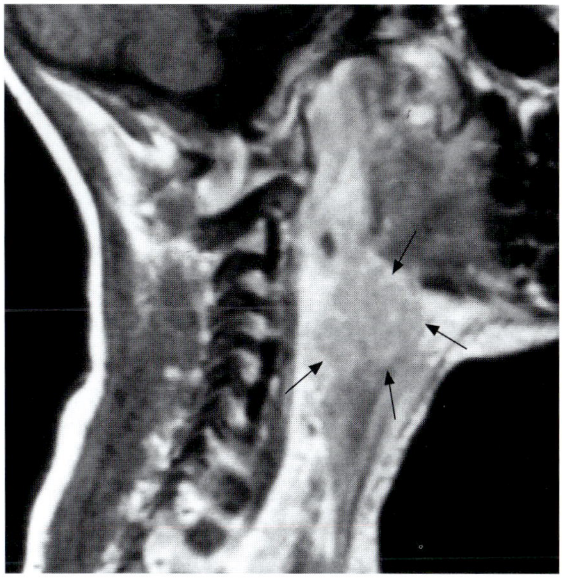

b

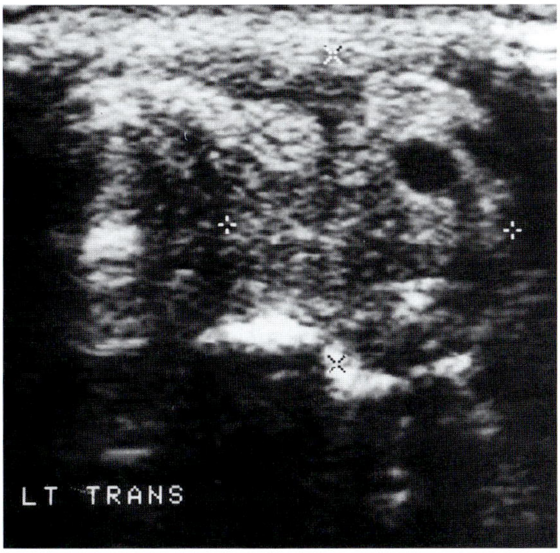

c

Abb. 3-10a bis c Aktinomykose (palpatorisch derber zervikaler Tumor, —▷).
Tumor mit gemischter, überwiegend echoarmer Textur (a und c Sonogramme, Längs- und Querschnitt). Sonographische Differentialdiagnose: Neuroblastom! Im MRT (b; sagittal, SE, T1, nach Kontrastmittelgabe) zeigt sich eine flächige, kräftige Kontrastmittelaufnahme im Infektionsareal (Ausrichtung Abbildung a entspricht Abbildung b).

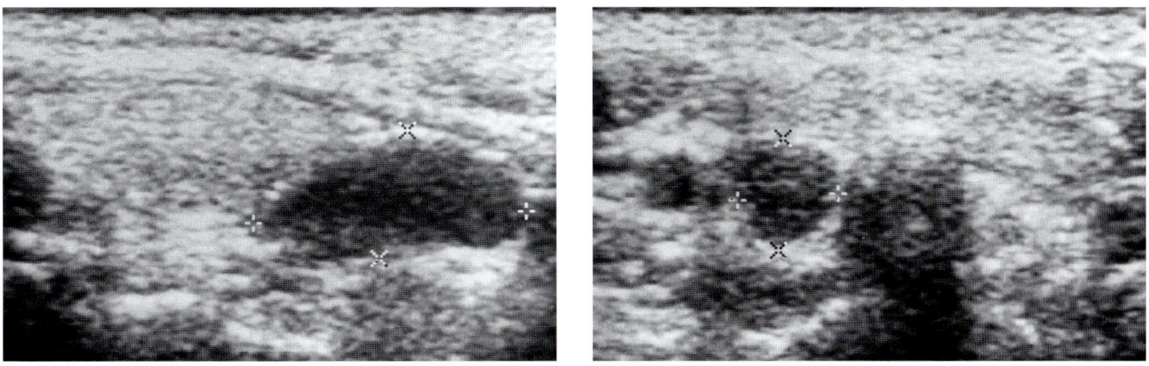

a b

Abb. 3-11a und b Epithelkörperchenadenom (ca. 2,8 × 1,2 cm) bei 11jährigem Mädchen mit primärem Hyperparathyreoidismus (histologisch gesichert). Die echoarme zystische Raumforderung liegt am unteren Schilddrüsenpol rechts (Längs- und Querschnitt).

3.5.2 Maligne Tumoren

- Morbus Hodgkin
- Non-Hodgkin-Lymphom
- Lymphknotenmetastasen
- Neuroblastom

Morbus Hodgkin, Non-Hodgkin-Lymphom, Lymphknotenmetastasen. Bei zervikalen Lymphknotenvergrößerungen ohne klinische Zeichen einer Infektion oder Persistenz vergrößerter Lymphknoten nach überwundener Infektion muß immer an die Möglichkeit einer systemischen lymphatischen Erkrankung, insbesondere an einen M. Hodgkin oder ein Non-Hodgkin-Lymphom gedacht werden. Sonographisch sind die zervikalen Lymphknoten bei einer Lymphomerkrankung homogen echoarm und eher rundlich als längsoval wie bei einer Lymphadenitis (Abb. 3-12). Auch Lymphknotenmetastasen sind echoarm. Eine genaue Differentialdiagnose ist nur histologisch möglich, Material hierfür kann auch bei Kindern durch eine Sonographie-gestützte Punktion einfach gewonnen werden.

Neuroblastom. Der wichtigste maligne Halstumor bei Kindern ist das Neuroblastom (Abb. 3-13a bis d). Selten sind Ganglioneurome, Neurofibrome oder Rhabdomyosarkome. Sonographisch ist das zervikale Neuroblastom ein paraspinal gelegener, echoarmer solider Tumor mit teilweise unscharfen Randbegrenzungen (Abb. 3-13a und b). Manchmal finden sich innerhalb des Tumorgewebes umschriebene Echoanhebungen, die Verkalkungen entsprechen können. Selten sind zervikale Neuroblastome mit echoleeren, somit zystischen Anteilen. Die Lagebeziehung zum Spinalkanal und den Halsgefäßen ist am besten im MRT (Abb. 3-13c und d) oder auch CT erfaßbar.

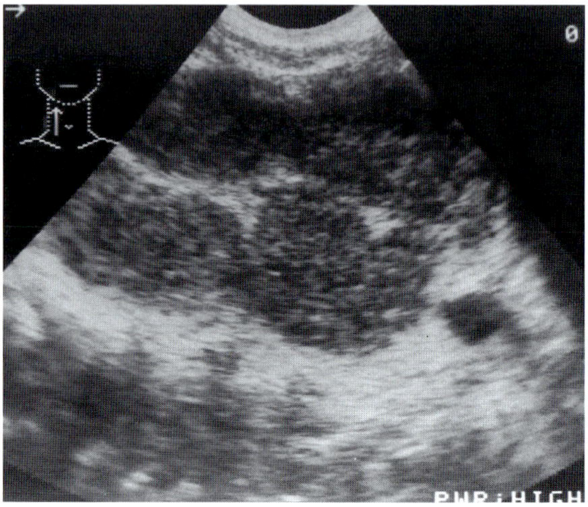

Abb. 3-12 Multiple vergrößerte Halslymphknoten bei M. Hodgkin.

3.6 Weiterführende Diagnostik

Bei Verdacht auf ein Lymphom bzw. eine Tumorerkrankung mit zervikalen Lymphknotenvergrößerungen sollte eine CT-Untersuchung des Halses unter Bolusgabe von Kontrastmittel erfolgen. Es ist in diesen Fällen zu überlegen, ob eine CT-Untersuchung des Thorax gleich angeschlossen werden sollte. Dies kann in vielen Fällen anhand des Röntgenbildes des Thorax, eventuell auch anhand von pathologischen Laborbefunden entschieden werden.

Bei Schilddrüsenprozessen sind die Schilddrüsenszintigraphie, die MRT sowie ggf. die diagnostische Punktion die Methoden der Wahl (s. Kap. 4 „Schilddrüse“).

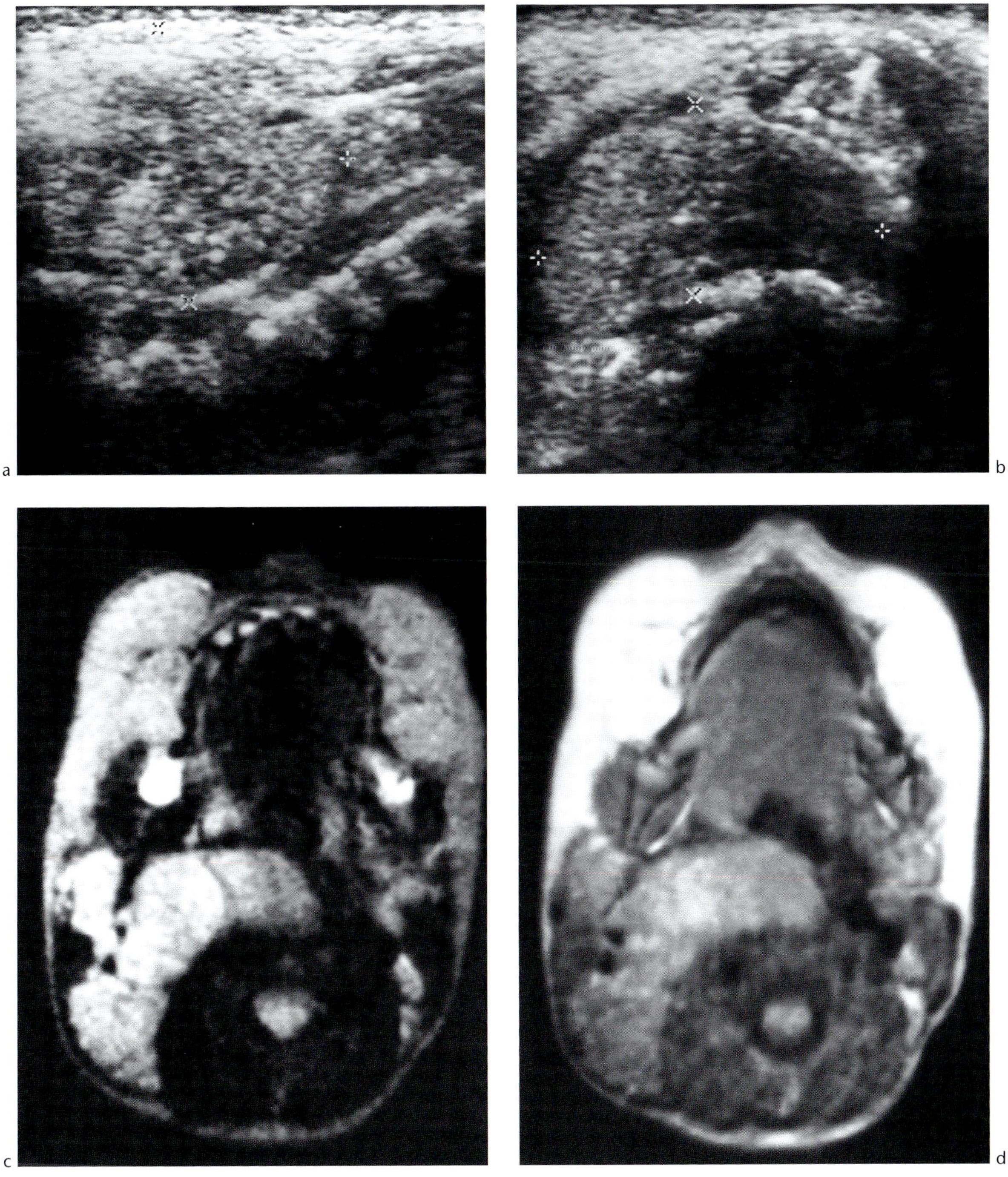

Abb. 3-13a bis d Neuroblastom bei einem 6 Monate alten Mädchen.

a) Der Tumor ist von mittlerer Echogenität (Längsschnitt).

b) Das Neuroblastom überschreitet die Mittellinie nach links und verlagert den Oropharynx und Larynx nach ventral (Querschnitt).

c) und d) Entsprechender Befund im MRT. c) SE, T2, transversal sowie d) SE, T1, nach intravenöser Kontrastmittelgabe.

4 Schilddrüse

4.1 Allgemeines

4.1.1 Indikationen

- auffälliger Palpationsbefund (Struma, Knoten etc.)
- Hypothyreose – Hyperthyreose
- Athyreoseverdacht (beim Neugeborenen)
- Verdacht auf Thyreoiditis
- Schluckbeschwerden, Stridor
- Verlaufskontrolle unter Schilddrüsentherapie
- zerviko-thorakale Raumforderung (Zufallsbefund bei z.B. einer Röntgenaufnahme des Thorax)

4.1.2 Vorbereitungsmaßnahmen

Besondere Vorbereitungsmaßnahmen sind nicht erforderlich. In ganz seltenen Ausnahmefällen kann bei einem kleinen Kind, das unruhig ist, eine kurze Sedierung notwendig werden.

4.1.3 Lagerung

Das zu untersuchende Kind liegt in Rückenlage mit möglichst weit überstrecktem Kopf. Um diese Lage zu erleichtern, wird ein dünneres Kissen zu einer Rolle geformt und in den Nacken gelegt. Bei kleinen Kindern muß eine Hilfsperson mit beiden Händen den Kopf in der überstreckten Position halten, was sich insbesondere bei Säuglingen nicht immer einfach gestaltet.
Kleinkinder verstehen natürlich nicht, was es heißt, den „Kopf zu überstrecken", aber sie können fast alle „einen langen Giraffenhals" machen. Größere Kinder können motiviert werden, den Kopf genügend zu überstrecken, wenn sie dadurch auf den Monitor des Ultraschallgeräts sehen können.

4.1.4 Schallkopf

- Linearschallkopf, 5 MHz oder 7 MHz
- bei ausgeprägter Struma: Curved-array-Schallkopf, 3,5 MHz
- bei sehr kleinen Kindern, die den Kopf nicht genügend überstrecken können: kleiner Curved-array- oder Linearschallkopf, 5 MHz oder 7 MHz

4.1.5 Standardebenen mit Standardabbildungen

1. Schilddrüsenlappen rechts im Längsschnitt
2. Schilddrüsenlappen rechts im Längsschnitt (Kontrollmessung)
3. Schilddrüsenlappen links im Längsschnitt
4. Schilddrüsenlappen links im Längsschnitt (Kontrollmessung)
5. Schilddrüse im Querschnitt
6. Schilddrüse im Querschnitt (Kontrollmessung)

Ergänzend muß bei jeder Schilddrüsensonographie am Monitor geprüft werden, ob die Schilddrüse schluckverschieblich ist. Außerdem muß der Isthmus beurteilt werden, der in Ausnahmefällen wesentlich zum Schilddrüsenvolumen beitragen kann.
Bei Auffälligkeiten (Knoten, Zysten, Verkalkungen, Parenchyminhomogenitäten) müssen diese in Zusatzaufnahmen in zwei Ebenen dokumentiert werden.

4.1.6 Volumenbestimmung

Es werden die Durchmesser jedes Schilddrüsenlappens (in cm) bestimmt. Dazu werden aus den Aufnahmen in sagittaler Schichtführung (Längsschnitt) die Werte für den kranio-kaudalen sowie den sagittalen Durchmesser entnommen. Aus den Querschnittsbildern läßt sich der transversale Durchmesser jedes Schilddrüsenlappens ablesen. Zur Volumenerrechnung eines Schilddrüsenlappens (in ml) werden die erhaltenen drei Werte miteinander multipliziert. Wegen der ellipsoiden Form der Schilddrüsenlappen muß noch eine Multiplikation mit einem Korrekturfaktor (0,479) erfolgen. Diese Korrektur erfolgt bei manchen Ultraschallgeräten bereits während der Flächenmessung durch die verwendete Software.
Die Normwerte der Schilddrüse für Länge und Gesamtvolumen zeigt Diagramm 4-1.

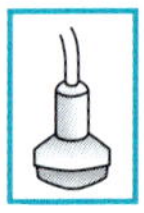

Es hat sich bewährt, immer zuerst den dem Untersucher zugewandten Schilddrüsenlappen (also den rechten) zu untersuchen, damit sich das Kind an die Bedingungen gewöhnen kann. Viele Kinder tolerieren es erst nach einer Eingewöhnungszeit, daß der Untersucher zur Darstellung des anderen (linken) Schilddrüsenlappens über ihren Hals und Oberkörper hinweggreift, da sie sich in dieser Lage zunächst bedroht und ausgeliefert fühlen.
Bei Neugeborenen und Säuglingen, bei denen lediglich der Athyreoseverdacht ausgeschlossen werden soll, kann es günstig sein, zunächst die transversalen Aufnahmen anzufertigen. Diese lassen sich technisch leichter bewerkstelligen, da das Kind den Kopf dafür nicht so weit überstrecken muß. Gegebenenfalls kann in diesen Fällen auf die Längsschnitte (und somit genaue Volumenbestimmung) verzichtet werden.

4.2 Normalbefund

Die normale Schilddrüse (Abb. 4-1a bis e) besteht aus zwei Lappen, die prätracheal durch einen schmalen Steg aus Drüsengewebe, dem Isthmus, miteinander verbunden sind. Dorsal und lateral des linken Schilddrüsenlappens läßt sich in Querschnitten fast immer der Ösophagus als echoarme Formation mit zentraler Echogenitätserhöhung abgrenzen (s. Abb. 4-1e). Die gesunde Schilddrüse ist gut schluckverschieblich, dies läßt sich im Ultraschall in sagittaler Schichtführung leicht beobachten. Meist ist der rechte Schilddrüsenlappen etwas größer als der linke. Schilddrüsengewebe ist im Sonogramm von mittlerer Echogenität mit feinkörniger Echotextur. Im Vergleich zur Halsmuskulatur (z. B. M. longus colli dorsal der Schilddrüse) ist das Drüsenparenchym gering echoangehoben sichtbar.

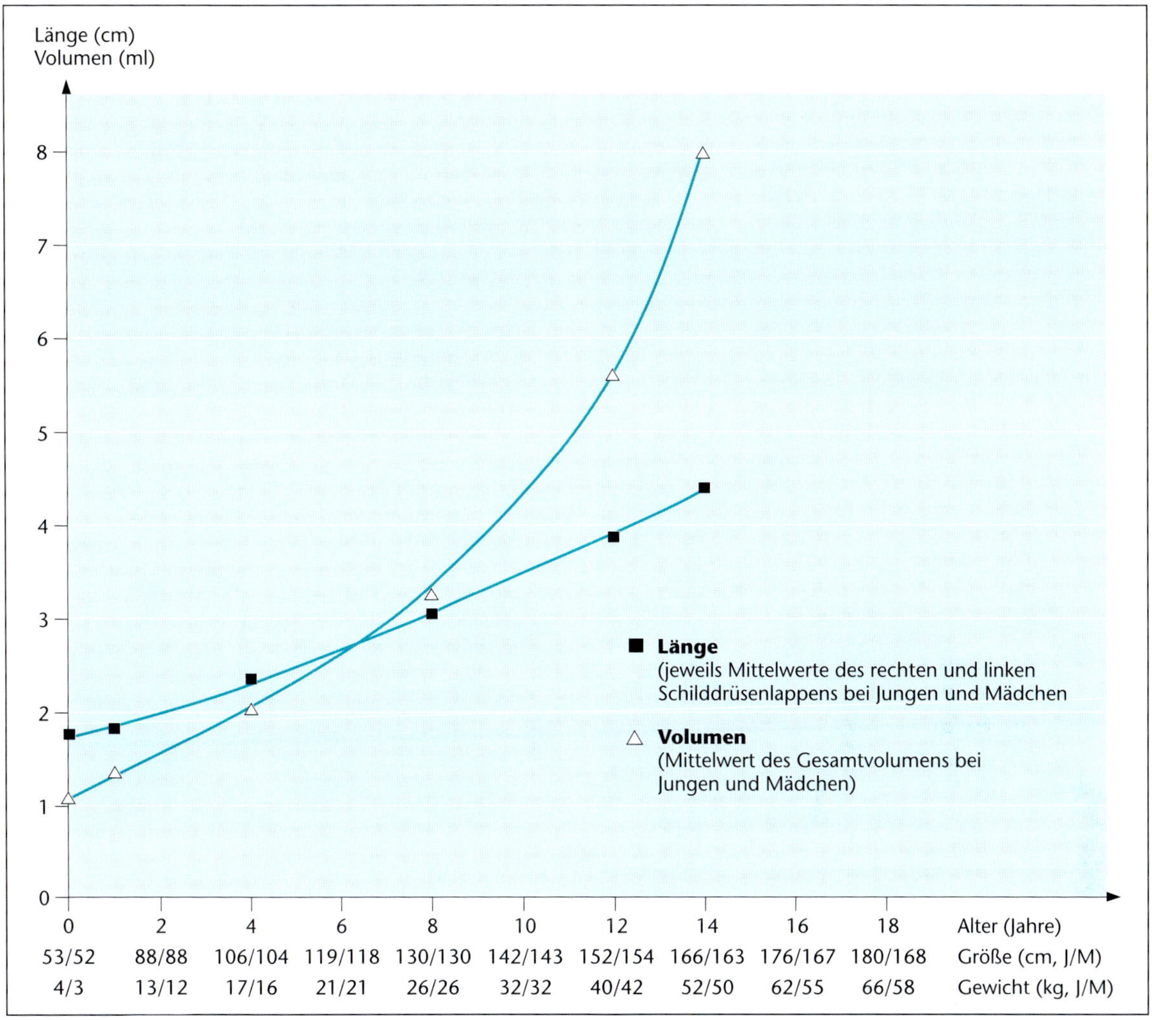

Diagramm 4-1 Länge und Gesamtvolumen der Schilddrüse (Normwerte bezogen auf Alter, Größe und Gewicht; nach Klingmüller, 1991).

Normalbefund – typische Formulierung

Beschreibung: Beide Schilddrüsenlappen sind gut schluckverschieblich und homogen strukturiert, der Isthmus stellt sich regelrecht dar. Das Volumen des rechten Schilddrüsenlappens liegt bei ... ml, dasjenige des linken bei ... ml.
Beurteilung: Unauffällige Schilddrüse mit einem Gesamtvolumen von ... ml, dieses ist nach der Normwerttabelle von ... (z.B. Klingmüller, 1991 oder Stubbe et al., 1989) normal.

4.3 Zysten

Die kleinsten zystischen, somit im Sonogramm echoarmen Areale im Schilddrüsengewebe entsprechen meist sog. Kolloidfollikeln. Diese sind etwas unregelmäßig begrenzt, nur wenige Millimeter groß und weisen keine dorsale Schallverstärkung auf (Abb. 4-2a und b, Abb. 4-3a und b). Größere Zysten entstehen manchmal nach Einblutungen, sie sind echoleer und enthalten in vereinzelten Fällen echoreiche Verkalkungen (Abb. 4-4a und b).

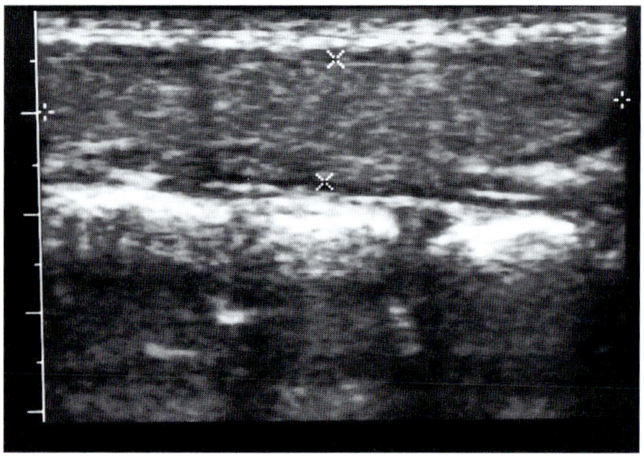
a

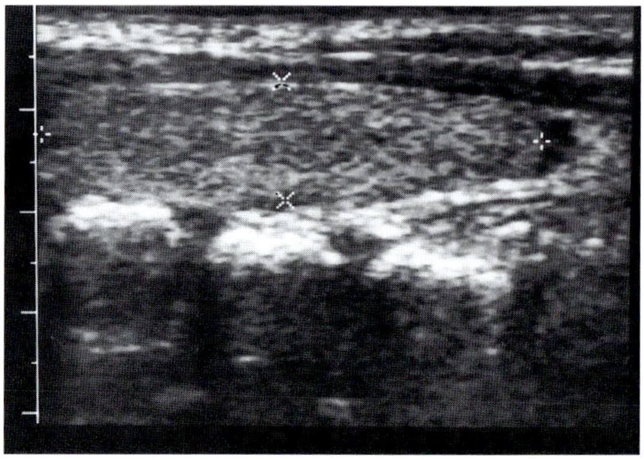
b

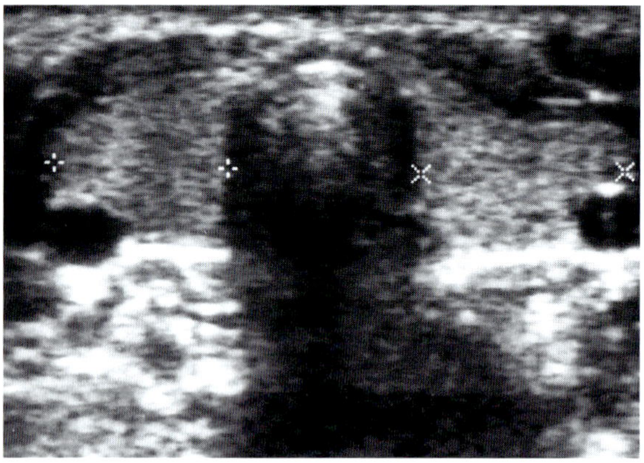
c

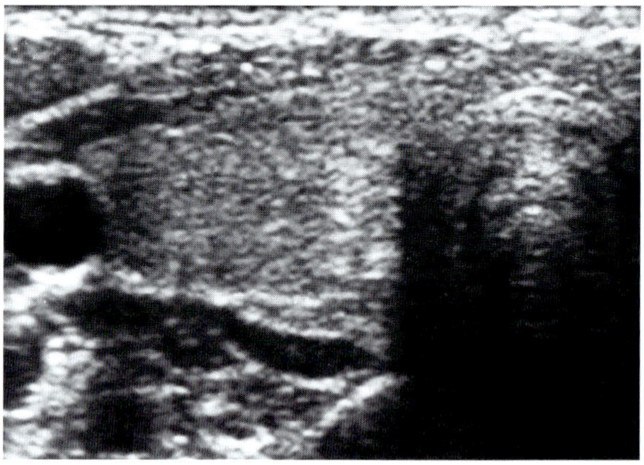
d

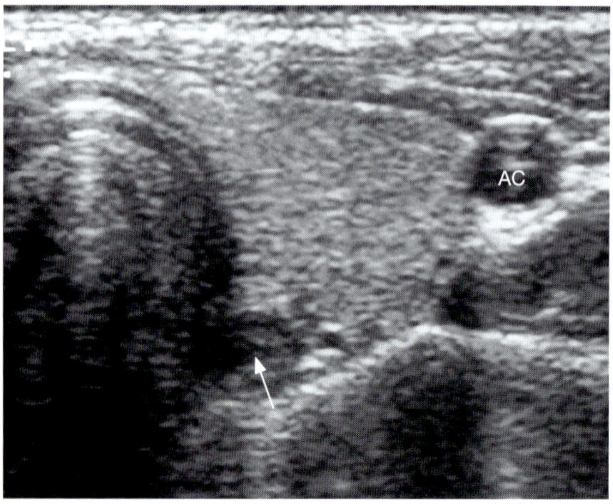

e

Abb. 4-1a bis e Normale Schilddrüse bei einem 13jährigen Jungen.

a) und b) Längsschnitt: Das homogen strukturierte Schilddrüsengewebe ist von mittlerer Echogenität. Der rechte Schilddrüsenlappen (a, 11,7×55,9 mm) ist etwas größer als der linke (b, 11,3×47,6 mm).

c) Querschnitt: Median liegt die Trachea, ventral davon der Isthmus der Schilddrüse. Lateral beider Schilddrüsenlappen ist als echoarme rundliche Struktur jeweils die A. carotis communis zu erkennen.

d) Querschnitt des rechten Schilddrüsenlappens mit einem hochauflösenden Linearschallkopf (7 MHz). Details sind deutlich besser erkennbar als bei 5 MHz.

e) Querschnitt des linken Schilddrüsenlappens. Der Ösophagus (—▷) ist als echoarme, runde Formation gut abgrenzbar (AC = A. carotis communis).

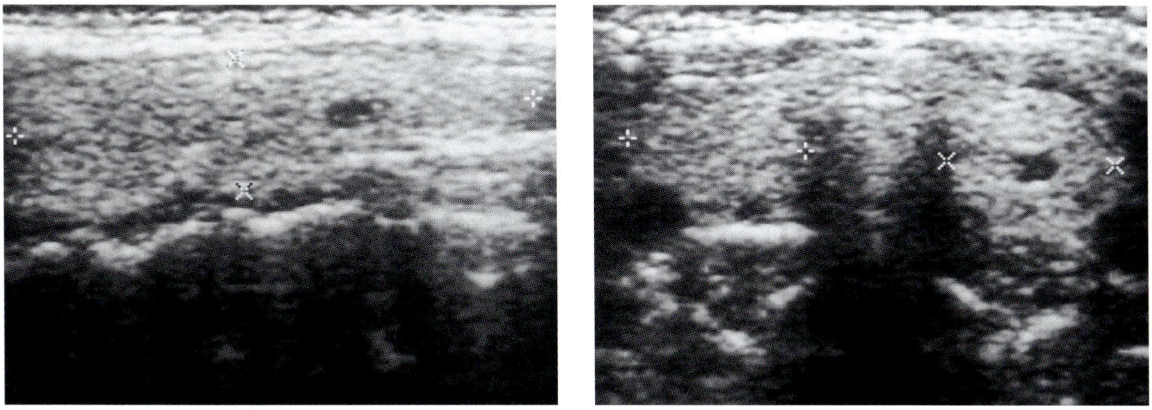
a b

Abb. 4-2a und b Kleine Zyste am unteren Schilddrüsenpol links.
a) Linker Schilddrüsenlappen im Längsschnitt.
b) Gesamte Schilddrüse im Querschnitt: Die echoarme, ca. 6 mm große Formation im linken Schilddrüsenlappen entspricht einer kleinen Zyste.

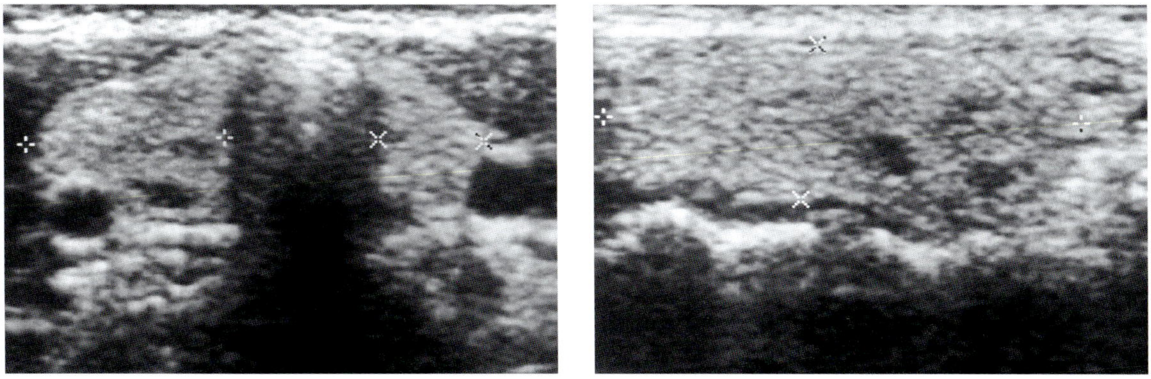
a b

Abb. 4-3a und b Struma cystica geringen Ausmaßes.
Der rechte Schilddrüsenlappen ist in seinem sagittalen und transversalen Durchmesser gering verbreitert. Am unteren Schilddrüsenpol rechts finden sich kleine echoarme Kolloidzysten (Quer- und Längsschnitt).

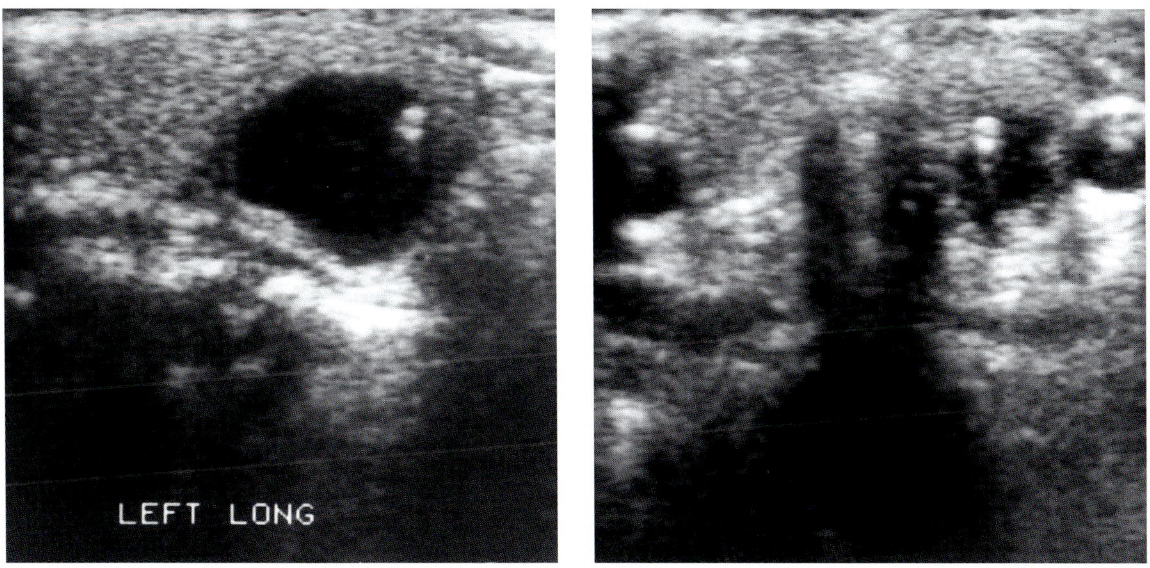

a b

Abb. 4-4a und b Schilddrüsenzyste mit solitärer kleiner Verkalkung im linken Schilddrüsenlappen (Längs- und Querschnitt).

4.4 Struma juvenilis – Knotenstruma

Die häufigste Ursache einer Schilddrüsenvergrößerung (Struma) ist der Jodmangel. Dabei kann die Volumenvermehrung des Schilddrüsengewebes so erheblich sein, daß es zu einer Kompression der Trachea kommt. Schilddrüsengewebe kann in diesen Fällen bis weit nach retrosternal reichen. Bei Jodmangel der Mutter in der Schwangerschaft kann die Schilddrüse des Kindes sich so vergrößern, daß sie ein Geburtshindernis darstellt. Sonographisch kann das Parenchym der Struma homogen und von gleicher Echotextur sein wie normales Schilddrüsengewebe. In anderen Fällen lassen sich umschriebene Schilddrüsenknoten mit glatter Randbegrenzung und gleicher Echogenität wie Schilddrüsengewebe abgrenzen (Abb. 4-5a), man spricht von einer „Knotenstruma". Die Knoten können degenerieren und weisen dann echoarme zystische Anteile auf (Abb. 4-5b, Abb. 4-6), man spricht von einer „Struma juvenilis cystica".

4.5 Thyreoiditis

Die bekannteste Form einer Thyreoiditis ist die Immunthyreoiditis Hashimoto. Bei dieser Erkrankung, die häufiger Mädchen als Jungen betrifft, kommt es zu einer Infiltration der Schilddrüse durch Lymphozyten. Im Verlauf der Erkrankung, die mit einer Vergrößerung der Schilddrüse einhergeht, kommt es zu einer Atrophie und Fibrose der Schilddrüsenfollikel. Sonographisch ist die Schilddrüse im Vergleich zu Normalbefunden deutlich echoarm mit unruhiger, grober Binnenstruktur (Abb. 4-7a und b).

4.6 Adenom

Adenome sind die häufigsten gutartigen Tumoren der Schilddrüse. Sie entsprechen einem umschriebenen Gewebsareal, welches nicht dem Regelkreis Hypothalamus – Adenohypophyse – Schilddrüse unterliegt und somit ungeregelt Schilddrüsenhormon produziert. Sonographisch sind Schilddrüsenadenome meist von geringerer Echogenität als das normale Drüsenparenchym (Abb. 4-8). Sie können zystisch degenerieren und sind dann von den Knoten einer Struma mit regressiven Veränderungen nicht zu unterscheiden.

4.7 Verkalkungen

Verkalkungen kommen in der Schilddrüse nach Einblutungen, in Kolloidzysten und Schilddrüsenknoten (z. B. Adenomen), aber auch insbesondere in den seltenen papillären Schilddrüsenadenomen vor. Verkalkungen sind echoreich, oft lassen sich Schallschatten nachweisen.

4.8 Maligne Tumoren

Schilddrüsenkarzinome machen etwa 1,5% aller kindlichen Malignome im Lebensalter unter 15 Jahren aus. Mädchen sind häufiger betroffen als Jungen. Man unterscheidet papilläre, follikuläre und medulläre Schilddrüsenkarzinome, dabei sind die papillären mit etwa zwei Drittel die häufigsten. Sonographisch stellt sich das Karzinomgewebe im Vergleich zum normalen Schilddrüsengewebe echoarm dar (Abb. 4-9a und b) und weist oft, aber nicht immer, eine unscharfe Randbegrenzung auf. Zentrale Verkalkungen, welche im Sonogramm als echoreiche Binnenreflexe sichtbar sind, kommen insbesondere in papillären Karzinomen vor.

Abgesehen von Schilddrüsenkarzinomen finden sich bei Kindern sehr selten auch Lymphome oder Sarkome im Schilddrüsengewebe. Auch diese sind im Ultraschall meist als echoarme Gewebsformationen mit oft inhomogener Binnenstruktur sichtbar.

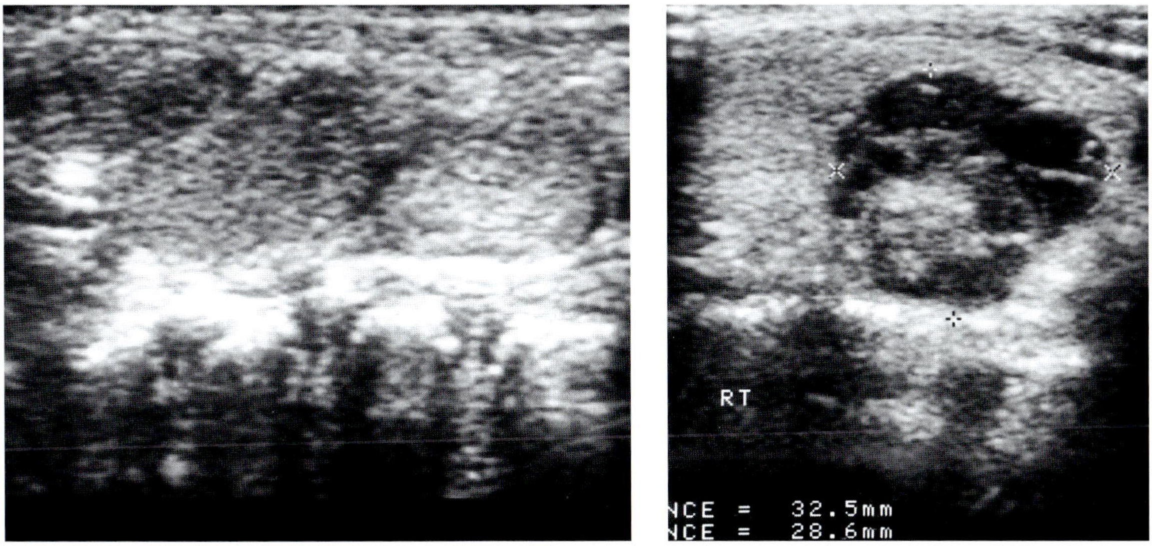

a b

Abb. 4-5a und b Struma nodosa et cystica bei einem 11jährigen Mädchen.
In der insgesamt vergrößerten Schilddrüse lassen sich mehrere ca. 2 cm große, glatt begrenzte Knoten von mittlerer Echogenität abgrenzen. Am kaudalen Schilddrüsenpol rechts findet sich ein ausgedehntes echoarmes Areal mit zystischen Unterstrukturen (Längs- und Querschnitt).

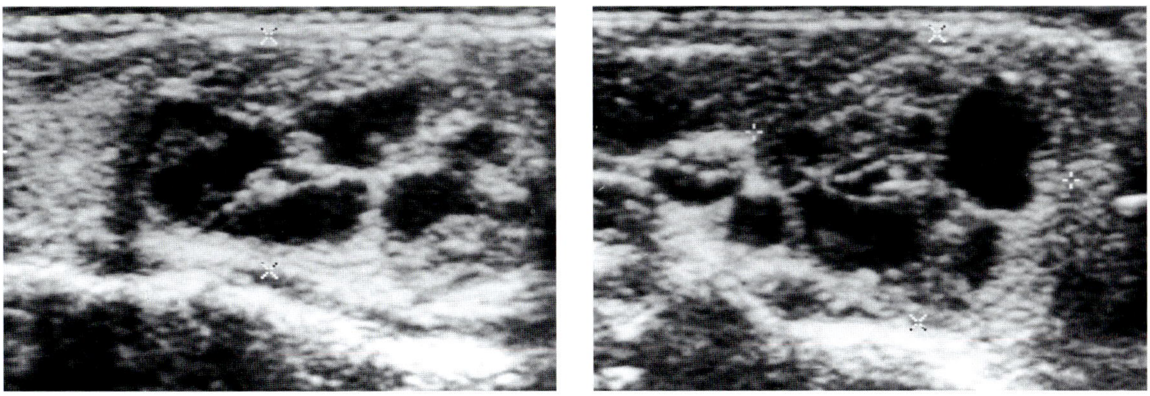

a b

Abb. 4-6a und b Struma juvenilis cystica.
Am unteren Schilddrüsenpol rechts findet sich ein umschriebener, ca. 3 cm großer Knoten mit zahlreichen großen, echoarmen zystischen Arealen (Längs- und Querschnitt).

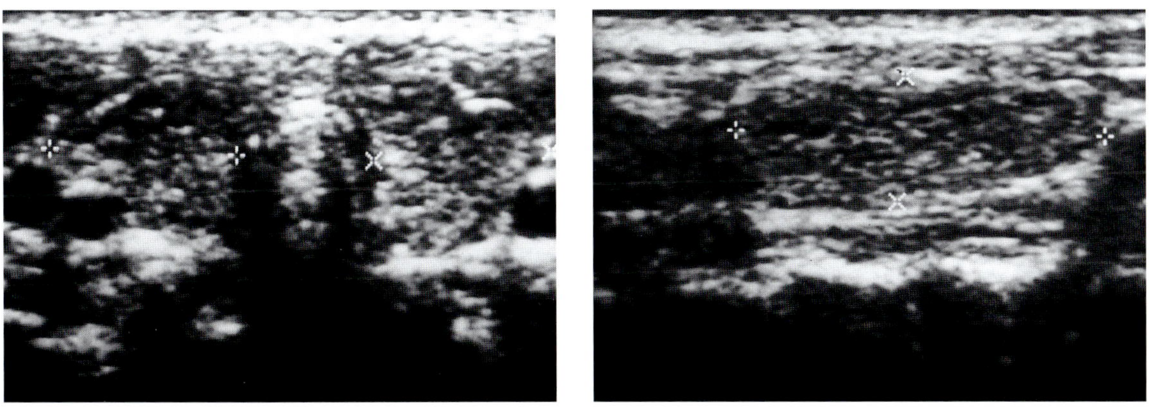

a b

Abb. 4-7a und b Thyreoiditis.
Im Vergleich zu einer normalen ist diese Schilddrüse deutlich echoärmer.

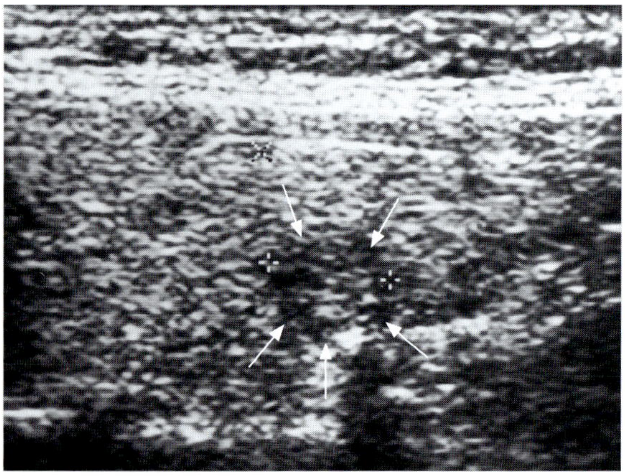

Abb. 4-8 Schilddrüsenadenom.
Sonographisch ist das Adenom echoreich, mit feinem echoarmen Randsaum (—▷).

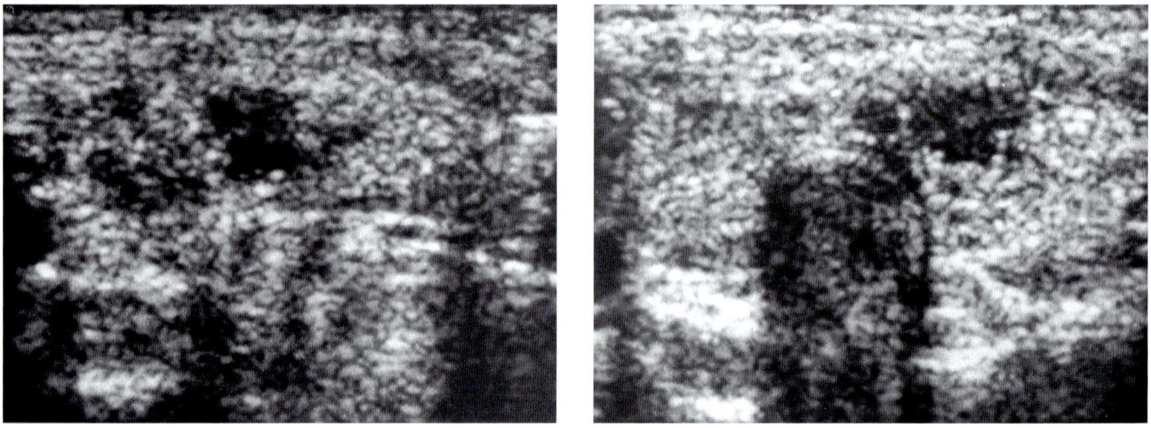

a b

Abb. 4-9a und b Papilläres Schilddrüsenkarzinom.
Der Tumor ist echoarm und teilweise unscharf begrenzt (Längs- und Querschnitt).
(Die Aufnahmen verdanken wir Herrn Prof. Dr. M. Reither, Kinderradiologie, Klinikum Nürnberg-Süd.)

4.9 Weiterführende Diagnostik

Bei Verdacht auf ein autonomes Adenom sollten eine Schilddrüsenszintigraphie und/oder eine MRT-Untersuchung der Schilddrüse erfolgen, da sich Adenome mittels Kontrastmittelgabe gut differenzieren lassen. Falls eine eindeutige Diagnosestellung nicht möglich ist, muß eine Punktion erfolgen.

Größere Strukturauffälligkeiten, die sich nicht eindeutig als Zyste einordnen lassen, sollten immer zu einer Schilddrüsenpunktion Anlaß geben, auch wenn maligne Schilddrüsenprozesse im Kindesalter sehr selten sind.
Falls Zweifel bestehen, ob ein pathologischer zervikaler Prozeß von der Schilddrüse ausgeht oder diese lediglich verdrängt oder infiltriert, sollte eine CT-Untersuchung, ggf. ergänzend auch eine MRT-Untersuchung erfolgen. Das Schilddrüsenszintigramm ist bei dieser Fragestellung wenig hilfreich und bedeutet meist nur eine unnötige Strahlenbelastung.

5 Leber

5.1 Allgemeines

5.1.1 Indikationen

- Hepatomegalie
- zystische Fibrose
- Ikterus jenseits der Neugeborenenperiode
- Infektionen
- Metastasensuche
- Gallenwegsanomalien und -erkrankungen
- hämatologische Erkrankungen
- Staging bei Lymphomerkrankungen
- Hämangiomatose
- Speicherkrankheiten
- Adenomausschluß bei Hormonbehandlung

5.1.2 Vorbereitungsmaßnahmen

Normalerweise sind keine Vorbereitungsmaßnahmen erforderlich. Bei Patienten mit ausgeprägtem Meteorismus (insbesondere bei denjenigen mit zystischer Fibrose) sind entblähende Maßnahmen hilfreich.

5.1.3 Lagerung

Die Kinder liegen in Rückenlage. Kooperative Kleinkinder und größere Kinder sollten die Hände hinter den Kopf nehmen, da dadurch die Wirbelsäule gestreckt und die Bauchhaut angespannt wird, so daß das Abdomen besser untersucht werden kann.

5.1.4 Schallkopf

- Curved-array-Schallkopf, 5 MHz bzw. 3,5 MHz

5.1.5 Standardebenen mit Standardabbildungen

1. subkostaler Schrägschnitt rechts
2. Längsschnitt in STL (Sternallinie)
3. Längsschnitt in MCL (Medioklavikularlinie)
4. Längsschnitt in VAL (vordere Axillarlinie)

Im subkostalen Schrägschnitt werden das Parenchym sowie die Lebervenen und/oder das Portalvenensystem dargestellt. Die Längsschnitte dienen zur Größenbestimmung der Leber. Es ist darauf zu achten, daß Längenmessungen nur dann suffizient erfolgen können, wenn die kraniale Leberbegrenzung (d.h. das Zwerchfell) auf der Abbildung mit erfaßt wird. Außerdem sollen die Längsdurchmesser parallel zur Bauchwand gemessen werden, um die exakte kraniokaudale Ausdehnung zu erfassen. Wenn in der Abbildung die kraniale und kaudale Begrenzung der Leber nicht mit dargestellt werden können, muß die Leber so in den Bildausschnitt zentriert werden, daß die obere und untere Lebergrenze den Bildsektor zu gleichen Teilen überschreitet (s. Abb. 5-1d). Ergänzend muß *immer* die gesamte Leber am Bildschirm durchgemustert werden. Bei Parenchymauffälligkeiten müssen diese in zusätzlichen Abbildungen (immer in zwei Ebenen) festgehalten werden.

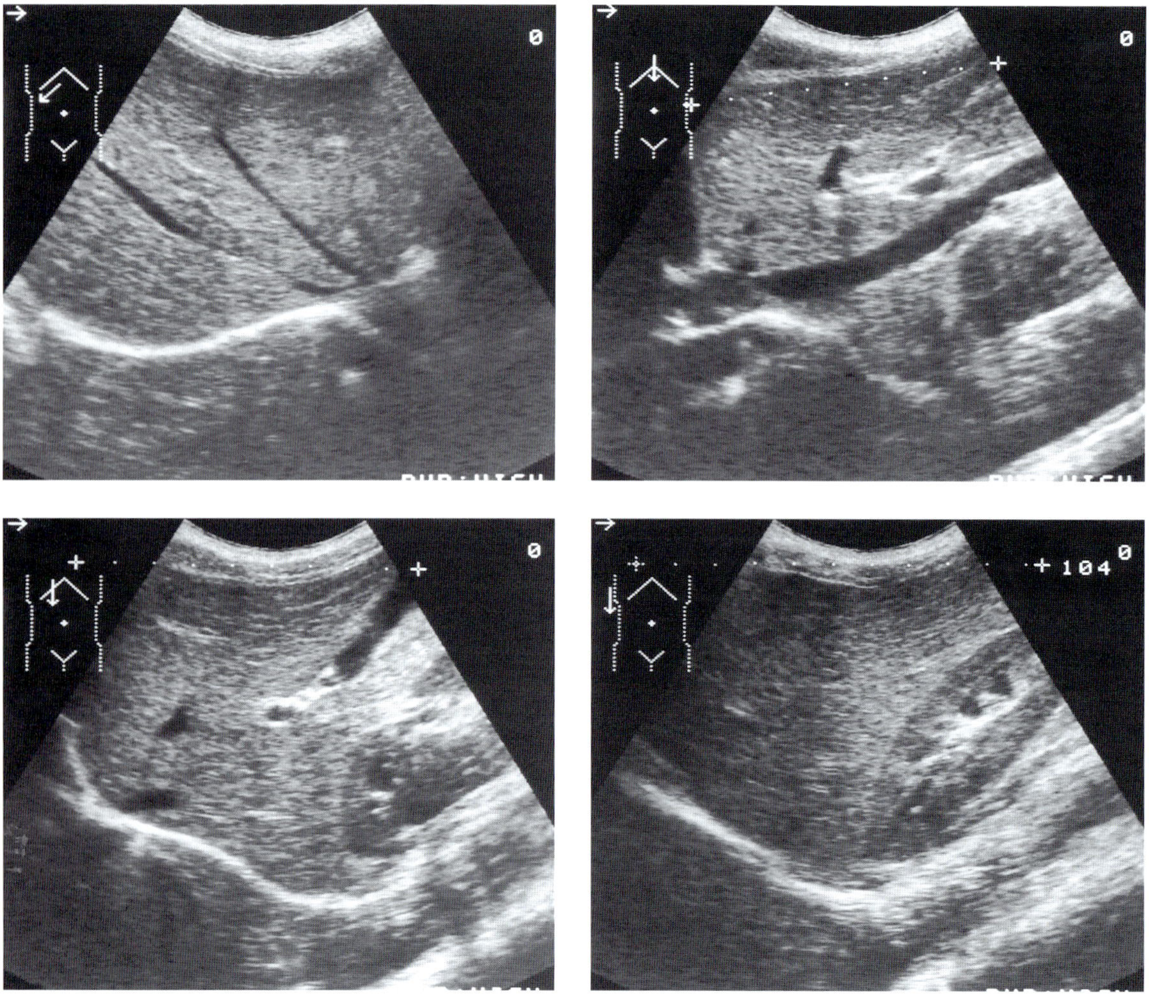

a b c d

Abb. 5-1a bis d Leber, Normalbefund.
a) Subkostaler Schrägschnitt rechts. Der Lebervenenstern ist gut zu erkennen.
b bis d) Längsschnitt in STL, MCL und VAL. Es ist darauf zu achten, die Längenmessung der Leber senkrecht, d.h. parallel zur Abdominalwand durchzuführen.

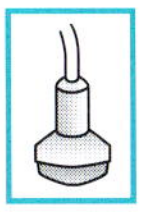

Kooperative Kleinkinder und größere Kinder können durch Bauchatmung („einen dicken Bauch machen wie ein Frosch") sehr zum Gelingen der sonographischen Untersuchung beitragen.
Sollten sich trotz guter Bauchatmung die zwerchfellnahen Leberanteile nicht ausreichend abbilden lassen, sollte die Untersuchung in Linksseitenlage erfolgen. Auch hier sollte das Kind zur Bauchatmung aufgefordert werden.

5.2 Normalbefund

Die Leber besteht aus einem linken und einem rechten Leberlappen, diese werden durch das Ligamentum falciforme voneinander getrennt. Kranial und lateral grenzt die Leber an das Zwerchfell, welches als echoreiche Grenzlinie sonographisch gut erkennbar ist. Normales Lebergewebe ist von mittlerer Echogenität, es ist von echoarmen Gefäßen durchzogen (Abb. 5-1a bis d). Das Portalvenensystem (Abb. 5-2a bis d) läßt sich aufgrund seiner echoreichen „Uferbegrenzung" gut von den Lebervenen, welche nur eine zarte Gefäßwand haben, unterscheiden. Das intrahepatische Gal-

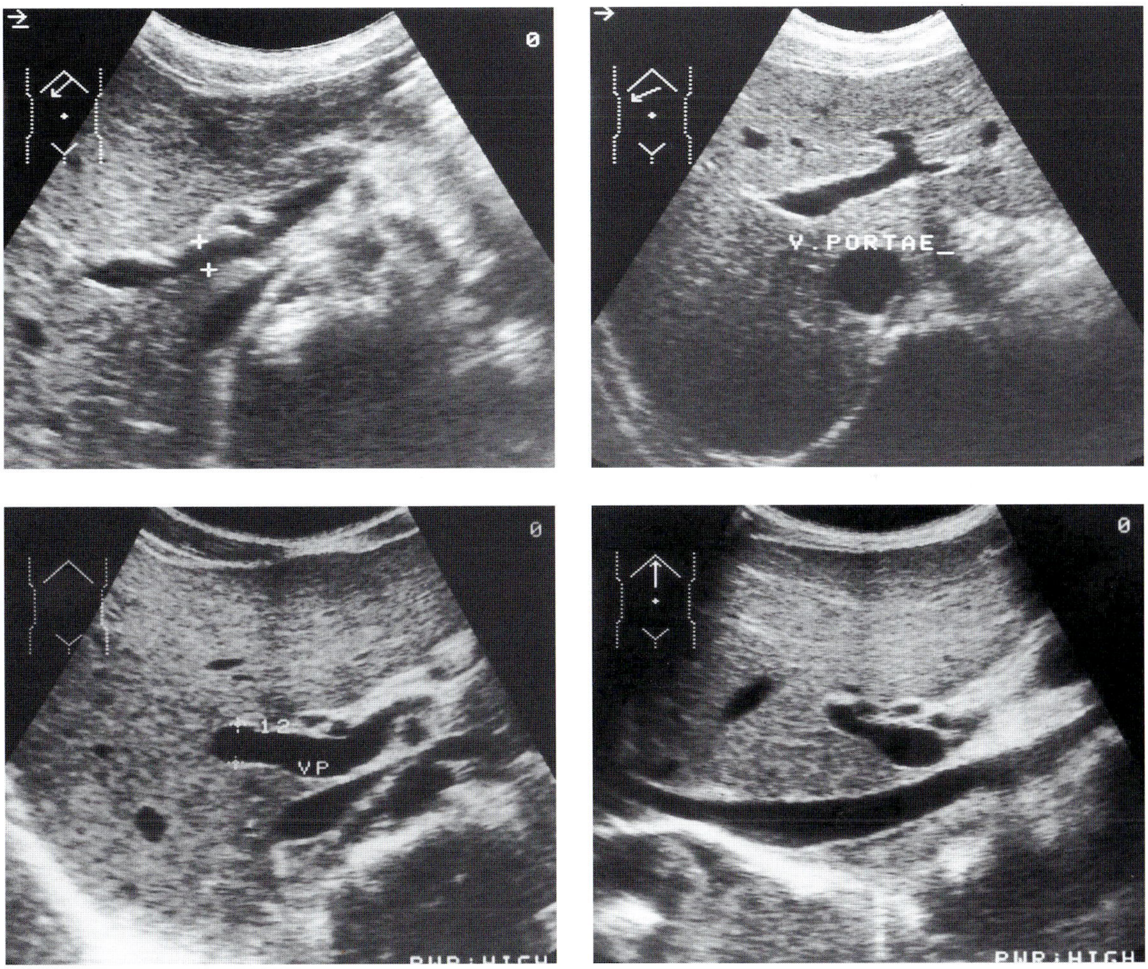

Abb. 5-2a bis d V. portae im subkostalen Schrägschnitt.
a) Normale V. portae in Höhe des Leberhilus.
b) Normale V. portae intrahepatisch.
c und d) Weite V. portae bei einem 23jährigen Patienten mit Leberfibrose bei zystischer Fibrose (c subkostaler Schrägschnitt, d Längsschnitt).

lengangssystem ist bei normalem Kaliber sonographisch nicht abgrenzbar. Die Ausdehnung der Leber in kraniokaudaler Richtung wird an drei definierten Lokalisationen bestimmt: der Sternallinie, der Medioklavikularlinie und der vorderen Axillarlinie. Die drei erhaltenen Längsdurchmesser werden mit Normwerttabellen verglichen (Diagramm 5-1). Bei der endgültigen Beurteilung des Lebervolumens muß die körperliche Konstitution des Patienten mit berücksichtigt werden. Asthenische Kinder weisen oft einen relativ langen rechten Leberlappen bei kleinem linken Leberlappen auf, pyknische Kinder haben oft einen kurzen rechten Leberlappen bei erhöhtem Transversaldurchmesser des linken Leberanteils.

Normalbefund – typische Formulierung

Beschreibung: Die Leber ist homogen strukturiert und von normaler Echogenität. Die Längsdurchmesser liegen in STL bei ... cm, in MCL bei ... cm sowie in VAL bei ... cm. Die Leber ist somit normal groß.
Beurteilung: Leber von normaler Größe und Binnenstruktur.

5.3 Hepatomegalie

Ursache einer Hepatomegalie bei einem Kind kann eine Infektion (z.B. Virushepatitis), eine systemische hämatologische Erkrankung (z.B. Leukämie), eine Tumorerkrankung, selten auch eine Speicherkrankheit (z.B. Morbus Niemann-Pick) sein. Die Leber kann so groß werden, daß sie bis in das kleine Becken reicht und zu einer Kompression der rechten Niere führt. In solchen Fällen ist das Ausmessen der Lebergröße mittels Ultraschall nicht zuverlässig möglich. Die Echogenität des Lebergewebes ist im Sonogramm auch bei erheblicher Organvergrößerung oft normal (Abb. 5-3a und b). Bei Infektionen der Leber können allerdings echoarme Areale, die umschriebenen kleinen Infektionsherden entsprechen, auftreten (s. Abschnitt 5.4 „Strukturveränderungen“).

5.4 Strukturveränderungen

- erweiterte Lebervenen, erweiterte V. portae
- erweiterte Gallenwege
- Parenchymveränderungen bei zystischer Fibrose
- Fettleber
- Zyste
- Strukturveränderungen bei Infektionen
- Leberabszeß

Erweiterte Lebervenen, erweiterte V. portae. Die wichtigste Ursache für erweiterte Lebervenen (Abb. 5-4a und b) ist die Herzinsuffizienz. Prominente, aber in diesem Fall als Normvariante einzuordnende Lebervenen finden sich bei sehr schlanken Patienten. Oft läßt sich bei ihnen am Monitor der Blutfluß im Leberhilus aufgrund der Strömungsinhomogenitäten gut erkennen. Häufigste Ursache einer Erweiterung der V. portae (Normwert: bis zu 10 mm Durchmesser) ist die Leberfibrose, die zur portalen Hypertension führt.

Es ist inkorrekt, das Ausmaß einer Leberfibrose allein in Abhängigkeit vom Durchmesser der V. portae zu beurteilen, da unterschiedlich effiziente Kollateralkreisläufe ausgebildet sein können (z.B. über Ösophagusvarizen). Es kann durchaus eine erhebliche Leberfibrose bestehen, die noch nicht zu einer Erweiterung der Portalvene geführt hat.

Erweiterte Gallenwege. Die normalen intrahepatischen Gallengänge sind im Sonogramm nicht sichtbar. Zu einer Erweiterung der intrahepatischen Gallenwege kommt es bei länger bestehender Abflußbehinderung. Ursache hierfür kann ein Konkrement im Ductus choledochus oder eine Raumforderung am Pankreaskopf sein. Eine Echogenitätsanhebung der Periportalfelder kommt bei Infektionen, wie z.B. einer Pankreatitis, vor.

Parenchymveränderungen bei zystischer Fibrose. Die zystische Fibrose führt neben der fibrotischen Umwandlung des Pankreas (s. Kapitel 7 „Pankreas“) auch zu einer Bindegewebsvermehrung im Leberparenchym, die im Verlauf der

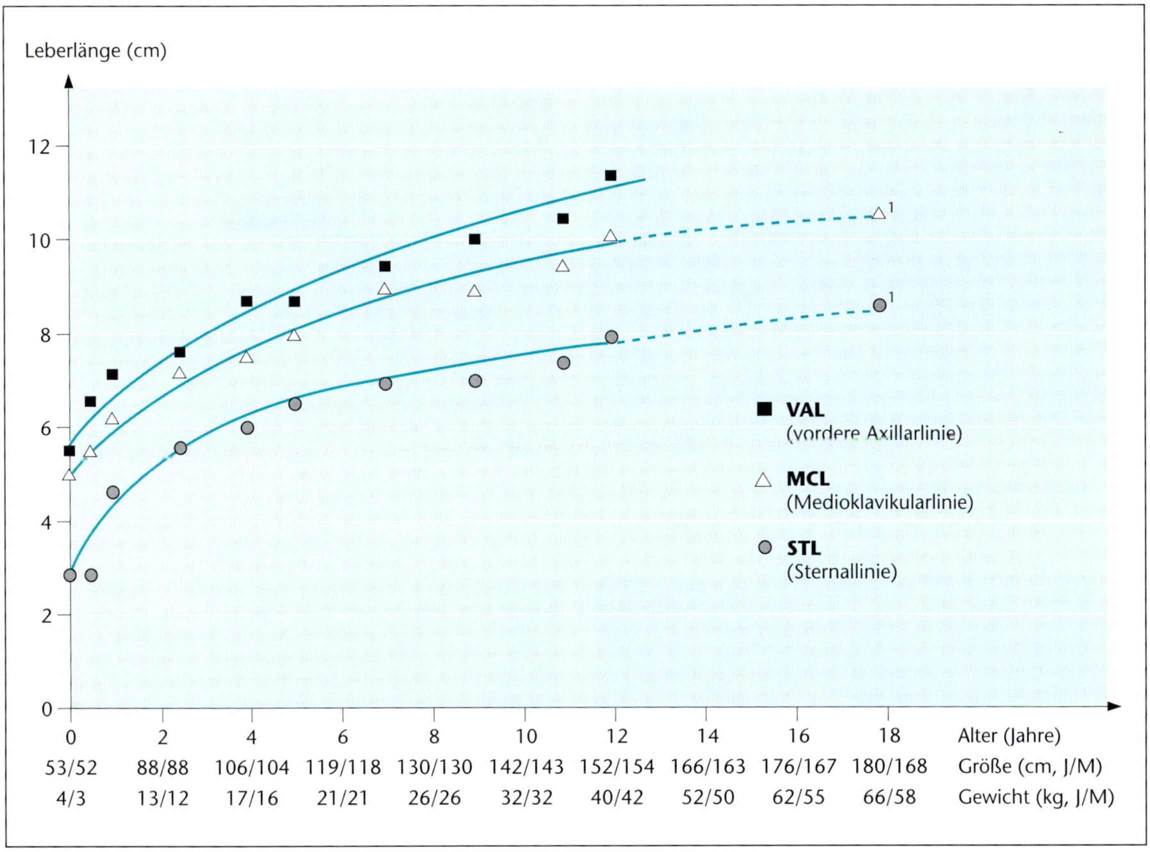

Diagramm 5-1 Leberlänge (Normwerte bezogen auf Alter, Größe und Gewicht; Weitzel, 1984; [1] Normwerte für Erwachsene nach Niederau, 1983).

a

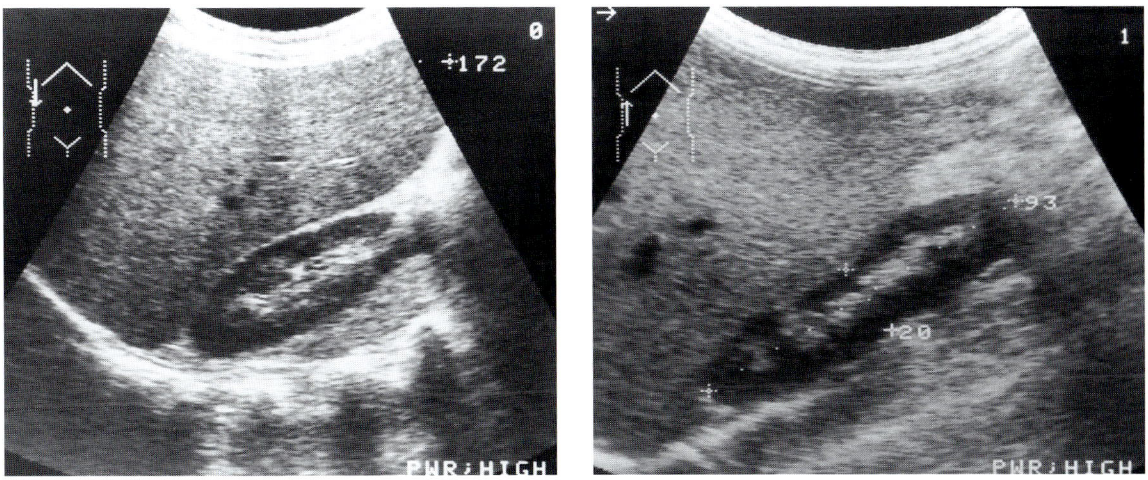

b

Abb. 5-3a und b Hepatomegalie.
a) Die bei Leukämie mitbefallene Leber ist so groß, daß ihre kaudale Zirkumferenz die rechte Niere überragt.
b) Die Lebervergrößerung bei Morbus Niemann-Pick führt zu einer Kompression und deutlichen Verschmälerung der rechten Niere.

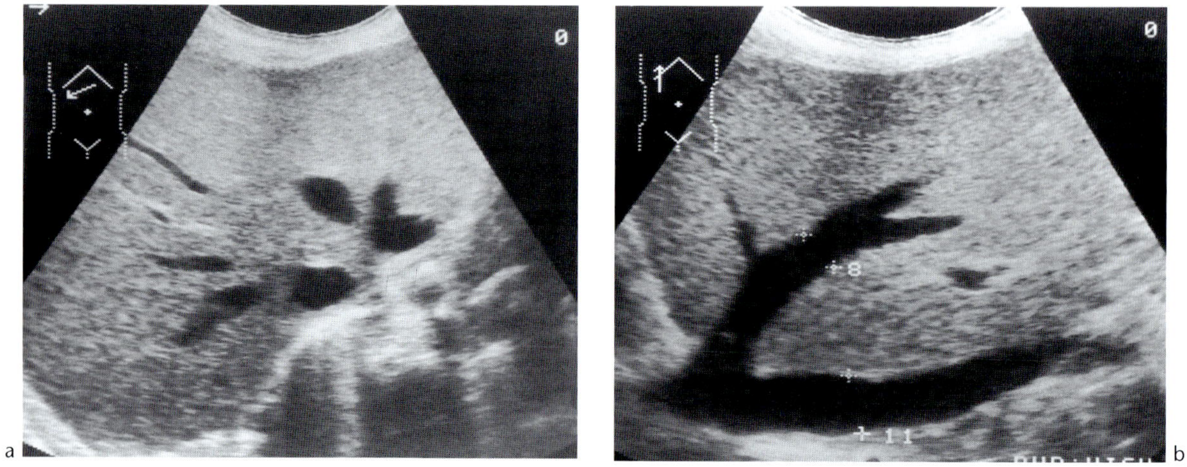

Abb. 5-4a und b Weites Lebervenensystem bei Herzinsuffizienz (4 Monate altes Mädchen).

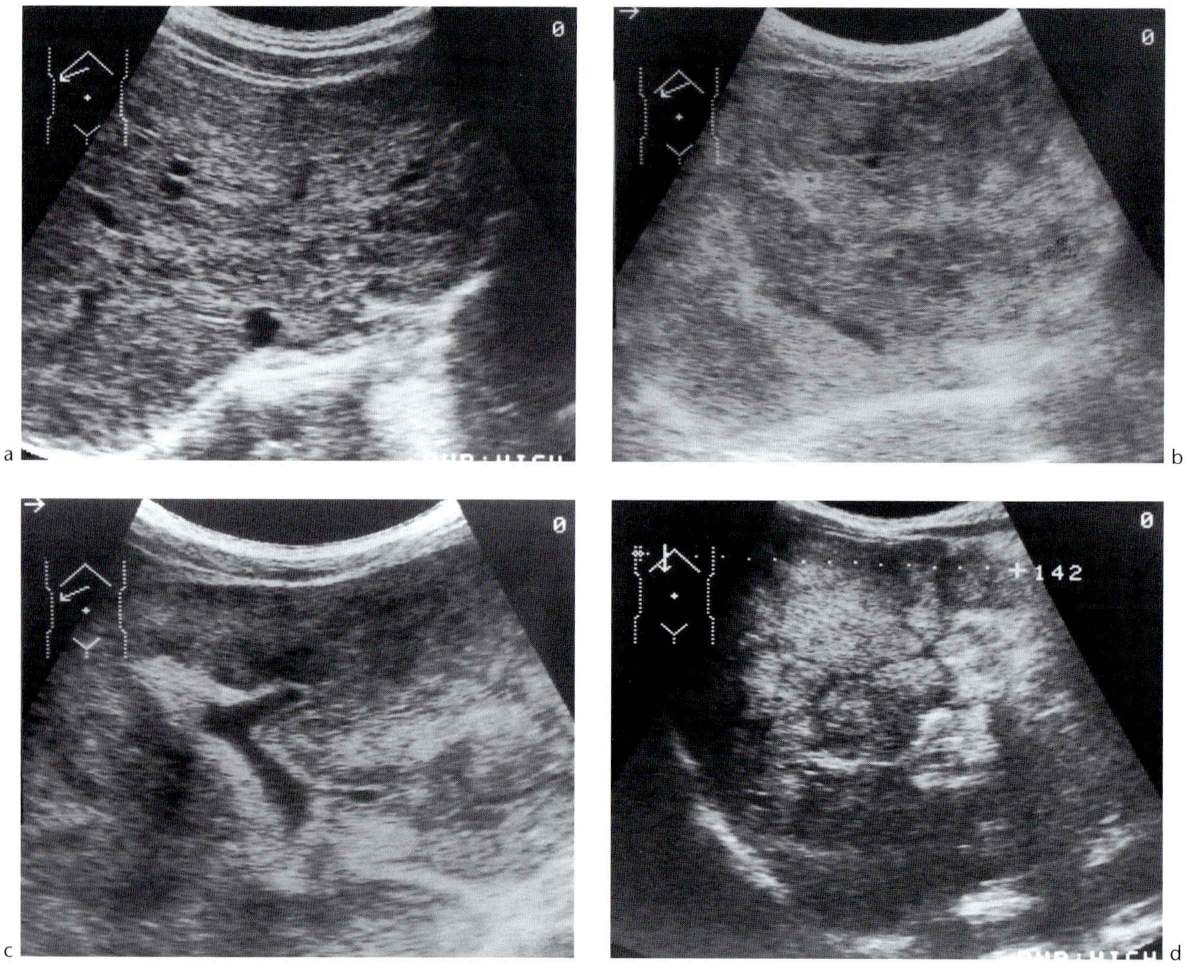

Abb. 5-5a bis d Leberveränderungen unterschiedlichen Ausprägungsgrades bei zystischer Fibrose.
a) Diskrete Echogenitätsanhebungen (17jähriges Mädchen).
b) Deutlich ausgeprägte inhomogene Echogenitätsanhebungen (15jähriger Junge).
c) Massive bandförmige echoreiche Bindegewebsvermehrungen entlang der intrahepatischen Anteile der V. portae (15jähriger Junge).
d) Knollige Umbauvorgänge bei ausgeprägter zystischer Fibrose (10jähriges Mädchen).

Erkrankung mit einer Verkleinerung des Organs einhergeht. Im Sonogramm ist das veränderte Leberparenchym flächenhaft und inhomogen echoangehoben (Abb. 5-5a bis c), es kann aber auch zu einem knotigen Umbau kommen (Abb. 5-5d). Echogene Bindegewebsvermehrungen begleiten bandförmig insbesondere das Portalvenensystem. Bei fortschreitender Fibrose kann sich eine portale Hypertension entwickeln. Das hierfür morphologische Korrelat im Sonogramm kann die über einen Durchmesser von mehr als 10 mm erweiterte V. portae sein (s. Abb. 5-2c und d). Oft ist in diesen Fällen auch die V. lienalis prominent, in einigen Fällen verläuft sie auffällig geschlängelt. Zu Umbauvorgängen in der Leber im Sinne einer Fibrose kommt es auch bei einem Alpha-1-Antitrypsinmangel (Abb. 5-6).

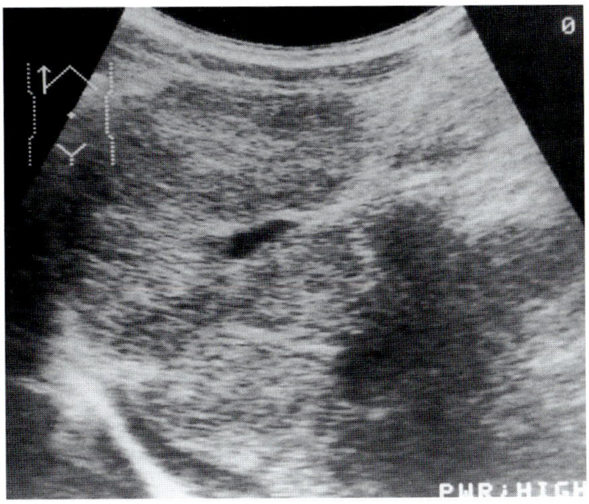

Abb. 5-6 Leberumbau bei Alpha-1-Antitrypsinmangel (10 1/2jähriger Junge).

Eine **Fettleber** ist bei Kindern selten. Sie kann alimentär bedingt sein, oder auch infolge einer medikamentösen Therapie auftreten. Eine Fettleber geht oft mit einer Volumenvermehrung des Lebergewebes einher. Im Ultraschallbild ist die Echogenität des Lebergewebes im Vergleich zu einer normalen Leberechotextur angehoben (Abb. 5-7a), kann aber auch vermindert sein (Abb. 5-7c). Eine sichere Einordnung des Leberumbaus gelingt über eine Dichtemessung im CT (Abb. 5-7b und d).

Leberstrukturdefekte bei Infektionen. Infektionen können zum einen zu einer deutlichen Volumenzunahme der Leber führen, zum anderen aber auch umschriebene Leberläsionen verursachen. Diese sind im Ultraschallbild als echoarme, oft eher unregelmäßig begrenzte Areale sichtbar (Abb. 5-8a und b, Abb. 5-9a und b). Zu einer umschriebenen Einschmelzung von Lebergewebe in Form eines solitären **Leberabszesses** kann es im Rahmen einer Sepsis kommen, z. B. bei immunabwehrgeschwächten Kindern. Im Sonogramm ist ein Leberabszeß (Abb. 5-10) echoarm und oft von einem echoreichen Randsaum umgeben. Bei geschwächten Kindern, deren klinischer Zustand ein operatives Vorgehen nicht erlaubt, sollte von der Möglichkeit einer Abszeßdrainage unter Sonographiekontrolle Gebrauch gemacht werden. Eine genaue Einordnung des Infektionserregers ist aufgrund des sonographischen Befundes allein nicht möglich. Eine **Leberzyste** (Abb. 5-11) ist sonographisch wie der Abszeß echoarm, weist jedoch keinen echoreichen Randsaum auf. Sie ist oft nur ein Zufallsbefund ohne Krankheitswert.

Die **nekrotisierende Enterokolitis** zeigt sich im Lebersonogramm in Form perlschnurartiger echoreicher Formationen in den Aufzweigungen der V. portae (Abb. 5-12), entsprechend dem positiven Aeroportogramm im Abdomenleerbild.

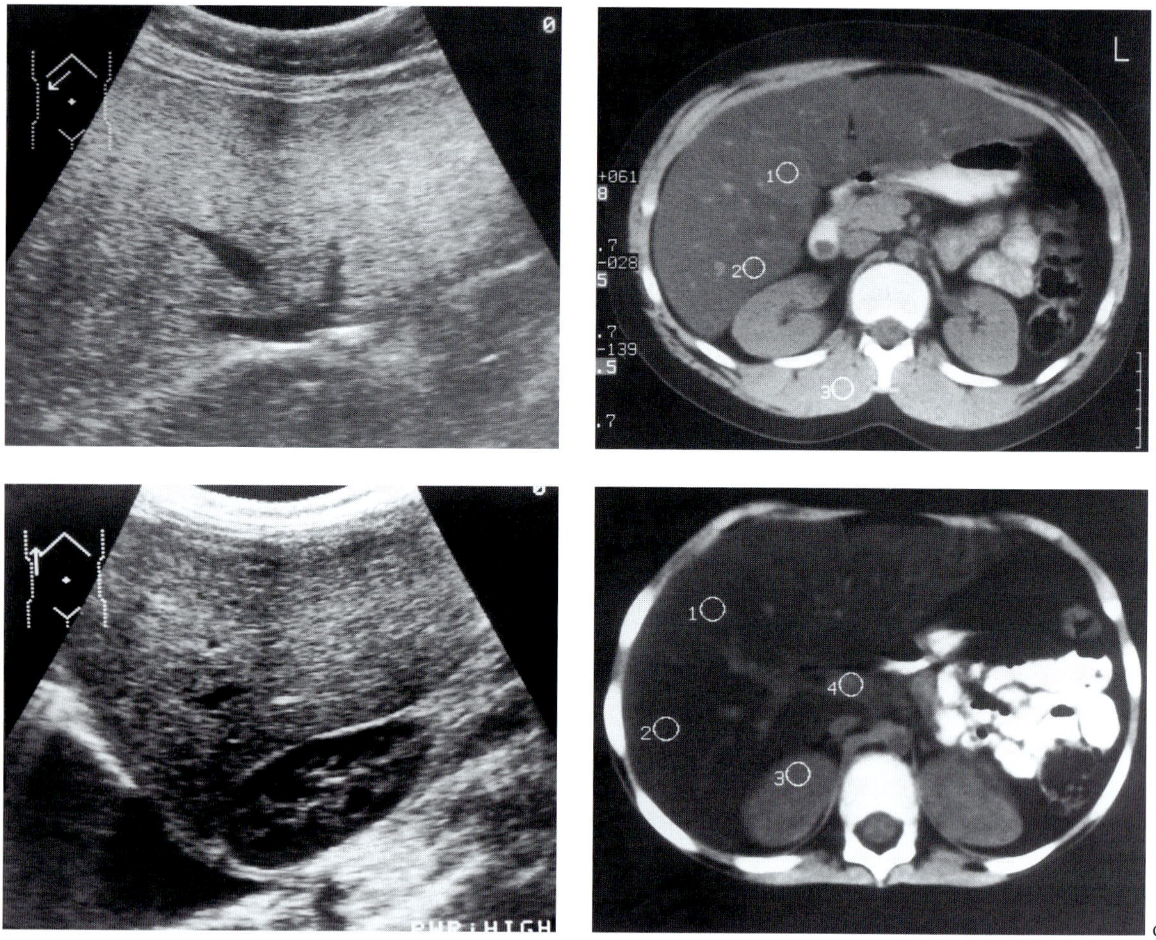

a b c d

Abb. 5-7a bis d Fettleber.
a und b) Alimentär bedingte Fettleber bei einem 12jährigen Jungen. Die Leber ist im Sonogramm im Vergleich zu Normalbefunden echoreich. Im CT (b) ist die Leber hypodens mit Dichtewerten von ca. 0,5 bis 8 HE (Hounsfield-Einheiten).
c und d) Fettleber nach Polychemotherapie wegen eines Morbus Hodgkin. Hier ist das Lebergewebe von mittlerer, bis im Vergleich zu Normalbefunden reduzierter Echogenität. Im CT (d) ergeben sich Hounsfield-Einheiten von ca. –11, somit fettähnliche Dichtewerte.

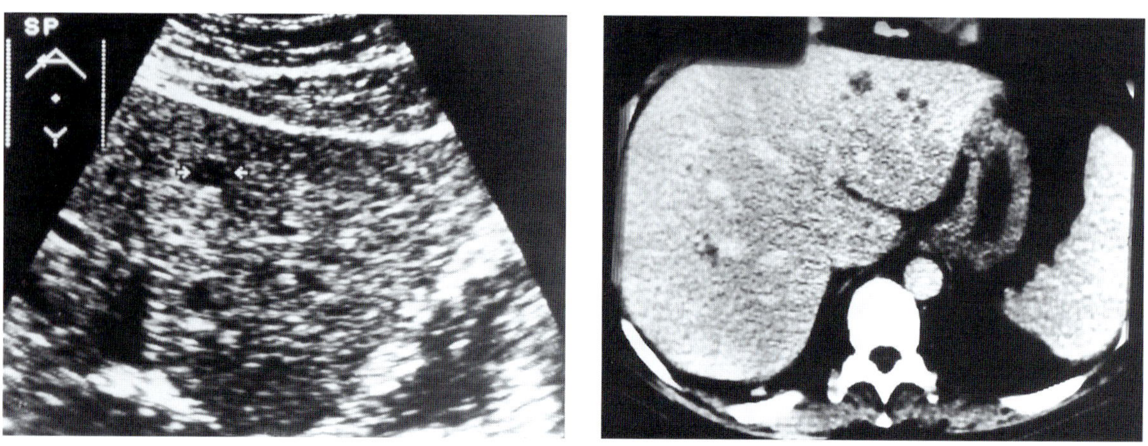

a b

Abb. 5-8a und b Candidiasis der Leber.
Multiple, im Sonogramm (a) echoarme Leberläsionen bei Candidiasis (—▷), diese sind im CT (b) hypodens.
(Die Aufnahmen verdanken wir Frau PD Dr. Helga Schmidt, Kinderradiologie der Universität Frankfurt.)

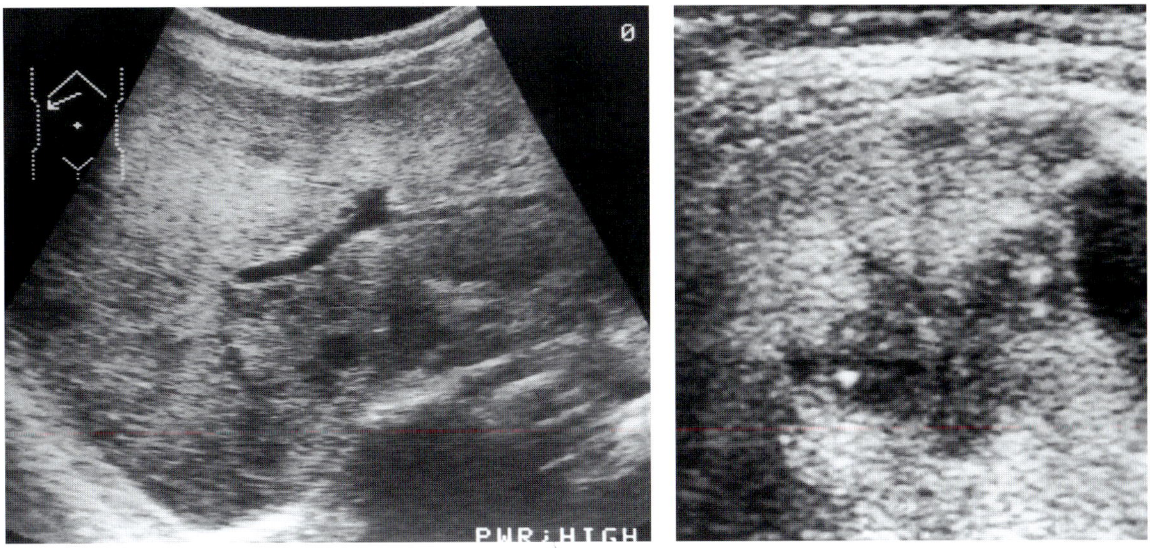

a b

Abb. 5-9a und b Leberinfektion mit atypischen Mykobakterien (Mycobacterium avis) bei einem 13jährigen Mädchen mit akuter myeloischer Leukämie (AML).

a) Die multiplen Leberherde sind echoarm und teilweise unscharf begrenzt (Sonogramm, subkostaler Schrägschnitt mit einem Curved-array-Schallkopf, 3,5 MHz).

b) Innerhalb der Leberläsionen lassen sich feinste echoreiche Verkalkungen nachweisen (Detailaspekt mit einem Linearschallkopf, 5 MHz).

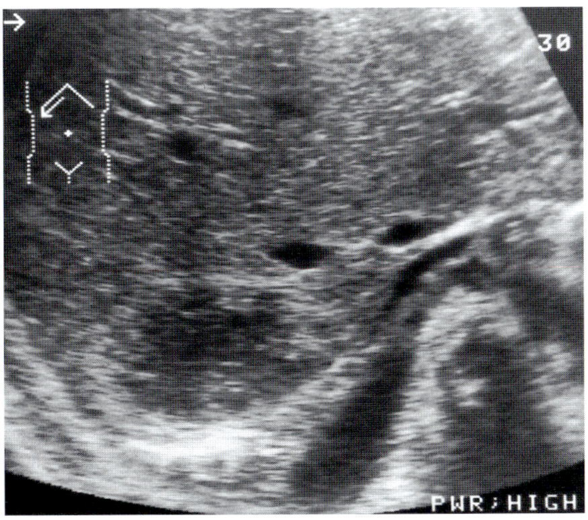

Abb. 5-10 Leberabszeß im rechten Leberlappen, zwerchfellnah.

Der Abszeß ist echoarm mit unscharf begrenztem, echoreichem Saum. Zentral finden sich echoreiche Binnenstrukturen.

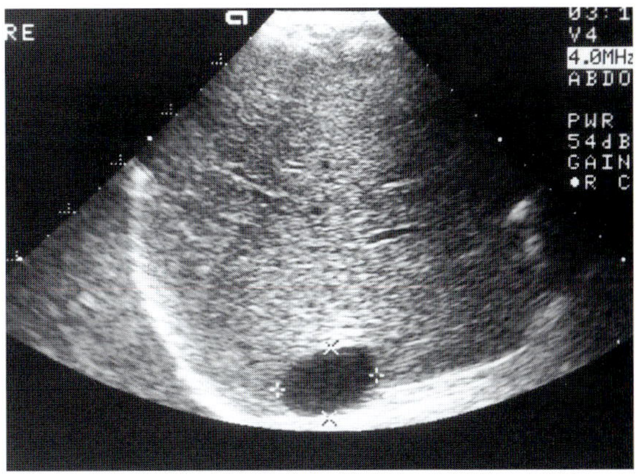

Abb. 5-11 Leberzyste bei einem 4½jährigen Jungen (Zufallsbefund).

Die Leberzyste ist echoarm ohne Binnenstrukturen.

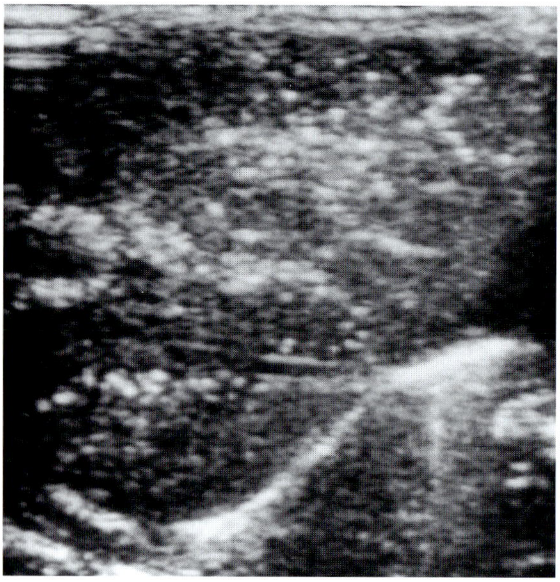

Abb. 5-12 Nekrotisierende Enterokolitis.
Die Luft im Portalvenensystem ist in Form echoreicher „Perlen" sichtbar.
(Die Aufnahme verdanken wir Frau PD Dr. Helga Schmidt, Kinderradiologie der Universität Frankfurt.)

5.5 Tumoren

5.5.1 Benigne Tumoren

Hämangiome (Abb. 5-13a und b) sind gutartige Gefäßmißbildungen mit in der Regel langsamem Blutfluß, der auch mit modernen Farb-Duplex-Sonographiegeräten oft nur schwer erfaßbar ist. Kavernöse Hämangiome sind im Sonogramm glatt begrenzt und oft echoreich, diese Eigenschaft ist aller Wahrscheinlichkeit nach auf die multiplen Grenzflächenphänomene der zahlreichen Gefäßwandungen zurückzuführen. In Abhängigkeit von der Binnenstruktur der Hämangiome können diese auch echoarm im Vergleich zur Leberstruktur sein. Hämangiome treten isoliert auf oder durchsetzen in größerer Anzahl das Lebergewebe. Differentialdiagnostisch ist bei den echoarmen Hämangiomen immer auch an Metastasen, z.B. bei einem Neuroblastom, zu denken. In Zweifelsfällen sollte zur genaueren Klassifizierung der Leberläsionen eine erweiterte Diagnostik mittels MRT, eventuell auch CT, erfolgen. Wegen des erhöhten Blutungsrisikos ist eine Leberpunktion nur in Ausnahmefällen in Erwägung zu ziehen.

Hämangioendotheliome (Abb. 5-14a und b) stellen sich sonographisch ähnlich wie Hämangiome dar, sind meistens aber echoärmer.

Leberadenome sind bei Kindern äußerst selten. Sie kommen unter anderem bei Speicherkrankheiten vor, können gelegentlich aber auch als Komplikation einer Hormontherapie entstehen. Histologisch bestehen die Adenome aus Hepatozyten und Bindegewebe, letzteres liegt zentral in der Läsion. Sonographisch erscheinen die

a

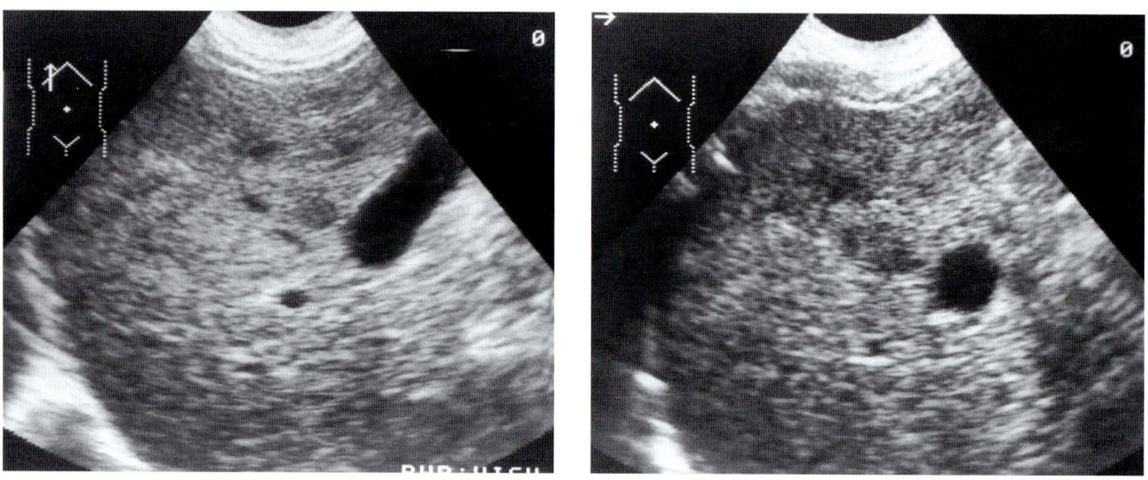

b

Abb. 5-13a und b Leberhämangiome.
Multiple echoarme, etwas unregelmäßig begrenzte Strukturdefekte (a Längsschnitt, b parasagittaler Schrägschnitt).

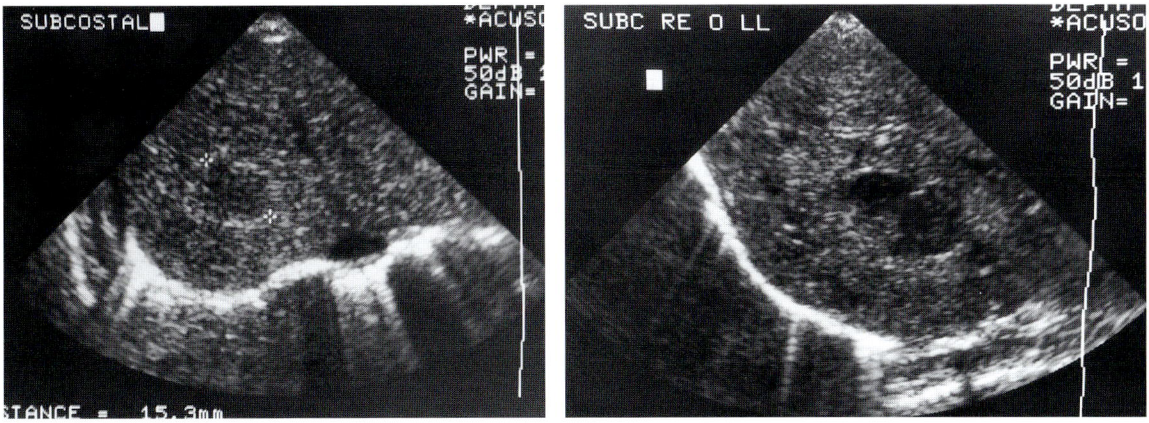

a b

Abb. 5-14a und b Leberhämangioendotheliome.
Echoarme, teilweise konfluierende Defekte im rechten Leberlappen (a subkostaler Schrägschnitt, b Längsschnitt).

Adenome meist echoarm und weisen ein echoreiches Zentrum auf (Abb. 5-15), sie lassen sich von einer fokalen fibrös-nodulären Hyperplasie des Lebergewebes sonographisch nicht unterscheiden.

5.5.2 Maligne Tumoren

Von den primären Lebertumoren im Kindesalter sind ca. 66% maligne. Zu den häufigsten gehören das Hepatoblastom und das hepatozelluläre Karzinom. Meist sind diese Malignome auf einen Leberlappen beschränkt, können selten aber auch das Leberparenchym diffus durchsetzen. Die Prognose dieser Tumoren hängt in erster Linie von einer primären kompletten operativen Entfernung ab.

Das **Hepatoblastom** kommt vornehmlich bei Säuglingen und Kleinkindern vor, unter anderem in Kombination mit dem Beckwith-Wiedemann-Syndrom. Sonographisch besteht der Tumor aus multiplen knotigen Unterstrukturen, die meist echoreicher als das gesunde Leberparenchym sind (Abb. 5-16a und b). Etwa die Hälfte der Hepatoblastome zeigt Verkalkungen in unterschiedlicher Größe und Form.

Die sonographische Grundstruktur des **hepatozellulären Karzinoms** (Abb. 5-17a und b) ist dem Hepatoblastom sehr ähnlich. Es ist dementsprechend sonographisch überwiegend echoreich, nekrotische Tumoranteile führen zu echoarmen Inhomogenitäten.

Lebermetastasen treten als umschriebene Läsionen auf, können aber auch zu einer diffusen Leberparenchymdurchsetzung führen. Im Kindesalter ist die mit Abstand häufigste Ursache für Lebermetastasen das Neuroblastom (Abb. 5-18a bis g). Sonographisch sind Lebermetastasen meistens echoarm, manchmal haben sie ein echoreicheres Zentrum. Sie sind in der Regel ringförmig (s. Abb. 5-18c) und demarkieren sich gut vom um-

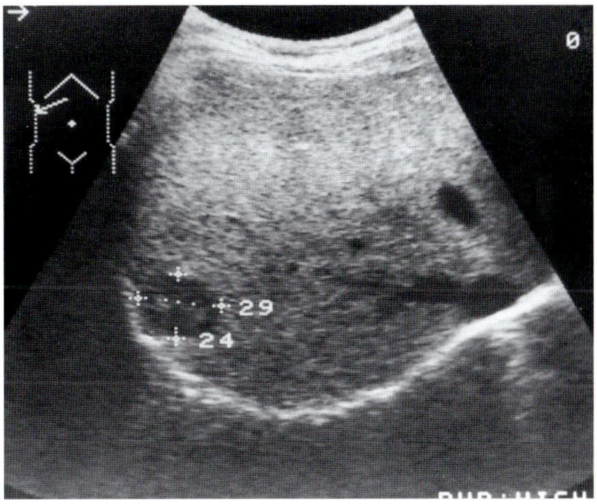

Abb. 5-15 Adenom der Leber.
Solitäre Läsion mit echoarmem Randsaum bei 18jährigem Mädchen mit Glykogenose.

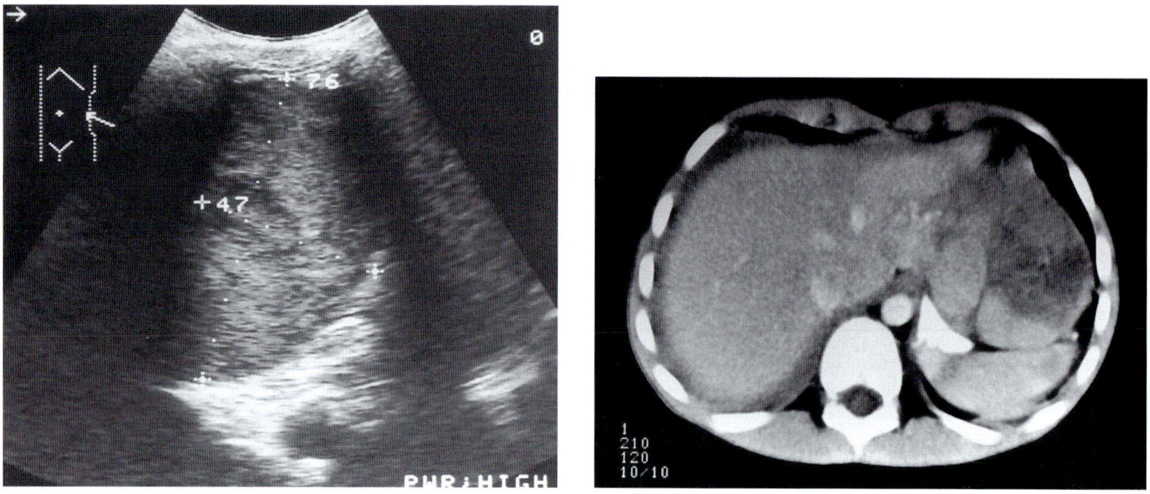

a b

Abb. 5-16a und b Hepatoblastom.
a) Tumor mit mittlerer Echogenität im linken Oberbauch, an den linken Leberlappen angrenzend (13jähriger Junge).
b) Im CT demarkiert sich der Tumor hypodens im Vergleich zum sonstigen Lebergewebe und geht kontinuierlich in den linken Leberlappen über.,

gebenden Lebergewebe, können aber auch nur in Form diskreter Läsionen sichtbar werden. Bei einer diffusen Lebermetastasierung ist das Leberparenchym durch eine inhomogene Echotextur mit echoärmeren fleckförmigen Arealen auffällig, die manchmal flächenhaft konfluieren (s. Abb. 5-18e bis g).

Auch bei Lymphomen kann es zu einem fokalen (Abb. 5-18h und i) oder diffusen Leberbefall kommen.

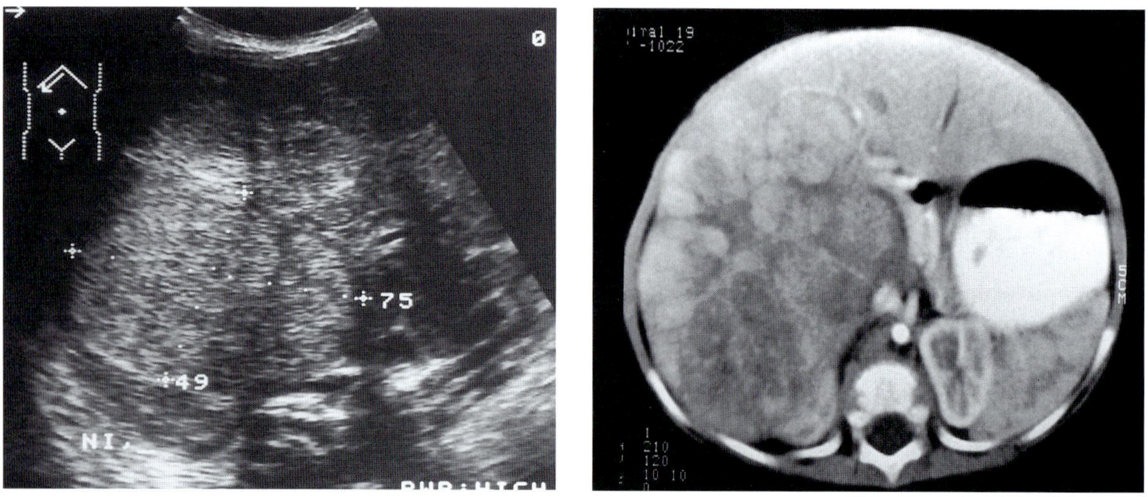

a b

Abb. 5-17a und b Hepatozelluläres Karzinom.
15 Monate alter Knabe mit ausgedehntem echoreichen Lebertumor mit knotigen Unterstrukturen. Diese stellen sich im CT (b) noch deutlicher dar.

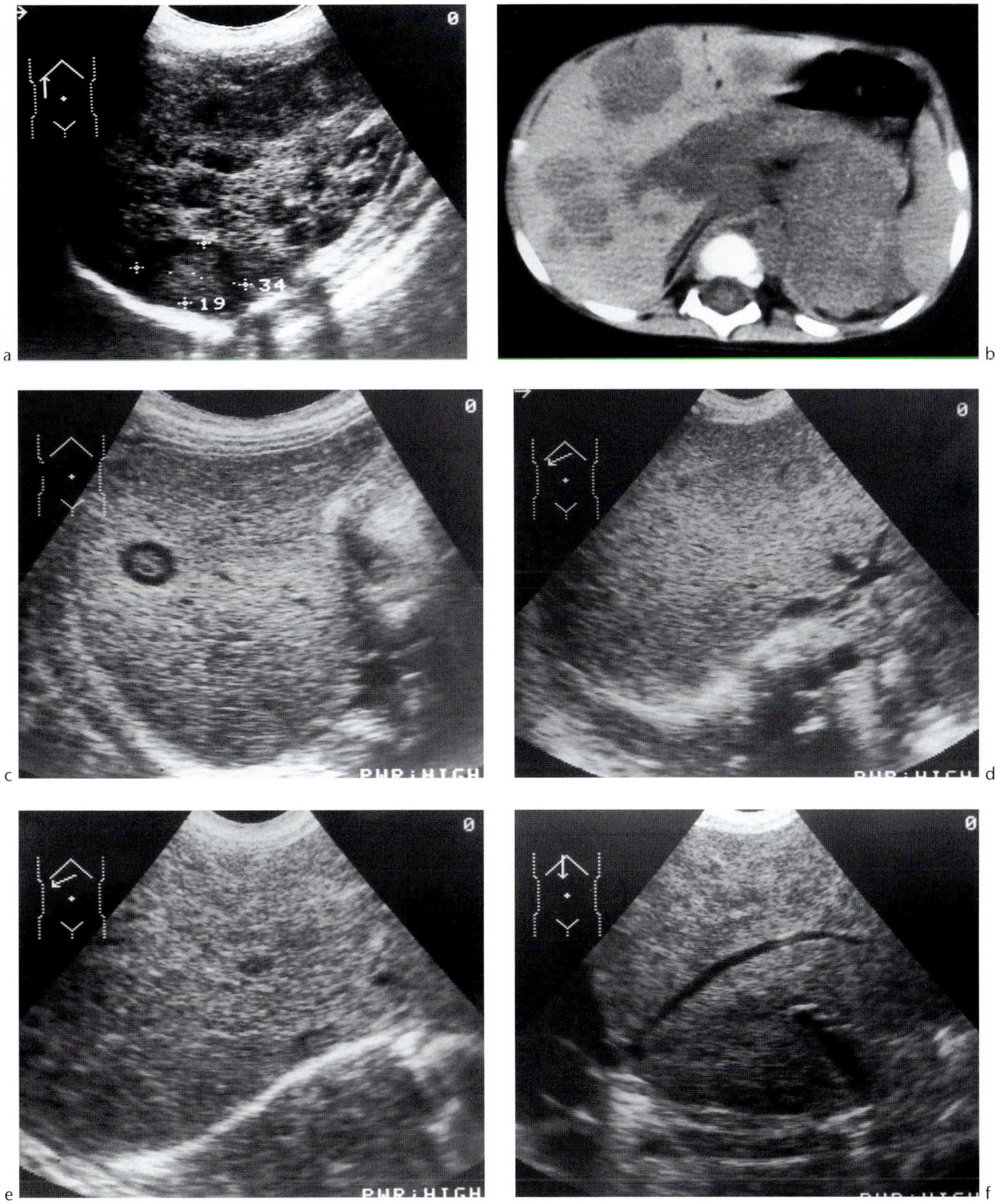

Abb. 5-18a bis i Lebermetastasen.

a und b) Lebermetastasen bei einem 18 Monate alten Mädchen mit zystischem Neuroblastom. Die im Sonogramm (a) echoarmen Läsionen demarkieren sich im CT (b) als hypodense Areale.

c) Lebermetastasen bei einem 2jährigen Jungen mit Fibrosarkom. Sonographisch finden sich vereinzelt ringförmige Lebermetastasen.

d) Zarte ringförmige Lebermetastasen bei Neuroblastom.

e und f) Diffuse Lebermetastasierung mit grobkörnigem, teils echoarmem, teils echoreichem Muster bei einem 4 Wochen alten Säugling mit Neuroblastom.

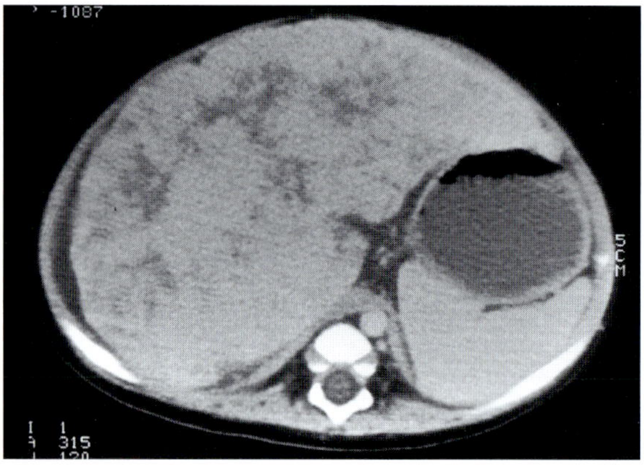
g

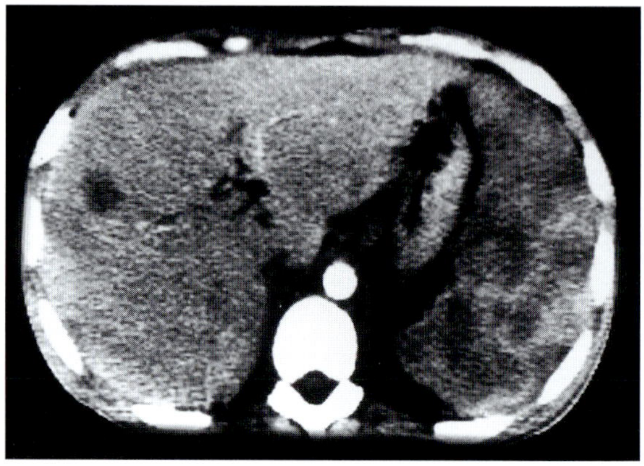
h

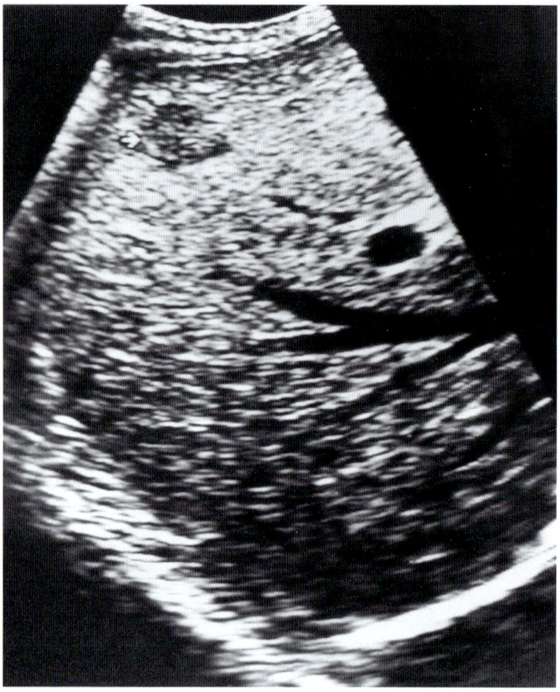
i

Abb. 5-18a bis i Lebermetastasen (Fortsetzung).
g) Diffuse Lebermetastasierung mit grobkörnigem, teils echoarmem, teils echoreichem Muster bei einem 4 Wochen alten Säugling mit Neuroblastom. Im CT sind die Metastasen echoarm und unscharf begrenzt.
h und i) Fokaler Leberbefall bei einem Patienten mit Morbus Hodgkin.
(Die Aufnahmen 5–18h und i verdanken wir Frau PD Dr. Helga Schmidt, Kinderradiologie der Universität Frankfurt.)

5.6 Weiterführende Diagnostik

Sonographisch nicht sicher einzuordnende Leberprozesse werden heute üblicherweise per Computertomographie weiter abgeklärt. Wichtig ist es, hier darauf zu achten, eine Nativ- und eine Kontrastmittelserie (je nach Fragestellung als Bolus oder Kurzinfusion) anfertigen zu lassen. Es ist anzunehmen, daß die Diagnostik der Leber in Zukunft mehr und mehr durch die MRT erfolgen wird.

6 Gallenblase und Gallenwege

6.1 Allgemeines

6.1.1 Indikationen

- Ikterus
- Oberbauchbeschwerden

6.1.2 Vorbereitungsmaßnahmen

Die Kinder müssen nüchtern zur sonographischen Darstellung der Gallenblase kommen, somit muß die Untersuchung morgens erfolgen. Bei Neugeborenen und Säuglingen ist die Untersuchung kurz vor der nächsten Mahlzeit durchzuführen.

6.1.3 Lagerung

Das Kind liegt in Rückenlage. Kooperative Kleinkinder sowie größere Kinder halten die Hände hinter den Kopf, damit Wirbelsäule und Abdomen gestreckt sind.

6.1.4 Schallkopf

- Curved-array-Schallkopf, je nach Größe des Kindes 5 MHz oder 3,5 MHz.

6.1.5 Standardebenen mit Standardabbildungen

1. Gallenblase im Längsschnitt
2. Gallenblase im Längsschnitt (Kontrollmessung)
3. Gallenblase im Querschnitt
4. Gallenblase im Querschnitt (Kontrollmessung)
5. Ductus choledochus – Pankreaskopf
6. Ductus choledochus – Pankreaskopf (Kontrollmessung)

7. Leberbinnenstruktur – intrahepatische Gallengänge
8. Leberbinnenstruktur – intrahepatische Gallengänge (Kontrollmessung)

Bei auffälligen Befunden müssen Zusatzaufnahmen in geeigneten schrägen Ebenen angefertigt werden.

Bei stark meteoristischem Abdomen und somit insuffizienter Darstellbarkeit der Gallenblase von ventral sollte eine Sonographie von dorsal (Schallkopf unter dem Schulterblatt, Leber als Schallfenster) versucht werden. Oft lassen sich so immerhin Gallenblasenkonkremente ausschließen. Zur Beurteilung des Ductus choledochus reicht die Einstellung von dorsal nicht.

6.2 Normalbefund

Die Gallenblase liegt im Normalfall nahe der Bauchdecke in der Medioklavikularlinie an der kaudalen Zirkumferenz der Leber. Sonographisch ist die normale Gallenblase (Abb. 6-1a und b) echoleer und wird von einer feinen echoreichen Membran begrenzt. Sie ist bei Säuglingen und Kleinkindern nicht größer als 3 cm und kann als Normvariante manchmal einen geknickten Gallenblasenhals aufweisen (Abb. 6-1c). Einer Normvariante entspricht auch eine von der Gallenblasenwand in das Lumen vorspringende echoreiche Membran, welche zu einer partiellen Septierung der Gallenblase führt. Intrahepatische Gallengänge sind normalerweise sonographisch nicht sichtbar. Der Ductus choledochus selbst ist oft so dünn, daß er sonographisch ebenfalls nicht erfaßbar ist. In manchen Fällen – insbesondere mit hochauflösenden Schallköpfen (z.B. 7,5 MHz) gelingt die Darstellung seines extrahepatischen Anteils in Höhe des Leberhilus oder präpankreatisch als feine, echofreie, tubuläre Struktur, die rechts der A. hepatica gelegen ist. Der innerhalb des Pankreaskopfes verlaufende Abschnitt des Ductus choledochus ist sonographisch in vielen Fällen erkennbar, sein Durchmesser kann bei großen Kindern bis zu 10 mm betragen.
In Abhängigkeit vom Füllungsgrad der Gallenblase wird der absteigende Schenkel des duodenalen „C" von dieser imprimiert (Abb. 6-1d und e).

Normalbefund – typische Formulierung

Beschreibung: Die Gallenblase ist echoleer, glatt begrenzt und weist eine Wandkontur normaler Dicke auf. Konkremente finden sich nicht. Der Ductus choledochus sowie die intrahepatischen Gallengänge sind nicht erweitert.
Beurteilung: Regelrechte Sonographie der Gallenblase und Gallenwege.

6.3 Sludge

Sludge entspricht eingedickter Gallenflüssigkeit und ist sonographisch gering echoreicher als die echofreie normale Gallenflüssigkeit. Manchmal ist die gesamte Gallenblase mit Sludge gefüllt (Abb. 6-2a), es kann jedoch auch zu einem Schichtungsphänomen von Sludge und flüssigem Gallensekret kommen (Abb. 6-2b).

6.4 Erkrankungen der Gallenblase

- Konkrement
- Wandverdickung
- Polyp

Konkrement. Aus den einzelnen Inhaltsstoffen der Gallenflüssigkeit können bei Überschreitung des Löslichkeitsprodukts Substanzen ausfallen und sich zu Konkrementen formieren. Diese sind im Ultraschall echoreich und weisen dann, wenn sie die Schallwellen total reflektieren, eine dorsale Schallauslöschung bzw. einen Schallschatten auf. Auf die tatsächliche chemische Zusammensetzung bzw. den Kalziumgehalt kann man aufgrund des Auftretens bestimmter Schallphänomene jedoch nicht schließen, hier helfen in manchen Fällen Dichtemessungen in der Computertomographie weiter. Gallenblasenkonkremente können solitär – auch als ein die gesamte Gallenblase ausfüllender „Ausgußstein" – oder in Form einzelner, mehr

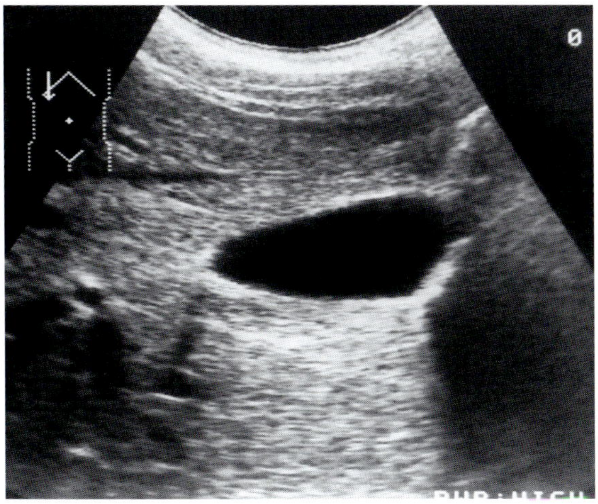

a

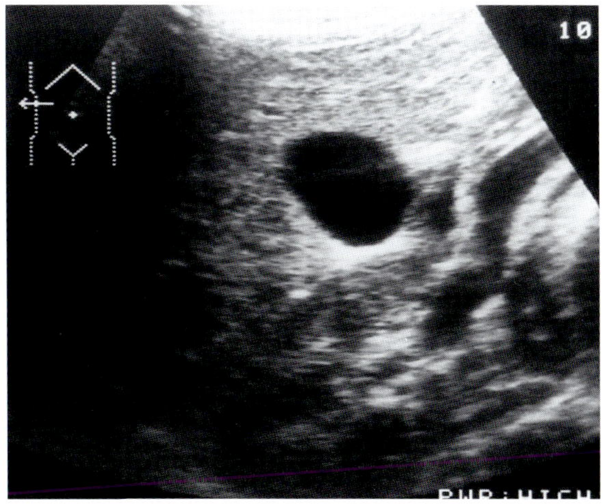

b

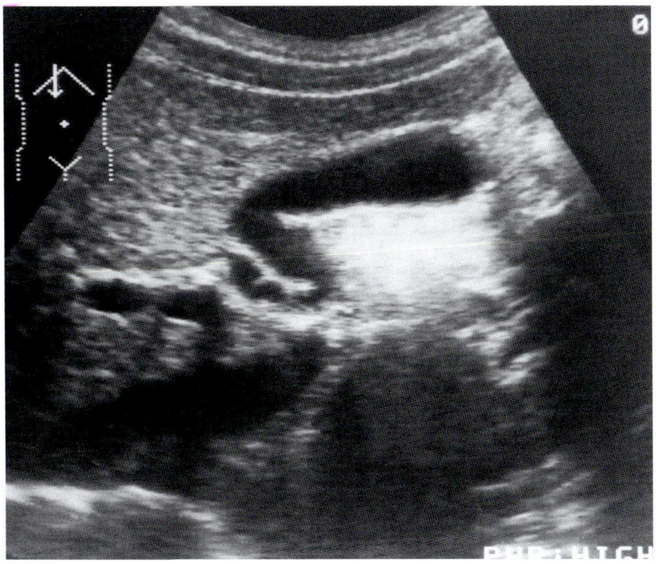

c

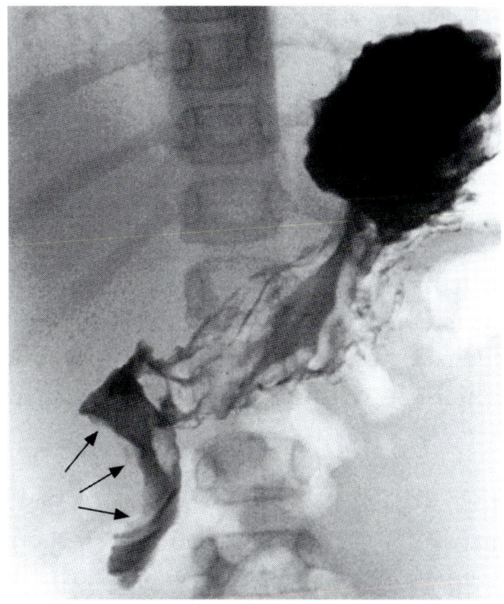

d

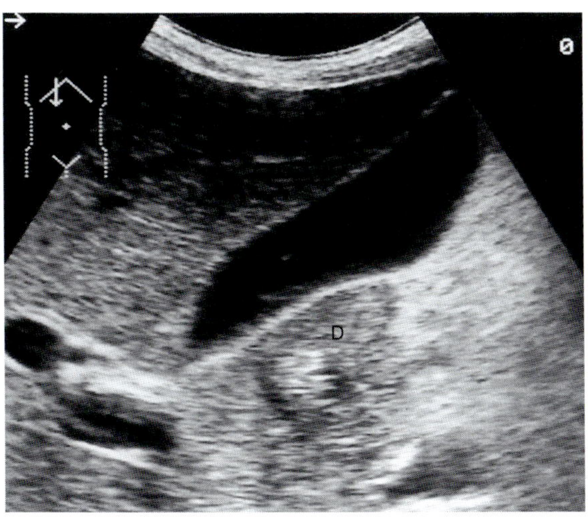

e

Abb. 6-1a bis d Gallenblase.

a und b) Normale Gallenblase (Längs- und Querschnitt).

c) Gallenblase mit geknicktem Gallenblasenhals (Normvariante).

d) Darstellung des Magen-Darm-Kanals mit Kontrastmittel. Die stark gefüllte Gallenblase (—▷) imprimiert das duodenale „C".

e) Die enge Nachbarschaft zwischen Gallenblase und Duodenum (D) läßt sich auch sonographisch belegen.

a 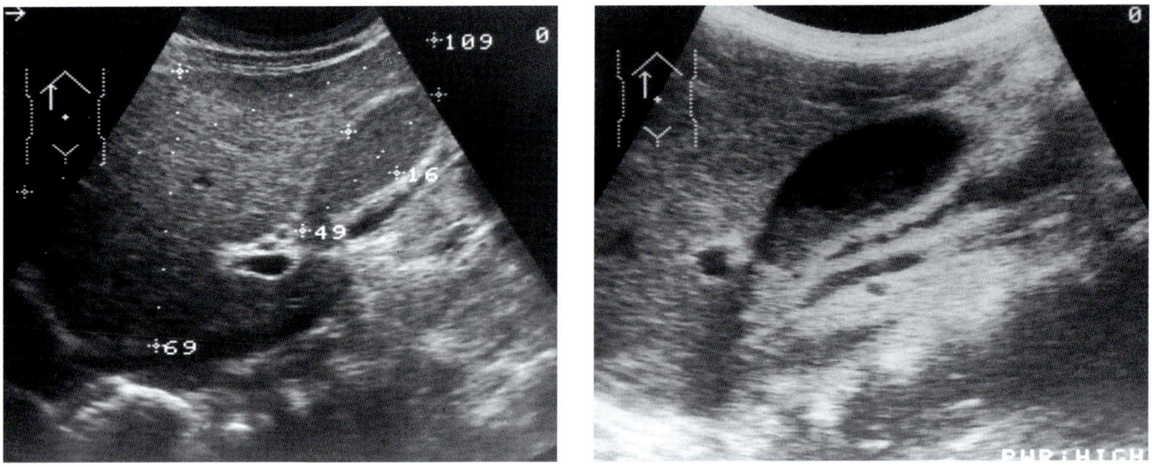 b

Abb. 6-2a und b Sludge in der Gallenblase.
a) Die gesamte Gallenblase ist mit Sludge ausgefüllt.
b) Man erkennt eine feine Spiegelbildung von echoreichem Material.

oder weniger bizarr aussehender Formationen vorkommen (Abb. 6-3a bis d). Zu kolikartigen Oberbauchbeschwerden führen meist die kleineren Konkremente, die gerade noch in den Ductus choledochus hineinrutschen und so einen Verschlußikterus mit Gallenblasenhydrops hervorrufen können.
Gallenblasenkonkremente können – insbesondere, wenn sie keinen Schallschatten aufweisen – manchmal schwer von den wandständigen Gallenblasenpolypen (s. Abb. 6-5a und b) zu unterscheiden sein.

In solchen Fällen kann die Umlagerung des Patienten, z.B. von der Rücken- in die Bauchlage und damit der eventuelle Nachweis der Beweglichkeit der auffälligen Formationen innerhalb der Gallenblase den Nachweis von Konkrementen erhärten.

Wandverdickung. Eine Verdickung (Abb. 6-4) der normalerweise maximal 3 mm breiten Gallenblasenwand ist per se ein unspezifischer Befund. Häufigste Ursache hierfür ist eine akute Cholezystitis, bei der in bis zu 75% eine Wandverdickung nachweisbar ist. Eine isolierte Gallenblasenentzündung ist bei Kindern selten, sie tritt eher in Kombination mit anderen Infekten, z.B. einer Pankreatitis oder im Rahmen einer Sepsis auf. Weitere Ursachen für eine Gallenblasen-Wandverdickung sind u.a. Hepatopathien, renale Erkrankungen, eine kardial bedingte Stauungsleber und Hypoproteinämien, selten auch AIDS.

Polyp. Umschriebene gutartige Verdickungen der Gallenblasenwand, die in das Lumen vorspringen, entsprechen Gallenblasenpolypen. Diese sind sonographisch von nahezu gleicher Echogenität wie die Gallenblasenwand (Abb. 6-5a und b). Von Konkrementen lassen sie sich differentialdiagnostisch dadurch leicht unterscheiden, daß sie auch bei Umlagerung des Patienten stationär in ihrer Position an der Gallenblasenwand bleiben.

6.5 Erkrankungen der Gallenwege

- Erweiterung des Ductus choledochus
- Choledochuszyste
- Caroli-Syndrom

Die **intrahepatischen Gallengänge** sind normalerweise sonographisch nicht sichtbar. Bei einer länger bestehenden Cholestase oder einer entzündlichen Affektion eines Nachbarorgans der Leber (z.B. Pankreatitis) können die Periportal-

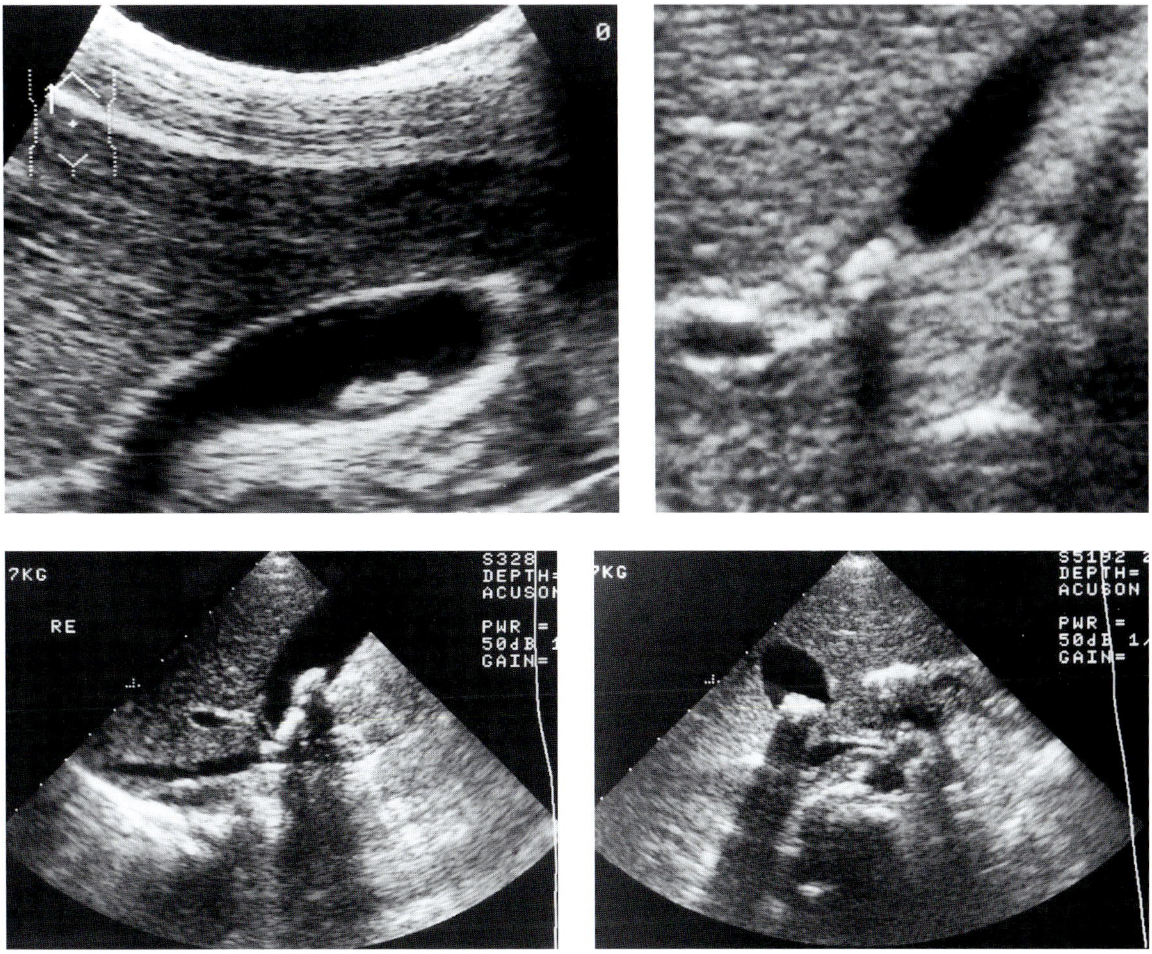

a b c d

Abb. 6-3a bis d Cholezystolithiasis.
a) Großes, bizarres Gallenblasenkonkrement im Fundus der Gallenblase.
b) Mehrere Gallenblasenkonkremente im Gallenblasenhals mit deutlicher dorsaler Schallauslöschung.
c und d) Gallenblasenkonkremente bei einem 10 Wochen alten Säugling nach Behandlung mit Rocephin®. Der Befund ist nach Absetzen der Therapie reversibel.
(Die Aufnahmen 6-3c und d verdanken wir Herrn Prof. Richter, Kinderradiologie der Universität Hamburg.)

felder echoreich und prominent sichtbar sein (Abb. 6-6).

Erweiterung des Ductus choledochus. Der Ductus choledochus kann auf drei verschiedenen Ebenen eine Einengung erfahren, so daß sich jenseits hiervon ein Aufstau der Gallenwege in Form einer Erweiterung zeigt: in Höhe des Leberhilus, präpankreatisch und innerhalb des Pankreaskopfes. Die Kinder fallen klinisch durch eine Gelbsucht und Oberbauchbeschwerden auf.

Die **Choledochuszyste** kann – sofern sie nur klein ist – wegen ihrer nur feinen Membran dem sonographischen Nachweis entgehen. Größere Choledochuszysten lassen sich sehr gut sonographisch darstellen (Abb. 6-7a und b), sie führen in der Regel auch zu einer erheblichen Abflußbehinderung der Gallenflüssigkeit mit einer entsprechenden klinischen Symptomatologie.

Caroli-Syndrom. Eine angeborene Dysplasie der intrahepatischen Gallenwege mit massiver Erweiterung derselben ist als Caroli-Syndrom bekannt (Abb. 6-8a und b). Therapie der Wahl ist meist die Operation, bei der die pathologischen Gangstrukturen, die meist nur Teile der Leber betreffen, entfernt werden.

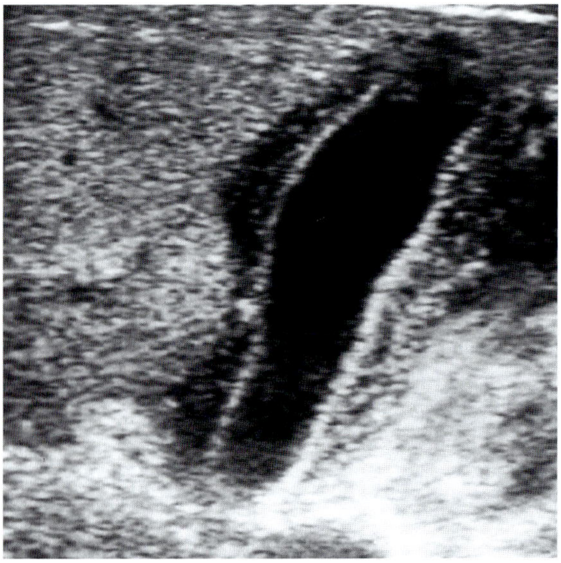

Abb. 6-4 Verdickung der Gallenblasenwand bei einem 6 Monate alten Knaben mit Hepatitis. Die echoarme Wand ist das Korrelat eines Subserasaödems und/oder zellulärer Infiltration.
(Die Aufnahme verdanken wir Herrn Prof. J. Tröger, Pädiatrische Radiologie der Universität Heidelberg.)

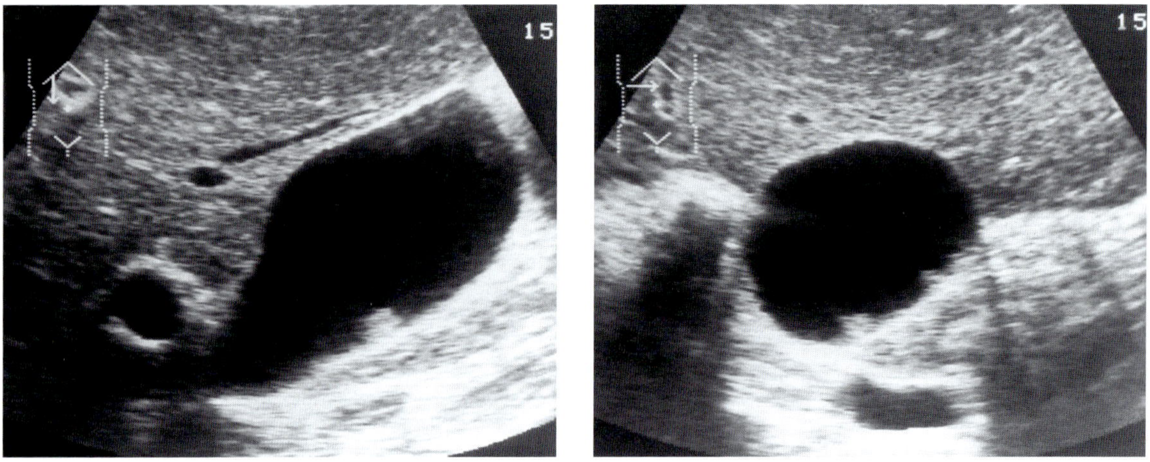

a b

Abb. 6-5a und b Gallenblasenpolypen bei einem 14jährigen Mädchen. Mehrere echoreiche Gallenblasenpolypen wölben sich fingerförmig in das Gallenblasenlumen vor.

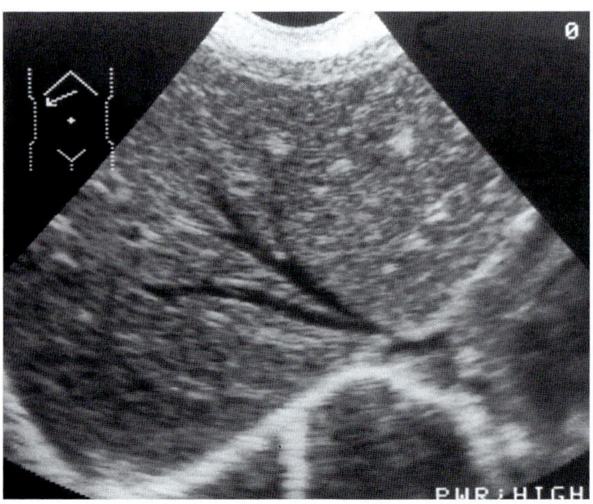

Abb. 6-6 Echoreiche Periportalfelder bei intrahepatischer Cholestase.

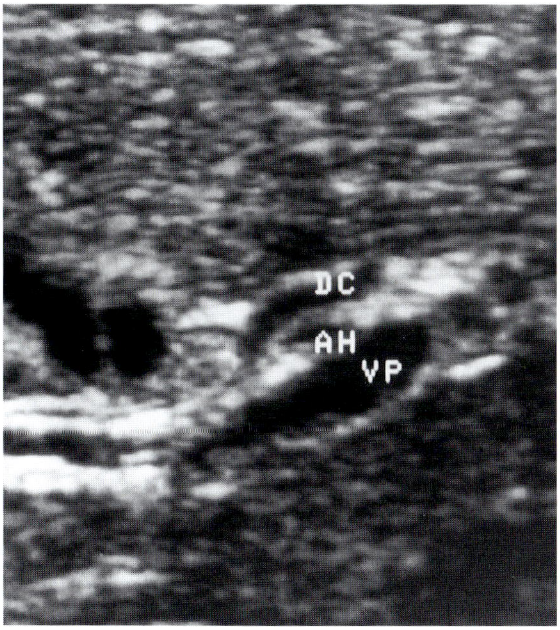

a

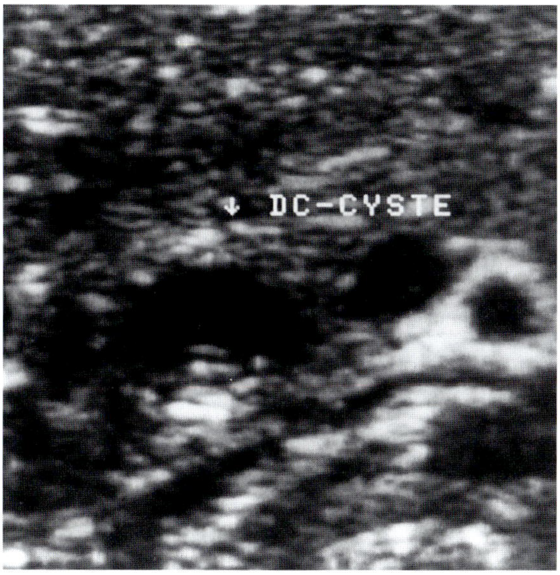

b

Abb. 6-7a und b Ductus-choledochus-Zyste.
a) Der Ductus choledochus ist erweitert und überschreitet das Kaliber der A. hepatica (DC = Ductus choledochus, AH = A. hepatica, VP = V. portae).
b) Echoarme Choledochuszyste in Höhe des Pankreaskopfes.
(Die Aufnahmen verdanken wir Frau PD Dr. Helga Schmidt, Kinderradiologie der Universität Frankfurt.)

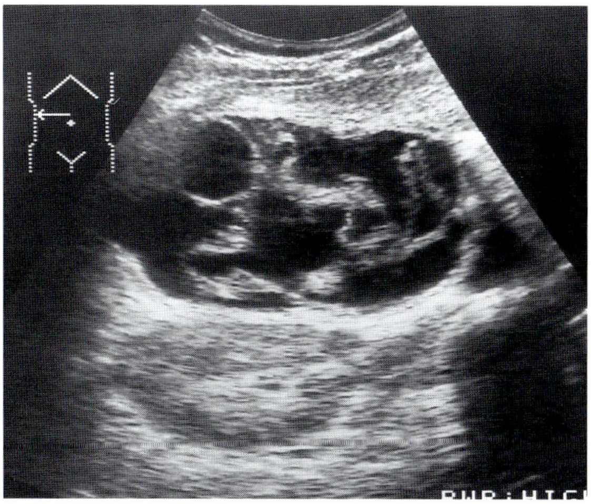

a

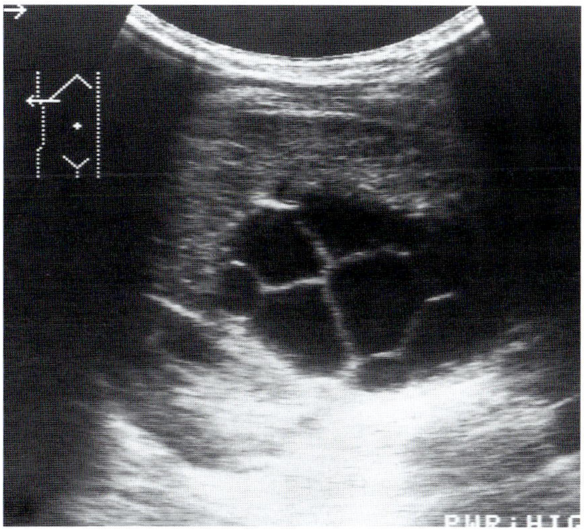

b

Abb. 6-8a und b Caroli-Syndrom.
Massiv erweiterte intrahepatische Gallenwege bei einem 17jährigen Mädchen mit Caroli-Syndrom.

6.6 Weiterführende Diagnostik

Eine weiterführende Diagnostik ist beim Kind selten notwendig, zur Verfügung stehen gegebenenfalls – wie beim Erwachsenen – das CT oder auch die PTC (perkutane transhepatische Cholangiographie). Neuerdings gelingen Gallenwegsdarstellungen auch mittels spezieller Sequenzen im MRT.

7 Pankreas

7.1 Allgemeines

7.1.1 Indikationen

- stumpfes Bauchtrauma
- zystische Fibrose
- Verdacht auf Pankreatitis
- Cholestase

7.1.2 Vorbereitungsmaßnahmen

Die Vorbereitungsmaßnahmen bei der sonographischen Untersuchung des Pankreas sind vom Patienten abhängig zu machen und lassen sich daher nicht generell angeben. Bei vielen Kindern läßt sich das Pankreas ohne Vorbereitung gut abbilden. Es ist günstig, die Untersuchung nach Möglichkeit morgens, bzw. im Nüchternzustand durchzuführen. Bei manchen Kindern sind entblähende Maßnahmen notwendig, dies gilt insbesondere für ältere Kinder und Patienten mit zystischer Fibrose.

7.1.3 Lagerung

Die Kinder befinden sich in Rückenlage und halten nach Möglichkeit die Hände hinter dem Kopf verschränkt. Das Organ wird in Atemmittellage untersucht, besondere Atemmanöver sind kaum erforderlich.

7.1.4 Schallkopf

- Curved-array-Schallkopf, je nach Größe des Kindes 5 MHz oder 3,5 MHz

7.1.5 Standardebenen mit Standardabbildungen

1. Pankreas (Korpus und Kauda) in der transversalen Ebene
2. Pankreas (Korpus und Kauda) in der transversalen Ebene (Kontrollmessung)

3. Pankreaskopf in der transversalen Ebene
4. Pankreaskopf in der sagittalen Ebene

Das Pankreas muß am Monitor immer in allen Anteilen durchgemustert werden, um Verkalkungen nicht zu übersehen. Bei den unter 1. und 2. angegebenen Ebenen dient die *V. lienalis* als **Leitstruktur** und sollte über einen möglichst langstreckigen Verlauf mit dargestellt werden. Der Pankreaskopf reicht meist 2–4 cm weiter nach kaudal als der Pankreaskörper, daher lassen sich diese beiden Pankreasanteile sonographisch nicht komplett gleichzeitig abbilden.

Falls sich der Pankreasschwanz wegen Darmgasüberlagerung von ventral nicht gut abbilden läßt, kann eine Darstellung von links lateral (Milz als Schallfenster) versucht werden. Dabei wird der Schallkopf so positioniert, daß der Milzhilus mit der Milzvene als Leitstruktur für das Pankreas sichtbar ist (Abb. 7-1d). Der Pankreasschwanz ist so in vielen Fällen doch beurteilbar.

7.2 Normalbefund

Das normale Pankreas ist von homogener mittlerer Echogenität mit feinen echogenen Unterstrukturen. Im Transversalschnitt lassen sich Korpus und Kauda mit der V. lienalis als parallel verlaufende Leitstruktur leicht auffinden; der Pankreasschwanz endet am Milzhilus. Der Pankreaskorpus ist leicht gebogen, der Scheitelpunkt dieses Bogens findet sich in Höhe der im Querschnitt als runde echoarme Formation leicht zu differenzierenden A. mesenterica superior (Abb. 7-1a bis c). Mit hochauflösenden Schallköpfen kann im Verlauf des Korpus der Ductus Wirsungianus (pancreaticus) als feine doppeltkonturierte Formation mit echoreicher Begrenzung dargestellt werden. Der Pankreaskopf reicht ca. 2–3 cm weiter nach kaudal als der Pankreaskörper, der Schallkopf muß daher zur Darstellung des Pankreaskopfes etwas nach kaudal verschoben werden. Dabei sollte gleichzeitig eine leichte Drehung nach links erfolgen, so daß sich ein schräger Transversalschnitt ergibt, der nahezu parallel zum rechten Rippenbogen verläuft.
An seiner Motilität erkennt man in dieser Schnittführung oft gut das bogenförmig um den Pankreaskopf herum verlaufende duodenale „C" (s. Abb. 6-1d und e). Im Pankreaskopf selbst, der sich als sehr weiches Gewebe im Normalfall auf der im Querschnitt ovalen und echoarmen V. cava im Pulsationsrhythmus bewegt, läßt sich mit hochauflösenden Schallköpfen der echoarme Ductus choledochus als punktförmige Struktur mit wenigen Millimetern Durchmesser erkennen.

Der Pankreaskopf ist auch gut in sagittaler Schichtführung mit der V. cava als Leitstruktur darstellbar. Sein Durchmesser sollte 2 cm beim Kleinkind und 3 cm beim Schulkind nicht überschreiten.

Am Übergang vom Pankreaskopf in das -korpus liegt dorsal der Konfluens der V. lienalis mit der V. mesenterica superior zur V. portae, der sich als Gefäßstruktur echoarm darstellt.

Normalbefund – typische Formulierung

Beschreibung: Das Pankreas ist von normaler Form und Breite und läßt sich in allen Anteilen darstellen (... läßt sich wegen Darmgasüberlagerung nur im Kopf- und Korpusbereich darstellen). Die Echogenität ist regelrecht, die Struktur homogen. Die gleichzeitig mit abgebildete V. lienalis ist von normalem Kaliber, ebenso die im Querschnitt erfaßte Aorta, V. cava sowie A. und V. mesenterica inferior.
Beurteilung: Regelrecht strukturiertes, normal großes Pankreas.

7.3 Parenchymveränderungen

- Pankreatitis akut – chronisch
- Fibrose bei zystischer Fibrose
- entzündliche Mitreaktion bei Sepsis

Entzündliche Veränderungen des Pankreas führen zum einen zu einer Volumenzunahme, zum anderen zu einer – meist homogenen – Echogenitäts-

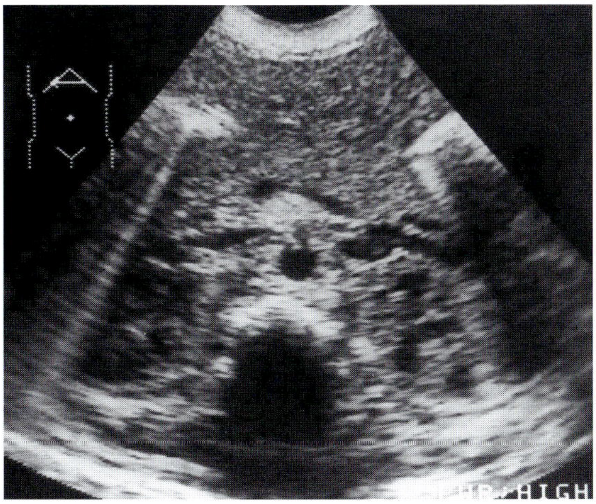

a

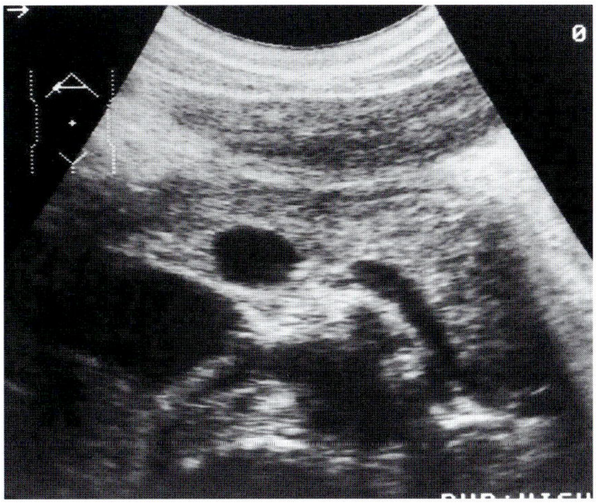

b

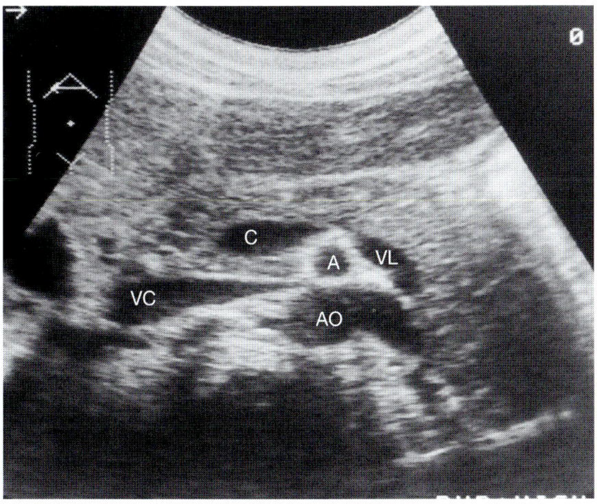

c

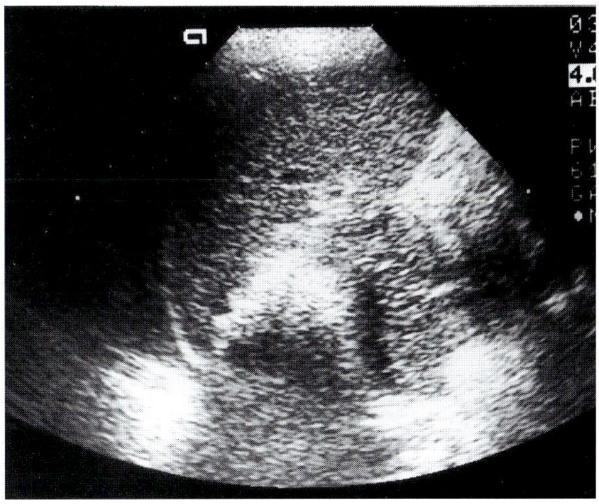

d

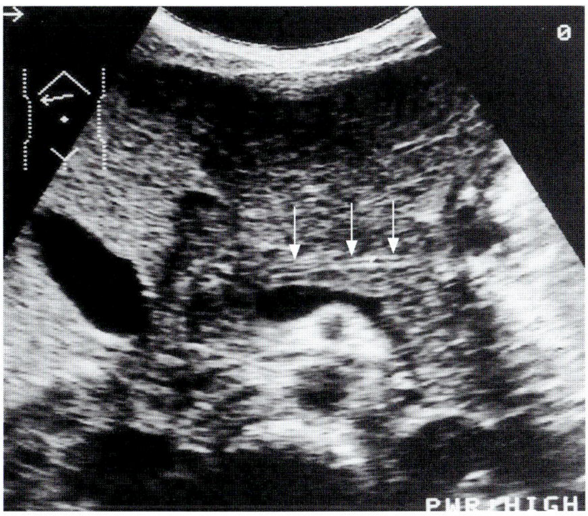

e

Abb. 7-1a bis d Normales Pankreas.
a) Neugeborenes.
b und c) 10jähriges Mädchen.
Die Gefäßleitstrukturen (A = A. mesenterica superior, VL = V. lienalis, C = Confluens der V. lienalis mit der V. mesenterica superior, VC = V. cava, AO = Aorta) sind als echoarme Formationen gut vom homogen strukturierten Pankreas abgrenzbar.
d) Koronarschnitt des Pankreas durch die Milz als Schallfenster (11jähriger Knabe). Pankreaskorpus und -kauda sind gut abgrenzbar.
e) Ductus Wirsungianus (pancreaticus) als tubuläre Struktur mit echoreicher Randbegrenzung im Pankreaskorpus (—▷).

anhebung des Organs. Eine Echogenitätsanhebung ohne Volumenzunahme oder sogar Volumenreduktion sind im Sinne einer Fibrose, wie sie z. B. bei der zystischen Fibrose vorkommt (Abb. 7-2), zu interpretieren. Bei der akuten Pankreatitis ist das Pankreasgewebe deutlich volumenvermehrt (Abb. 7-3) und meist echoreich, peripankreatisch kann ein mehr oder weniger ausgeprägtes echoarmes Ödem sichtbar sein. Im Verlauf der Erkrankung bildet sich das Ödem zurück, die Echogenität des Pankreas normalisiert sich innerhalb einiger Wochen. Als Zeichen einer abgelaufenen Pankreatitis können Parenchymverkalkungen vorkommen (Abb. 7-4), diese sind sonographisch echoreich und manchmal unregelmäßig angeordnet. Manchmal bilden sich auch große, echoarme Pseudozysten aus, die sich im Verlauf mehrerer Monate vollständig zurückbilden können.

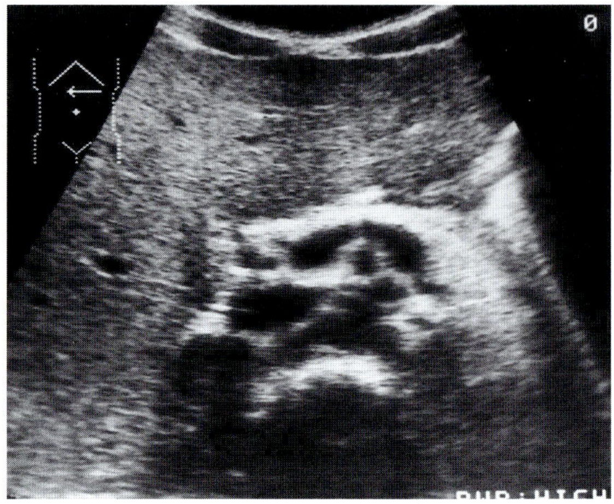

Abb. 7-2 Pankreasfibrose bei einem Patienten mit zystischer Fibrose.
Extrem echoreiches und verschmälertes Pankreasparenchym.

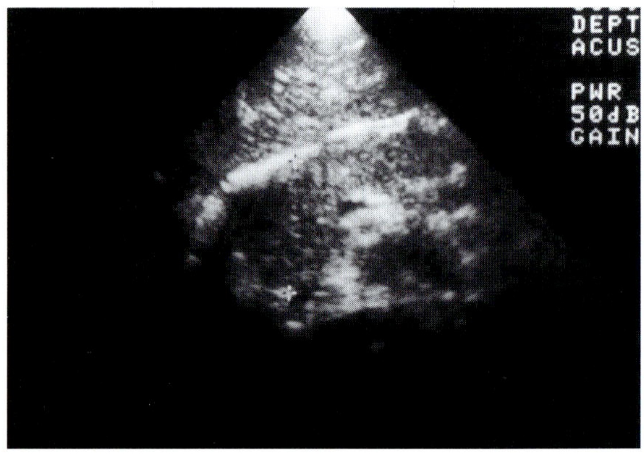

Abb. 7-3 Pankreatitis.
Deutliche Vergrößerung des Pankreaskopfes bei akuter Pankreatitis.
(Die Aufnahme verdanken wir Frau Dr. Krystina Oleszczuk-Raschke, Kinderradiologie, Universität Münster.)

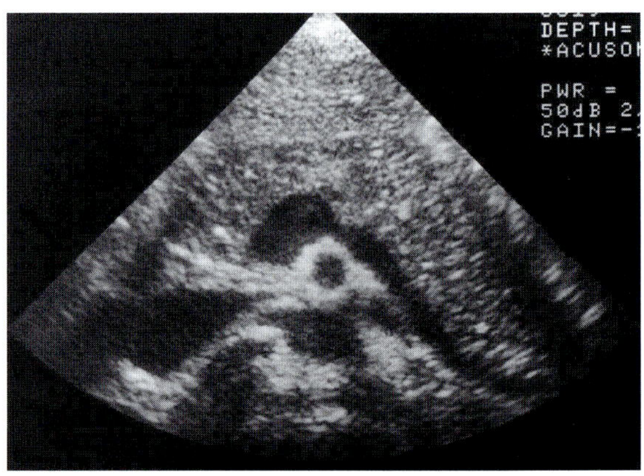

Abb. 7-4 Pankreasverkalkungen.
Multiple kleine echoreiche Komplexe innerhalb des normal großen Pankreas entsprechen Verkalkungen nach Pankreatitis (8jähriger Junge).

7.4 Pseudozysten

- nach stumpfem Bauchtrauma
- nach Pankreatitis
- bei zystischer Fibrose

Pseudozysten des Pankreas entstehen am häufigsten nach stumpfen Oberbauchtraumen (z. B. Sturz auf den Fahrradlenker) mit Gewebszerreißung und Einblutung. Sie sind sonographisch echoarm und meistens am Übergang vom Korpus zum Pankreasschwanz lokalisiert. Ihre Abgrenzung zur Umgebung kann zunächst unscharf sein. Dies gilt auch für Pseudozysten, die sich als Folgezustand einer Pankreatitis entwickeln (Abb. 7-5a und b). Beide Zystenformen können sich innerhalb von Wochen spontan zurückbilden und bedürfen somit nur selten einer chirurgischen Intervention. Sehr selten entwickeln sich Pseudozysten des Pankreas im Rahmen einer zystischen Fibrose (Abb. 7-5c und d).

7.5 Tumoren

Pankreastumoren sind im Kindesalter eine Rarität. Insulinome sind in der Regel sehr klein und kön-

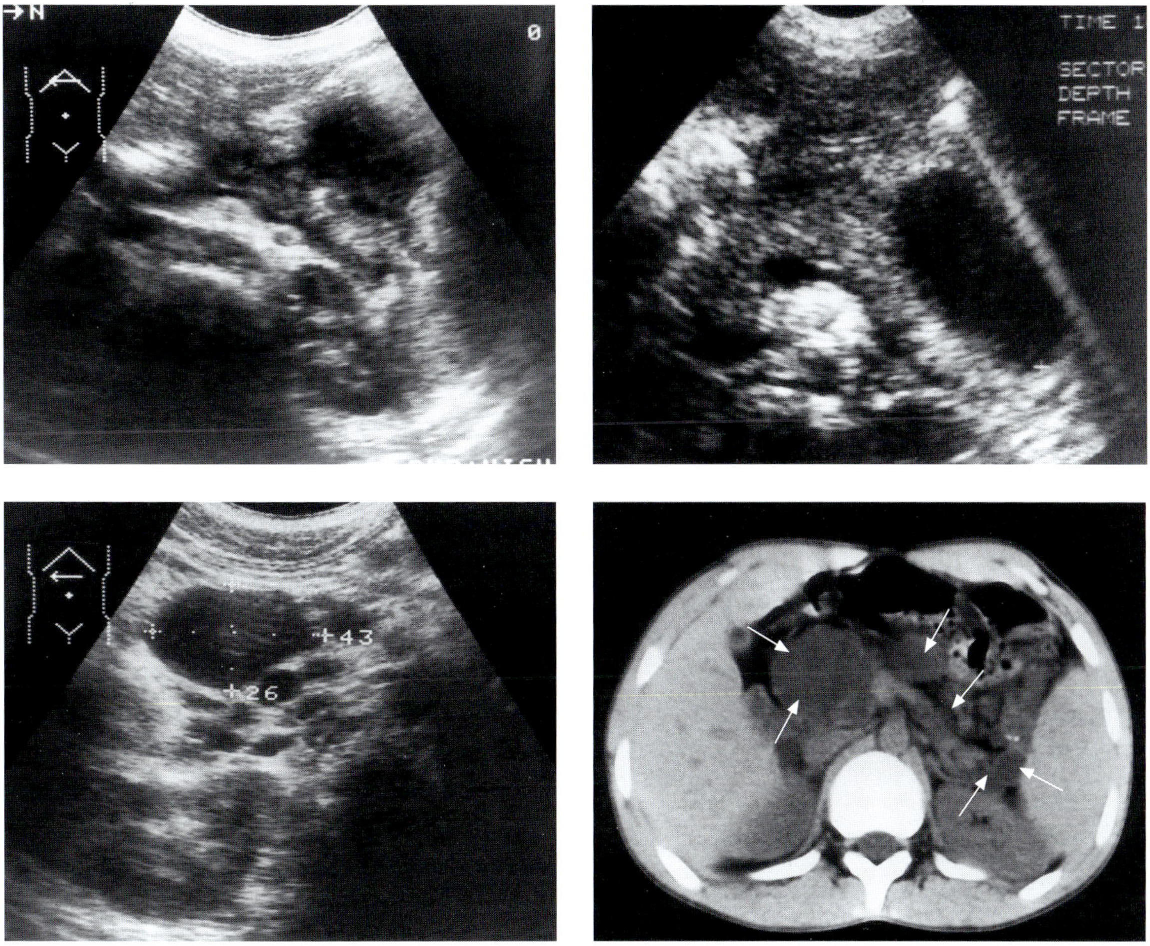

a b c d

Abb. 7-5a bis d Pankreaspseudozysten.
a) Nach Pankreatitis ($5^{1}/_{2}$jähriges Mädchen).
b) Nach stumpfem Bauchtrauma.
c und d) Bei zystischer Fibrose (15jähriger Junge). Im CT (d) sind die Pankreaspseudozysten (—▷) hypodens und glatt begrenzt.
(Die Aufnahme 7-5b verdanken wir Herrn Prof. Dr. H.-J. von Lengerke, Kinderradiologie, Universität Münster.)

nen so dem sonographischen Nachweis entgehen. Die häufigsten malignen Pankreastumoren sind Pankreatoblastome und Adenokarzinome. Eine Unterform des letzteren ist das Azinuszellkarzinom (Abb. 7-6a bis c). Die Echogenität der Tumoren ist unterschiedlich, echoreiche Verkalkungen können vorkommen.

Beim sonographischen Nachweis eines Pankreastumors sollten immer auch die paraaortalen Lymphknotenstationen sowie die Leber sorgfältig mituntersucht werden, um eine eventuelle Metastasierung zu erkennen.

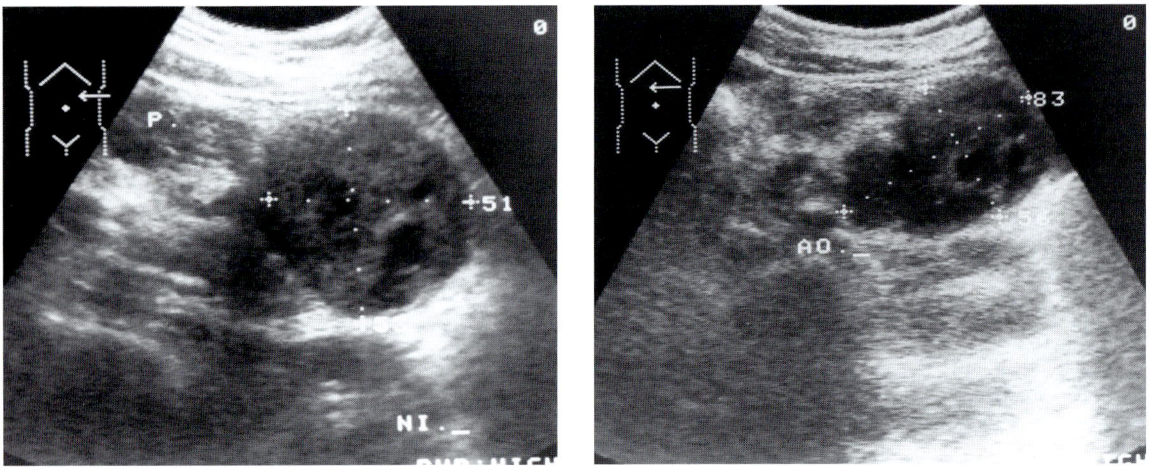

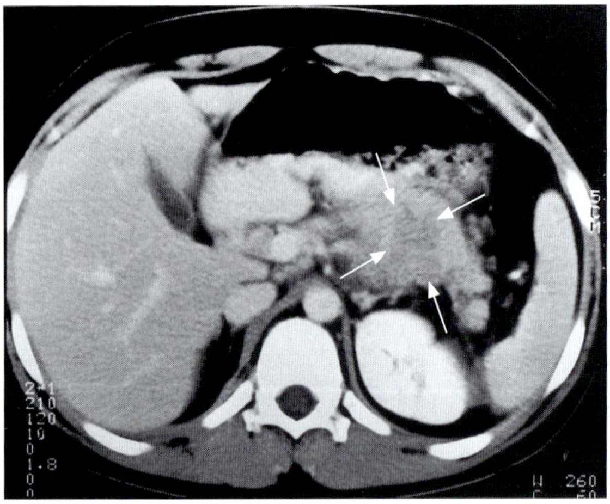

Abb. 7-6a bis c Pankreastumor.
a und b) Azinuszellkarzinom am Übergang vom Korpus in den Pankreasschwanz bei einem 13jährigen Mädchen. Der Tumor ist von mittlerer Echogenität mit echoarmen (nekrotischen) Anteilen. Im CT (c) sind diese Areale (—▷) hypodens im Vergleich zum sonstigen Tumor.

7.6 Weiterführende Diagnostik

Bei einer unklaren Raumforderung des Pankreas, eventuell auch bei einer Pankreatitis (genauere Abklärung von Nekrosearealen) ist die Computertomographie die Methode der Wahl. Wenn sich die Diagnose sonographisch stellen läßt, genügen Verlaufskontrollen mittels Ultraschall.

8 Milz

8.1 Allgemeines

8.1.1 Indikationen

- Splenomegalie ohne klinisch bekannte Ursache
- Pilzinfektion, Sepsis
- Zustand nach Bauchtrauma – Verdacht auf Milzruptur
- Oberbauchschmerzen
- Verdacht auf Speicherkrankheit
- Situs inversus – Verdacht auf Asplenie

Eine Splenomegalie bei einer bekannten Leukämie ist keine Indikation zur Anfertigung einer Sonographie der Milz, da diese bekanntermaßen bei der Leukämie regelmäßig auftritt und die genaue Größe klinisch nicht relevant ist bzw. palpatorisch bestimmt werden kann.

8.1.2 Vorbereitungsmaßnahmen

Es sind keine speziellen Vorbereitungsmaßnahmen erforderlich.

8.1.3 Lagerung

a) Die Kinder liegen in Rückenlage und haben nach Möglichkeit die Arme hinter dem Kopf verschränkt. Diese Lage empfiehlt sich immer dann, wenn gleichzeitig mit der sonographischen Darstellung der Milz noch andere Organe von ventral untersucht werden sollen und das dauernde Umlagern das Kind zu unruhig machen würde. Die Sonographie der Milz eines Kindes in Rückenlage erfordert einige Übung des Untersuchers.

b) Das Kind liegt in Rechtsseitenlage. Dabei sollte die rechte Flanke durch ein zu einer Rolle geformtes Kissen unterpolstert werden. Diese Lagerungsweise ermöglicht mit Sicherheit eine gute Darstellbarkeit der Milz (wie auch der linken Niere und Nebenniere).

8.1.4 Schallkopf

- Curved-array-Schallkopf, je nach Größe des Kindes 5 MHz oder 3,5 MHz.

8.1.5 Standardebenen mit Standardabbildungen

1. Längsschnitt links lateral
(Schallkopf in der hinteren Axillarlinie, schräg koronare Ebene, Milzhilus muß mit abgebildet werden).
2. Längsschnitt links lateral (Kontrollmessung)
3. Querschnitt links lateral
(Schallkopf im geeigneten Interkostalraum Th 9–11 ventrolateral, schräg transversale Ebene, maximale Milzausdehnung und Milzhilus abbilden)
4. Querschnitt links lateral (Kontrollmessung)

Ergänzend muß die Milz *immer* in allen Abschnitten auf Parenchyminhomogenitäten am Bildschirm durchgemustert werden. Auffälligkeiten sind immer in Zusatzaufnahmen in zwei Ebenen zu dokumentieren.
Es sollte auf Nebenmilzen geachtet werden.

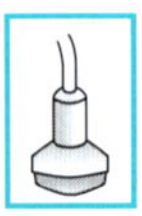

Die sonographische Darstellung der Milz sollte in Atemmittellage oder in Exspiration erfolgen. In Inspiration ist die Milz oft von Lungenanteilen oder der lufthaltigen, beim Einatmen tiefer tretenden, linken Kolonflexur überlagert.
Falls die Möglichkeit besteht, sollte der untersuchende Arzt dem Kind erklären, daß er bei der Milzuntersuchung kurzfristig auf die seitlichen Rippen des Kindes drücken muß. Erfolgt dieser Druck unangekündigt, empfindet ihn das Kind oft als Schmerz und läßt sich nur ungern weiter untersuchen. Älteren Kindern kann am Monitor die typische Halbmondform der Milz gezeigt werden. Mit einem sie interessierenden und für Kinder verständlichen Monitorbild fällt ihnen das Atemanhalten in Exspiration (was auch für einen Erwachsenen kein einfaches Atemmanöver ist!) leichter.

8.2 Normalbefund

Die normale Milz (Abb. 8-1a und b) liegt zwerchfellnah im linken Oberbauch und hat sowohl in koronarer (Längsschnitt) wie in transversaler Schichtführung ein halbmondförmiges Aussehen. Die Normwerte für den Längsdurchmesser der Milz sind in Diagramm 8-1 dargestellt. Das Milzgewebe ist von mittlerer Echogenität mit feinen homogenen, echoreicheren Binnenechos. Im Milzhilus ist die Milzvene, die aus vielen kleinen, radiär aus dem Parenchym in Richtung Hilus verlaufenden Venen gespeist wird, als echoarme tubuläre Struktur zu erkennen. Die Milzvene ist die Leitstruktur für das Pankreas, welches auch von links lateral gut dargestellt werden kann.

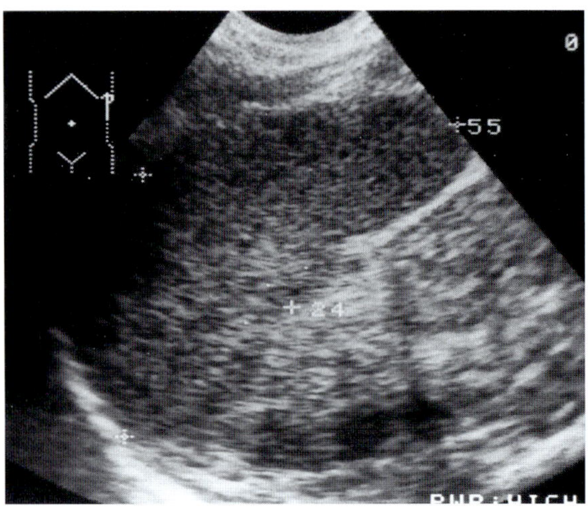

a

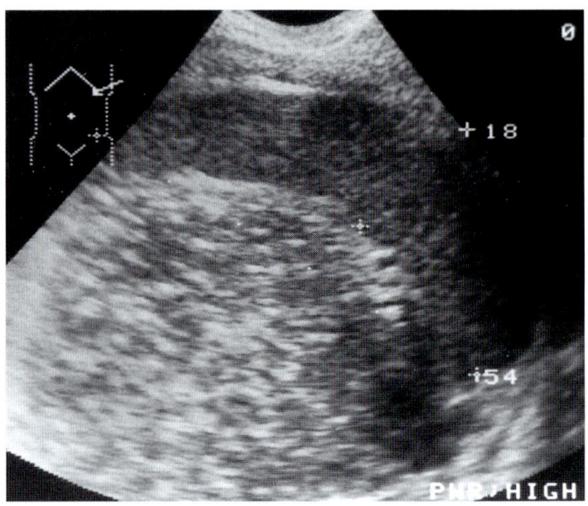

b

Abb. 8-1a und b Normale Milz mit homogener Echotextur mittlerer Echogenität.
a) Längsschnitt.
b) Medial an die Milz angrenzend findet sich der Magen mit multiplen echoreichen Luftreflexen (Querschnitt).

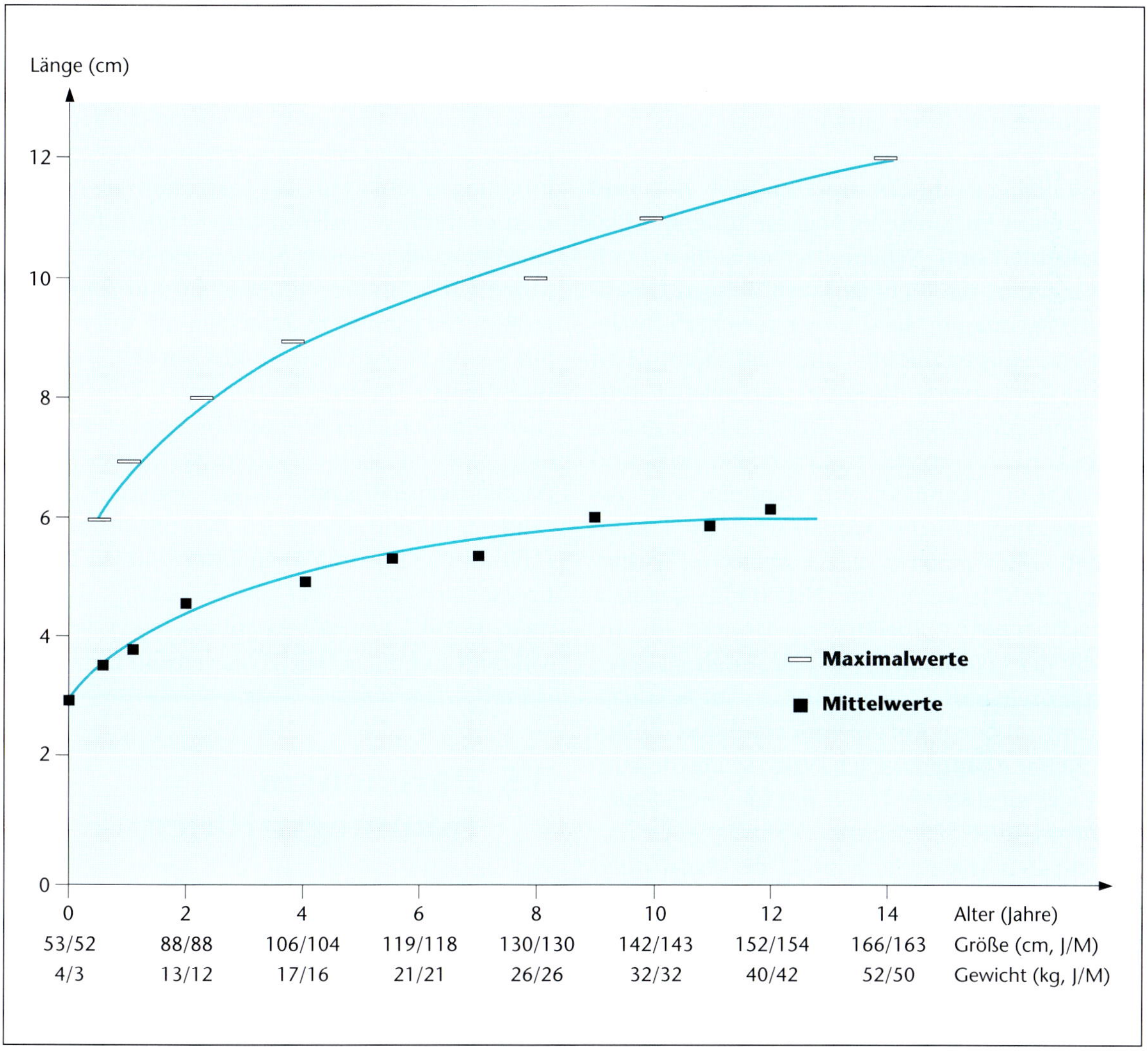

Diagramm 8-1 Milzlänge (Normwerte bezogen auf Alter, Größe und Gewicht; Maximalwerte nach Rosenberg, 1991; Mittelwerte nach Weitzel, 1978).

Normalbefund – typische Formulierung

Beschreibung: Die Milz liegt orthotop, ist homogen strukturiert und von normaler Echogenität. Sie mißt im Längsschnitt ... cm × ... cm und im Querschnitt ... cm × ... cm. Die Milz ist somit normal groß.
Beurteilung: Unauffällig strukturierte, normal große Milz.

8.3 Fehlbildungen – Lageanomalie

- atypische Lage bei Situs inversus
- Asplenie
- Nebenmilz
- Polysplenie

Läßt sich die Milz nicht in typischer Lokalisation darstellen, sollte zunächst an eine atypische Lage, insbesondere an einen **Situs inversus** mit entsprechend rechtsseitig liegender Milz gedacht werden. Eine reine **Asplenie** ist selten; sie kann als sogenanntes Asplenie-Syndrom (Ivemark-Syndrom) mit weiteren Fehlbildungen, insbesondere Herzfehlern und Bronchusanomalien, kombiniert sein.

Relativ häufig sind **Nebenmilzen** (Abb. 8-2a und b), die meist im Milzhilus oder am unteren Milzpol lokalisiert sind. Nebenmilzen entstehen durch Gewebskeime, die nicht mit dem übrigen Organgewebe fusionieren, sie sind von gleicher Echogenität wie Milzgewebe und sind vom eigentlichen Organ durch im Sonogramm echoreiches Fett- und Bindegewebe getrennt. Nebenmilzen werden normalerweise nur wenige Zentimeter groß und haben beim Gesunden keine pathologische Bedeutung. Lediglich bei hämatologischen Erkrankungen mit vorangegangener operativer Entfernung der Milz kann eine Nebenmilz kompensatorisch hypertrophieren bzw. Ursache für ein Rezidiv der Erkrankung sein. Nebenmilzen treten meist einzeln auf.

Bei dem seltenen **Polyspleniesyndrom** finden sich mehrere Milzen, gleichzeitig sind beide Lungenflügel wie die linke Lunge mit nur zwei Lappen angelegt (Lävoisomerismus). Die meist auch hier auftretenden Herzfehler sind in der Regel nicht ganz so schwerwiegend wie beim Aspleniesyndrom.

8.4 Splenomegalie

Ursache für eine Vergrößerung der Milz ist meist eine Infektion. Hierbei ist die Milz in der Regel nur mäßig vergrößert und weist meist keine Strukturinhomogenitäten auf. Bei Erkrankungen des hämatopoetischen Systems, insbesondere bei einer Leukämie oder einem Morbus Hodgkin, ist die Milz nahezu immer mitbetroffen und somit vergrößert. Sie kann in Extremfällen mit ihrem unteren Pol bis in das kleine Becken reichen. Auch bei lysosomalen Speichererkrankungen, z.B. Morbus Niemann-Pick (Abb. 8-3a und b), kann eine erhebliche Splenomegalie auftreten. Bei Patienten mit portaler Hypertension, z.B. bei zystischer Fibrose (Abb. 8-4a und b), Alpha-1-Antitrypsinmangel (Abb. 8-5), kann in Kombination mit der Leberfibrose eine erhebliche Splenomegalie vorkommen. Dabei kann der geschlängelte Verlauf der Milzvene auf die portale Hypertension hinweisen.

8.5 Parenchyminhomogenitäten

Milzzysten (Abb. 8-6) können posttraumatisch entstehen, aber auch kongenitalen Ursprungs

a
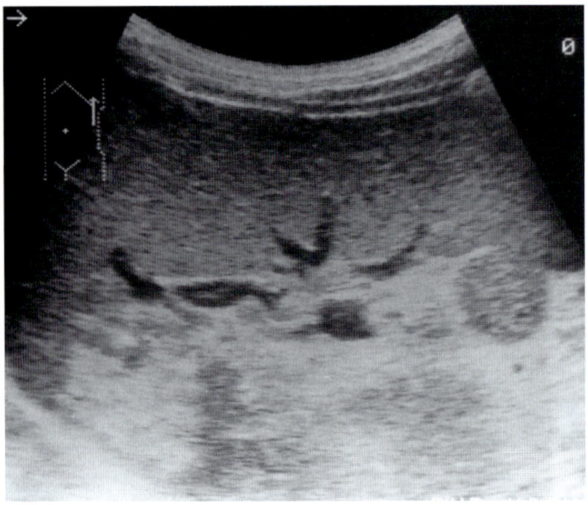

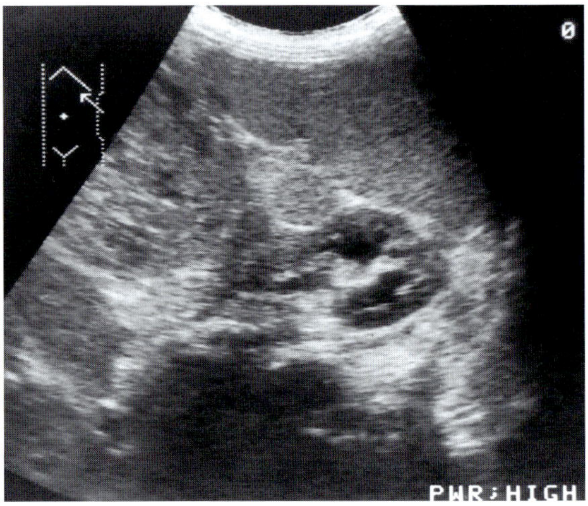

b

Abb. 8-2a und b Nebenmilz.
a) Am unteren Pol der Milz liegt die rundliche Nebenmilz. Längsschnitt bei einem Patienten mit Splenomegalie.
b) Die Nebenmilz liegt als rundliche Gewebsformation mit milzidentischer Echotextur zwischen linker Niere und Milz (Zufallsbefund bei einem 11jährigen Knaben; Querschnitt).

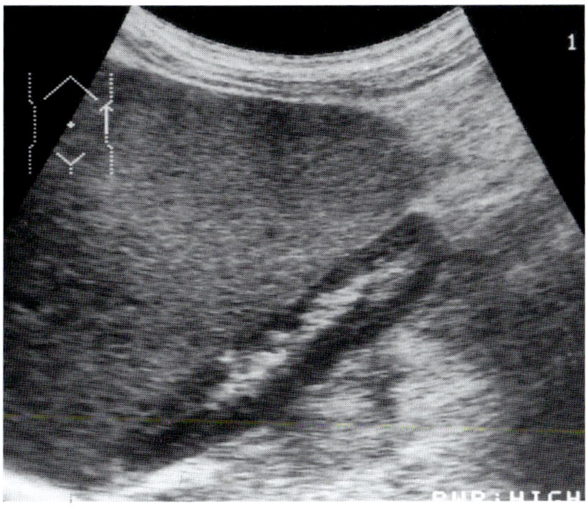

a

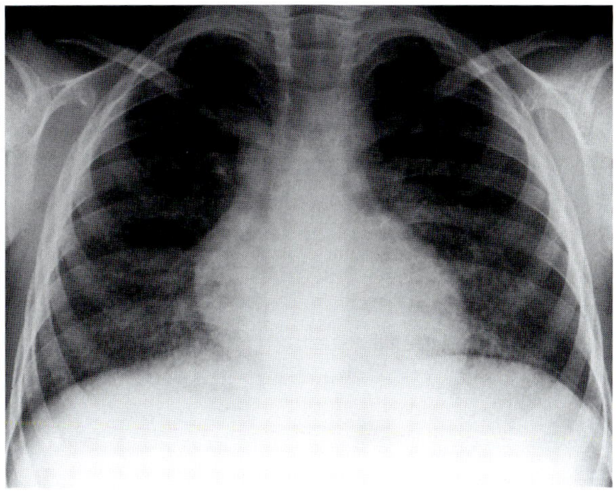

b

Abb. 8-3a und b Splenomegalie bei einem 13jährigen Jungen mit Morbus Niemann-Pick.
a) Die extrem vergrößerte Milz komprimiert großflächig die linke Niere (Sonogramm, Längsschnitt).
b) Thorax-Röntgenbild: retikulogranuläres Lungenmuster als Hinweis auf die pulmonale Manifestation der Speicherkrankheit.

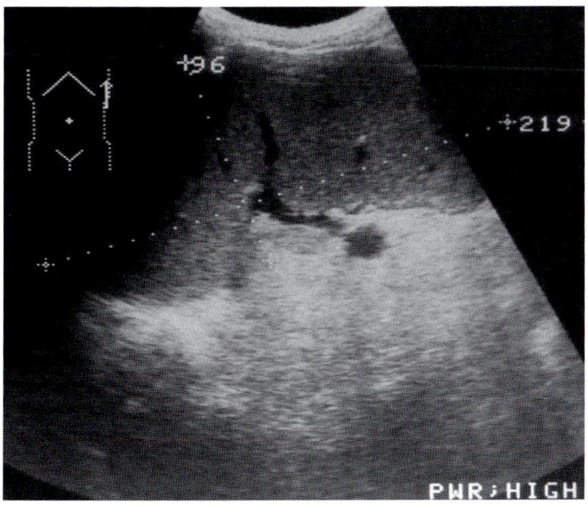

a

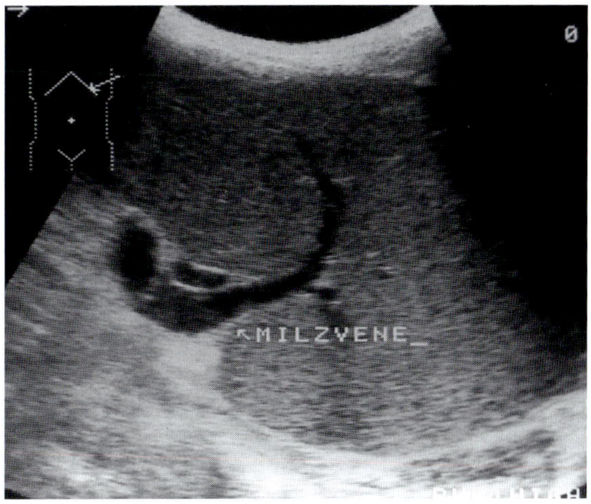

b

Abb. 8-4a und b Splenomegalie bei 14jähriger Patientin mit zystischer Fibrose.
Die Milz ist erheblich vergrößert und weist eine prominente Milzvene auf (Längs- und Querschnitt).

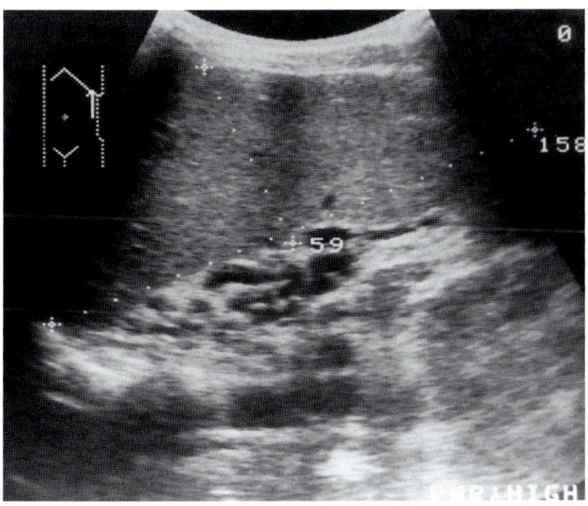

Abb. 8-5 Splenomegalie bei einem 11jährigen Patienten mit Alpha-1-Antitrypsinmangel. Die Milzvene verläuft auffällig geschlängelt.

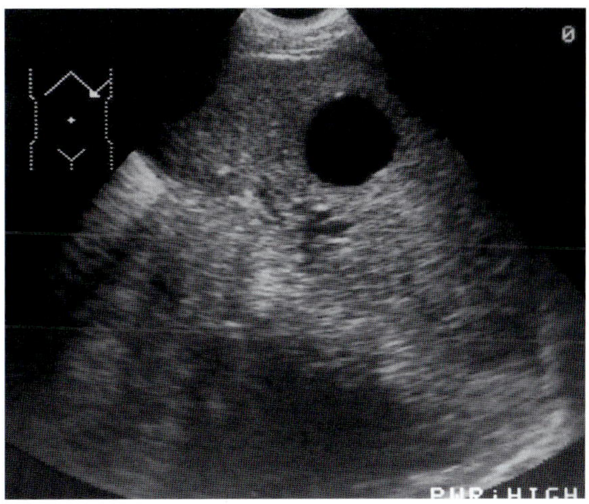

Abb. 8-6 Milzzyste bei einem 3jährigen Jungen (Zufallsbefund). Die Zyste ist glatt begrenzt und echofrei.

sein. Äußerst selten kommen parasitische Erkrankungen ursächlich in Frage. Sonographisch sind Zysten echofrei und glatt begrenzt, sie treten meist solitär auf und können manchmal von dem ebenfalls echoarmen **Milzabszeß** (Abb. 8-7) morphologisch schlecht unterschieden werden. Im Rahmen einer **systemischen Infektion** kann es zur Ausbildung multipler Läsionen im Milzparenchym kommen (Abb. 8-8a und b). Diese sind im Gegensatz zu den Zysten oft unscharf begrenzt und nicht ganz echofrei, manchmal können innerhalb der Herde echoreiche Verkalkungen abgegrenzt werden.

Milzinfarkte können bei Kindern im Rahmen von Hämoglobinopathien auftreten oder in Folge einer septischen Embolie durch Gefäßverschluß entstehen. Sonographisch stellt sich ein frischer Infarkt als umschriebene, annähernd dreiecksförmige, peripher gelegene, echoarme Formation dar. Im späteren Verlauf wird das Infarktareal aufgrund von Narbenbildung echoreich.

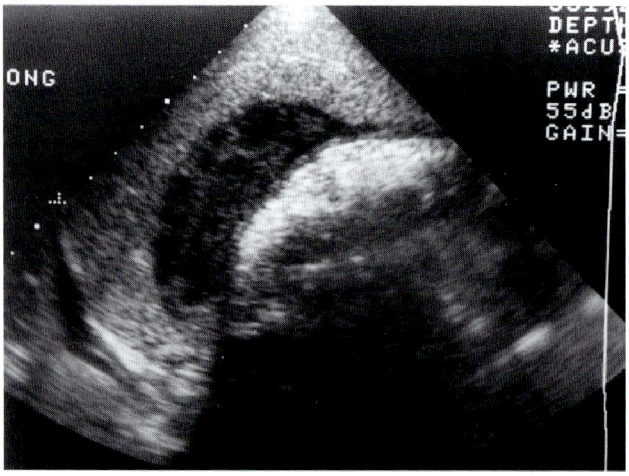

Abb. 8-7 Milzabszeß bei einem 14jährigen Jungen mit perforierter Appendizitis.
Der Abszeß ist echoarm und etwas inhomogen, er demarkiert sich scharf vom gesunden Milzgewebe.
(Die Aufnahme verdanken wir Herrn Dr. Hahn, Technische Universität München.)

8.6 Trauma

Bei einem stumpfen Bauchtrauma kann es zu einer Milzruptur kommen, die sich manchmal zweizeitig entwickelt. Das sich ausbildende Hämatom kann intraparenchymatös oder subkapsulär lokalisiert sein. Es kann im Frühstadium dem normalen Milzparenchym in seiner Echogenität sehr ähnlich sein und erst im weiteren zeitlichen Verlauf deutlich echoärmer werden als das Milzgewebe (Abb. 8-9a und b, Abb. 8-10a und b).

Bei Diskrepanz zwischen sonographischem Befund und klinischer Symptomatik sollte frühzeitig ergänzend ein CT des Oberbauchs erfolgen, um eine eventuell notwendige operative Maßnahme nicht zu verzögern.

a
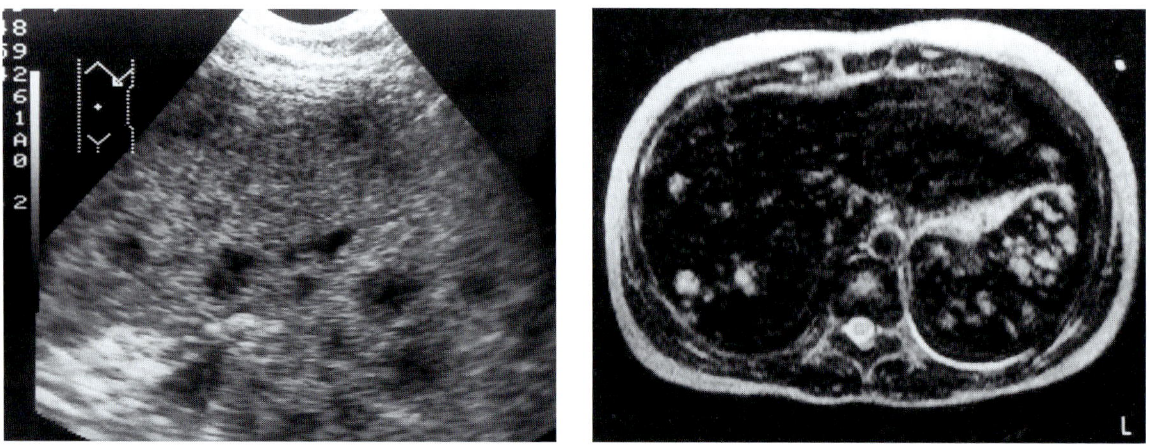

b

Abb. 8-8a und b Mykose der Milz (Mycobacterium avis) bei einer $12^1/_2$jährigen Patientin mit Leukämie.
Die im Sonogramm (a) echoarmen, etwas unscharf begrenzten Infektionsherde sind kernspintomographisch in T2-Wichtung (b) signalreich. Das MRT (SE, T2) zeigt deutlich auch den Leberbefall (s. auch Kap. 5 „Leber", Abb. 5-9a).

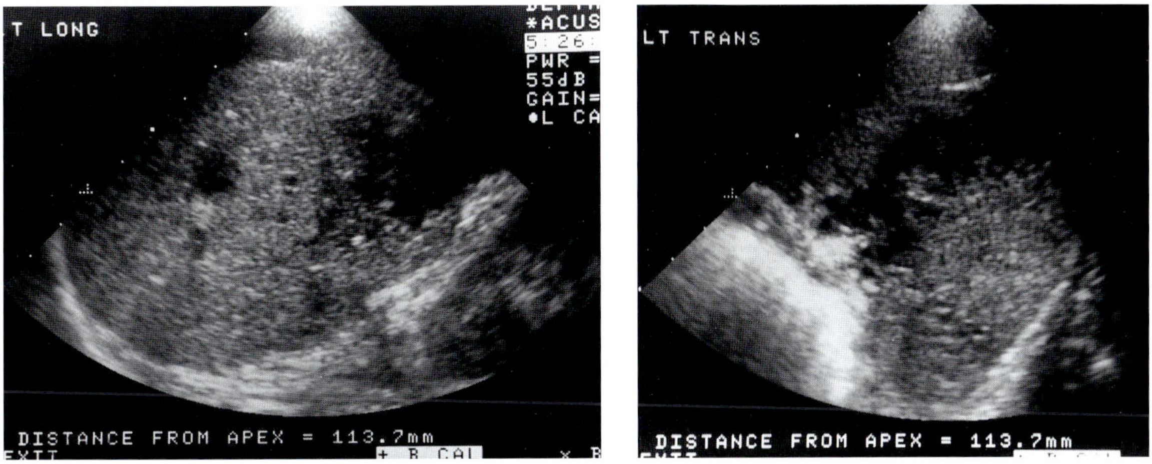

a b

Abb. 8-9a und b Milzruptur nach Trauma (Sturz vom Hochbett) bei einem 12jährigen Mädchen.
Die Flüssigkeitsvermehrung aufgrund der Einblutung in das rupturierte Milzparenchym demarkiert sich echoarm. Das Areal ist unregelmäßig begrenzt (Längs- und Querschnitt).
(Die Aufnahmen verdanken wir Herrn Dr. Hahn, Technische Universität München.)

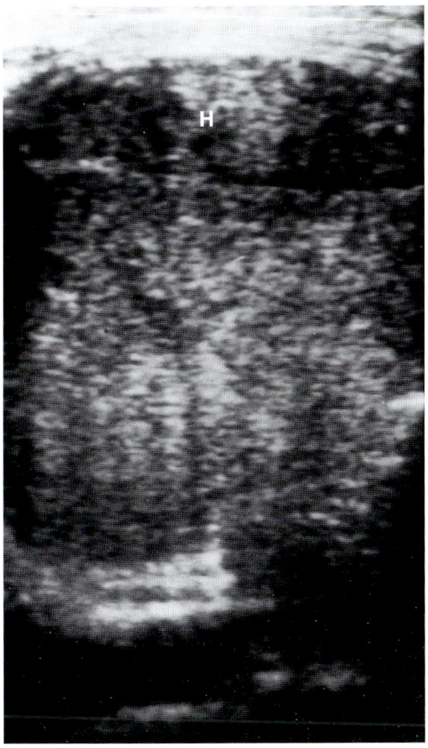

a

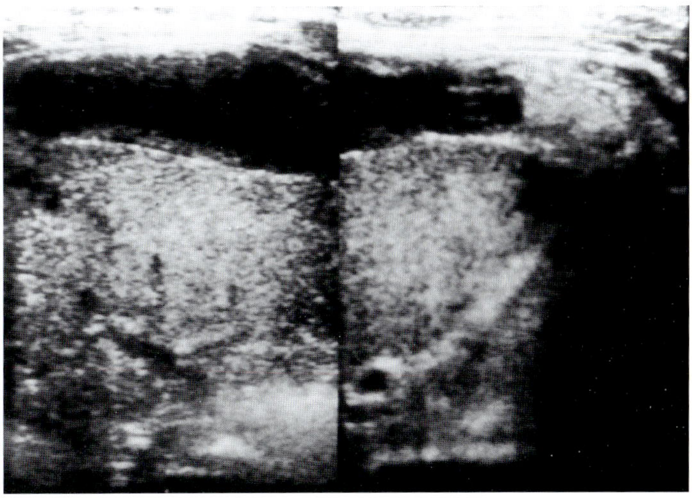

b

Abb. 8-10a und b Milzruptur am 1. und 7. Tag.
a) Das frische Hämatom (H) ist von nahezu gleicher Echogenität wie die Milz und nur aufgrund der kontinuierlich zu verfolgenden Organkapsel zu differenzieren.
b) Am 7. Tag nach dem Trauma ist das Hämatom echoarm und leicht vom Milzgewebe zu unterscheiden.
(Die Aufnahmen verdanken wir Frau Dr. Krystina Olesczuk-Raschke, Kinderradiologie, Universität Münster.)

8.7 Tumoren – Metastasen

Primäre Tumoren der Milz gelten im Kindesalter als Rarität, in der Mehrzahl sind sie benigne (Teratom, Hämangiom, Hamartom). Noch seltener sind maligne Milztumoren, wie z.B. das maligne Angiosarkom der Milz. Das sonographische Erscheinungsbild der Tumoren ist unspezifisch. Wesentlich häufiger ist bei Kindern mit Erkrankungen des hämatopoetischen oder lymphatischen Systems (z.B. Leukämie, Morbus Hodgkin) die Mitbeteiligung der Milz in Form einer Organvergrößerung.

8.8 Weiterführende Diagnostik

Eine weiterführende Diagnostik der Milz ist selten notwendig. Zur Abklärung von Strukturauffälligkeiten bzw. sonographisch nicht zu klärender Frage nach Milzruptur ist das CT (meist nativ und nach Kontrastmittelgabe) die geeignete Methode. In selteneren Fällen kann auch die Kernspintomographie zur genaueren Einordnung einer Milzläsion eingesetzt werden.

9 Nieren und ableitende Harnwege

9.1 Allgemeines

9.1.1 Indikationen

- Harnwegsinfektion
- Enuresis
- Hämaturie
- Tumor
- Nierenfunktionsstörung
- Nephrokalzinose, Nephrolithiasis
- hämatologische Erkrankungen
- iatrogene Nierenerkrankungen
- Minderwuchs
- Fehlbildungssyndrome
- auffällige Abdomenleeraufnahme

9.1.2 Vorbereitungsmaßnahmen

Die Kinder sollten gut hydriert sein und mit gut gefüllter Harnblase untersucht werden, da eine Harntransportstörung sonst übersehen werden kann.

9.1.3 Lagerung

Zur Anfertigung der vier Aufnahmen von ventral bzw. links lateral liegt das Kind in Rückenlage. Kooperative Kleinkinder und größere Kinder halten die Hände hinter dem Kopf verschränkt.
Wenn alle Abbildungen von ventral fertig sind, können ggf. Aufnahmen der linken Niere in Rechtsseitenlage angefertigt werden. Dazu sollte die rechte Flanke des Kindes mit einem zu einer Rolle geformten Kissen unterpolstert werden.
Zur Darstellung der Nieren von dorsal liegt das Kind auf dem Bauch. Die Lordose der Lendenwirbelsäule muß durch ein unter dem Bauch liegendes Kissen ausgeglichen werden.

9.1.4 Schallkopf

- Sektorschallkopf, 5 MHz (mit unterschiedlichem Winkel) oder 3,5 MHz (je nach Größe des Kindes)

9.1.5 Standardebenen mit Standardabbildungen

Abbildungen von ventral:
1. Harnblase im Querschnitt
2. Harnblase im Längsschnitt
3. rechte Niere im Längsschnitt (Leber als Schallfenster, Niere von ventral oder von lateral her abbilden)
4. linke Niere im Längsschnitt (nur von lateral möglich)

Abbildungen von dorsal:
5. linke Niere im Längsschnitt
6. rechte Niere im Längsschnitt
7. rechte Niere im Querschnitt
8. linke Niere im Querschnitt

Bei der transversalen Darstellung der Harnblase ist auf einen **Hydroureter** zu achten.
Beide Nieren müssen in jedem Fall in allen Abschnitten am Monitor durchgemustert werden. Besonders zu achten ist auf **intrarenale Prozesse,** insbesondere am unteren und oberen Nierenpol sowie in der Nebennierenregion. Bei der Frage nach **Reflux** ist das Nierenbecken bds. vor und nach Miktion abzubilden und auszumessen.
Bei einem **erweiterten Nierenbecken** sollten Querschnitte der Nieren von ventral, lateral und/oder dorsal abgebildet werden, um sicher zwischen einem ampullären Nierenbecken, einer Harntransportstörung und einer multizystisch-dysplastischen Niere unterscheiden zu können.
Bei einer **Hufeisenniere** müssen immer Querschnitte von ventral angefertigt werden (Schallkopf in der Medianebene etwa auf Bauchnabelhöhe), um die Parenchymbrücke darzustellen.

Die sonographische Untersuchung der Nieren und ableitenden Harnwege sollte grundsätzlich mit der Darstellung der Harnblase beginnen, da insbesondere bei kleinen Kindern nie davon ausgegangen werden kann, daß die Harnblase auch zu einem späteren Zeitpunkt noch gefüllt sein wird. Am wichtigsten ist dabei das Durchmustern des Retrovesikalraums im Querschnitt samt entsprechender Dokumentationsaufnahme, so daß ein eventuell erweiterter Ureter oder andere retrovesikale Veränderungen erfaßt werden.

Bei Harnwegsinfektionen (spätestens nach der zweiten Infektion bei einem Mädchen, immer bereits nach der ersten Infektion bei einem Jungen) muß nach einer Harntransportstörung (s. Abschnitt 9.4) gefahndet werden. Ergibt sich hier sonographisch ein Normalbefund, ist trotzdem ergänzend immer ein Miktions-Zystourethrogramm, im Einzelfall auch ein i.v. Urogramm erforderlich, um Folgeschäden einer nicht erkannten Harntransportstörung zu vermeiden. Das Miktions-Zystourethrogramm sollte erst im infektfreien Intervall erfolgen.

9.2 Niere – Normalbefund

In der Sonographie stellt sich die Niere eines Neugeborenen oder Säuglings bis zum 4. Lebensmonat deutlich anders dar als diejenige eines Klein- und Schulkindes bzw. Erwachsenen. Generell unterscheidet man zwischen der außen gelegenen Nierenrinde (Kortex), den Markpyramiden und dem sog. Mittelechokomplex. Letzterer umfaßt das Nierenbecken, die Nierengefäße und das parapelvine Fettgewebe. Im einzelnen findet sich in den verschiedenen Altersstufen folgendes Ultraschallbild:

Beim **Neugeborenen** (Abb. 9-1) und **Säugling** ist die Nierenrinde meist von mittlerer Echogenität, kann aber auch die Echogenität der Leber erreichen oder sogar echoreicher sein als diese. Die Nierenrinde reicht in Form von Säulen (Columnae renales) bis an den Nierenhilus. Diese begrenzen dreieckig geformte echoarme Areale, welche den Markpyramiden entsprechen. Letztere stellen das anatomische Korrelat der Nierentubuli dar. Die Markpyramiden dürfen nicht als Zysten fehlgedeutet werden. Da beim Neugeborenen noch sehr wenig parapelvines Fettgewebe vorliegt, besteht der Mittelechokomplex ganz überwiegend aus dem echoarmen, meist linearen Nierenbecken. Die Außenkontur der Nieren ist wellig, diese „fetale Lappung" bleibt meist bis in das Kleinkindalter bestehen; in Ausnahmefällen kann man sie noch beim Erwachsenen nachweisen. Die rechte Niere ist von langgestreckter, ovaler Form. Die linke Niere weist sehr häufig eine Vorbuckelung ihrer mittleren Anteile („Milzbuckel") nach lateral auf, sie kann dadurch dreieckig erscheinen.

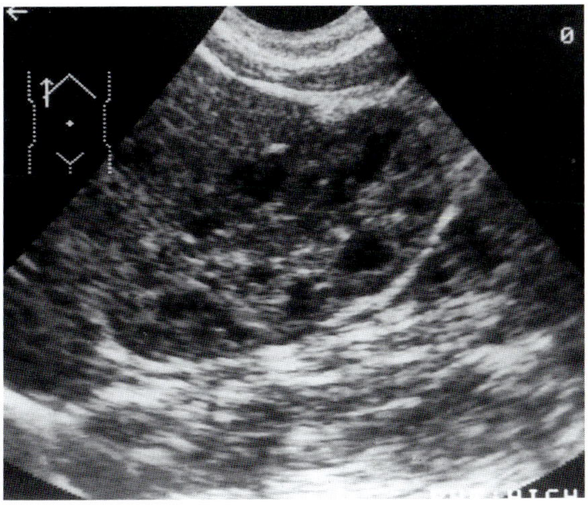

Abb. 9-1 Normale Neugeborenenniere mit typischer fetaler Lappung, echoarmen Markpyramiden, kaum ausgeprägtem Mittelechokomplex und relativ echoreicher Nierenrinde.

Beim **Klein- und Schulkind** (Abb. 9-2a bis f) ist das Nierenparenchym deutlich echoärmer als das normale Lebergewebe, der echoreiche Mittelechokomplex ist infolge der Zunahme des parapelvinen Fettgewebes breiter als bei Säuglingen und Neugeborenen. Die Differenzierung von Mark und Rinde ist schon beim Kleinkind kaum noch möglich, da sich die Echogenität von Markpyramiden und Nierenrinde aneinander angleichen. Oft läßt sich das Nierenbecken als lineare, echoarme Struktur von nicht mehr als 10 mm Breite abgrenzen. In vielen Fällen lassen sich auch Anteile des Sammelsystems als zarte echoarme Strukturen darstellen. Die Nierenaußenkontur kann als Restzustand der fetalen Lappung leicht wellig konturiert sein.

a
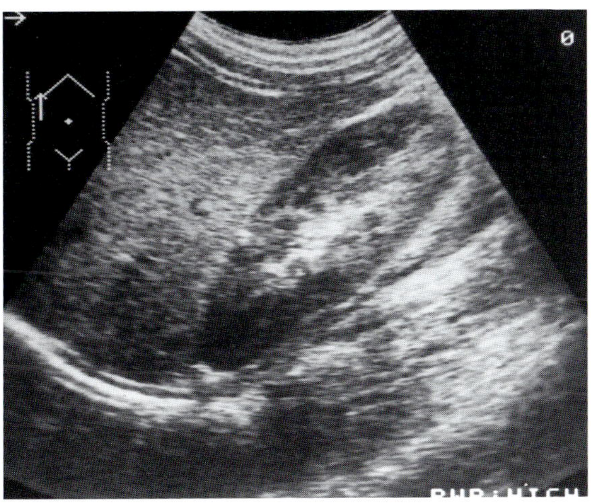

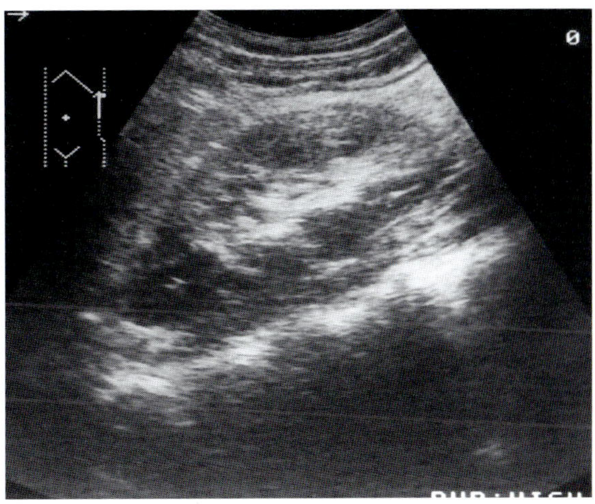
b

Abb. 9-2a bis f Normale Niere beim 7jährigen Kind.
Der echoreiche Mittelechokomplex grenzt sich deutlich vom echoarmen Nierenparenchym ab, er ist deutlich breiter als im frühen Säuglingsalter (s. Abb. 9-1).
a) Rechte Niere von ventral, Leber als Schallfenster, Längsschnitt.
b) Linke Niere von lateral, Längsschnitt.

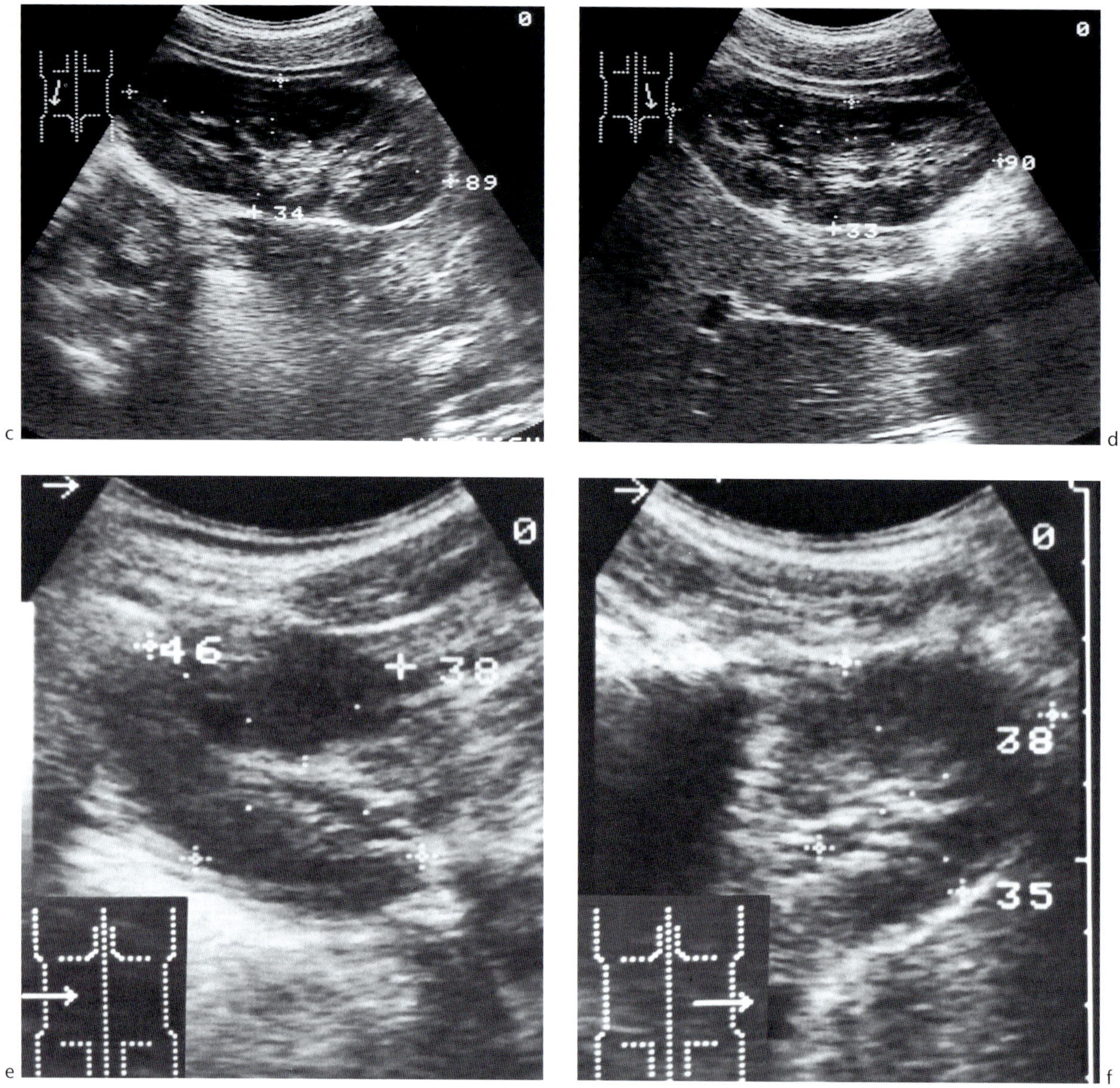

Abb. 9-2a bis f Normale Niere beim 7jährigen Kind (Fortsetzung).
Der echoreiche Mittelechokomplex grenzt sich deutlich vom echoarmen Nierenparenchym ab, er ist deutlich breiter als im frühen Säuglingsalter (s. Abb. 9-1).
c) Linke Niere von dorsal, Längsschnitt.
d) Rechte Niere von dorsal, Längsschnitt.
e) Linke Niere von dorsal, Querschnitt.
f) Rechte Niere von dorsal, Querschnitt.

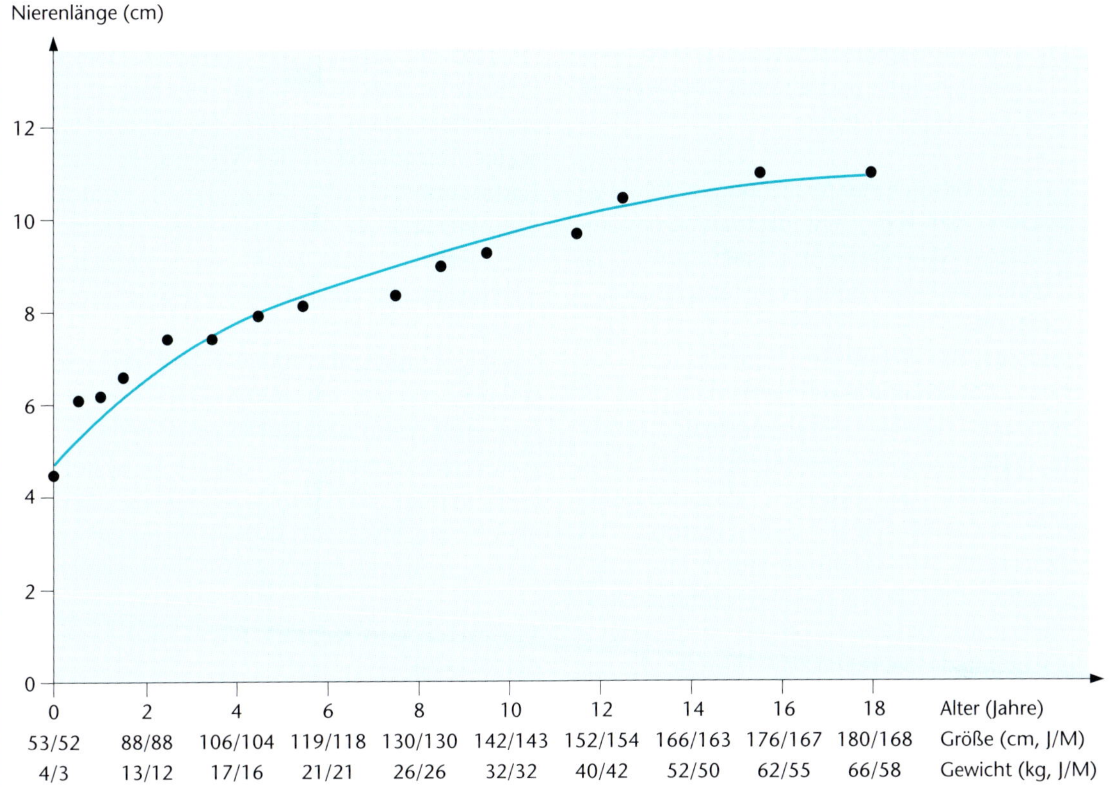

Diagramm 9-1 Nierenlänge (Normwerte bezogen auf Alter, Größe und Gewicht; Weitzel, 1984; Rosenbaum et al., 1984).

Die Niere des **Erwachsenen** ist derjenigen des Schulkindes ähnlich, weist aber einen noch breiteren echoreichen Mittelechokomplex auf. Die Nierenaußenkontur ist glatt begrenzt.
Die Normwerte für die Nierenlänge zeigt Diagramm 9-1.

Normalbefund – typische Formulierung

Beschreibung: Beide Nieren sind orthotop gelegen und regelrecht atemverschieblich. Sie sind von normaler Echogenität, Parenchym und Mittelechokomplex sind regelrecht. Die Nierenlängsdurchmesser liegen mit ... cm bis ... cm im körperlängenbezogenen Normbereich. Hinweise auf eine Harntransportstörung finden sich nicht.
Beurteilung: Unauffällige Sonographie der Nieren und ableitenden Harnwege, insbesondere kein Anhalt für eine Harntransportstörung.

9.3 Niere – Varianten und Fehlbildungen

- ampulläres Nierenbecken
- ampulläres Nierenbecken mit partiell extrarenalem Anteil
- hypertrophierte Bertinische Säule
- Septum interreniculare
- Nierenagenesie – Nierenaplasie
- Nierenhypoplasie
- Doppelniere
- Hufeisenniere
- Nierendystopie (lumbal, Becken, thorakal)

Formvarianten des Nierenbeckens
Üblicherweise ist das Nierenbecken von linearer Struktur, es liegt – bezogen auf das Gesamtorgan – in der Medianebene. Als häufigste Normvariante ist das ampullär geformte von dem linearen Nie-

renbecken zu unterscheiden. Dabei liegt das **ampulläre Nierenbecken** (Abb. 9-3a bis f) ebenfalls median, somit innerhalb der Niere (s. Abb. 9-3a und b), kann aber auch partiell oder überwiegend (s. Abb. 9-3c) extrarenal liegen.

Bei der Ultraschalluntersuchung ist darauf zu achten, daß keine Schrägaufnahme des ampullären Nierenbeckens angefertigt wird, da dann eine Erweiterung vorgetäuscht wird.

Die Tendenz zur Schrägaufnahme besteht bei manchen Ultraschalluntersuchern dann, wenn sich Niere und Nierenbecken im normalen Längsschnitt nicht in einer Ebene abbilden lassen, wie dies aus anatomischen Gründen beim extrarenal gelegenen Nierenbecken der Fall sein muß. Das Bestreben, beide Strukturen mit einem Bild erfassen zu wollen, führt leicht zu einer schrägen sagittalen Aufnahme. Das nun – projektionsbedingt – weit erscheinende Nierenbecken führt leicht zur Fehldiagnose „Nierenbeckenerweiterung, somit Harntransportstörung". Eine Harntransportstörung und ein ampulläres Nierenbecken lassen sich sonographisch aber gut unterscheiden, indem man transversale Aufnahmen – von ventral und von dorsal – anfertigt. Ein aufgrund einer Harntransportstörung erweitertes Nierenbecken geht dabei in ebenfalls erweiterte Kelche über (s. Abb. 9-10a bis d, s. Abb. 9-11a bis d). Dies ist beim ampullären Nierenbecken ohne Harntransportstörung nicht der Fall.

Varianten des Nierenparenchyms

Eine umschriebene Normvariante des Nierenparenchyms ist die hypertrophierte **Bertinische Säule**, die sich im Sonogramm echoarm darstellt (Abb. 9-4a). Es handelt sich hierbei um Gewebe der Nierenrinde, welches verbreitert ist und sich bis weit zwischen die Markpyramiden erstreckt. Dieses Nierenrindengewebe kann sowohl im Sonogramm als auch im i.v. Urogramm einen Tumor vortäuschen. Eine Bertinische Säule findet sich meistens zwischen der oberen und mittleren Kelchgruppe oder zwischen den beiden Anlagen einer Doppelniere (s. Abb. 9-6a und b).

Das **Septum interreniculare** (Abb. 9-4b und c) ist eine weitere, von der Bertinischen Säule klar zu unterscheidende Normvariante. Man versteht darunter ein echoreiches Band, welches von der Nierenrinde bis zum Nierenhilus zieht. Das Septum interreniculare entspricht Gewebe, welches sich ehemals im Grenzgebiet zwischen den fetalen Renculi befand. Manchmal zeigt sich dieser Gewebsdefekt auch lediglich als echoreiche dreieckige Einziehung in der Nierenrinde. Von einer Narbe unterscheidet man diesen Konturdefekt dadurch, daß er zwischen den Nierenkelchen liegt, während eine Parenchymnarbe sich immer im Niveau der entsprechenden Kelchgruppe befindet.

Markpyramiden sind nicht immer ideal dreieckig geformt, sie können miteinander verschmolzen sein (Abb. 9-4d) und mit einer gemeinsamen Papille enden („composite papilla"). Diese besonders prominenten echoarmen Markpyramiden kommen vorzugsweise am oberen Nierenpol vor und dürfen nicht mit Zysten verwechselt werden.

Varianten von Anzahl, Form und Lage der Nieren

Ursache für eine **Nierenagenesie** ist eine embryologische Entwicklungsstörung, bei der sich die aus dem Wolffschen Gang entstandene Ureterknospe nicht rechtzeitig (6. Schwangerschaftswoche) mit dem nephrogenen Blastem vereinigt. Eine Nierenagenesie kann einseitig (Häufigkeit 1:1000 bis 1:5000) oder beidseitig (Häufigkeit 1:4000) vorkommen. Oft sind weitere Fehlbildungen (Genitalsystem, kardiovaskuläres System, Magen-Darm-Trakt, Skelett) assoziiert.

Bei der **Nierenaplasie** ist lediglich eine funktionslose, rudimentäre Nierenanlage vorhanden, die meist nur histologisch als eine solche identifiziert werden kann. Die Nichtdarstellbarkeit einer Niere in der üblichen anatomischen Position mittels Ultraschall sollte immer Anlaß geben, nach einer **ektopen Niere** (Lumbalregion, Becken, selten im Thorax!) zu suchen. Bei einer echten Nierenagenesie füllen die Nachbarorgane die Nierenloge aus, insbesondere die Nebenniere kann in solchen Fällen mehr Raum einnehmen als üblich. Die Niere der Gegenseite ist bei einem Neugeborenen mit einseitiger Nierenagenesie noch normal groß, sie hypertrophiert kompensatorisch innerhalb des ersten Lebensjahres.

Eine **Nierenhypoplasie** (Abb. 9-5a und b) ist bei Kindern selten. Sie beruht auf einer embryologischen Fehlentwicklung, als Ursache wird eine

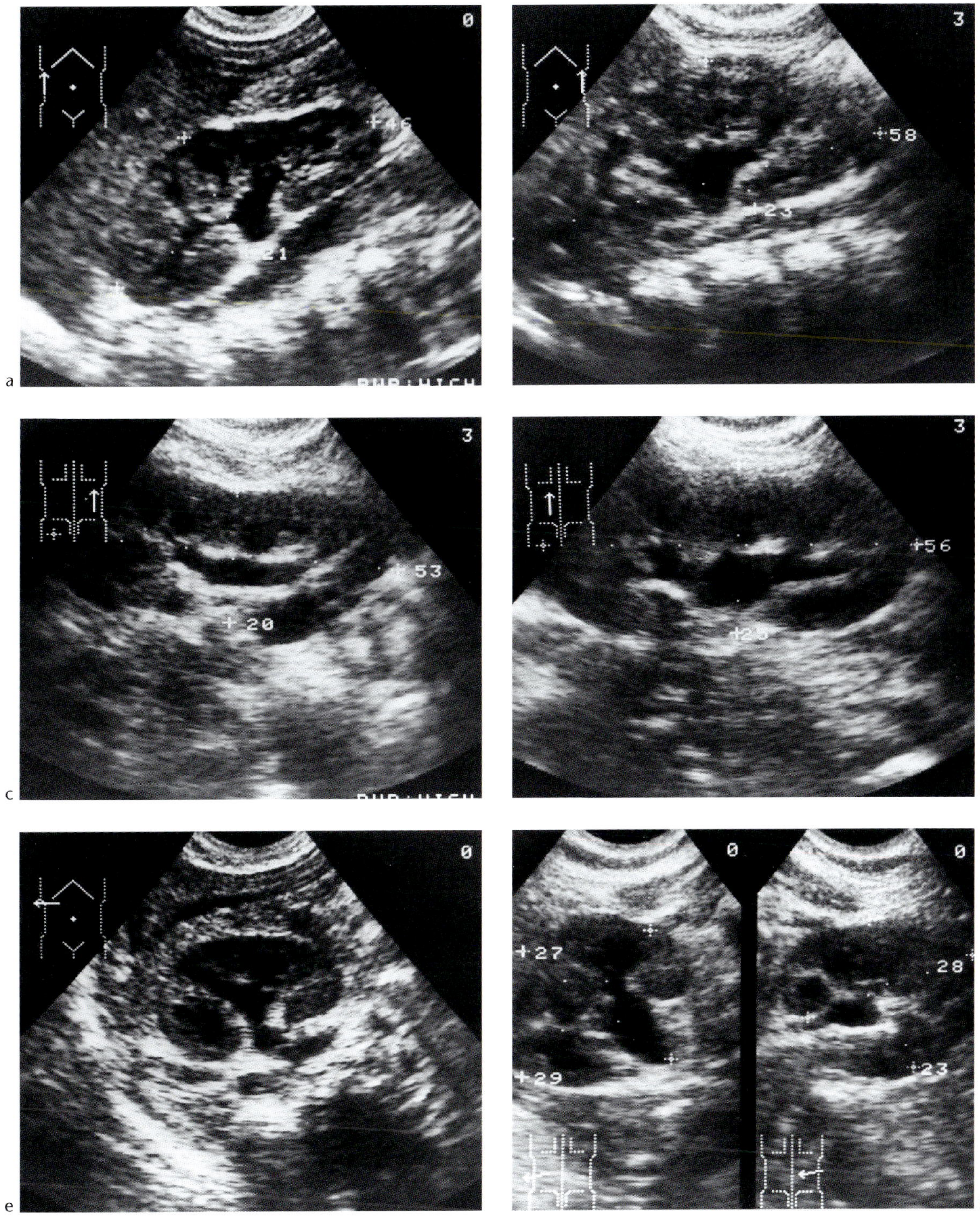

Abb. 9-3a bis f Formvarianten eines ampullären Nierenbecken-Kelchsystems. Rechtsseitig überwiegend intrarenal gelegenes ampulläres Nierenbecken-Kelchsystem, linksseitig ampulläres Nierenbecken-Kelchsystem mit extrarenalem Anteil. Das linke Nierenbecken-Kelchsystem geht in erweiterte Kelche über. Dieser Befund ist somit nicht sicher von einer Harntransportstörung differenzierbar. In diesem Fall zeigt das i.v. Urogramm ein ampulläres Nierenbecken mit stummelförmig aufsitzenden Kelchenden, eine Harntransportstörung war nicht nachweisbar.

a) Längsschnitt der rechten Niere von ventral.
b) Längsschnitt der linken Niere von ventral.
c) Längsschnitt der rechten Niere von dorsal.
d) Längsschnitt der linken Niere von dorsal.
e) Querschnitt der rechten Niere von ventral.
f) Querschnitt beider Nieren von dorsal.

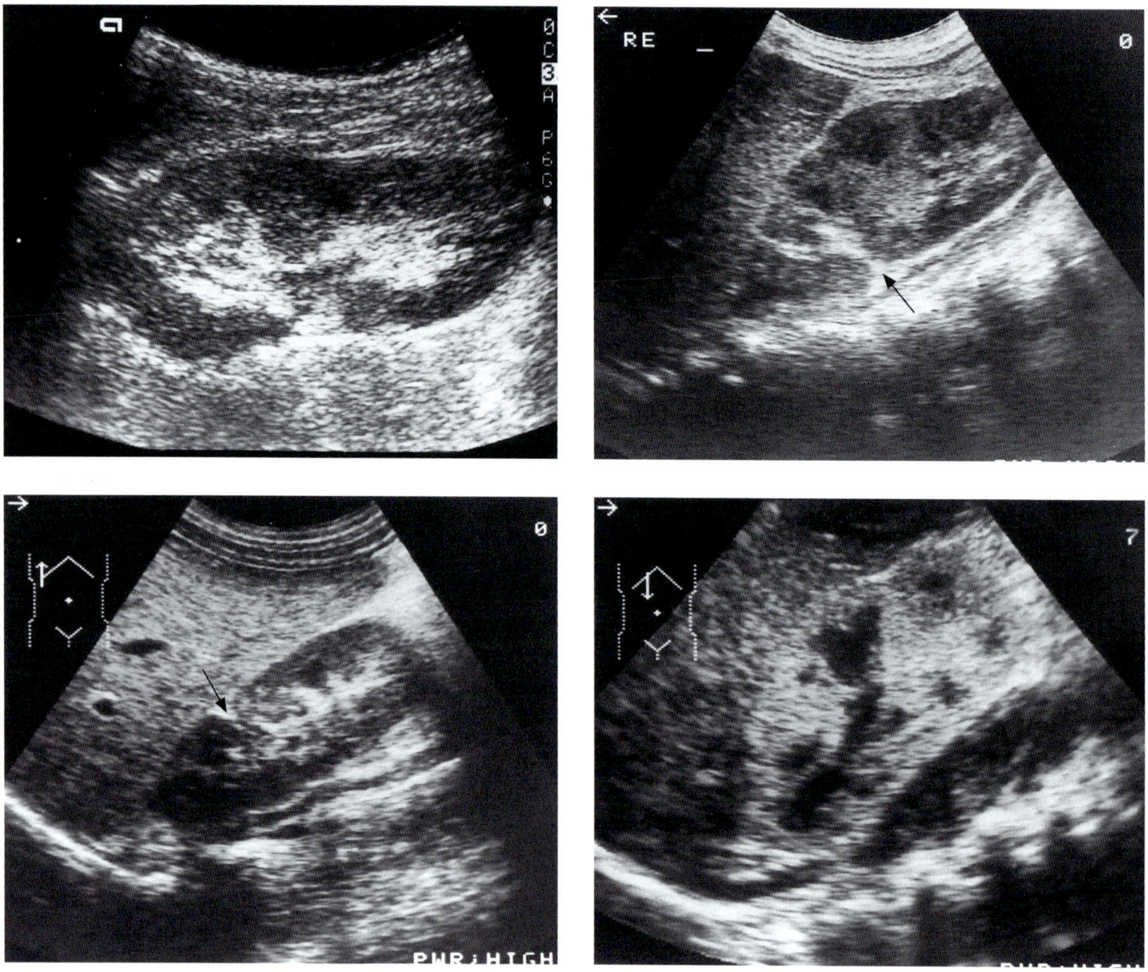

a b c d

Abb. 9-4a bis d Normvarianten.
a) Bertinische Säule.
b) und c) Septum interreniculare in unterschiedlichem Ausprägungsgrad (—▷).
d) Miteinander verschmolzene Markpyramiden mit gemeinsamer Papille.

Störung in der Gefäßversorgung diskutiert. Die Ausprägungsgrade einer hypoplastischen Niere reichen von lediglich einer Volumenminderung (sog. kleine Niere) bis zur erheblichen Nierendysplasie. Die hypoplastische Niere stellt sich im i.v. Urogramm oft nicht oder nur andeutungsweise dar. Sinnvollerweise erfolgt daher die Bestimmung ihrer Funktion (Anteil an der Gesamtnierenleistung) mittels eines Isotopennephrogramms.
Die segmentale Hypoplasie eines Nierenpols (sog. Ask-Upmark-Niere), die meist den oberen Nierenpol betrifft, ist ebenfalls sehr selten. Sie ist durch Einziehungen der Nierenrinde und Verplumpung der im entsprechend veränderten Bereich liegenden Kelche charakterisiert. Die segmentale Hypoplasie einer Niere wurde bisher als Folge einer Entwicklungsstörung angesehen. Die meisten Autoren führen sie heute auf entzündliche Veränderungen im Rahmen einer Refluxnephropathie zurück.

Bei dem sonographisch erhobenen Befund einer Nierenhypoplasie oder einer segmentalen Hypoplasie ist immer Vorsicht geboten, da Rotationsanomalien der Nieren leicht zu ähnlichen Ultraschallbildern und somit zu Fehlinterpretationen führen. Eine Sicherung des Befundes durch ein i.v. Urogramm ist daher anzustreben.

Zu einer **Nierenhypertrophie** kommt es immer dann, wenn die Niere der Gegenseite fehlt. Interessanterweise ist die vorhandene Niere bei einem Neugeborenen mit einseitiger Nierenagenesie

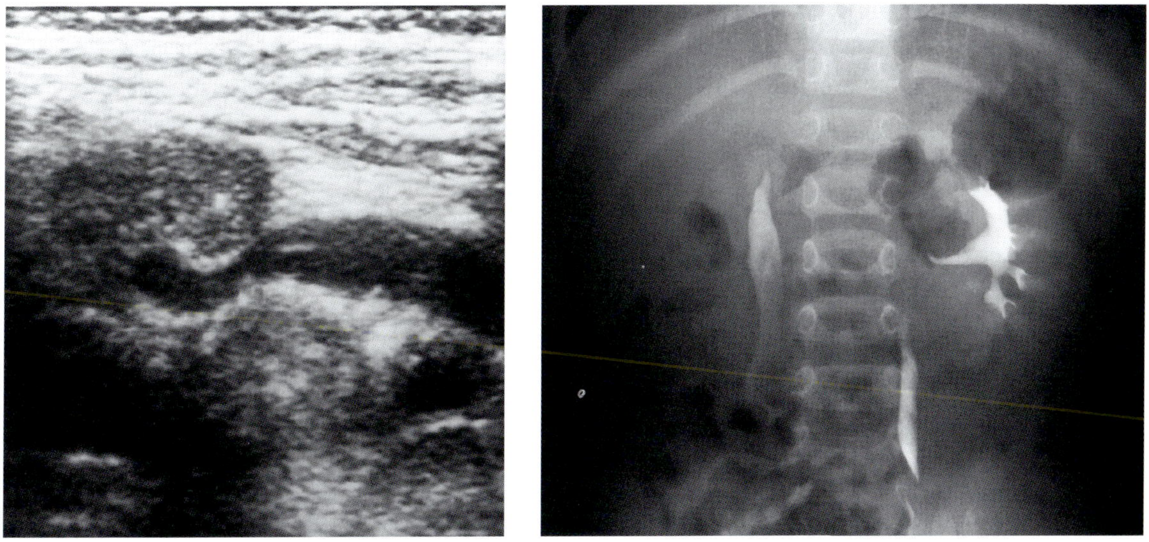

Abb. 9-5a und b Hypoplastische Niere.
Die im Sonogramm (a Längsschnitt) nachgewiesene hypoplastische Niere rechts wird durch das i.v. Urogramm (b) bestätigt.

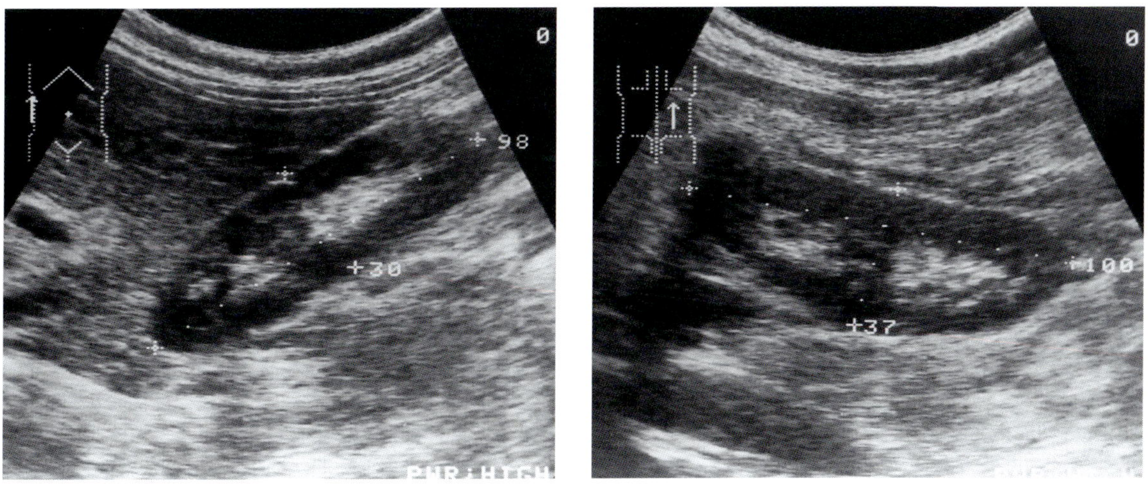

Abb. 9-6a und b Doppelniere rechts.
Eine breite, echoarme Parenchymbrücke trennt die beiden Nierenbecken-Kelchsysteme voneinander. Längsschnitt der rechten Niere, a) von ventral, b) von dorsal.

noch normal groß; die Hypertrophie der Einzelniere setzt erst nach der Geburt ein und schreitet dann innerhalb des ersten Lebensjahres schnell fort. Auch nach operativer Entfernung einer Niere hypertrophiert die Niere der Gegenseite, dieser Prozeß läuft bei jüngeren Kindern deutlich schneller ab als bei älteren und ist nach etwa zwei Jahren abgeschlossen.

Unter einer **Doppelniere** (Abb. 9-6a und b) versteht man eine Niere mit zwei Nierenbecken-Kelchsystemen, von denen jedes durch einen eigenen Ureter drainiert wird. Die beiden Ureteren können sich vor der Einmündung in die Harnblase treffen (Ureter fissus) oder getrennt in die Harnblase einmünden (Ureter duplex). Dabei drainiert der weiter kranial mündende Ureter die unteren Anteile der Doppelniere (Weigert-Meyersche Regel).

Bei Doppelnieren kommt häufiger ein vesikoureteraler Reflux vor, dieser betrifft dann meist den unteren Anteil der Doppelniere. Pathophysiologisch erklärt sich der Reflux in den unteren Pol einer Doppelniere dadurch, daß der entsprechende Ureter intravesikal ektop (meist mehr lateral und kranial als normal) mündet. Der Ureterverlauf innerhalb der Submukosa ist in diesen Fällen deutlich kürzer als normal, was einen Reflux in den Ureter begünstigt.

Eine extravesikale Ektopie (Einmündung in die Vagina oder Urethra) des Ureters einer Doppelniere betrifft fast immer den Ureter, der den oberen Nierenpol drainiert. Der ektope Ureter kann Ursache einer Enuresis sein.

Daher ist bei Ultraschalluntersuchungen von Kindern mit Enuresis besonders auf das etwaige Vorliegen einer Doppelniere zu achten.

Sonographisch ist eine Doppelniere (s. Abb. 9-6a und b) leicht an der in schräg sagittaler Richtung durch die gesamte Niere verlaufenden echoarmen Parenchymbrücke zu erkennen. Diese trennt die beiden Nierenbecken mit dem jeweils umgebenden Fettgewebe vollständig voneinander.

Da lediglich die Doppelniere, nicht aber die anatomische Situation der Ureteren sich sonogra-

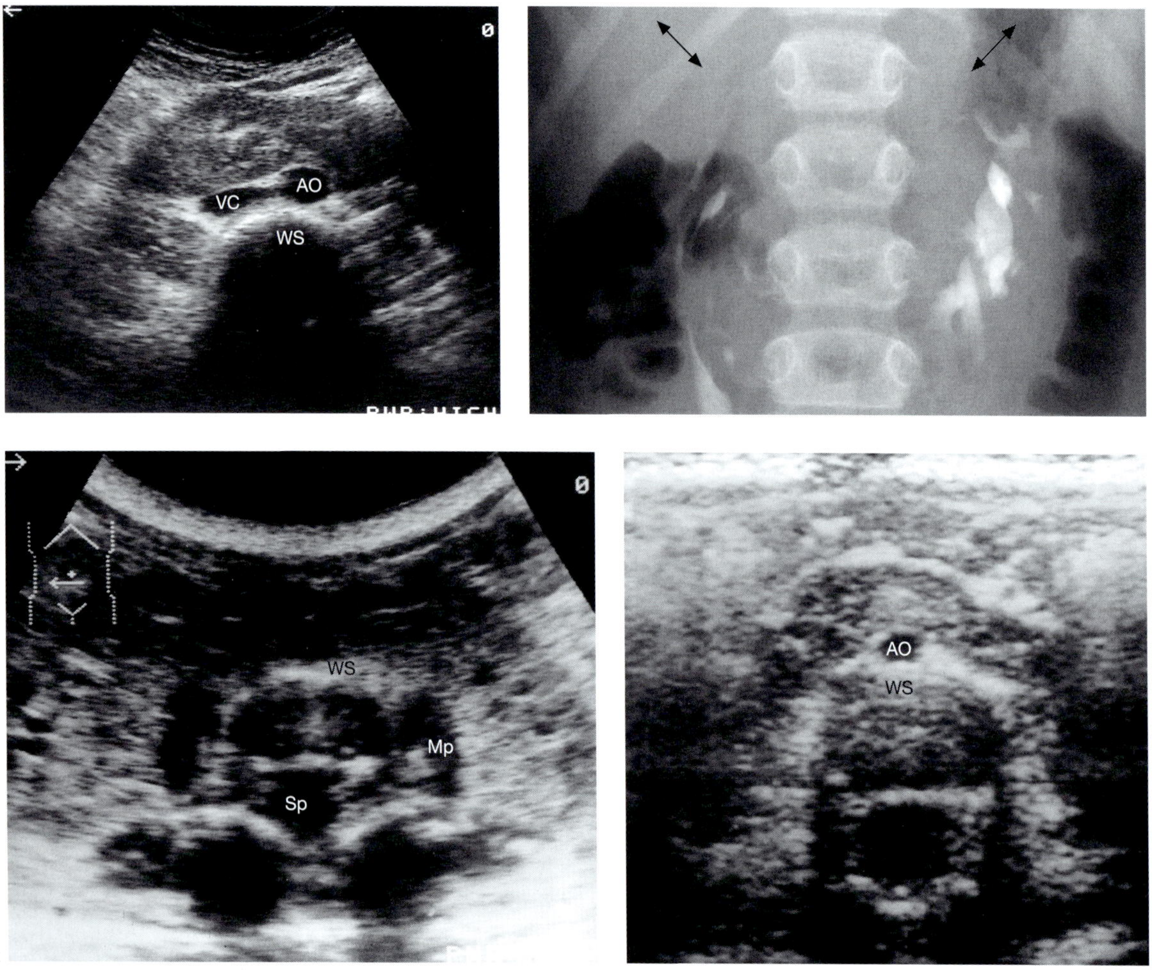

a b c d

Abb. 9-7a bis d Hufeisenniere.

a) Dorsal der breiten Parenchymbrücke der Hufeisenniere sind Aorta (AO) und V. cava (VC) als echoarme rundliche Strukturen vor der Wirbelsäule (WS) erkennbar (Sonogramm, transversal).

b) Die Nierenachsen verlaufen von kranio-lateral nach kaudo-medial, die Nierenanteile sind fehlrotiert. Beide Ureteren verlaufen typischerweise ventral der Parenchymbrücke (i.v. Urogramm; ↔),

c) Hufeisenniere bei einem 4 Wochen alten Mädchen. Die Parenchymbrücke und beide Nierenanteile sind gut erkennbar (Mp = M. psoas, WS = Wirbelsäule, Sp = Spinalkanal; Sonogramm, transversal).

d) Isolierte Darstellung der Parenchymbrücke einer Hufeisenniere mit einem Linearschallkopf (AO = Aorta, WS = Wirbelsäule).

phisch erfassen läßt, muß bei klinischen Symptomen (Enuresis, Harnwegsinfektion) die Diagnostik zumindest mittels Miktions-Zystourethrogramm und eventuell i.v. Urogramm komplettiert werden. Das Vorhandensein von zwei voneinander isolierten Nieren auf einer Seite bei regelrechter Niere der Gegenseite ist eine Rarität. Meist ist die kaudal gelegene Niere der betroffenen Seite kleiner.

Die **Hufeisennierc** (Abb. 9-7a bis d) ist der häufigste Typ der Verschmelzungsnieren. Im allgemeinen sind die unteren Pole beider Nieren miteinander verschmolzen. Die Parenchymbrücke kann aus funktionsfähigem Nierenparenchym bestehen, manchmal findet sich nur eine bindegewebige Verbindung beider Nierenpole. Der Isthmus einer Hufeisenniere liegt üblicherweise ventral der abdominellen Aorta und V. cava. Die Ureteren der beiden Nierenanteile verlaufen ventral der Hufeisenniere nach kaudal. Sonographisch fällt eine Hufeisenniere dadurch auf, daß die Nierenlängsachsen nicht in üblicher Weise, sondern genau entgegengesetzt – von kraniolateral nach kaudomedial – verlaufen. Bei üblicher Schallkopfposition lassen sich somit die Nieren nicht komplett darstellen, besonders die unteren Nierenpole. Letzteres merkt der Untersucher insbesondere daran, daß der untere Nierenpol beim Verschieben des Schallkopfes nach medial nicht aus dem Bild verschwindet, sondern sich vielmehr in eine transversal verlaufende Parenchymbrücke fortsetzt. Transversale sonographische Aufnahmen von ventral, auf denen die prävertebral gelegene Parenchymbrücke dargestellt wird, sind daher zur sonographischen Charakterisierung einer Hufeisenniere obligat. Bei der Erstdiagnose einer Hufeisenniere kann ergänzend ein i.v. Urogramm erforderlich sein, um eine Abflußbehinderung und weitere kombinierte Anomalien (Ureterlänge, Ureteranzahl) zu erkennen.

Ektope Nieren liegen nicht in der Nierenloge, sondern befinden sich – unabhängig von der Körperposition des Patienten – ständig an einem Ort außerhalb der Nierenloge. Sie sind daher klar von der sog. Wanderniere, die in aufrechter Körperposition aus der Nierenloge heraus nach kaudal gleitet, zu unterscheiden. Die „tiefe Ektopie“, bei der die Niere lumbal dystop (Abb. 9-8a und b) in der Iliakalregion oder im Becken liegt, ist deutlich häufiger als eine höher als normal gelegene ektope Niere. Dystope Nieren sind oft malrotiert, bei tiefer Ektopie ist der entsprechende Ureter deutlich kürzer als normal. Bei gekreuzter Dystopie kommen Verschmelzungen mit der Niere der Gegenseite vor (Abb. 9-9a und b). Sehr selten sind thorakale Nieren, die häufiger links vorkommen und in einer Zwerchfellaussackung liegen oder durch eine Zwerchfellücke in den Thorax herniert sind. Unter bestimmten Umständen (z.B. nach

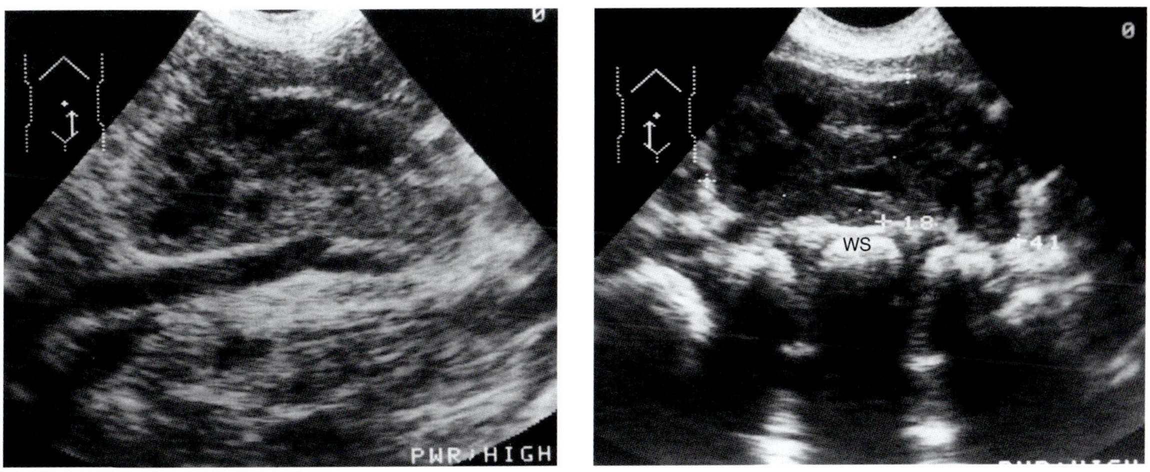

a b

Abb. 9-8a und b Dystope Nieren.
a) Lumbal dystope Niere links.
In einem schrägen Längsschnitt sieht man medial der lumbal dystopen Niere die Aorta abdominalis mit der Aortenbifurkation.
b) Lumbal dystope Niere rechts (WS = Wirbelsäule).

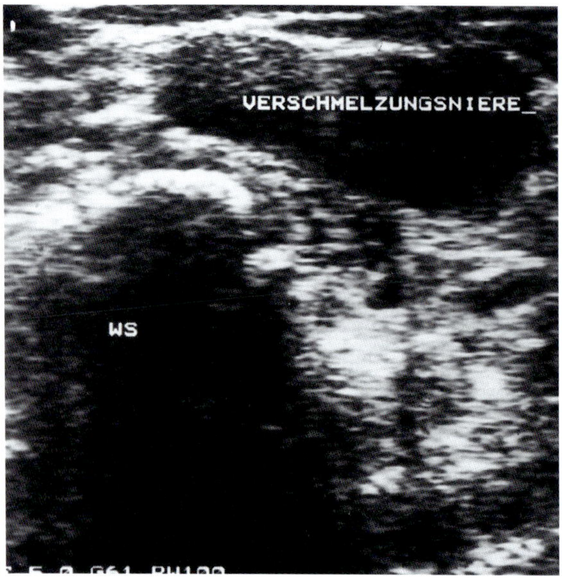

a

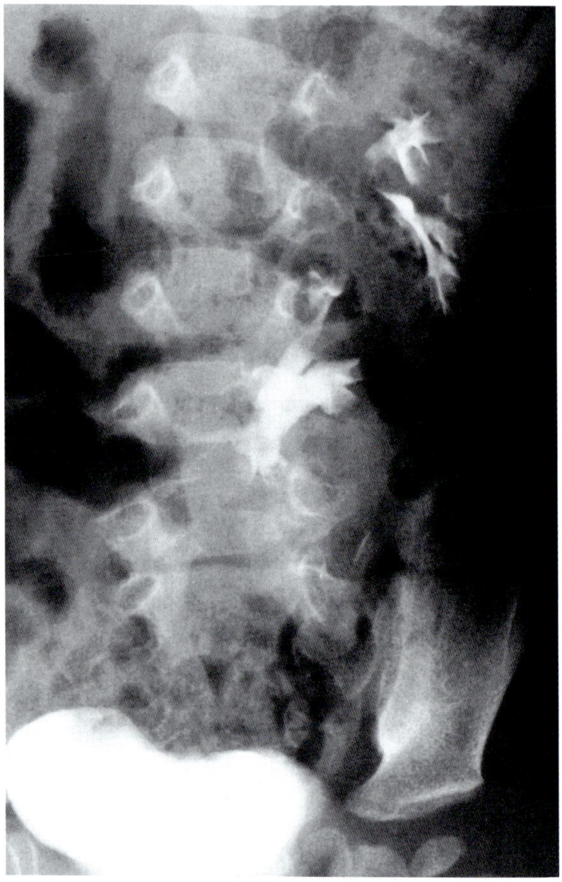
b

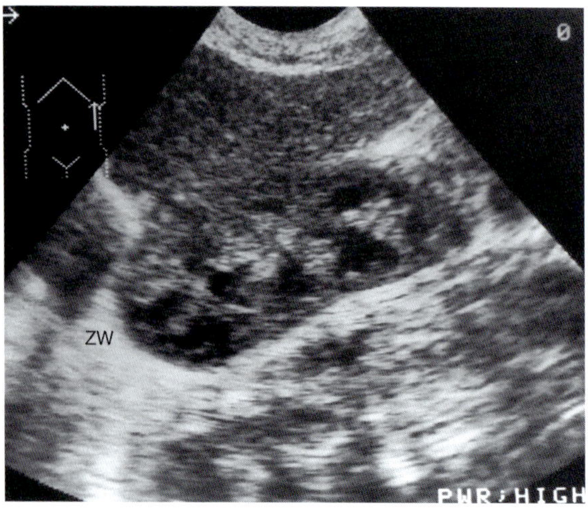

c

Abb. 9-9a und b Verschmelzungsniere links bei gekreuzter Dystopie (a Sonogramm, b i.v. Urogramm).

Abb. 9-9c Scheinbar thorakal ektope Niere links. Bei Zustand nach Primärverschluß einer Omphalozele sind die linke Zwerchfellhälfte (ZW = Zwerchfell) und die linke Niere nach kranial verlagert.

Operation einer Omphalozele mit Primärverschluß des Abdomens) kann eine sehr hochstehende Niere wie eine thorakale Niere imponieren (Abb. 9-9c).

9.4 Harntransportstörungen

- Nierenbeckenerweiterung (Hydronephrose)
  - bei subpelviner Stenose
  - bei terminaler Ureterstenose bzw. Ureterostiumstenose
  - bei vesikorenalem Reflux

Unter einer Harntransportstörung versteht man entweder eine Abflußbehinderung des Harns aus der Niere oder einen Reflux von Urin aus der Harnblase in Richtung Niere. Beides führt zu einer Aufweitung des Nierenbeckens sowie der angrenzenden Kelche. Bei einer Harnabflußbehinderung liegt die Obstruktion entweder in den nierenbeckennahen Ureteranteilen (subpelvine Stenose) oder im Bereich des distalen Ureters bzw. seiner Einmündung in die Harnblase (terminale Ureterstenose, Ureterostiumstenose). Die terminale Ureterstenose kann funktionell („adynamisches Segment") oder durch anatomische Besonderheiten (echte Stenose, Uretermündungsdivertikel, Ureterozele) bedingt sein. Die Ureterstenose ist in vielen Fällen mit einem Reflux kombiniert. Selten sind isolierte Abflußbehinderungen einzelner Kelchgruppen der Niere. Die Ursache derartiger Befunde ist meist eine Kompression des entsprechenden Kelchhalses durch eine Arterie (Fraley-Syndrom), seltener durch eine Zyste oder sonstige Raumforderung.

Bei der subpelvinen Stenose des Ureters (Abb. 9-10a bis d, Abb. 9-11a bis d), welche die häufigste Form der Harntransportstörungen ist, findet man im Ultraschallbild ein aufgeweitetes Nierenbecken, welches in erweiterte Kelche übergeht. Um diesen Befund sicher erheben zu können, müssen Aufnahmen in mehreren Ebenen, insbe-

a
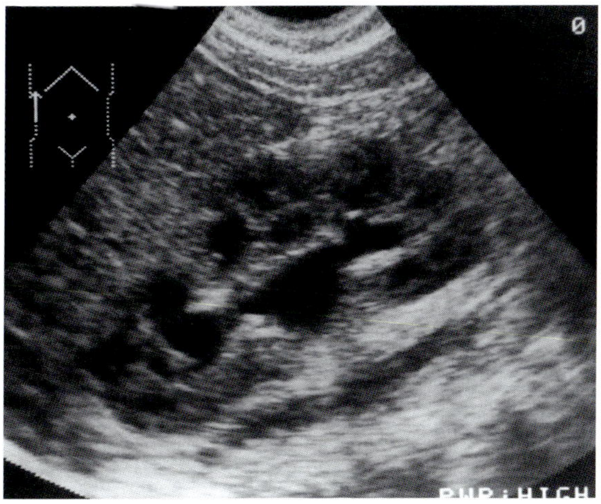

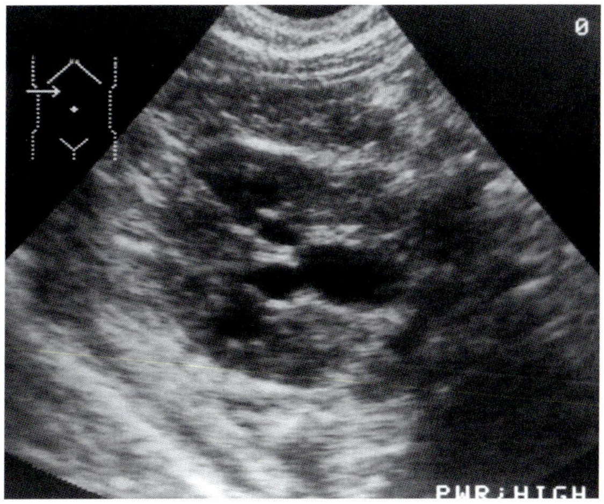
b

c
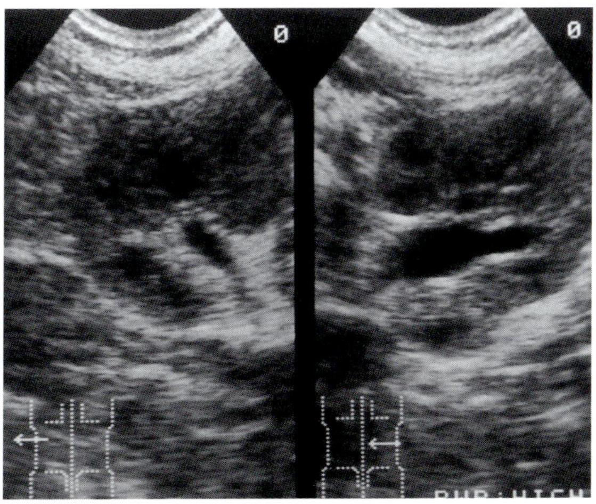

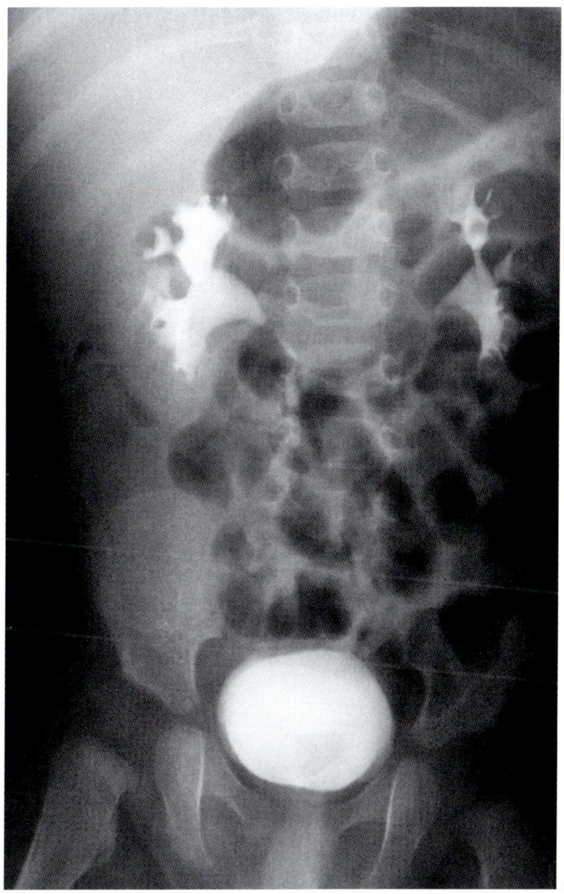
d

Abb. 9-10a bis d Harntransportstörung bei subpelviner Stenose rechts.
a) Weite Kelche münden in ein erweitertes Nierenbecken (Längsschnitt von ventral).
b) Erweiterte Kelche mit Anschluß an das Nierenbecken (Querschnitt von ventral).
c) Im Vergleich zur gesunden Seite erweiterte Kelche (rechts) mit Anschluß an das Nierenbecken (Querschnitte beider Nieren von dorsal).
d) Mäßig ausgeprägte (kompensierte) subpelvine Stenose rechts (i.v. Urogramm, Ablaufbild 15 min nach Injektionsbeginn).

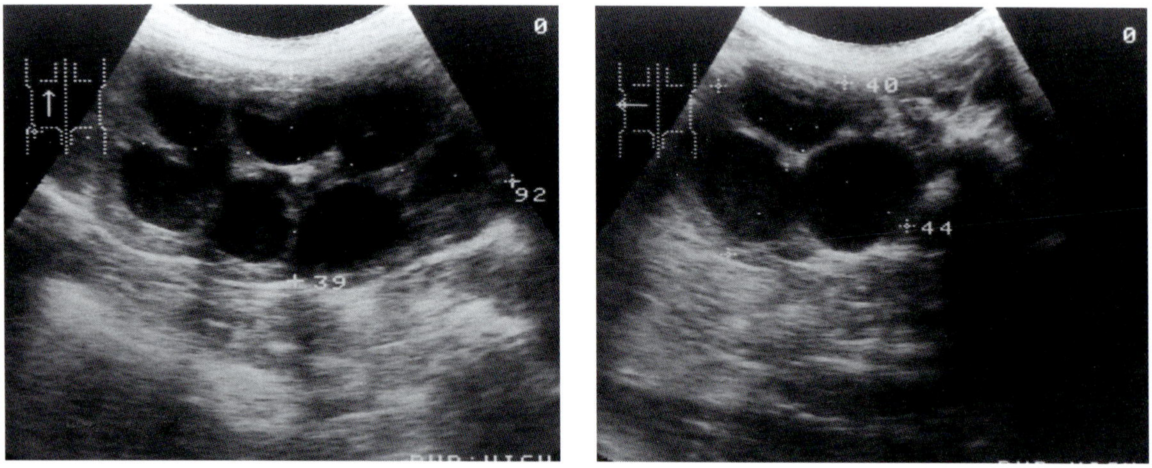

a b

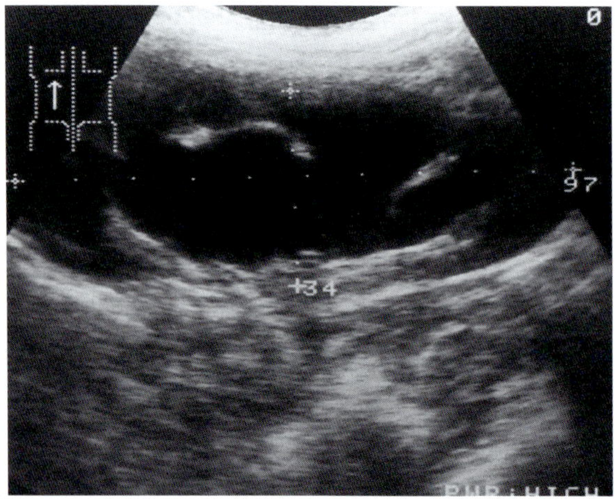

c

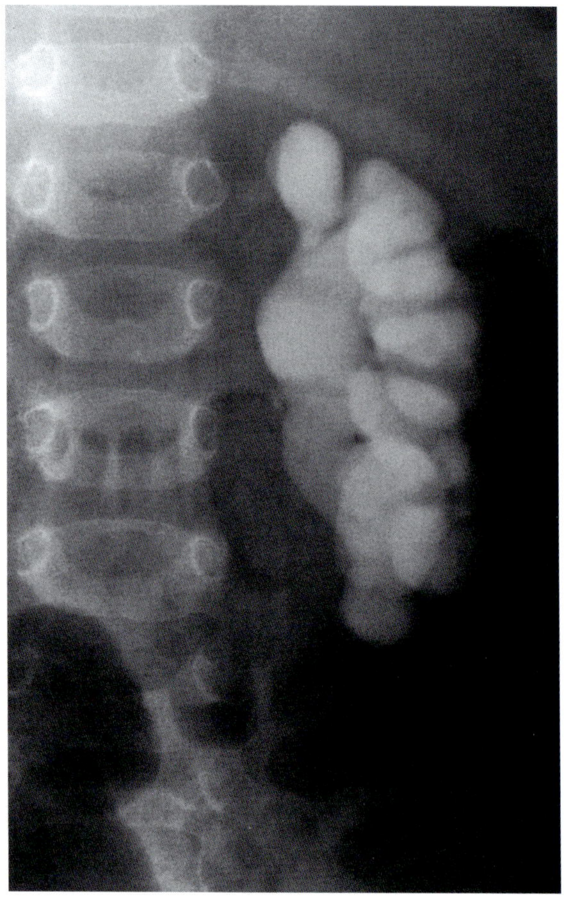

d

Abb. 9-11a bis d Hochgradige (dekompensierte) subpelvine Stenose links.
Nierensonogramm im Längsschnitt (a und c) und Querschnitt (b) von dorsal. Weites, echoarmes Nierenbecken mit erweitertem Kelchsystem.
d) Befundbestätigung durch das i.v. Urogramm.

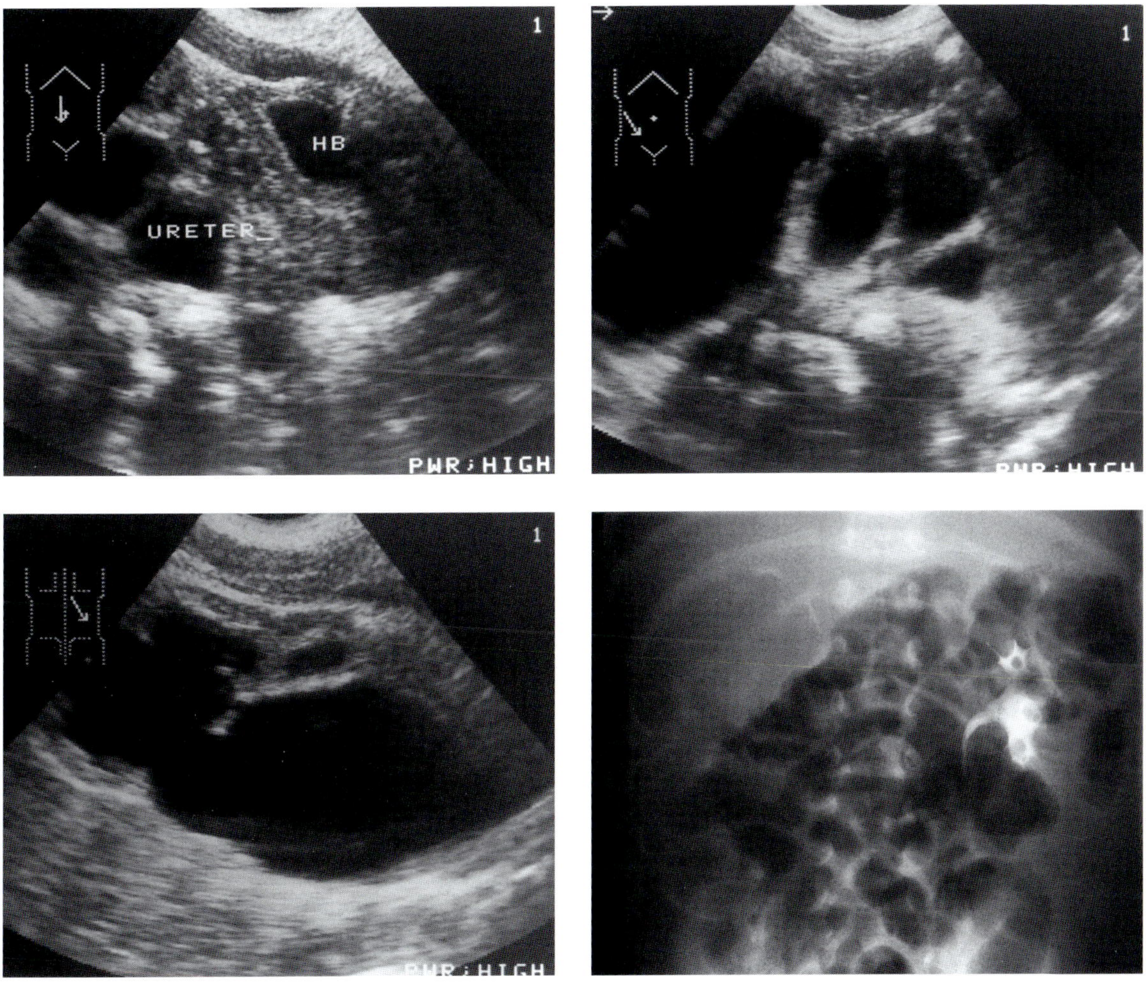

a b c d

Abb. 9-12a bis d Terminale Ureterstenose rechts mit sekundärem Hydroureter und ausgeprägter Hydronephrose. Der proximal der Stenose dilatierte Ureter verläuft geschlängelt und geht in ein weites Nierenbecken über. Nierensonogramm von ventral (a und b) und dorsal (c). Entsprechender Befund im Röntgenbild (d).

sondere in transversaler Schichtführung, angefertigt werden. Bei einer terminalen Ureterstenose (Abb. 9-12a bis d, Abb. 9-13a bis d, Abb. 9-14a bis d) kann man zusätzlich zum erweiterten Nierenbecken mit weiten Kelchen oft – aber nicht immer! – den erweiterten Ureter retrovesikal darstellen (s. Abb. 9-12a und b).

Eine seltenere Anomalie, bei der sich sonographisch ebenfalls das Bild von erweiterten Kelchen mit Anschluß an ein – meist normales – Nierenbecken findet, ist die sog. Megakalikosis (Abb. 9-15a und b). Hierbei sind die Nierenkelche definitionsgemäß erweitert und verplumpt. Da sich dieser Befund im Ultraschall nicht von einer Harntransportstörung unterscheiden läßt, ist zur Sicherung der Diagnose immer ein i.v. Urogramm erforderlich. Hierbei lassen sich dann auch mehr als 14 Kelche nachweisen.

Sowohl die subpelvine Stenose des Ureters wie auch die terminale Ureterstenose können unbehandelt zu einer extremen Harntransportstörung mit Ausbildung einer exzessiven Hydronephrose (s. Abb. 9-12c und d, s. Abb. 9-14a bis c, s. Abb. 9-15a und b) führen. Sonographisch findet sich hier ein extrem erweitertes echoarmes Nierenbecken, das Nierenparenchym ist deutlich verschmälert und weist eine wellige – halbmondförmige Kontur auf („crescent sign").

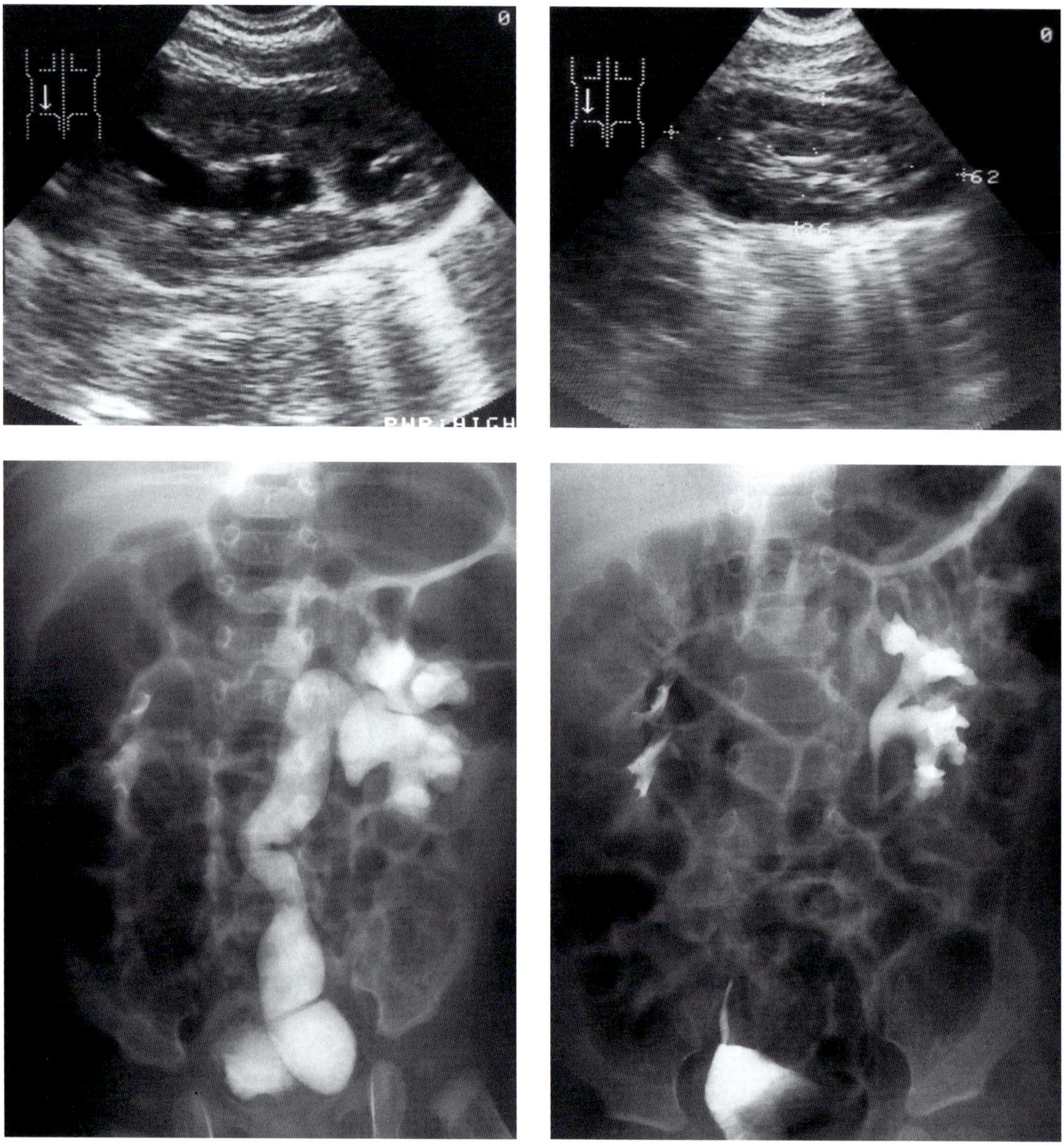

a b c d

Abb. 9-13a bis d Terminale Ureterstenose links mit assoziiertem Reflux vor und nach Operation, 2 Monate alter Knabe.
a) Das Nierenbecken ist deutlich erweitert und geht in weite verplumpte Kelche über. Längsschnitt der linken Niere von dorsal.
b) Weitgehende Befundnormalisierung 5 Monate postoperativ.
c) Präoperatives i.v. Urogramm.
d) Postoperatives i.v. Urogramm.

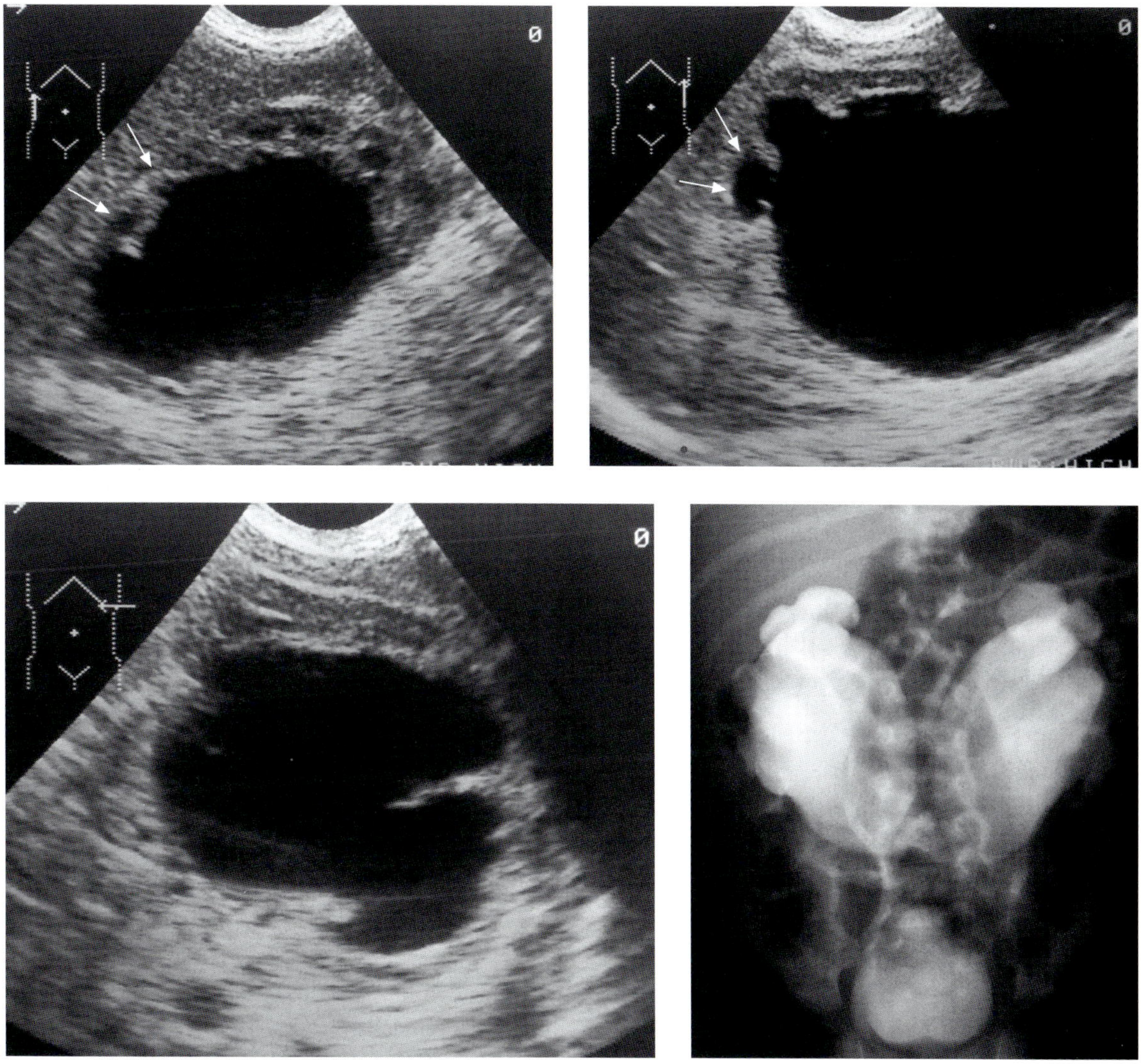

Abb. 9-14a bis d Exzessive bilaterale sekundäre Hydronephrose bei bilateral terminaler Ureterstenose.
a) und b) Das Nierenbecken ist beidseits erheblich erweitert, links weist es eine halbmondförmige Begrenzung („crescent sign", —▷) auf (Sonogramme, Längsschnitt von ventral bzw. lateral).
c) Halbmondförmig dekonfigurierte Kelche haben Anschluß an das massiv erweiterte Nierenbecken (Sonogramm, transversal).
d) Erhebliche sekundäre Hydronephrose bei terminaler Ureterstenose beidseits (i.v. Urogramm).

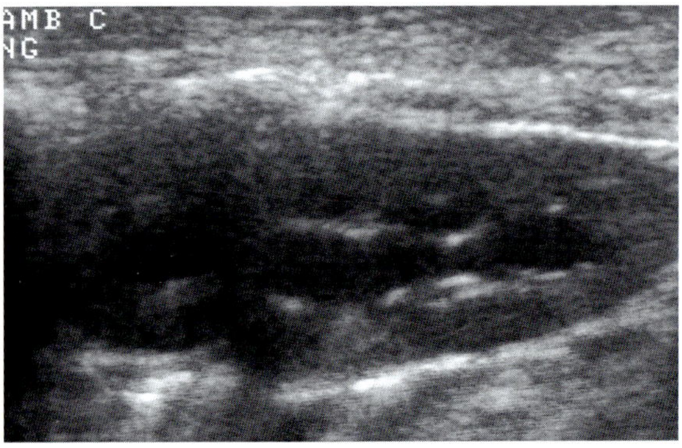

a

Abb. 9-15a und b Megakalikosis.
a) Deutlich dilatierte Kelche, breiter Parenchymsaum (Längsschnitt der rechten Niere).
b) Mega-Polykalikosis bds., gering wirksame Ureterachalasie bds. Nebenbefund: „Elefantenohrbecken" bei Down-Syndrom (i.v. Urogramm).
(Die Aufnahmen verdanken wir Herrn PD Dr. med. K. Schneider, Haunersches Kinderspital, München.)

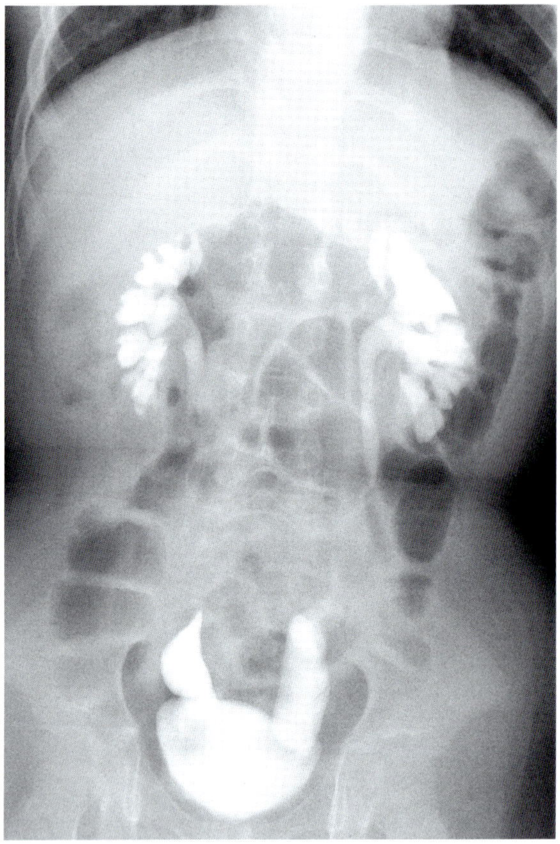

b

Da im Ultraschall die Flußrichtung des Harns nur in Grenzen bzw. indirekt bestimmt werden kann (s. auch Abschnitt 9.11 „Refluxureter"), sind bei einer Aufweitung von Nierenkelchen, Nierenbecken und/oder Ureter immer ergänzende Funktionsuntersuchungen (i.v. Urogramm, Miktions-Zystourethrogramm, ggf. Isotopennephrogramm) erforderlich. Es kann bei einer Harntransportstörung nicht vom sonographischen Befund auf die Nierenfunktion geschlossen werden.

Auch bei einer extremen Hydronephrose kann eine Restfunktion der Niere erhalten sein (Abb. 9-16a bis c), die sich durch eine Operation noch deutlich verbessern läßt. Die Diagnostik ist daher nach dem Motto: „Fast jede kindliche Niere ist eine erhaltenswerte Niere" durchzuführen.

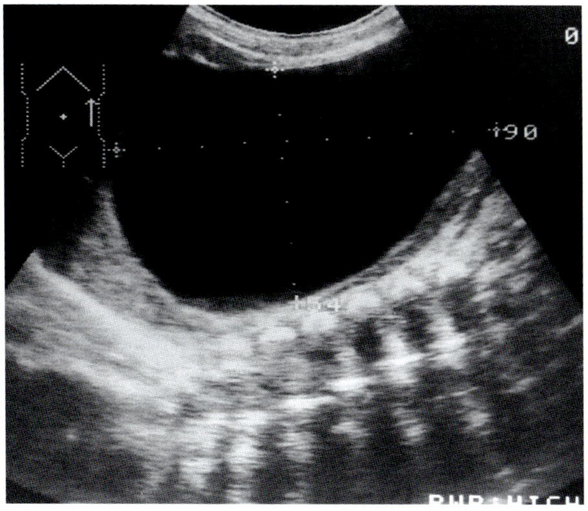

a

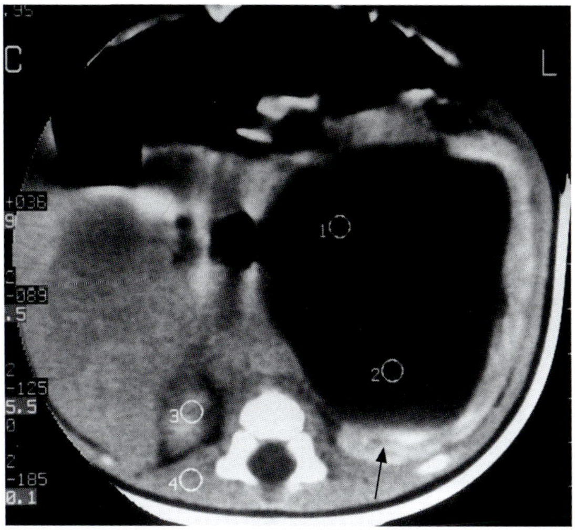

b

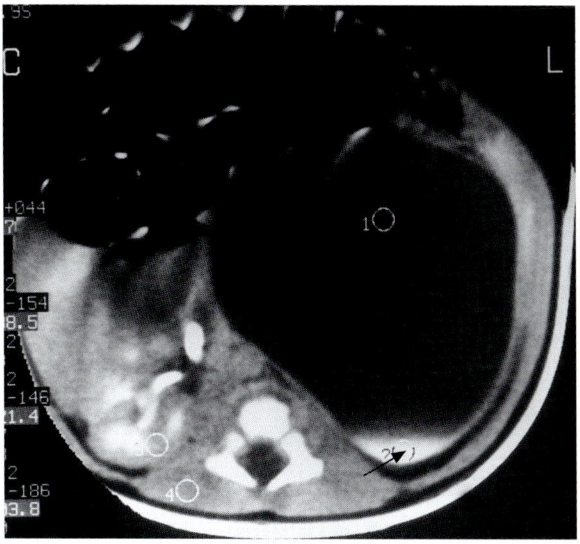

c

Abb. 9-16a bis c Exzessive sekundäre Hydronephrose bei Uretermündungsstenose links. Im CT (b und c) ist noch eine Restfunktion der linken Niere in Form einer Kontrastmittelausscheidung sichtbar (—▷).

9.5 Zystische Nierenveränderungen

- multizystisch-dysplastische Niere
- polyzystische Nierendegeneration
- Markschwammniere
- glomerulozystische Nierenerkrankung
- isolierte Nierenzyste
- sonstige zystische Nierenerkrankungen

Man unterscheidet in Abhängigkeit von ihrer Häufigkeit im wesentlichen folgende zystische Nierenerkrankungen:

- multizystisch-dysplastische Niere, Potter II
- polyzystische Niere, adulter Typ, Potter III
- polyzystische Niere, infantiler Typ, Potter I
- Markschwammniere
- glomerulozystische Nierenerkrankung
- solitäre Nierenzysten.

Die **multizystisch-dysplastische Nierendegeneration** (Abb. 9-17a bis d) tritt meistens einseitig auf und kann klinisch lange unerkannt bleiben. Ursache für die Erkrankung ist eine Obstruktion oder Atresie des pelvino-ureteralen Übergangs oder des Ureters in der Fetalzeit, durch die es zu irreversiblen Kelcherweiterungen und zu

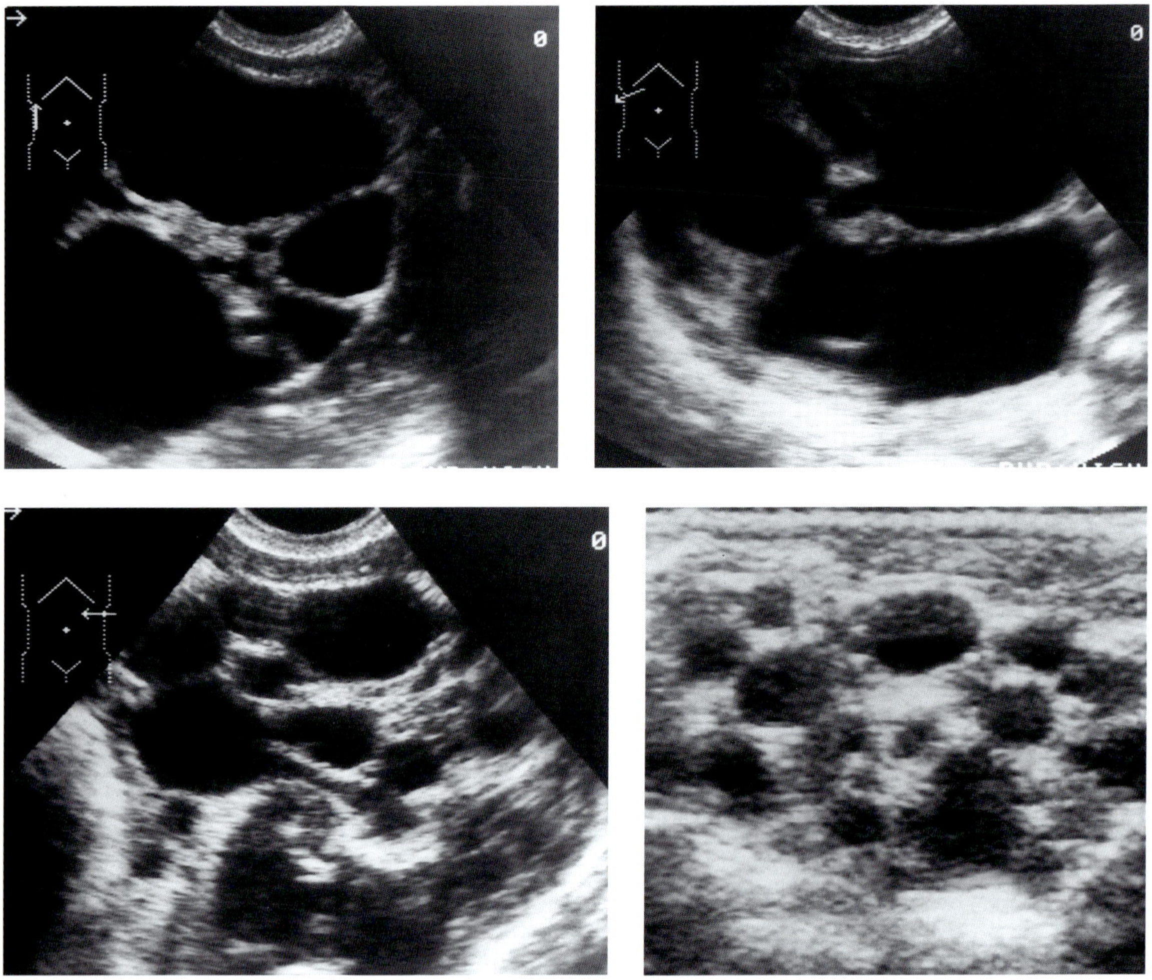

a b c d

Abb. 9-17a bis d Multizystisch-dysplastische Niere. Multiple unterschiedlich große zystische Areale sind durch feine Septen voneinander getrennt und kommunizieren nicht mit dem Nierenbecken.
a) und b) Multizystisch-dysplastische Niere rechts (Längs- und Querschnitt von ventral).
c) und d) Multizystisch-dysplastische Niere links (Sektor- und Linearschallkopf).

dysplastischen Parenchymveränderungen kommt. So gut wie immer sind multizystisch-dysplastische Nieren funktionslos.

Im Sonogramm findet sich ein Nebeneinander von unterschiedlich großen echoarmen Arealen (Zysten) mit Durchmessern bis zu mehreren Zentimetern.

Charakteristisch für die multizystisch-dysplastische Niere ist das „septation sign", d.h. alle Zysten sind von feinen echoreichen membranartigen Parenchymsträngen umgeben (und somit voneinander getrennt) und haben keinen Anschluß an das Nierenbecken. Dieser Befund unterscheidet sich daher deutlich von demjenigen bei einer Harntransportstörung im Sinne einer Hydronephrose, bei der die erweiterten Kelche in das Nierenbecken übergehen.

Hilfreich zur Unterscheidung beider Erkrankungen mittels Ultraschall ist die Anfertigung von Aufnahmen in unterschiedlichen Ebenen, insbesondere in transversaler Schichtführung.

Transversale Aufnahmen müssen vor allem auf Höhe des Nierenhilus angefertigt werden, um die Lagebeziehung der Zysten zum Nierenbecken zu erfassen.

Polyzystische Nieren vom adulten Typ (Potter III) führen erst etwa in der 4. Lebensdekade zu klinischen Symptomen, werden heutzutage jedoch infolge der häufigeren Ultraschalluntersuchungen oft schon eher entdeckt. Die Erkrankung wird autosomal dominant vererbt. Beide Nieren weisen multiple Zysten unterschiedlicher Größe auf, nicht selten ist bei Erwachsenen auch die Leber von Zysten durchsetzt. Die Prognose der Patienten ist unterschiedlich, sie hängt von der Menge des durch die Zysten noch nicht komprimierten Restparenchyms der Nieren ab. Neben der Sonographie wird die CT zur Darstellung der Zysten sowie der Abflußverhältnisse eingesetzt. Die Nierenleistung kann mittels eines Isotopennephrogramms ermittelt werden.

Polyzystische Nieren vom infantilen Typ (Potter I; Abb. 9-18a bis d) treten überwiegend beim Neugeborenen und Kleinkind auf. Die Erkrankung wird rezessiv vererbt. Es sind immer beide Nieren betroffen. Sie sind im Vergleich zu einem Normalbefund erheblich vergrößert, was auf die ausgeprägte Erweiterung der Tubuli zurückzuführen ist. Gleichzeitig besteht eine kongenitale Leberfibrose und Gallengangsektasie, gelegentlich auch eine Milzvergrößerung.

Im Sonogramm erscheinen polyzystische Nieren vom infantilen Typ deutlich vergrößert und überwiegend echoreich. Sie lassen sich aufgrund der angehobenen Echogenität oft nur schlecht vom umgebenden Gewebe abgrenzen. Die Differenzierung zwischen Mark und Rinde ist bei polyzystischen Nieren dieser Art nicht mehr möglich. Die Sonomorphologie der polyzystischen Nieren (Potter I) zeigt im Verlauf der ersten Lebensjahre eine Änderung (s. Abb. 9-18a und b). Bei sonographi-

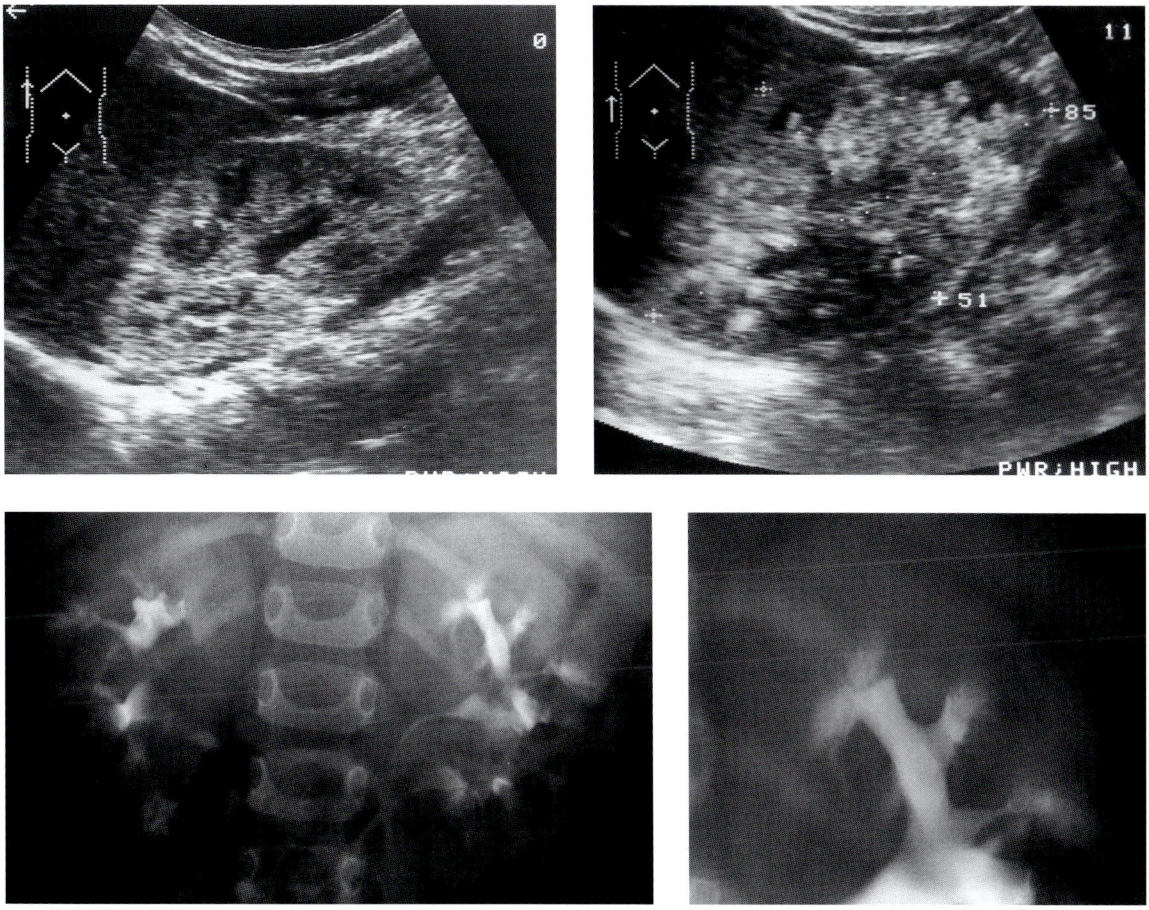

Abb. 9-18a bis d Juvenile polyzystische Nierendegeneration (Potter I) im Verlauf
a) Lebensalter 3 Monate,
b) Lebensalter 3 1/2 Jahre,
c) und d) i.v. Urogramm im Alter von 3 1/2 Jahren.

schem Verdacht auf eine polyzystische Nierenerkrankung vom infantilen Typ ist immer eine ergänzende radiologische Diagnostik mittels i.v. Urogramm erforderlich. Die Nierenleistung muß per Isotopennephrogramm bestimmt werden, um einen Ausgangswert bei Diagnosestellung zu erhalten. Die Prognose der Erkrankung ist mäßig bis schlecht. Die Nierenleistung, die per Isotopennephrogramm bei Kontrolluntersuchungen bestimmt wird, sinkt im Laufe der Kindheit bei einzelnen Patienten unterschiedlich schnell. Es kann eine Nierentransplantation erforderlich werden.

Die **Markschwammniere** weist eine zystische Degeneration der Sammelrohre auf. Sie ist im Kindesalter selten. Sonographisch findet man echoreiche Markpyramiden. Ursache dieser Echogenitätserhöhung der Markpyramiden sind möglicherweise Kalziumablagerungen in den Sammelrohren.

Die **glomerulozystische Nierendegeneration** (Abb. 9-19a und b) ist ebenfalls selten, man findet in beiden Nieren im Bereich der Rinde (histologisch: Bereich der Bowmanschen Kapsel) multiple kleine Zysten. Die Erkrankung scheint sporadisch aufzutreten, ein spezieller Erbgang ist nicht bekannt. Sonographisch sind beide Nieren vergrößert und echoangehoben, die Nierenrinde weist ein Netzwerk von multiplen kleinen Zysten auf.

Solitäre Nierenzysten sind bei Kindern sehr selten. Sie stellen sich sonographisch glatt begrenzt und echoarm dar (Abb. 9-20a und b). Sie können in der Nierenrinde, aber auch im Nierenbecken oder parapelvin liegen. Bei der Ultraschalluntersuchung muß geklärt werden, ob die Zyste tatsächlich von der Niere ausgeht. Dies fällt in der Region des oberen Nierenpols wegen der räumlichen Nähe zur Nebenniere nicht immer leicht. Ein zystischer Tumor (zystisches Neuroblastom oder Nephroblastom) ist dann differentialdiagnostisch in Erwägung zu ziehen. Gelegentlich imponiert beim Neugeborenen eine Nebennierenblutung wie eine Zyste am oberen Nierenpol, hier sind sonographische Verlaufskontrollen erforderlich. Zeigt sich innerhalb weniger Wochen keine Rückbildungstendenz des Befundes, ist eine operative Klärung anzustreben. Bei intrarenalen zystischen Prozessen ist immer auch an das Vorliegen eines Wilms-Tumors zu denken.

Sonstige zystische Nierenerkrankungen. Bei einer Harntransportstörung aufgrund einer Ureterobstruktion können Zysten im Bereich der Nierenrinde (Potter IV) auftreten. Erworbene Nierenzysten findet man gelegentlich nach einem Trauma mit Nierenkontusion. Auch im Rahmen von Syndromerkrankungen (Tuberöse Sklerose, von-Hippel-Lindau-Syndrom, Jeune-Syndrom, Meckel-Syndrom u.a.) kommen Nierenzysten vor.

a 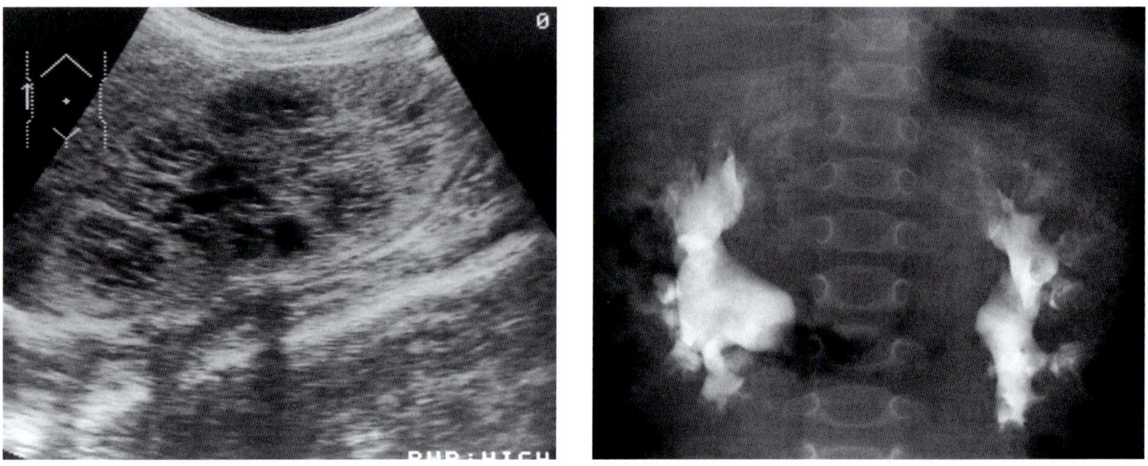 b

Abb. 9-19a und b Glomerulozystische Nierendegeneration (4½ Monate altes Mädchen).
a) Vergrößerte Niere mit angehobener Echogenität und von zahlreichen kleinen, echoarmen Zysten durchsetzt (Sonogramm, Längsschnitt von ventral).
b) Bilaterale Nephromegalie mit ausgeprägter radiärer Längsstreifung peripapillär und in den Pyramiden (i.v. Urogramm).

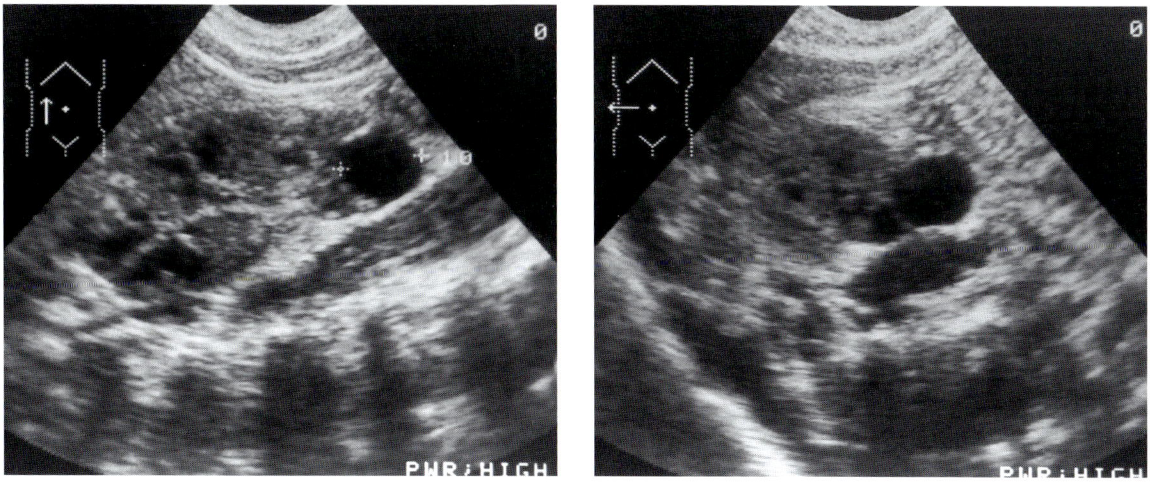

a b

Abb. 9-20a und b Solitäre Nierenzyste am unteren Pol der rechten Niere medial (Längs- und Querschnitt).

9.6 Nierenparenchymveränderungen

- entzündliche Prozesse: Glomerulonephritis, Pyelonephritis, fokale Nephritis, Mononukleose, Candidiasis
- Stoffwechselstörungen: Nephrokalzinose, Nephrolithiasis, tubuläre Azidose, Tamm-Horsfall-Proteinurie
- Durchblutungsstörungen
- Blutung

Zu Veränderungen des Nierenparenchyms kommt es bei entzündlichen Prozessen, Nephrosen, Stoffwechselstörungen, Speicherkrankheiten, systemischen Bluterkrankungen oder Durchblutungsstörungen.

Infektionen

Es müssen Entzündungen des Nierenparenchyms (Glomerulonephritis) und des Nierenbeckens (Pyelonephritis) unterschieden werden.

Eine **Pyelonephritis** ist beim Kind selten. Diese entsteht in der Regel nicht hämatogen, sondern über einen vesikorenalen Reflux bei einer bakteriellen Harnwegsinfektion. Sonographisch stellt sich das Pyelon mit einer verbreiterten echoreichen Begrenzung dar (Abb. 21a bis c).

Die **Glomerulonephritis** (Abb. 9-22a bis c) ist im Kindesalter am häufigsten nach einer Streptokokkeninfektion zu beobachten. Sie tritt meist im Schulkindalter auf und ist bei Neugeborenen selten. Bei einer Glomerulonephritis kommt es im Sonogramm zu einer deutlichen Echogenitätsanhebung der betroffenen Niere. Meist besteht auch eine Volumenvermehrung des Organs. Die Nierenechogenität sollte bei der Frage nach einer Infektion immer mit derjenigen der Nachbarorgane (Leber, Milz) verglichen werden, um einen Bezugspunkt zu haben und so Veränderungen bei Kontrolluntersuchungen leichter feststellen zu können.

Eine Echogenitätsanhebung der Nieren ist auch bei leukämischer Niereninfiltration nachweisbar (Abb. 9-23).

Fokale Nephritis. Eine Entzündung des Nierenparenchyms muß nicht immer das gesamte Organ betreffen, sie kann auch fokal auftreten (Abb. 9-24a bis d). Häufige Ursache für eine fokale Nierenentzündung ist eine aszendierende bakterielle Infektion. Sonographisch findet sich eine umschriebene, meist keilförmige Echoanhebung des Nierenparenchyms.

Seltenere Infektionen. Eine Infektion mit dem Epstein-Barr-Virus (Mononukleose) kann neben der zervikalen Lymphadenopathie zu einer Nierenbeteiligung führen. Betroffen sind meist Klein- und Schulkinder. Sonographisch sind die Nieren echoangehoben und vergrößert. Eine Candidainfektion der Nieren (Abb. 9-25a und b) erfolgt meist hämatogen, betroffen sind Früh- und Neu-

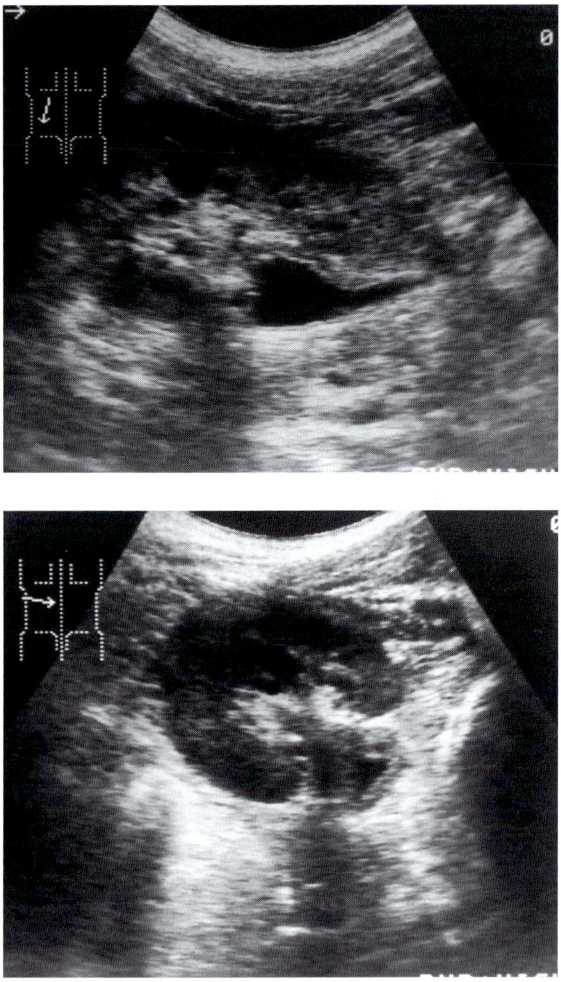

a

b

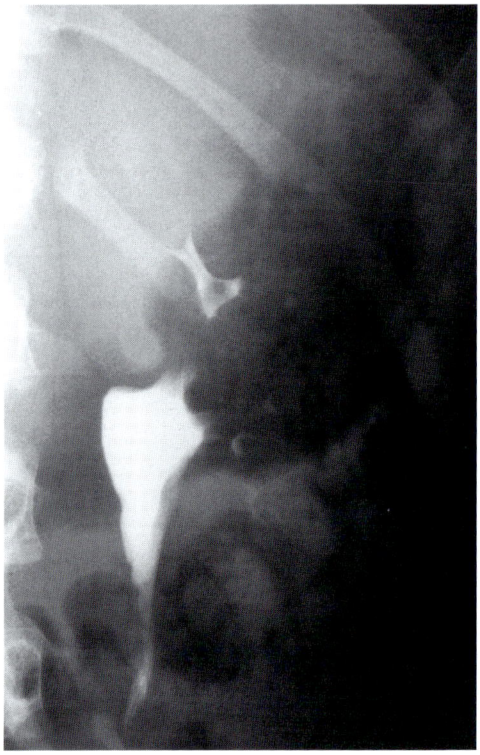

c

Abb. 9-21a bis c Pyelonephritis bei einem 9jährigen Jungen.
a) und b) In Höhe des pelvinoureteralen Übergangs findet sich ein breiter echoreicher Randsaum als Zeichen der Entzündung (linke Niere im schrägen Längsschnitt sowie Querschnitt von dorsal).
c) Erhebliche Wandunregelmäßigkeiten des pelvinoureteralen Übergangs (i.v. Urogramm).

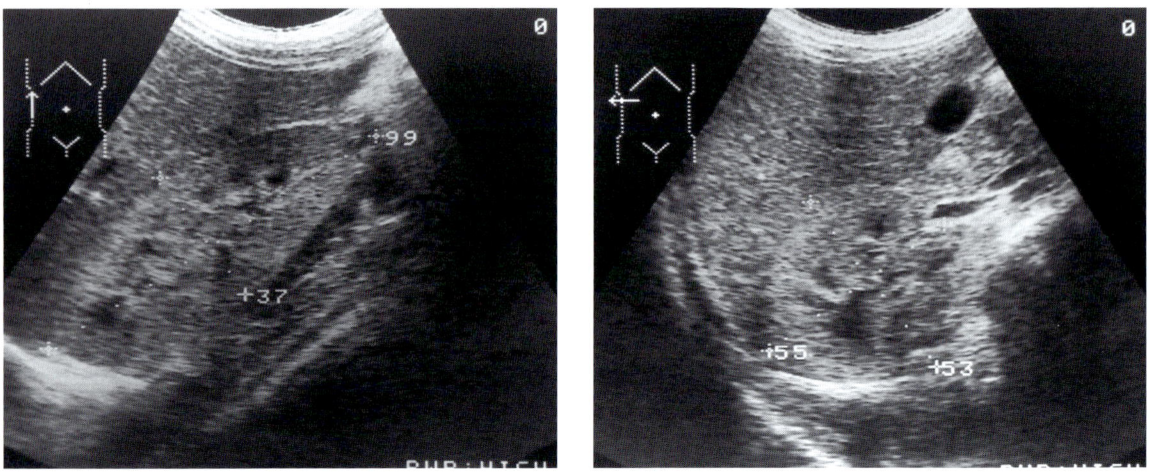

a b

Abb. 9-22a bis c Glomerulonephritis nach Streptokokkeninfektion. Echoreiche, vergrößerte Niere rechts, links identischer Befund.
a) Rechte Niere von ventral (Längsschnitt),
b) Rechte Niere von ventral (Querschnitt),

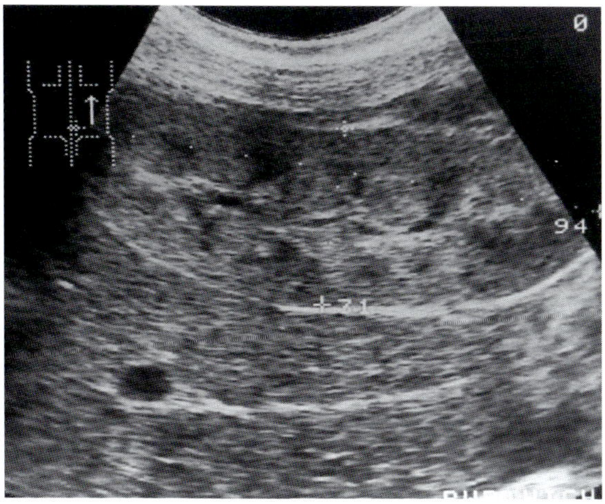

c

Abb. 9-22a bis c (Fortsetzung).
c) Rechte Niere von dorsal (Längsschnitt).

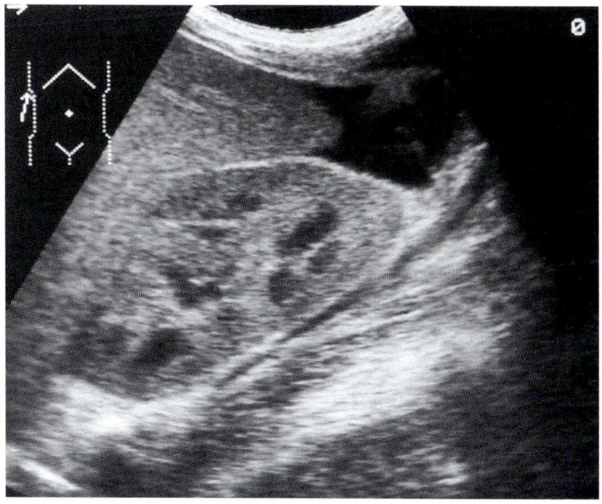

Abb. 9-23 Echoreiche Niere bei Leukämieinfiltration.

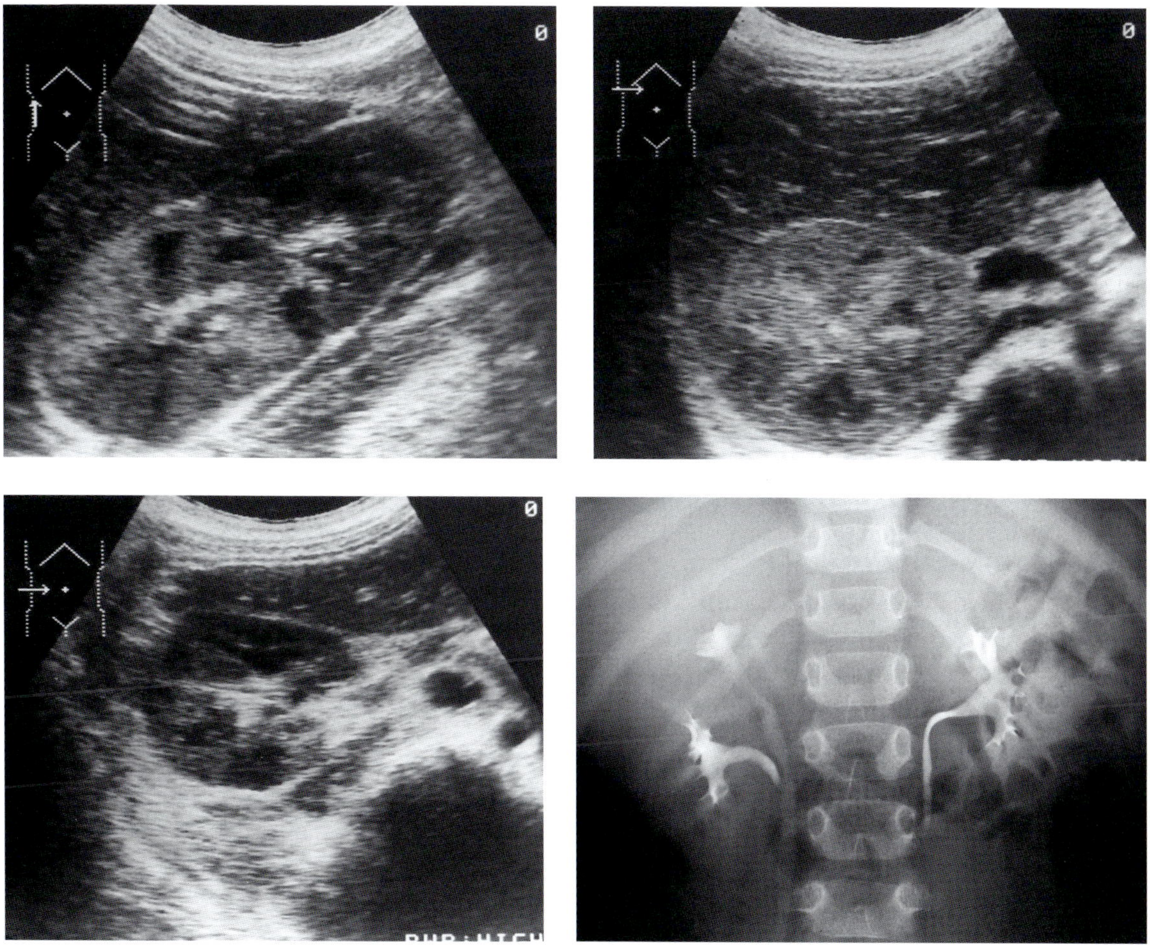

Abb. 9-24a bis d Fokale Nephritis bei einem 2jährigen Knaben mit Doppelniere rechts.
a) Echoreiche Darstellung des verbreiterten oberen Nierenpols rechts (Sonogramm, longitudinal).
b) und c) Oberer Nierenpol echoreich und volumenvermehrt, unterer Pol normal (Sonogramm transversal).
d) Doppelniere rechts mit Hypotonie des kranialen Ureters (i.v. Urogramm). Ein zu vermutender Reflux ließ sich bei einzeitigem Miktions-Zystourethrogramm nicht nachweisen.

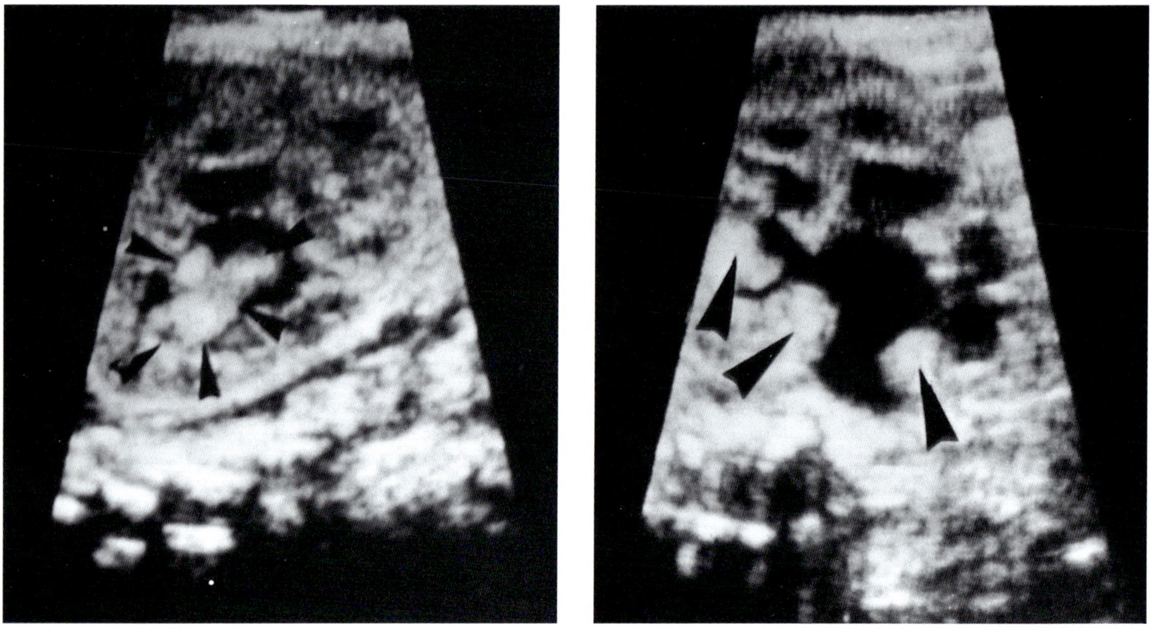

a b

Abb. 9-25a und b Candidiasis.
Das Pilzmyzel entspricht echoreichen rundlichen Formationen (Pfeilköpfe).

geborene, die längere Zeit eine Antibiotikatherapie erhielten. Auch nach Nierentransplantation besteht ein erhöhtes Risiko einer Candidainfektion. Im Ultraschallbild sind die Nieren echoreich, die Mark-Rindendifferenzierung ist kaum noch möglich. Manchmal – bei einer Harntransportstörung – lassen sich die echoreichen Fungusbälle im Sammelsystem erkennen, insbesondere, wenn sie von echoarmem Urin umspült sind.

Stoffwechselstörungen

Nephrokalzinose. Als wichtigste Stoffwechselstörung ist eine vermehrte Kalziumausscheidung zu nennen, die entweder infolge eines Hyperparathyreoidismus oder iatrogen (z. B. Vitamin-D-Therapie, ACTH-Therapie, Furosemidbehandlung) vorkommt. Kalzium lagert sich in den Markpyramiden ab und führt zu dem für die Nephrokalzinose typischen sonographischen Bild (Abb. 9-26a bis d) mit echoreichen, scharf gegen die Nierenrinde abgrenzbaren Markpyramiden. Eine Nephrokalzinose kann auch bei tubulärer Azidose vorkommen. Hierbei kommt es aufgrund des veränderten pH-Wertes im Sammelsystem zum Ausfallen von Kalzium. In Abhängigkeit vom Ausprägungsgrad und der Lokalisation der Kalziumablagerungen unterscheidet man drei Typen:

Typ I medulläre Nephrokalzinose,
Typ II kortikale Nephrokalzinose,
Typ III globale Nephrokalzinose.

Bei einer Nephrokalzinose findet man im allgemeinen keine Schallschatten, da die Kalziumablagerungen nicht dicht genug sind. Eine Kombination mit einer Nephrolithiasis kommt vor, hierbei können die Konkremente bei entsprechender Dichte einen Schallschatten aufweisen.

Nephrolithiasis. Unter einer „Nephrolithiasis", besser noch „Urolithiasis" versteht man umschriebene Ansammlungen von im Urin nicht mehr löslichen Substanzen in der Niere (Abb. 9-27a bis d) oder im harnableitenden System. Die „Steine", welche bei entsprechender Größe zu einer Harnabflußstörung führen können, können Kalzium, Harnsäure, Zystin u. a. enthalten. Generell kommt es bei Überschreitung des Löslichkeitsprodukts im Urin zum Ausfallen dieser Substanzen. Die Kristalle lagern sich bevorzugt im Bereich der Spitzen der Markpyramiden ab und führen klinisch oft zu einer Hämaturie. Sonographisch stellen sich die Konkremente deutlich echoreich dar, sie können bizarr geformt sein. Bei genügend hoher Dichte läßt sich hinter dem Konkrement

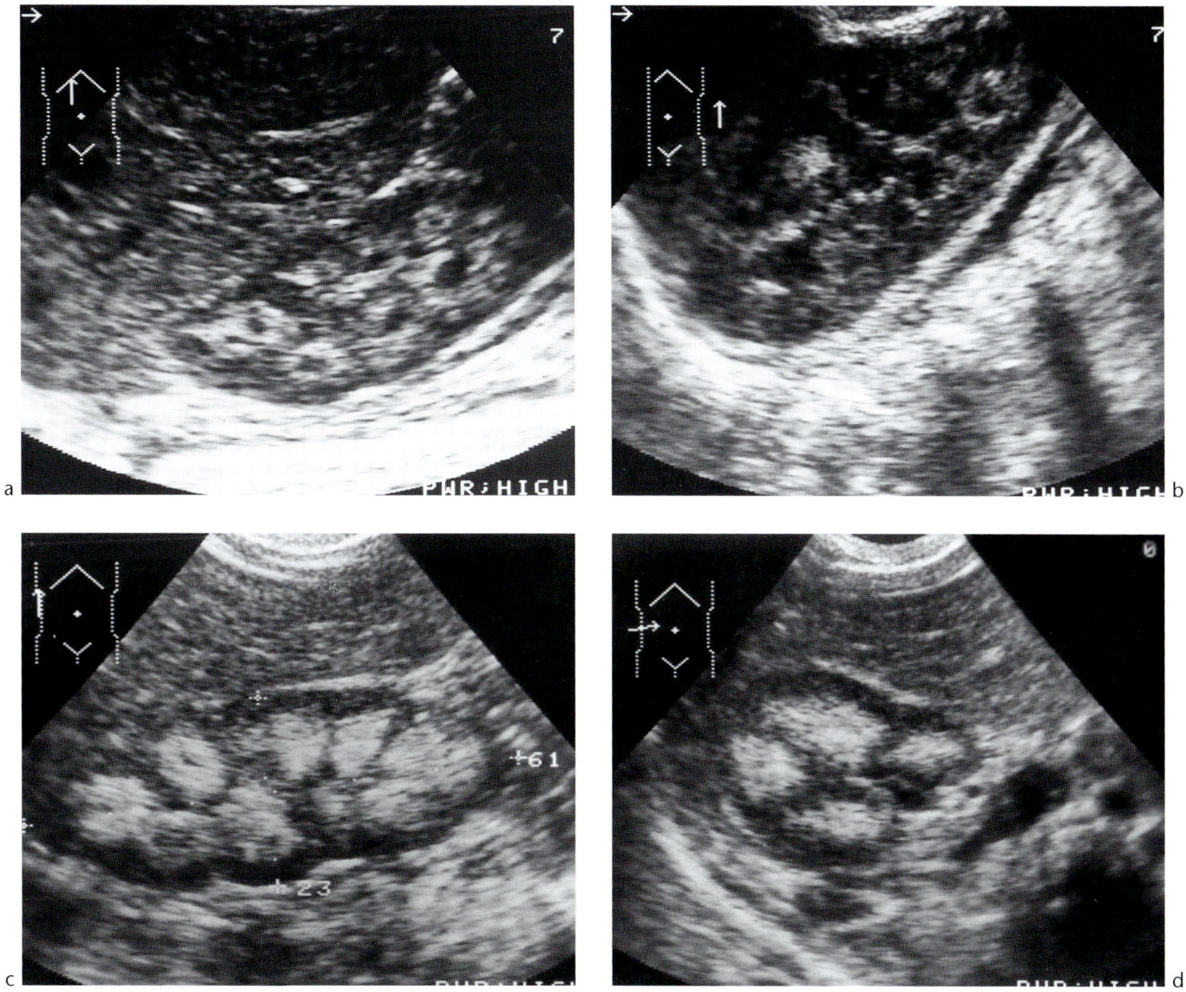

Abb. 9-26a bis d Nephrokalzinose.
a) und b) Nephrokalzinose vom Typ I, Stadium IIa, nach Furosemid-Therapie bei einem 2 Monate alten Säugling. Marginale Echogenitätsanhebungen in den Markpyramiden; die zentralen Pyramidenanteile sind ausgespart.
c) und d) Nephrokalzinose vom Typ I, Stadium III, bei einem 8 Monate alten Knaben mit tubulärer Azidose. Sämtliche Markpyramiden stellen sich auffallend echoreich dar, dazwischen Nierenkortex von normaler Echogenität.

ein streifenförmiger, echoarmer Schallschatten darstellen.

> Aus dem sonographischen Befund kann keinesfalls auf die biochemische Beschaffenheit eines Konkrementes geschlossen werden, z. B. spricht das Fehlen des Schallschattens keineswegs gegen das Vorliegen von Kalzium!

Zusatzinformationen über die Art eines Konkrementes im harnableitenden System lassen sich durch Dichtemessungen im CT erhalten. Derartige Messungen können hilfreich sein, falls z.B. eine Lithotripsie geplant ist.

Nephrotisches Syndrom. Unter einem nephrotischen Syndrom versteht man eine Nierendysfunktion aufgrund einer degenerativen Veränderung von Tubulusepithelien. Hierbei kommt es zu einer tubulären Rückresorption von körperfremd gewordenen Proteinen (Lipoproteine). Die Erkrankung kann sich schon im Neugeborenenalter manifestieren. Bei einem nephrotischen Syndrom stellen sich die Nieren im Ultraschall vergrößert und echoreich dar (Abb. 9-28a und b).

Chronische Niereninsuffizienz. Im Rahmen einer Nephropathie kann sich ein sekundärer Hyperparathyreoidismus entwickeln. Insuffiziente

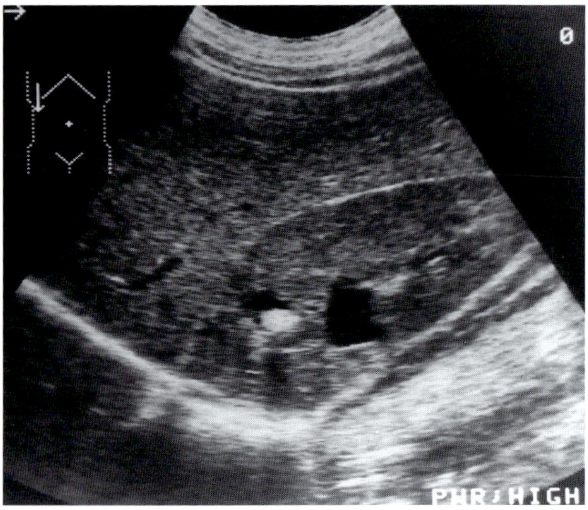

a

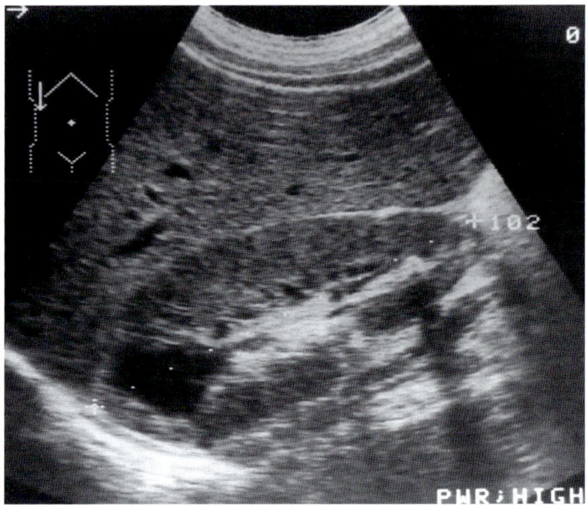

b

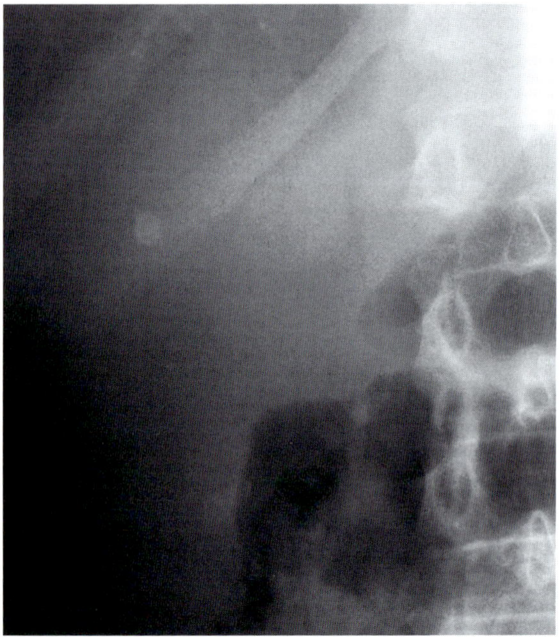
c

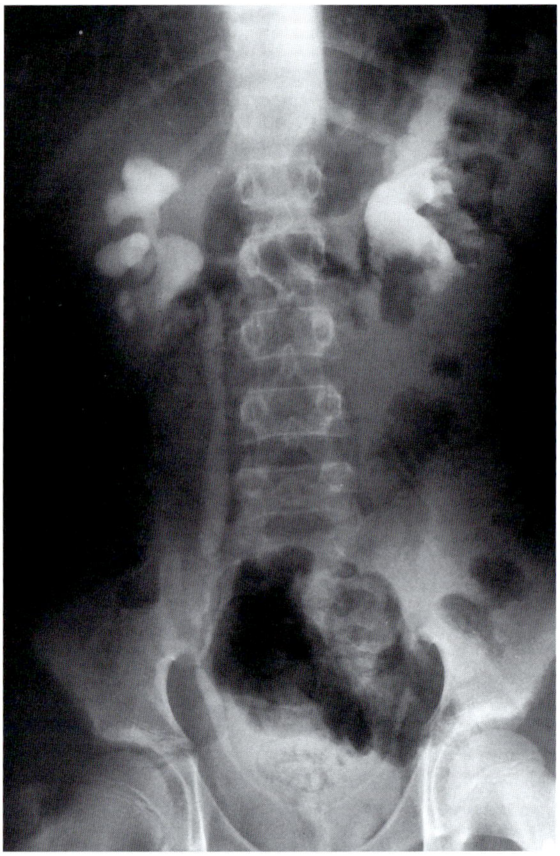
d

Abb. 9-27a bis d Nephrolithiasis.
a) und b) Echoreiche Konkremente im oberen und unteren Nierenpol mit ausgeprägtem Schallschatten (Sonogramm).
c) Röntgenleerbild mit Konkrement.
d) i.v. Urogramm.

Nieren können klein und echoreich sein (Abb. 9-29).

Tamm-Horsfall-Proteinurie. Bei Dehydrierung eines Neugeborenen kann es zum Ausfallen von Proteinen (Tamm-Horsfall-Protein) kommen. Es ergibt sich – ähnlich wie bei der Nephrokalzinose – das sonographische Bild mit echoreichen Markpyramiden (Abb. 9-30a und b). Der Befund bildet sich nach Flüssigkeitssubstitution meist nach einigen Tagen zurück.

Durchblutungsstörungen

Die wichtigste Durchblutungsstörung ist die Nierenvenenthrombose, die zur Schockniere führt. Letztere ist im Sonogramm echoreich (Abb. 9-31a bis d) und im akuten Stadium volumenvermehrt.

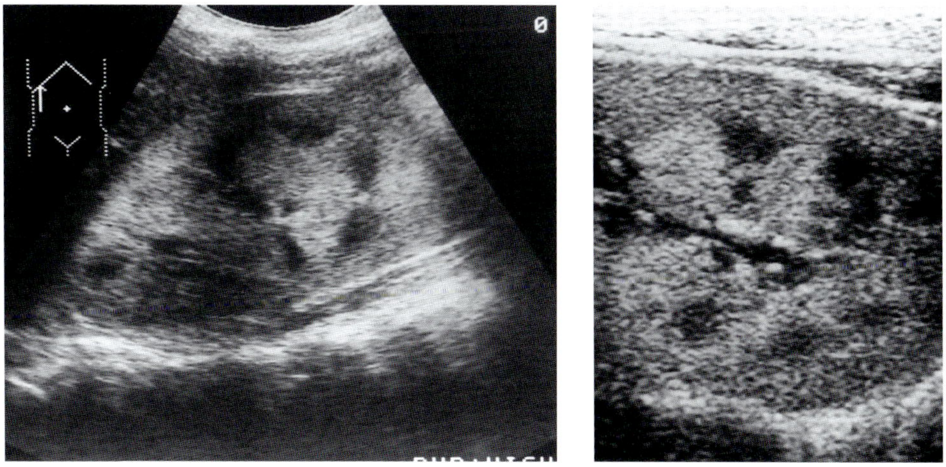

a b

Abb. 9-28a und b Nephrotisches Syndrom: beide Nieren sind echoreich und volumenvermehrt (rechte Niere longitudinal; a von ventral, Sektorschallkopf; b von dorsal, Linearschallkopf).

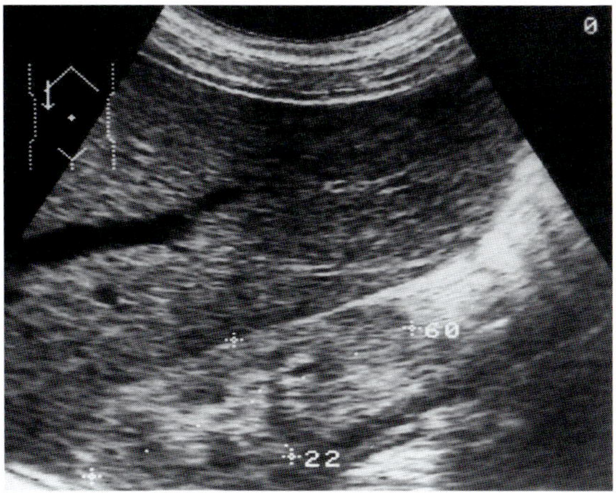

Abb. 9-29 Chronische Niereninsuffizienz mit sekundärem Hyperparathyreoidismus. Stark verkleinerte Niere rechts (Längsdurchmesser 6 cm) bei einem 11jährigen Knaben.

Als Folgezustand einer ausgeprägten Nierenvenenthrombose resultiert eine kleine Niere.

Blutung

Ursache für eine Nierenblutung ist meist ein Trauma, bei dem es zu einem Einriß des Nierenparenchyms gekommen ist. Sonographisch ist die peri- oder extrarenale Blutung echoarm (Abb. 9-32a und b).

Eine Makrohämaturie ohne vorangegangenes Trauma deutet auf entzündliche Veränderungen der Niere hin. Sonographisch ist die Niere in diesem Fall echoreich. Auch eine Nephrolithiasis, die bei Kindern selten ist, kann Ursache einer Makrohämaturie sein (s. Abschnitt „Nephrolithiasis“).

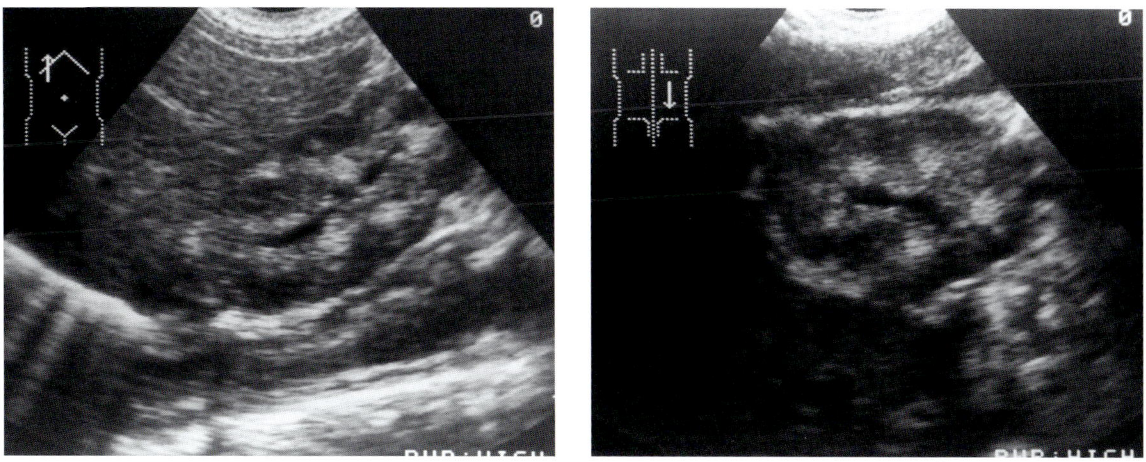

a b

Abb. 9-30a und b Tamm-Horsfall-Proteinurie beim Neugeborenen.
a) Echoreiche Markpyramiden
b) Rückbildung des Befundes nach einer Woche.

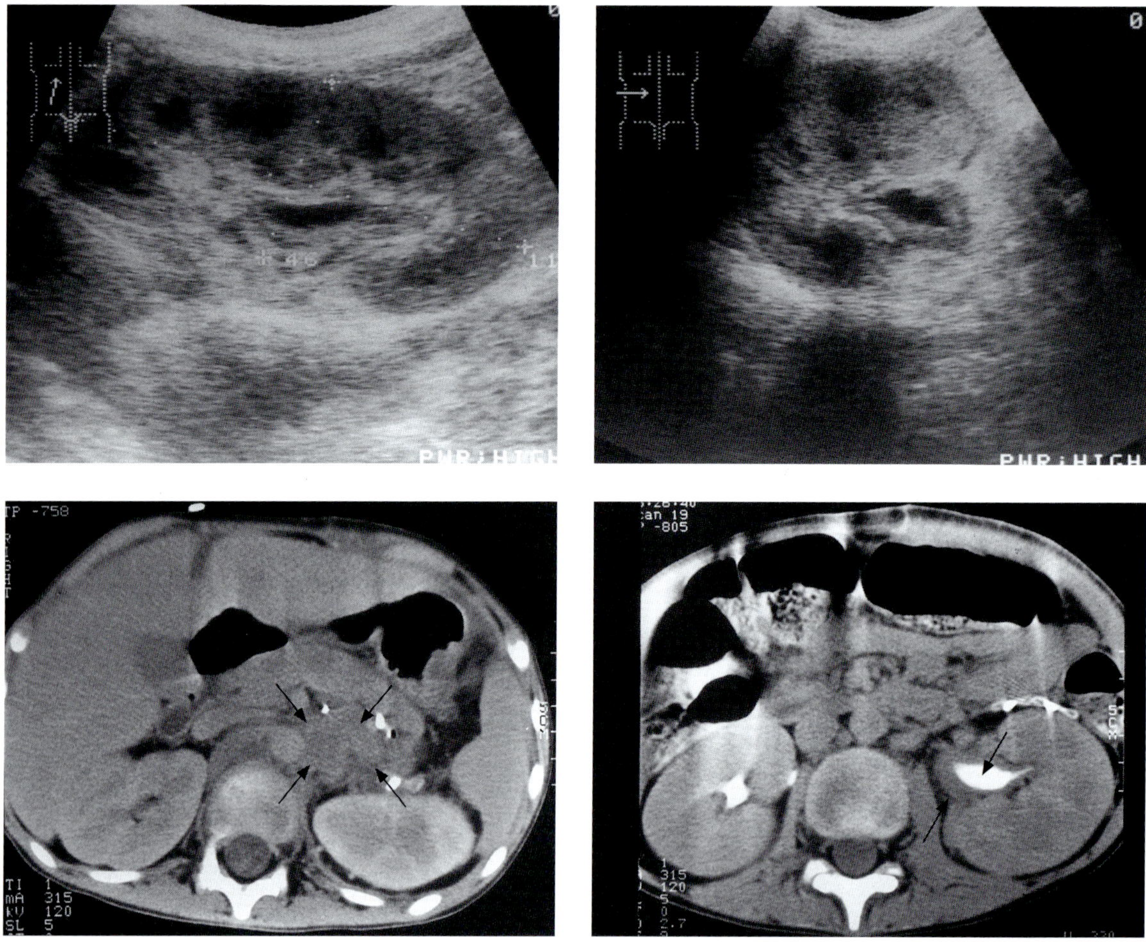

Abb. 9-31a bis d Schockniere bei venöser Abflußstörung aufgrund von Lymphknotenpaketen (Primärtumor: Neuroblastom).
a) und b) Linke Niere von dorsal im Längs- und Querschnitt (Sonogramm).
c) und d) Ausgedehntes Lymphknotenpaket (—▷) paraaortal links in Höhe des linken Nierenhilus. Peripelvines Exsudat (—▷) als Zeichen der venösen Abflußbehinderung (CT nach intravenöser Kontrastmittel-Gabe).

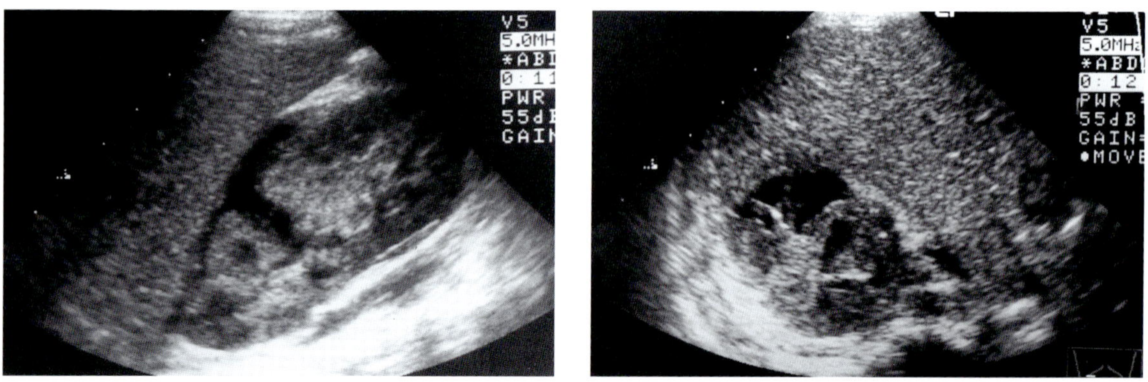

Abb. 9-32a und b Nierenruptur.
Man sieht deutlich das rupturierte Parenchym und die umgebende echoarme Blutung.
(Die Aufnahmen verdanken wir Herrn Dr. Hahn, Technische Universität, München.)

9.7 Nierentumoren

- benigne Tumoren bei neurokutanen Erkrankungen, Nephroblastom
- Wilms-Tumor
- maligner Rhabdoidtumor
- Leukämie

Benigne Nierentumoren treten im Rahmen von neurokutanen Erkrankungen auf. So findet man bei der Neurofibromatose (Morbus Recklinghausen) Fibrome im Nierenparenchym. In Kombination mit der tuberösen Sklerose (Morbus Bourneville-Pringle) können Angiomyolipome (Abb. 9-33) in den Nieren auftreten. Angiomyolipome stellen sich im Sonogramm echoreich und glatt begrenzt dar. In Zweifelsfällen helfen Dichtemessungen im CT weiter, Angiomyolipome weisen fettähnliche (negative) Hounsfield-Einheiten auf.

Eine häufig als Nierentumor fehlgedeutete Veränderung ist die Bertinische Säule (s. Abschnitt 9.3, „Niere – Varianten und Fehlbildungen"), bei der es sich um verbreitertes Gewebe der Nierenrinde handelt.

Maligne Nierentumoren. Der wichtigste maligne Nierentumor bei Kindern ist der **Wilms-Tumor** (fetales Nephroblastom). Betroffen sind meist Kinder im Alter zwischen 2 und 4 Jahren, die durch einen palpablen intraabdominellen Tumor auffallen. Der Wilms-Tumor tritt in 5–10% bilateral auf, so daß bei Nachweis eines intrarenalen Tumors die genaue Untersuchung der kontralateralen Niere äußerst wichtig ist. Selten kommt ein Wilms-Tumor auch extrarenal, z.B. inguinal, vor.

Durch die Ultraschalluntersuchung soll bei Kindern mit Wilms-Tumor die Tumorgröße und seine Ausbreitung in der Niere bestimmt werden. Da der Tumor durch Kompression zu einer Harnabflußstörung führen kann, muß die Weite des Nierenbeckens sonographisch festgestellt werden. Außerdem werden die paraaortalen Lymphknotenstationen sowie das Leberparenchym mit der Frage nach Metastasen untersucht. Im Sonogramm stellt sich der Wilms-Tumor inhomogen und von gemischter Echogenität dar (Abb. 9-34a und b, Abb. 9-35a bis d). Echoreichere Areale entsprechen vitalem Tumorgewebe oder Einblutungen, echoarme Zonen nekrotischem Tumormaterial. Auch bei sehr großen Tumoren sollte unbedingt versucht werden, die Ausdehnung zu bestimmen. So kann bei Kontrolluntersuchungen Auskunft über das Ansprechen der in vielen Fällen erfolgenden Chemotherapie gegeben werden. Zur alleinigen Vermessung des Tumors kann unter Verzicht auf die Darstellung seiner Feinstruktur der größtmögliche Schallkopf (3,5 MHz) verwendet werden. Auch bei der Größenbestimmung müssen immer Aufnahmen von ventral und dorsal in longitudinaler und transversaler Richtung angefertigt werden.

Ein von der Niere ausgehender **Rhabdomyoidtumor** (Abb. 9-36a und b) ist sehr selten. Sonographisch ist das Tumorgewebe von gemischter Echogenität, nekrotische Areale sind echoarm. Selten wird der Tumor von einer subkapsulären Flüssigkeitsansammlung umgeben, er läßt sich sonographisch von einem Wilms-Tumor nicht sicher unterscheiden.

Bei einer **Leukämie** können außer Knochenmark, Lymphknoten, Leber und Milz auch die Nieren mitbefallen sein. Die Nieren sind dann deutlich vergrößert. Die Echogenität der Nieren ist normal, selten findet sich eine Echogenitätsvermehrung (s. Abb. 9-22d). Nierenrinde und Mittelechokomplex lassen sich wie bei Normalbefunden gut unterscheiden.

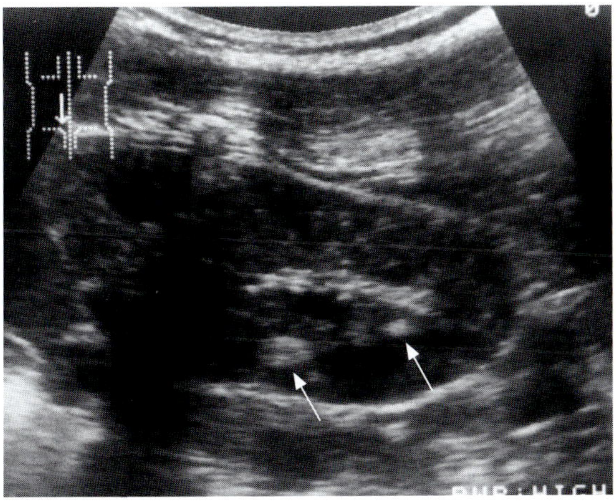

Abb. 9-33 Angiomyolipome (—▷) bei Patientin mit tuberöser Sklerose.

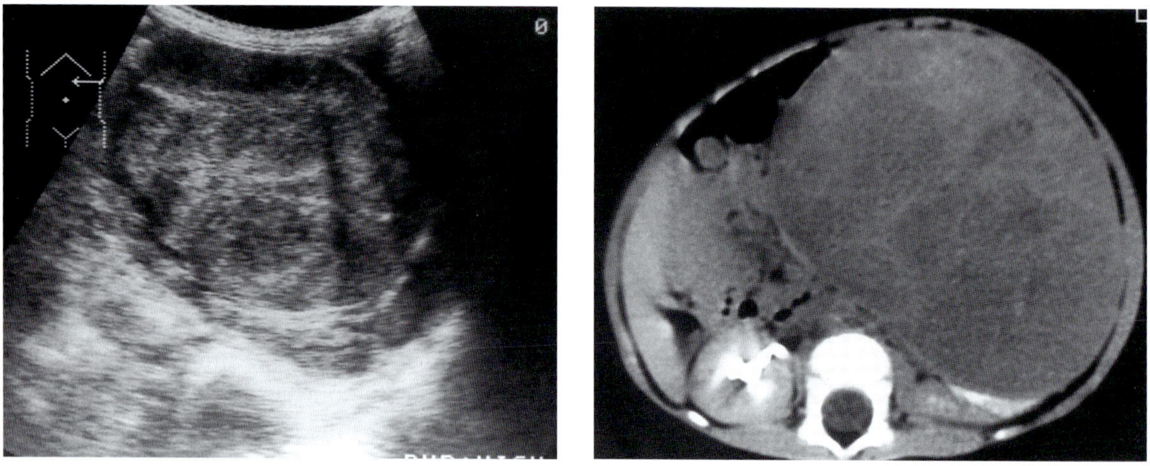

Abb. 9-34a und b Wilms-Tumor links bei 4jährigem Knaben.
a) Sonogramm transversal von ventral.
b) Dorsal des ausgedehnten Tumors disloziertes und komprimiertes Nierenbecken-Kelchsystem (CT nach Kontrastmittel-Gabe).

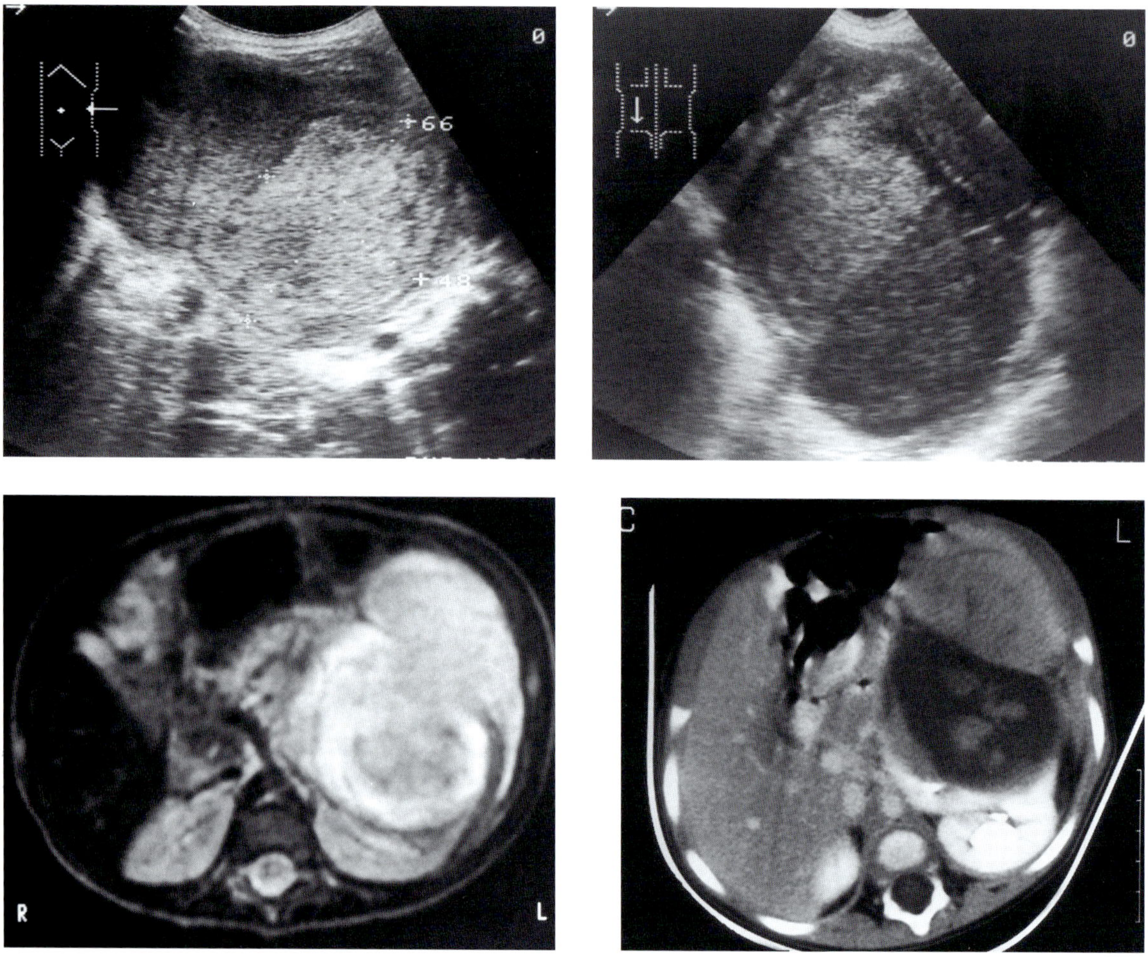

Abb. 9-35a bis d Wilms-Tumor links bei 6jährigem Knaben.
a) und b) Sonogramm in Rechtsseitenlage transversal (a) sowie longitudinal (b) von dorsal.
c) MRT transversal, Protonendichteaufnahme.
d) Das im Sonogramm echoärmere Tumorkompartiment entspricht nekrotischen Tumoranteilen. Diese sind im CT hypodens (CT nach Kontrastmittel-Gabe).

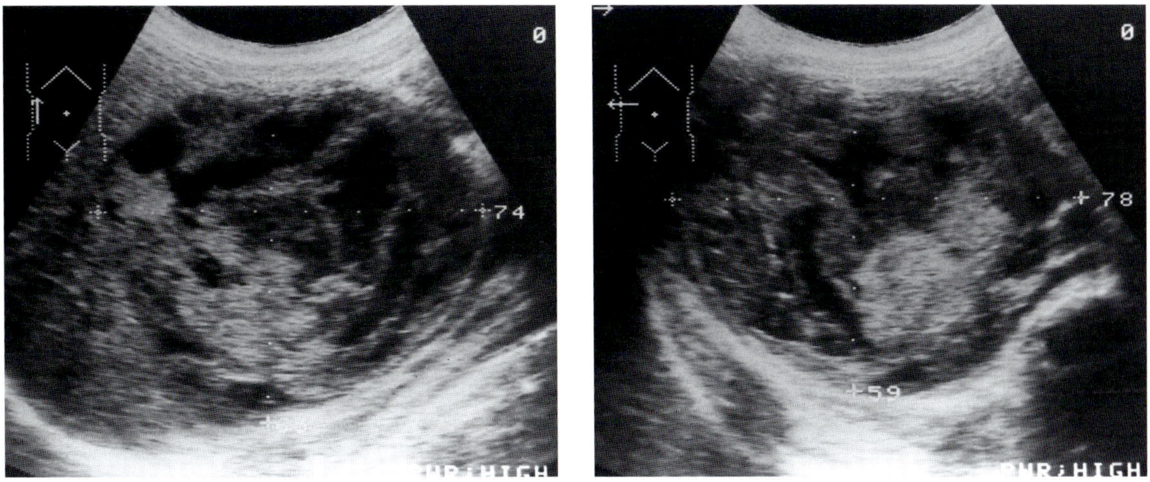

a b

Abb. 9-36a und b Rhabdoidtumor der rechten Niere.
Der Tumor hat echoreiche und echoarme Anteile. Ein umschriebenes nahezu echoleeres Areal dorsal und kranial entspricht einem nekrotischen Tumorbezirk.

9.8 Ureter – Normalbefund

Der normale Ureter ist im Sonogramm nicht sichtbar. Während der dynamischen Untersuchung kann man in die Blase einströmenden Urin manchmal in Form eines streifenförmigen echoreichen Flußphänomens („jet stream") sehen. Das Jet-stream-Phänomen ist Ausdruck des antegraden Urinflusses. Es läßt sich in transversaler wie auch longitudinaler Schnittführung erkennen.

9.9 Hydroureter

Zum Ausschluß oder Nachweis erweiterter Ureteren hat es sich bewährt, die sonographische Untersuchung der Nieren und ableitenden Harnwege immer mit der transversalen Darstellung der Harnblase zu beginnen. Der erweiterte Ureter stellt sich transversal als rundliches echofreies Areal dar (Abb. 9-37a, Abb. 9-38a, Abb. 9-39), in longitudinaler Schnittführung (Abb. 9-37b und c, Abb. 9-38b) findet er sich als eine tubuläre echoleere Struktur. Diese läßt sich im Einzelfall bis zur Einmündung in das Nierenbecken verfolgen. Manchmal können die Kontraktionen des erweiterten Ureters im dynamischen Bild beobachtet werden, insbesondere bei Vorliegen einer Obstruktion in den distalen Ureterabschnitten. Bei Verdacht auf einen erweiterten Ureter sollte immer eine sonographische Aufnahme in Längsrichtung, also in Verlaufsrichtung des Ureters, angefertigt werden. Nur so können Verwechslungen mit flüssigkeitsgefüllten Darmanteilen vermieden werden. Ursachen für einen erweiterten Ureter sind eine terminale Ureterstenose und/oder ein vesiko-ureteraler Reflux. Bei bilateraler Uretererweiterung spricht man von einem „Cat's-eye-Phänomen".

a
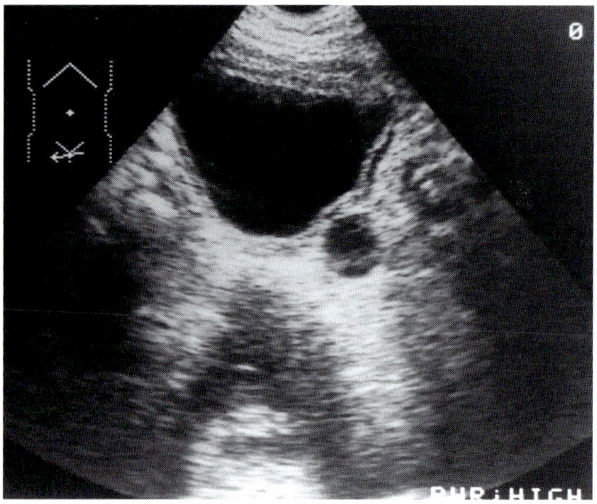

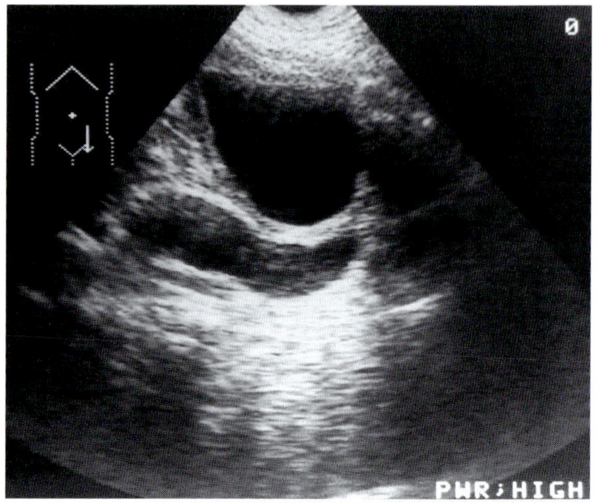

b

c
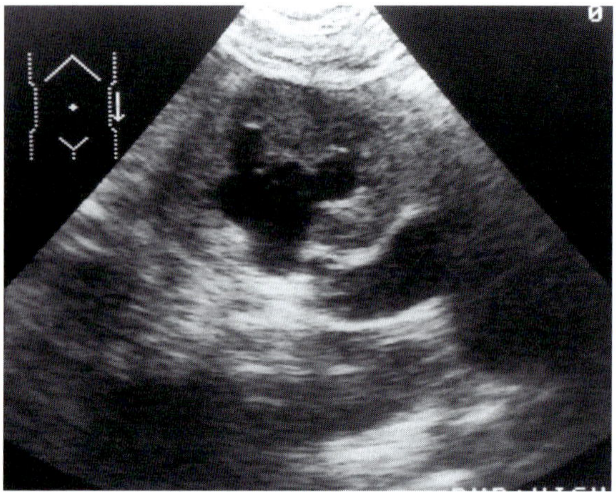

Abb. 9-37a bis c Terminale Ureterstenose mit sekundärem Megaureter in Kombination mit Reflux Grad III. Nierenbecken und Nierenkelche sind ebenfalls erweitert.

a
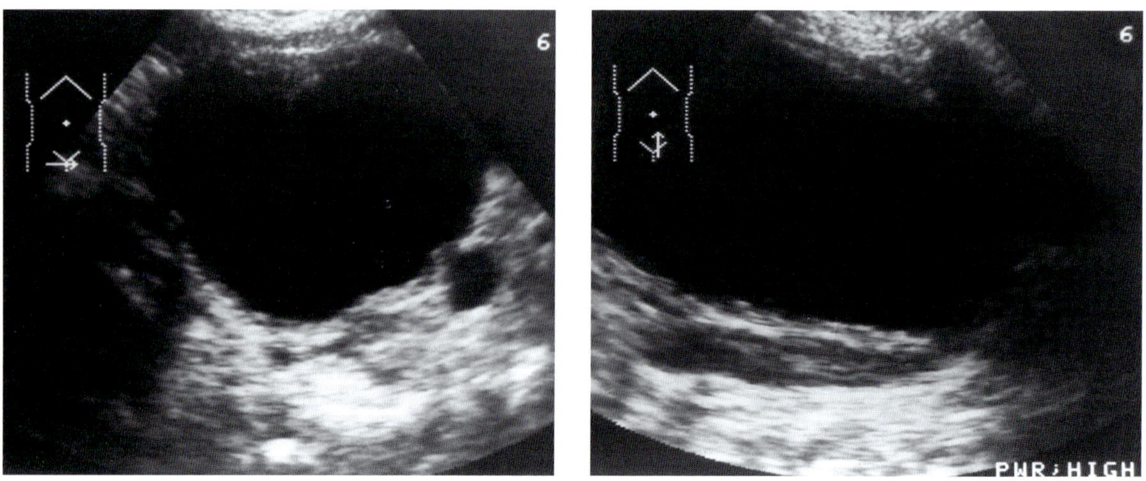

b

Abb. 9-38a und b Refluxureter links (röntgenologisch Grad III). Im dynamischen Bild war der Reflux als echoreiches retrogrades Flußphänomen sichtbar.

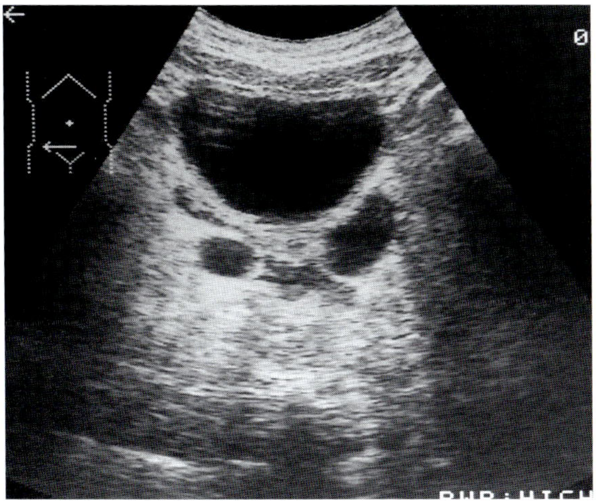

Abb. 9-39 Bilateraler Refluxureter retrovesikal, sog. Cat's-eye-Phänomen.

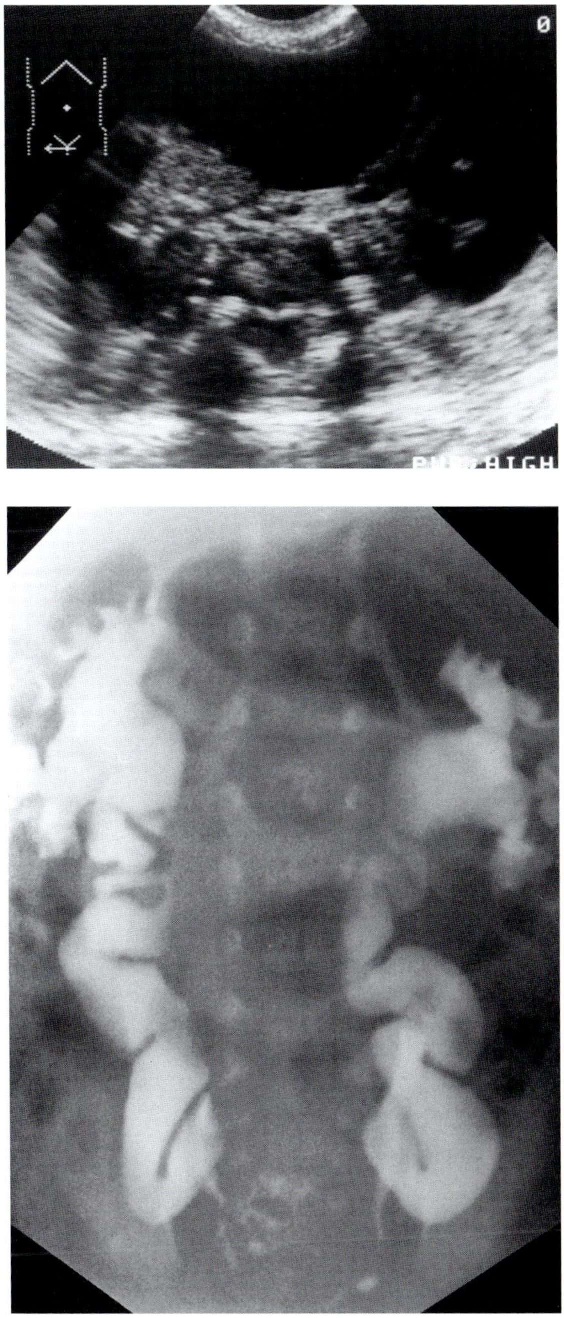

Abb. 9-40a und b Primär obstruktiver Megaureter bei einem Neugeborenen.
a) Bilateral erheblich dilatierte geschlängelt verlaufende Ureteren (Sonogramm transversal).
b) Korrespondierender Befund im i.v. Urogramm.

9.10 Terminale Ureterstenose

Ein **primär obstruktiver Megaureter** weist in seinem distalen Anteil ein funktionell insuffizientes (adynames) Segment auf. Dieses läßt sich im allgemeinen nicht sonographisch, sondern nur röntgenologisch erfassen. Der primäre Megaureter tritt häufig in Kombination mit einem vesiko-ureteralen Reflux auf. Bei starker Ausprägung nimmt der Megaureter einen schleifenförmigen Verlauf (Abb. 9-40a und b), welcher durch zusätzliche Schrägaufnahmen gut zur Darstellung kommt.
Anatomische Stenose. Die terminale Ureterstenose, die auf einer anatomisch bedingten Verengung des distalen Ureters oder des Ureterostiums beruht, hat einen sekundären Megaureter zur Folge. Er stellt sich kranial der Stenose in gleicher Weise wie der primäre Megaureter dar.

9.11 Refluxureter

Ein vesiko-uretero-renaler Reflux ist sonographisch oft nur indirekt in Form einer pathologischen Aufspreizung des Mittelechos, besser des Nierenbeckens, zu vermuten, insbesondere dann, wenn die Aufweitung unter oder nach Miktion noch zunimmt. Das Ausmaß des Refluxes korreliert jedoch keineswegs immer mit der Ausprägung der Mittelechoaufspreizung. Ein normales Nierensonogramm und die fehlende Darstellbarkeit des Ureters schließt ein Refluxgeschehen

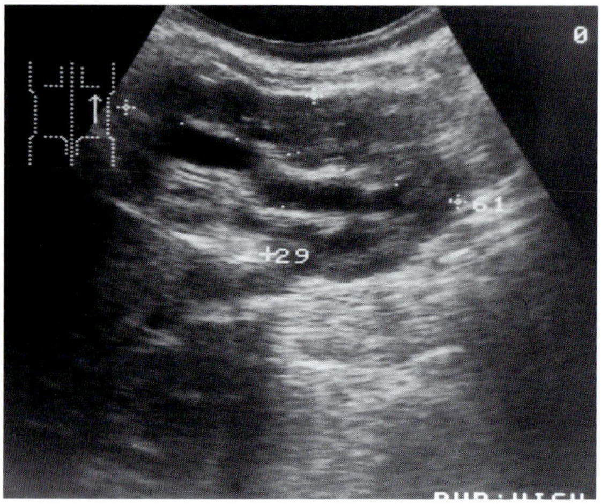

a

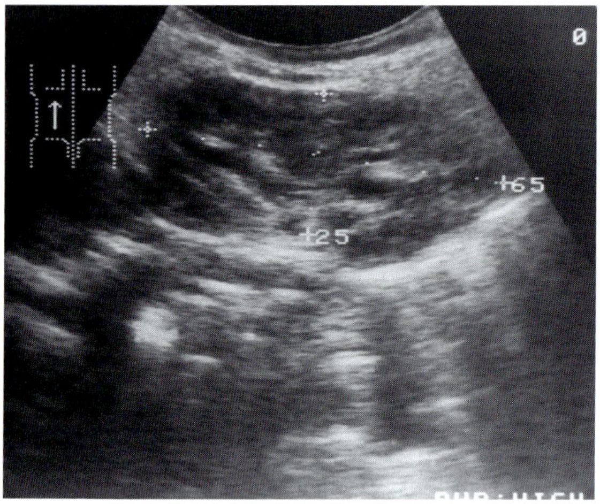

b

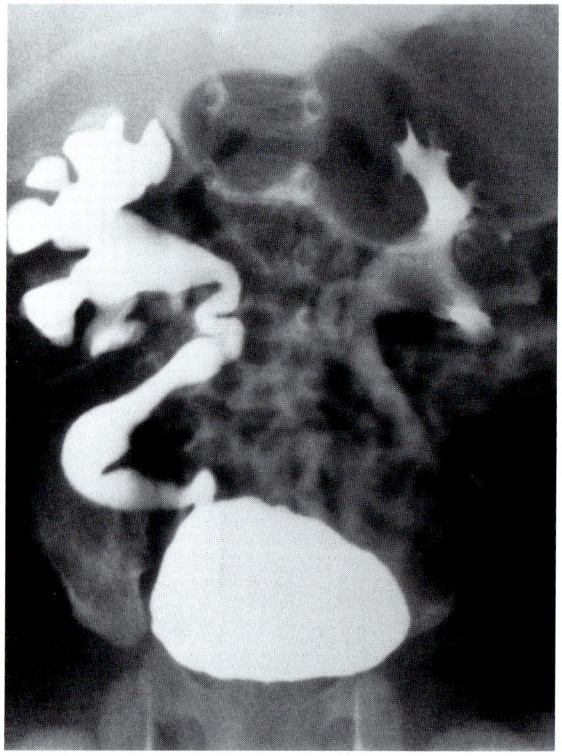

c

Abb. 9-41a bis c Im Sonogramm (a und b) bds. aufgespreiztes Nierenbecken, rechts ist der Befund ausgeprägter als links. Im Miktions-Zystourethrogramm (c) Reflux rechts Grad IV, links Grad III!

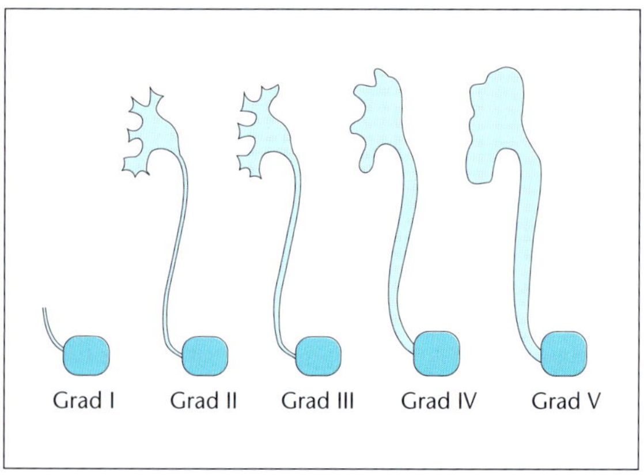

Schema 9-1 Refluxstadien (nach Heikel und Parkkulainen, 1966).

nicht aus (Abb. 9-41a bis c). Nach Heikel und Parkkulainen unterscheidet man fünf Refluxstadien (Schema 9-1).

Das in der Blase im Normalfall zu beobachtende Jet-stream-Phänomen ist beim vesiko-ureteralen Reflux nicht vorhanden. Manchmal läßt sich aber das retrograde Flußphänomen im dynamischen Bild erkennen (s. Abb. 9-38b).

Ein Refluxureter kann durchaus in Kombination mit einer subpelvinen Stenose auftreten.

Anzumerken ist, daß bei gesunden Kindern in gut hydriertem Zustand in bis zu 25% der Fälle die Ureteren sonographisch sichtbar sind (Schneider et al., 1990).

9.12 Ureterozele

Eine Ureterozele (Abb. 9-42a und b) stellt sich als echoarme runde Formation mit echoreichem Randsaum dar. Sie ist sonographisch schwer von einem Uretermündungsdivertikel (Hutch-Divertikel) zu unterscheiden.

9.13 Harnblase – Normalbefund

Die normale Harnblase (Abb. 9-43a und b) stellt sich im Sonogramm echofrei dar. Bei maximaler Füllung hat sie eine runde Form. Bei guter, aber nicht maximaler Füllung ähnelt sie im Quer-

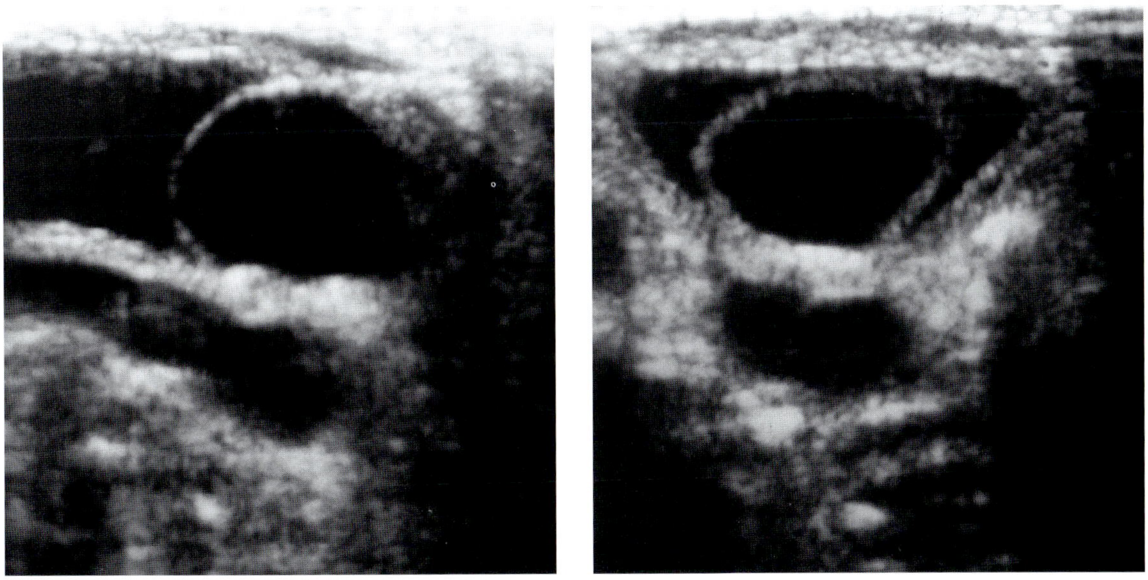

a b

Abb. 9-42a und b Ureterozele und Megaureter rechts bei Doppelniere rechts, 10 Tage altes männliches Neugeborenes. Die Ureterozele wölbt sich als echoleere Formation mit echoreicher Membran in die Harnblase vor (a Transversalschnitt, b Längsschnitt).
(Die Aufnahmen verdanken wir Herrn Dr. Hahn, Technische Universität München.)

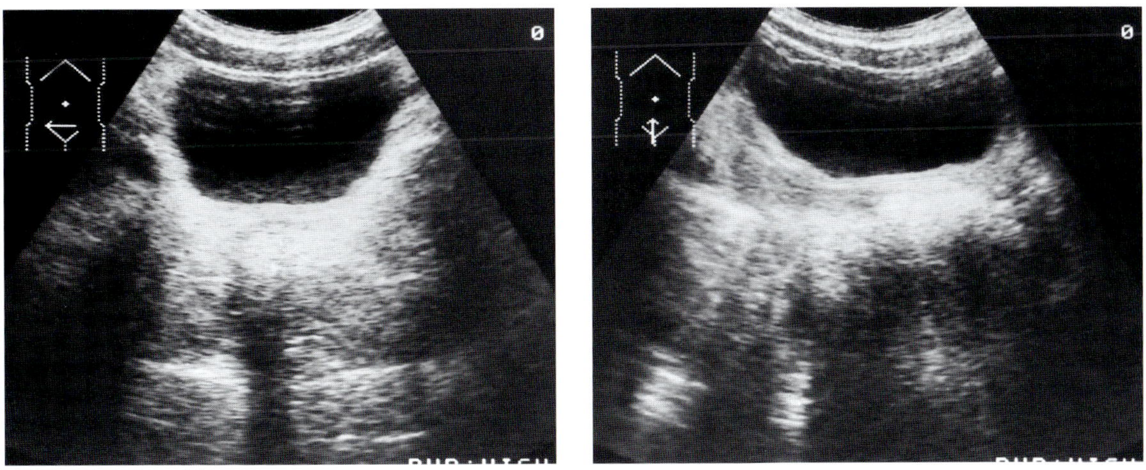

a b

Abb. 9-43a und b Normale Harnblase im Querschnitt (a) und Längsschnitt (b).

schnitt einem Trapez mit abgerundeten Ecken, im Längsschnitt ist sie eher von ovaler Form. Die Dicke der Harnblasenwand darf nur bei gut gefüllter Harnblase beurteilt werden, sie beträgt nicht mehr als 4 mm. Bei Mädchen wird die Harnblase vom Uterus dorsal imprimiert. Auch das gefüllte Rektum kann eine Eindellung der Harnblasenhinterwand hervorrufen.

Bei jeder rundlichen, echofreien Raumforderung im Retrovesikalraum ist durch sonographische Aufnahmen in mindestens zwei Ebenen deren genaue Lagebeziehung und eventuelle Verbindung zur Harnblase festzustellen. Durch längerfristige Beobachtung der auffälligen Struktur am Monitor läßt sich anhand von eventuell regelmäßig auftretenden Kontraktionswellen ein erweiterter Ureter von einer flüssigkeitsgefüllten Darmschlinge unterscheiden.

9.14 Pathologische Veränderungen der Harnblase

Wandverdickung. Bei einer Zystitis ist die Harnblasenwand deutlich verdickt und unregelmäßig wellig konturiert (Abb. 9-44a und b).

Pathologischer Harnblaseninhalt. Ein geblockter Katheter (Abb. 9-45a) ist echoreich, der mit Flüssigkeit gefüllte Ballon der Blockung echoarm mit feiner echoreicher Randkontur (Grenzflächenphänomen). Ablagerungen aus Zelldetritus und auch Blutkoagel (Abb. 9-45b und c) stellen sich echoreich und unscharf begrenzt dar. Ein Harnblasenkonkrement ist echoreich und weist bei genügender Dichte einen Schallschatten auf.

Divertikel. Ein Harnblasendivertikel entspricht einer Aussackung der Harnblasenwand und ist sonographisch echoarm. Manchmal kann man seine Verbindung zum Harnblasenlumen nachweisen (Abb. 9-46a und b). Es besteht in transversaler Schichtführung Verwechslungsgefahr mit einem erweiterten Ureter.

Pseudodivertikel entwickeln sich bei einer neurogenen Blase oder infolge einer länger bestehenden subvesikalen Abflußbehinderung (z.B. Urethralklappe; Abb. 9-47a bis c).

Urachusanomalien. Eine seltene Fehlbildung zwischen Harnblase und Nabel stellt der Urachus dar. Dieser entspricht dem nicht obliterierten Anteil des Dottersacks (Allantois). Je nach Ausprägungsgrad unterscheidet man einen offenen Urachus, ein Urachusdivertikel, eine Urachuszyste (Abb. 9-48a und b) und einen Urachussinus.

a

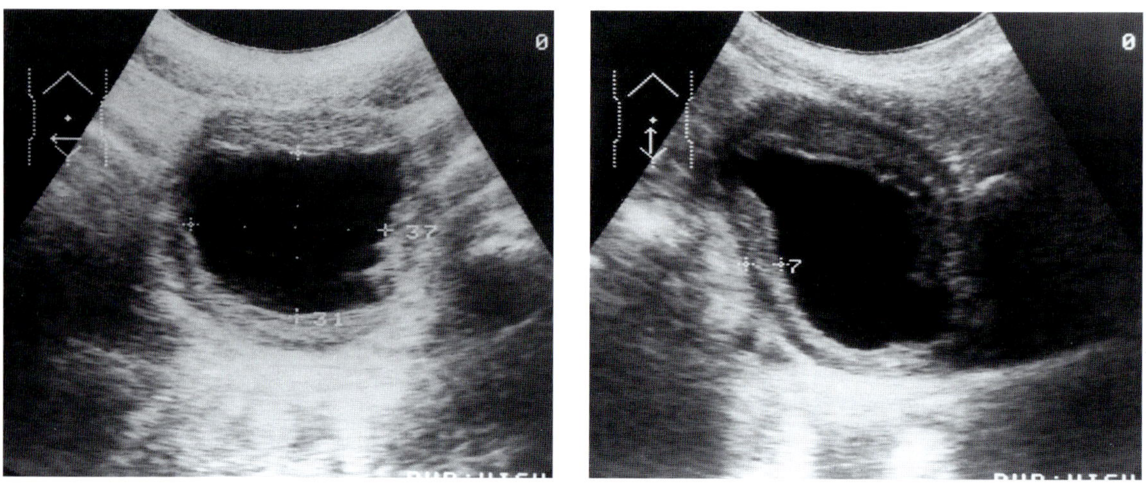

b

Abb. 9-44a und b Zystitis bei einem $4^{1}/_{2}$jährigen Jungen. Die Harnblasenwand ist erheblich verdickt und zum Lumen hin unregelmäßig konturiert.

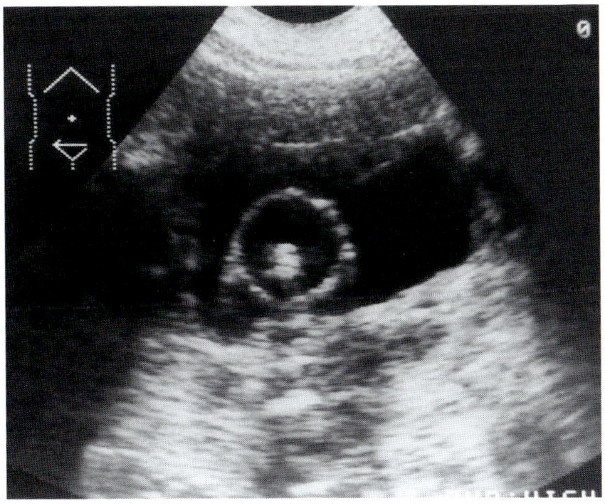

a

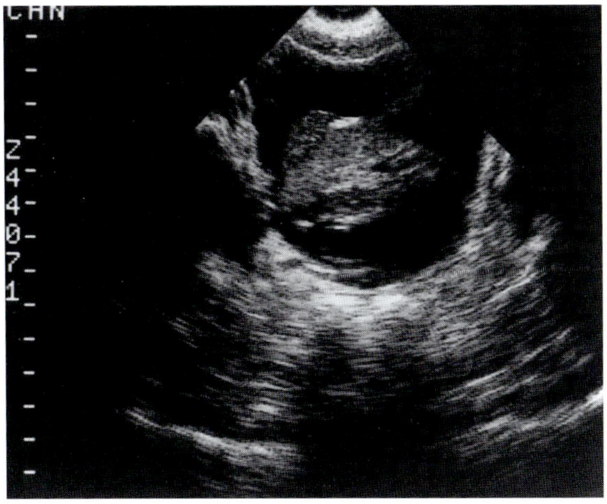

b

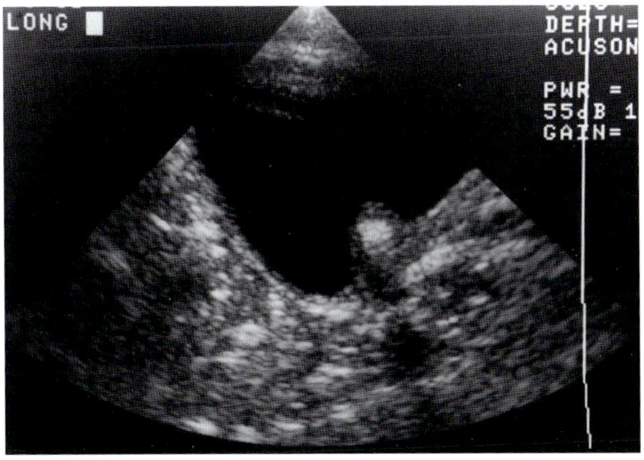

c

Abb. 9-45a bis c Pathologischer Harnblaseninhalt.

a) Geblockter Katheter innerhalb einer partiell gefüllten Harnblase. Der zentrale echoreiche Reflex entspricht dem Katheter. Der diesen umgebende Blockungsballon ist mit Flüssigkeit (echoarm) gefüllt, seine Außenkontur stellt sich aufgrund eines Grenzflächenphänomens echoreich dar.

b) Ausgedehntes echoreiches Blutkoagel bei Status nach Nierenbiopsie bei einem 9jährigen Mädchen.

c) Echoreiches Konkrement im prävesikalen Uretersegment rechts bei einem 4jährigen Knaben mit Hämaturie.

(Die Aufnahmen 9-45b und c verdanken wir Herrn PD Dr. med. K. Schneider, Haunersches Kinderspital, München.)

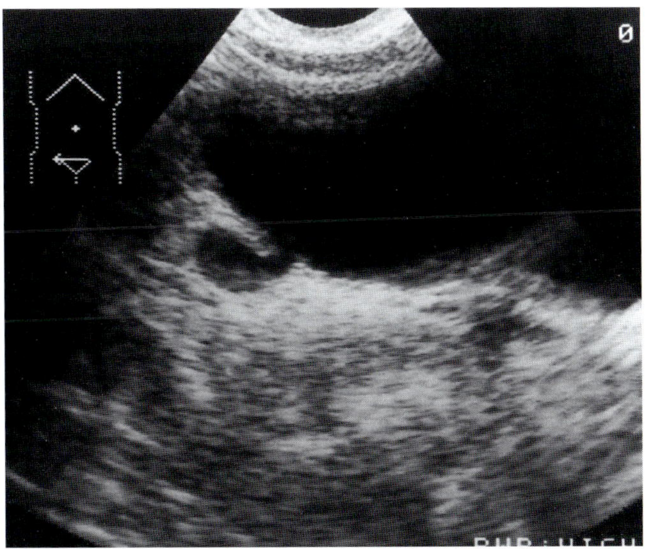

a

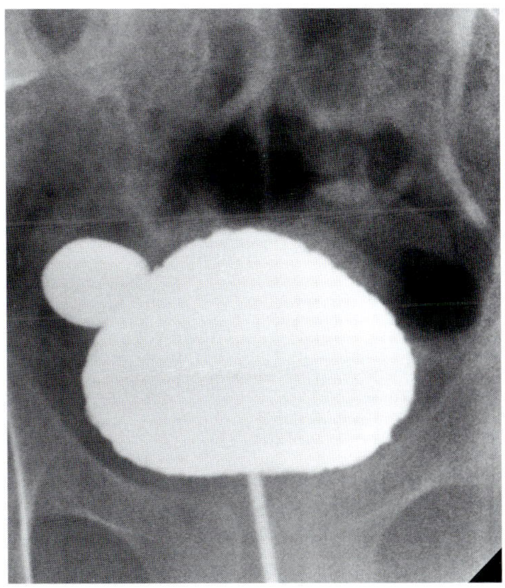

b

Abb. 9-46a und b Divertikel der Harnblase.

a) Das Divertikel ist echoarm wie die Harnblase. Es weist eine breite, stielartige Verbindung zur Harnblase auf (Sonogramm, transversal).

b) Röntgenaufnahme im Rahmen eines Miktions-Zystourethrogramms.

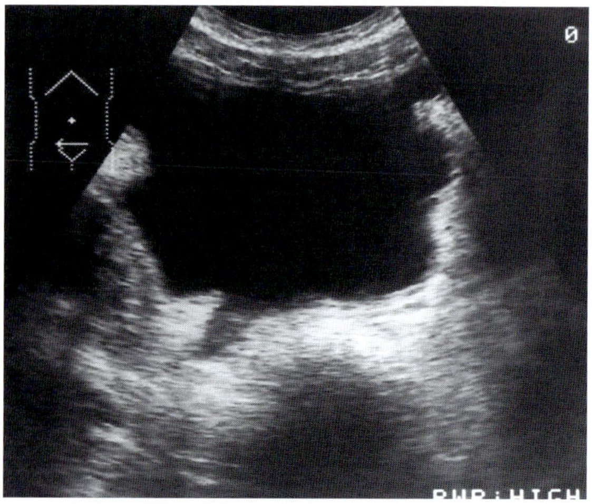
a

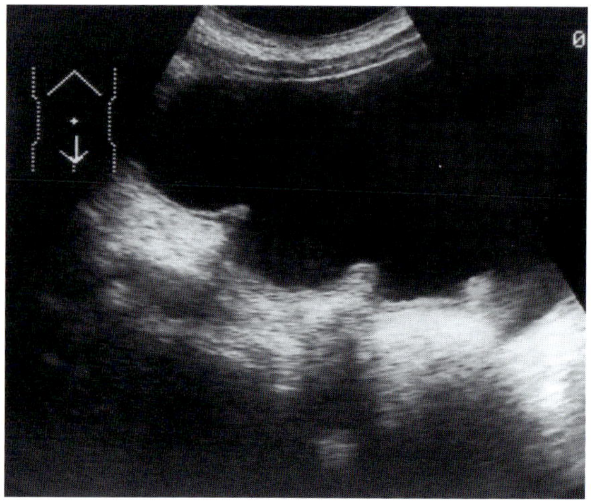
b

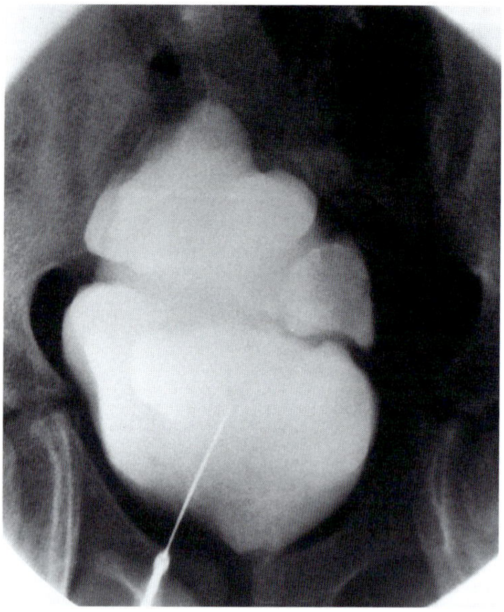
c

Abb. 9-47a bis c Pseudodivertikulose der Harnblase bei einem zum Untersuchungszeitpunkt 14jährigen Jungen. Erst im 2. Lebensjahr war eine Urethralklappe entdeckt und entfernt worden.

a) und b) Erhebliche wellige Konturierung der Harnblasenwand, vergleichbar mit dem „crescent sign" der Niere bei Harnabflußbehinderung (s. Abb. 9-14a und b; Sonogramm transversal und longitudinal).

c) Röntgenaufnahme im Rahmen eines Miktions-Zystourethrogramms.

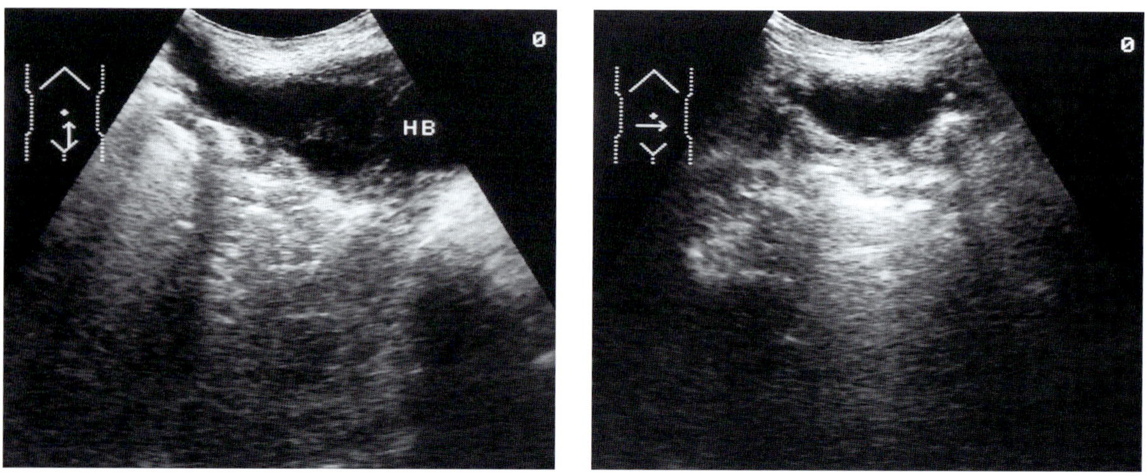

a b

Abb. 9-48a und b Infizierte Urachuszyste bei einem $6^1/_2$ Monate alten Knaben.
Die echoarme, unregelmäßig begrenzte Raumforderung reicht vom Harnblasendach bis in Nabelhöhe. Feine Binnenechos weisen auf die Infektion hin (operativ bestätigt; a Längsschnitt, sagittal; b Transversalschnitt).

9.15 Harnblasentumoren

Der häufigste **benigne Harnblasentumor** ist der Polyp, der meistens solitär vorkommt. Er stellt sich im Sonogramm als pilzförmige Formation mit mittlerer Echogenität und Kontakt zur Harnblasenwand dar.
Der wichtigste **maligne Harnblasentumor** ist das embryonale Rhabdomyosarkom (Abb. 9-49). Im Ultraschall stellt es sich als unregelmäßig begrenzte Raumforderung von mittlerer Echogenität dar. Die Ultraschalluntersuchung sollte neben der Darstellung des Tumors auch dazu dienen, die regionalen Lymphknoten zu erfassen. Ergänzend muß die Leber mit der Frage nach Fernmetastasen durchgemustert werden.

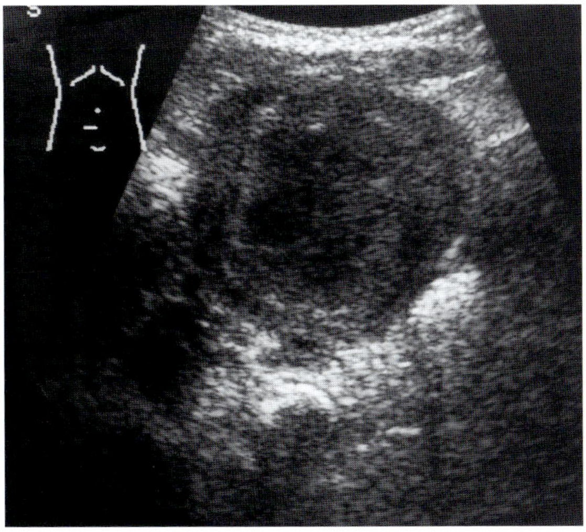

Abb. 9-49 Rhabdomyosarkom der Harnblase bei einem 1 3/4jährigen Knaben. Die echoreiche Tumormasse füllt den Harnblasenhohlraum weitgehend aus (Transversalschnitt der Harnblase).
(Die Aufnahme verdanken wir Herrn PD Dr. med. K. Schneider, Haunersches Kinderspital, München.)

9.16 Weiterführende Diagnostik

Eine sonographisch gesicherte Harntransportstörung muß bei Kindern immer mittels Miktions-Zystourethrogramm und i.v. Urogramm abgeklärt werden. Zur Bestimmung der Nierenleistung mit seitengetrennter Clearance dient das Isotopennephrogramm, welches vor einer Operation in der Regel angefertigt werden sollte. In Zweifelsfällen sollte der jeweilige Operateur zu Rate gezogen werden.
Bei rezidivierenden Harnwegsinfektionen ist auch bei unauffälligem sonographischen Befund ein Miktions-Zystourethrogramm, eventuell auch ein i.v. Urogramm erforderlich, da nicht alle Harntransportstörungen bzw. Fehlbildungen im Ultraschall erfaßbar sind.
Bei der Erstdiagnose von Fehlbildungen sowie Form- und Lagevarianten ist ein i.v. Urogramm notwendig, bei Verdacht auf einen gleichzeitig bestehenden Reflux auch ein Miktions-Zystourethrogramm.
Unklare raumfordernde Prozesse sollten nach Möglichkeit mittels MRT, falls nicht vorhanden, mittels CT ergänzend untersucht werden. Ein i.v. Urogramm ist in diesen Fällen oft nicht notwendig. Insbesondere beim Wilms-Tumor, der sich mit Ultraschall und CT (am besten Spiral-CT), oder auch Ultraschall und MRT klar diagnostizieren läßt, ist das i.v. Urogramm heutzutage entbehrlich geworden (auch, wenn es im Rahmen von Therapiestudien noch immer empfohlen wird)!

10 Nebennieren

10.1 Allgemeines

10.1.1 Indikationen

- Verdacht auf Nebennierenblutung (Früh- und Neugeborene, Kinder mit Meningokokkensepsis)
- Verdacht auf Nebennierentumor
- hormonelle Störungen mit Verdacht auf Nebennierenadenom
- ACTH-Therapie

10.1.2 Vorbereitungsmaßnahmen

Es sind keine Vorbereitungsmaßnahmen erforderlich.

10.1.3 Lagerung

a) Das Kind liegt in **Rückenlage,** kooperative Kleinkinder und größere Kinder halten die Hände hinter dem Kopf verschränkt.

b) Es können Aufnahmen in **Seitenlage** angefertigt werden, falls die unter a) erstellten Bilder nicht ausreichen. Das Kind sollte dabei in der Flanke mit einem zur Rolle geformten Kissen unterpolstert werden.

c) Aufnahmen der Nebennieren **von dorsal** sind *nicht* üblich, erbringen auch keine Zusatzinformation. Eine Ausnahme stellt der Nebennierentumor dar, der immer von ventral und dorsal untersucht werden muß.

10.1.4 Schallkopf

- Curved-array-Schallkopf, 5 MHz oder 3,5 MHz (eventuell bei kleinen Kindern, falls hohe Auflösung gewünscht, auch 5 MHz-Linearschallkopf)

10.1.5 Standardebenen mit Standardabbildungen

1. Nebenniere rechts in der Sagittalebene (von ventral oder von lateral, Schallkopf in der vorderen Axillarlinie);

2. Nebenniere links in der Koronarebene (von lateral);
3. Nebenniere rechts in der Transversalebene (von ventral, weniger gut auch von lateral möglich);
4. Nebenniere links in der Transversalebene (von lateral).

Nur bei einem Früh- und Neugeborenen sind die Nebennieren so groß, daß sich sonographisch sogar Mark (echoreich) und Rinde (echoarm) des Organs unterscheiden lassen.
Schon bei Kleinkindern sind die Nebennieren oft so klein, daß sie sich mit den gebräuchlichen Schallköpfen nicht mehr abgrenzen lassen.
Die Darstellung eines Nebennierenadenoms kann versucht werden, es läßt sich jedoch nur bei ausreichender Größe erfassen.

Ein Nebennierenadenom kann sonographisch nie sicher ausgeschlossen werden, da die Auflösung der gebräuchlichen Schallköpfe oft schon bei Kleinkindern nicht mehr ausreicht, um die Nebenniere selbst überhaupt abzubilden. In solchen Fällen ist eine CT-Untersuchung in Dünnschichttechnik (Spiral-CT) zu empfehlen.

Es ist wichtig, die anatomische Lage der Nebennieren zu kennen. Sie liegen beim größeren Kind und Erwachsenen zu großen Anteilen medial des oberen Nierenpols, beim Neugeborenen kranial und auch teilweise lateral davon. Bei einer Nierenagenesie oder einer atypischen Lage der Niere liegt die Nebenniere der betroffenen Seite trotzdem in ihrer typischen Lage, da sich Nieren und Nebennieren getrennt voneinander entwickeln.

10.2 Normalbefund

Beim Neugeborenen und jungen Säugling lassen sich die Nebennieren, welche in diesem Alter kranial, teilweise auch lateral des oberen Nierenpols liegen, sonographisch leicht darstellen. Sie sind meist dreieckig oder V-förmig und weisen bei einer Organdicke von 3–5 mm eine Länge zwischen 1 und 3 cm auf. In vielen Fällen ist die echoarme Nebennierenrinde gut vom echoreichen Nebennierenmark zu unterscheiden (Abb. 10-1a und b). Die Darstellung der Nebennieren beim Kleinkind wie auch bei größeren Kindern ist sehr von den technischen Möglichkeiten des Ultraschallgerätes abhängig, da bei diesen Aufnahmen eine höhere Eindringtiefe erforderlich ist, und die Schallköpfe gleichzeitig eine hohe Ortsauflösung besitzen müssen. Außerdem geht im Laufe der Entwicklung der Nebennieren die Differenzierung zwischen Mark und Rinde verloren, so daß im Alter von 1–3 Jahren das Organ lediglich noch als eine feine, echoarme, vor dem Zwerchfellschenkel gelegene Formation zu erkennen ist.

a
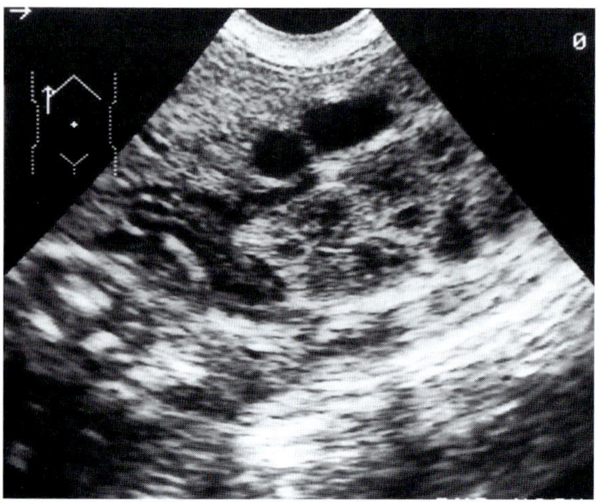
b
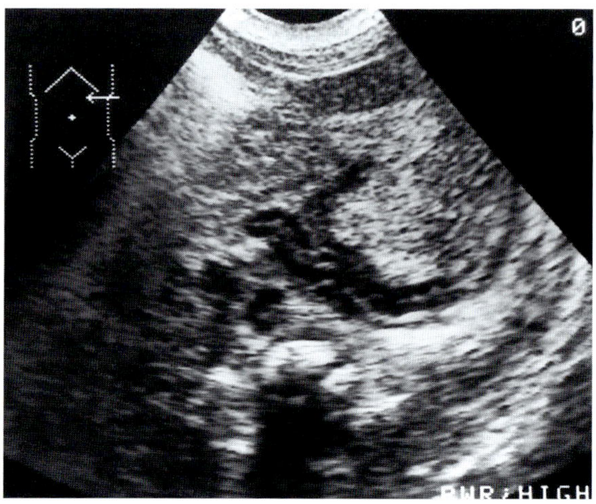

10-1a und b Normale Nebennieren eines Neugeborenen.
Die Nebennieren sind annähernd dreiecksförmig, die echoarme Nebennierenrinde grenzt sich gut vom echoreichen Nebennierenmark ab (Längs- und Querschnitt).

Der **maximale Organdurchmesser** liegt bei 3–6 cm bei einer **Parenchymdicke** von 2–6 mm.

> ***Normalbefund – typische Formulierung***
>
> **Neugeborenes und Säugling**
> Beschreibung: Beide Nebennieren liegen orthotop und sind von normaler Echogenität. Nebennierenrinde und Nebennierenmark lassen sich gut differenzieren. Der Organdurchmesser liegt bei ... cm, die Parenchymdicke bei ... mm. Kein Anhalt für eine pathologische Raumforderung in Höhe der Nebennieren, insbesondere nicht für eine Blutung.
> Beurteilung: Altersphysiologisch große, strukturell unauffällige Nebennieren bds., insbesondere kein Anhalt für eine Blutung oder einen Tumor.
>
> **Kleinkind und größeres Kind**
> Beschreibung: In der Nebennierenregion bds. kein Anhalt für eine pathologische Raumforderung. Die Nebennieren selbst lassen sich aufgrund ihrer geringen Größe mit den zur Verfügung stehenden technischen Mitteln nicht darstellen.
> Beurteilung: Kein Anhalt für eine größere pathologische Raumforderung in der Nebennierenregion bds. Ein Nebennierenadenom ließ sich aus technischen Gründen sonographisch weder beweisen noch ausschließen, bei entsprechender Fragestellung CT empfohlen.

10.3 Normvarianten

Bezüglich der Form der Nebennieren sind vielfach Normvarianten zu beobachten, diese reichen von linear konfigurierten bis zu S-förmigen oder bizarr gefalteten Organen (Abb. 10-2a bis d). Insbesondere beim Neugeborenen können die Schenkel der Nebennieren bis in Höhe des Nierenhilus nach kaudal reichen.

10.4 Blutung

Die häufigste Ursache einer Nebennierenblutung (Abb. 10-3a und b) ist ein Geburtstrauma, meist ist in diesen Fällen nur die Nebenniere einer Seite betroffen. Das Blutungsareal ist im Ultraschall im Frühstadium echoreich, später echoarm und kann mit einer deutlichen Volumenzunahme des Organs einhergehen. Dabei kann die Nebenniere fokal, aber auch in toto von der Blutung betroffen sein.

> Zumindest wöchentliche sonographische Kontrolluntersuchungen müssen durchgeführt werden, um die Resorption der Blutung sicher zu erfassen und insbesondere das differentialdiagnostisch in Frage kommende zystische Neuroblastom auszuschließen. Bei jeglichem Zweifel an der Diagnose einer Nebennierenblutung muß die laborchemische (Vanillinmandelsäure im Urin) und radiologische (MRT, Spiral-CT, ggf. MIBG-Szintigramm) Neuroblastomdiagnostik erfolgen.

Eine seltene, schwere Komplikation einer Meningokokkensepsis kann die bilaterale Nebennierenblutung sein, die zur völligen Destruktion der Nebennieren und damit zum Tod der Kinder führen kann.
Eine Nebennierenblutung bei älteren Kindern kann im Rahmen eines stumpfen Bauchtraumas vorkommen.

10.5 Hyperplasie

Eine Nebennierenhyperplasie kann durch einen **erhöhten ACTH-Spiegel** bedingt sein, wie er beim Cushing-Syndrom vorkommt. Auch im Rahmen einer ACTH-Therapie, wie sie bei manchen Kindern zur Behandlung einer Epilepsie durchgeführt wird, kann eine unphysiologische Vergrößerung der Nebennieren auftreten. Seltener ist die **kongenitale Nebennierenhyperplasie,** die aufgrund eines Enzymmangels zu einem Überschuß von Vorstufen männlicher Steroidhormone führt (adrenogenitales Syndrom, AGS). Dies führt bei neugeborenen Mädchen zum Virilismus und bei beiden Geschlechtern zu einer beschleunigten somatischen Entwicklung. Sonographisch ist die erhebliche Organvergrößerung leicht zu erfassen (Abb. 10-4a bis c), die Differenzierung von Mark und Rinde kann in manchen Fällen erschwert

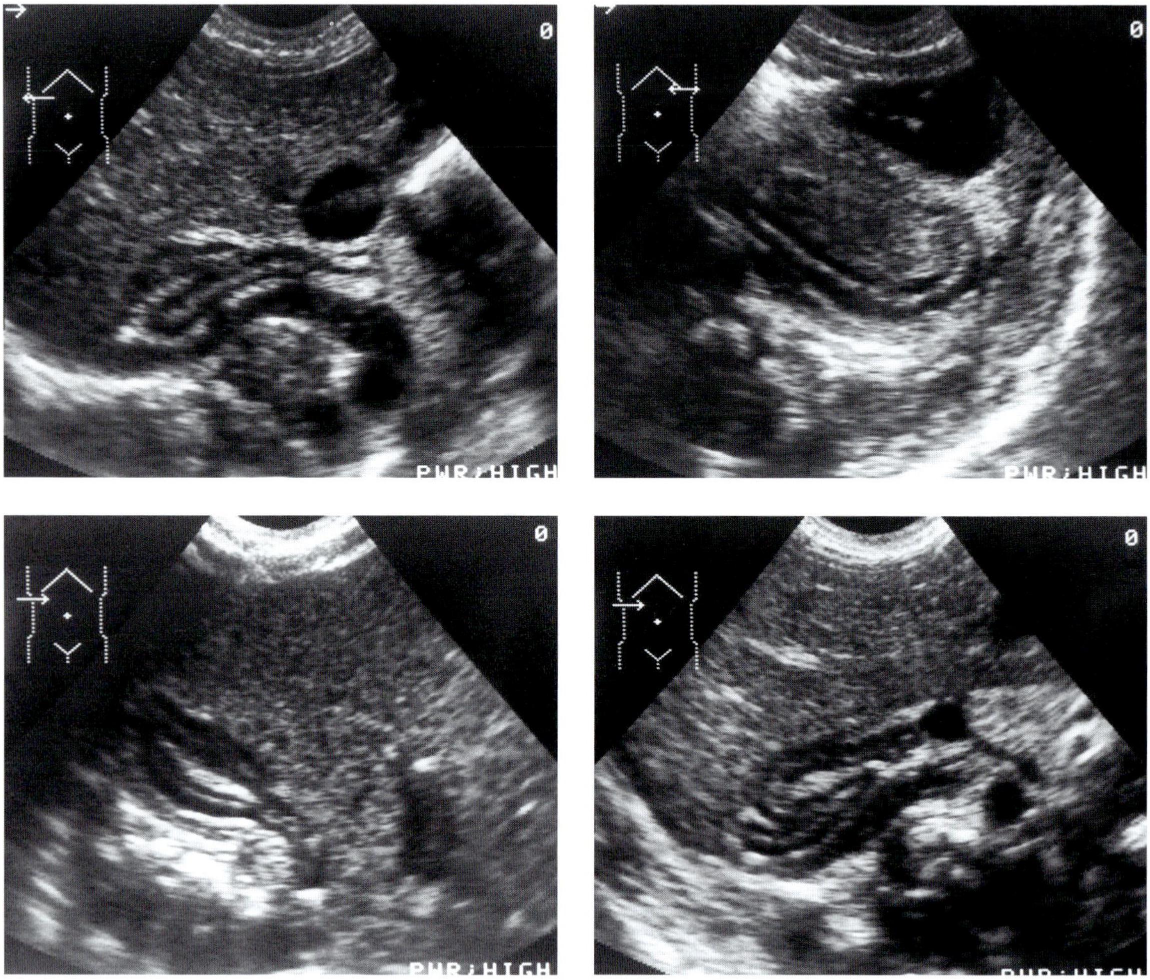

10-2a bis d Normvarianten der Nebennieren.
Abgesehen von der dreieckigen Konfiguration können auch V- und S-förmige Nebennieren als Normvarianten auftreten.
a) V-förmige Nebenniere rechts (Querschnitt).
b) Gebogene Nebenniere links (Querschnitt).
c) V-förmige Nebenniere rechts (Querschnitt).
d) S-förmige Nebenniere rechts (Querschnitt).

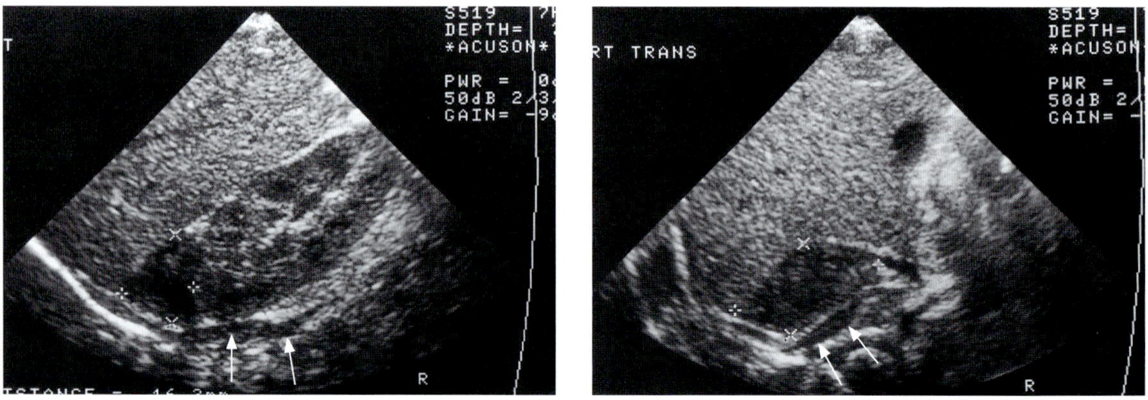

10-3a und b Nebennierenblutung bei einem 3 Tage alten Neugeborenen.
Die Rinden-Mark-Differenzierung ist aufgehoben, das Blutungsareal ist echoarm. Dorsal von Niere und Nebenniere ist der Zwerchfellschenkel als echoarme schmale Struktur (—▷) gut zu erkennen (Längs- und Querschnitt).

a
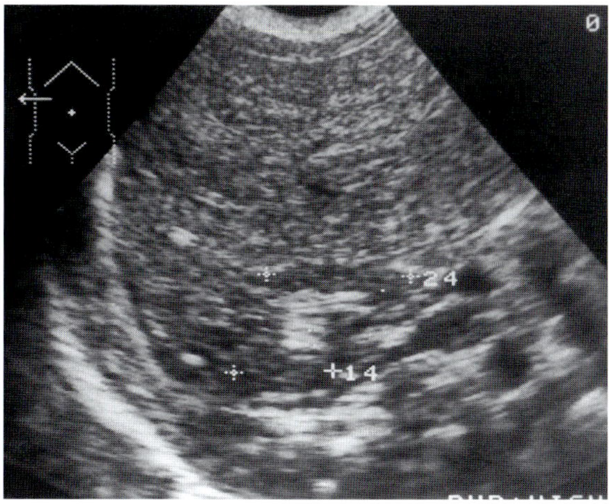

b
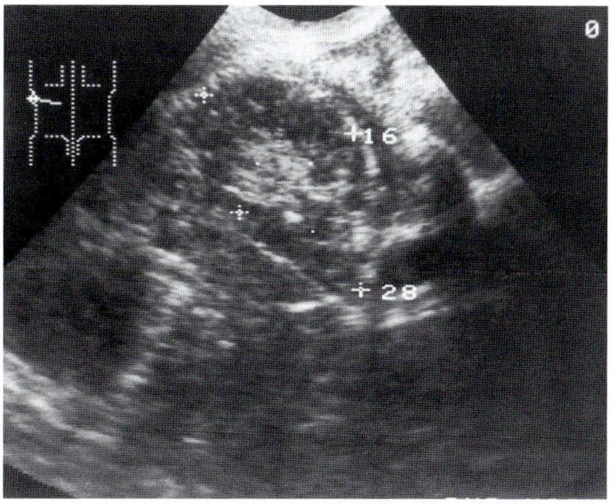

c
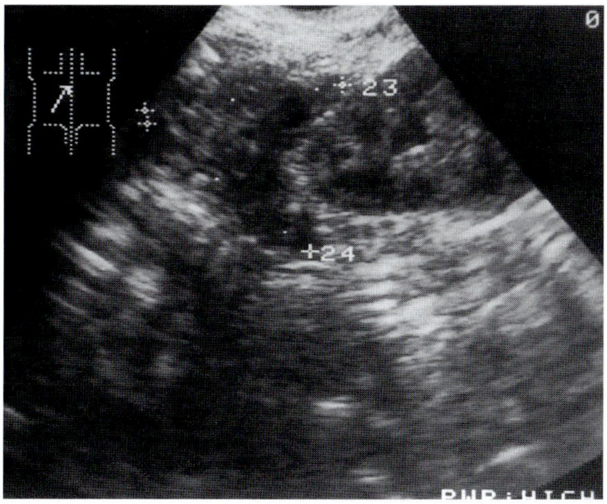

10-4a bis c Nebennieren bei einem weiblichen Säugling mit adrenogenitalem Syndrom (AGS). Die Nebennieren sind vergrößert und weisen insbesondere ein verbreitertes echoreiches Nebennierenmark auf (a Querschnitt von ventral, b Querschnitt von dorsal, c Längsschnitt von dorsal).

sein. Die Erkennung einer Nebennierenhyperplasie als Indiz für eine schwerwiegende hormonelle Störung beim Neugeborenen ist wichtig, da die Kinder ohne Therapie an einem sich rasch entwickelnden Salzverlustsyndrom versterben können.

10.6 Hypoplasie

Zu einer Nebennierenhypoplasie kommt es bei einem Mangel an adrenokortikotropem Hormon (ACTH) und ist somit meist Folge einer morphologischen Veränderung der Hypophyse oder des Hypothalamus. Sie kann sehr selten auch idiopathisch oder im Rahmen anderer Erkrankungen (z. B. Zellweger-Syndrom, Adrenoleukodystrophie) auftreten. Sonographisch ist die Nebennierenhypoplasie nicht sicher nachzuweisen, da das Organ, insbesondere bei Kleinkindern und größeren Kindern, aus technischen Gründen (Schallkopf mit hoher Eindringtiefe und gleichzeitig hoher Ortsauflösung erforderlich) schwer oder nicht darstellbar sein kann.

10.7 Tumoren

- Adenom
- Ganglioneurom
- Neuroblastom

Gutartige Tumoren der Nebenniere sind das Adenom und das Ganglioneurom. Adenome sind bei Kindern sehr selten. Sie lassen sich aufgrund ihrer geringen Größe sonographisch nur ausnahmsweise nachweisen. Kleine Adenome sind meist echoreich und glatt begrenzt, größere Adenome können inhomogen sein und echoreiche Verkalkungen aufweisen. Bei Verdacht auf ein Nebennierenadenom ist abgesehen von der Sonographie eher das CT in Dünnschichttechnik die Methode der Wahl. Ganglioneurome sind gutartige Tumoren des Grenzstranges und sind sonographisch glatt begrenzt und echoarm. Auch ein Neuroblastom kann sich unter Therapie in ein Ganglioneurom umwandeln.

Der wichtigste **maligne Nebennierentumor** im Kindesalter ist das Neuroblastom (Abb. 10-5a und b bis Abb. 10-9a und b). Es tritt meist als solider Tumor, selten auch als zystische Raumforderung auf. Das solide Neuroblastom ist sonographisch vielgestaltig, es kann in der Echogenität wie auch in der Form variieren und weist manchmal echoreiche Verkalkungen auf (s. Abb. 10-6a und b). Nicht immer gelingt die Zuordnung zur Nebenniere, die Niere ist in der Regel aber gut von einem Nebennierentumor zu differenzieren. Sie wird – in Abhängigkeit von der Tumorausdehnung – oft

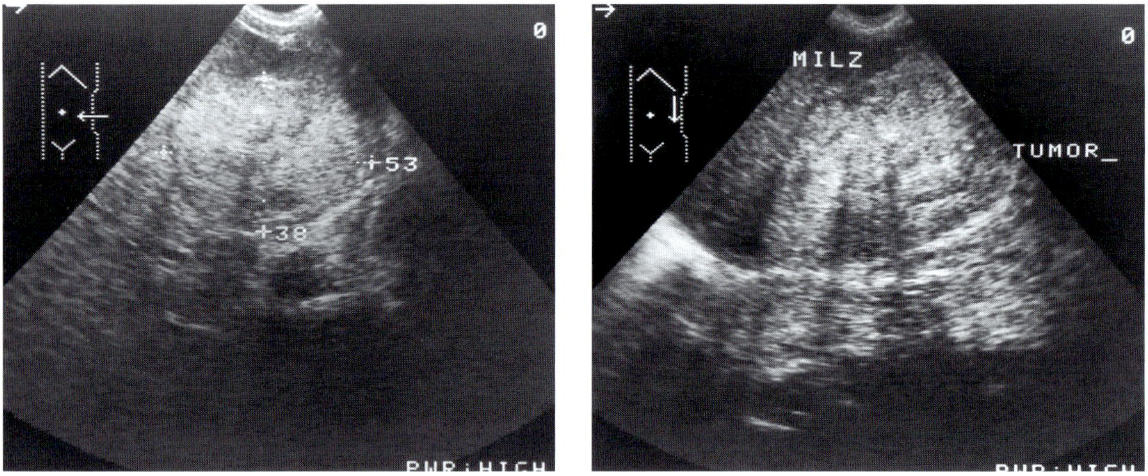

a b

10-5a und b Neuroblastom bei einem neugeborenen Mädchen.
Vornehmlich echoreicher Tumor mit guter Abgrenzung gegenüber Milz.

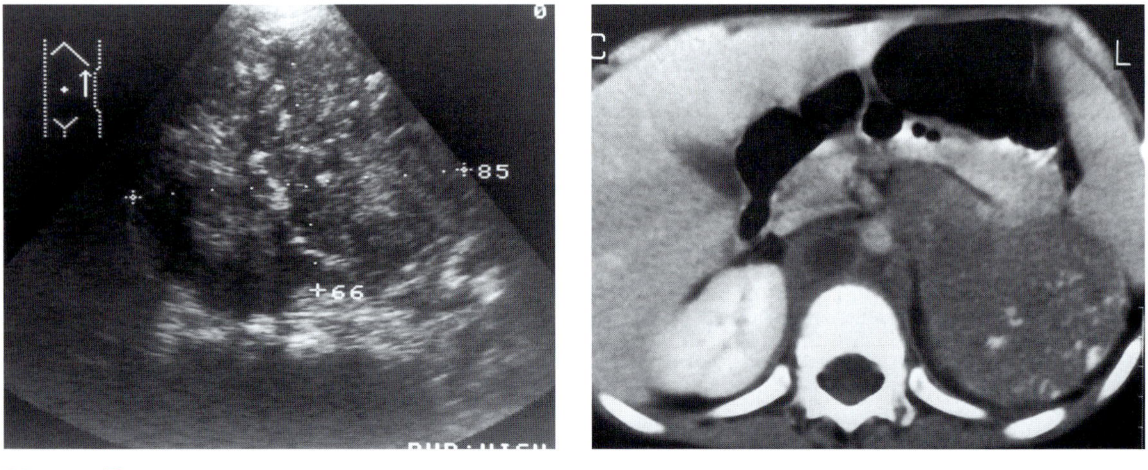

a b

10-6a und b Neuroblastom bei einem 6 Jahre alten Jungen.
Echoreiche Binnenstrukturen entsprechen Verkalkungen innerhalb des Tumorgewebes. Diese sind im CT (b) als hyperdense Formationen zu erkennen.

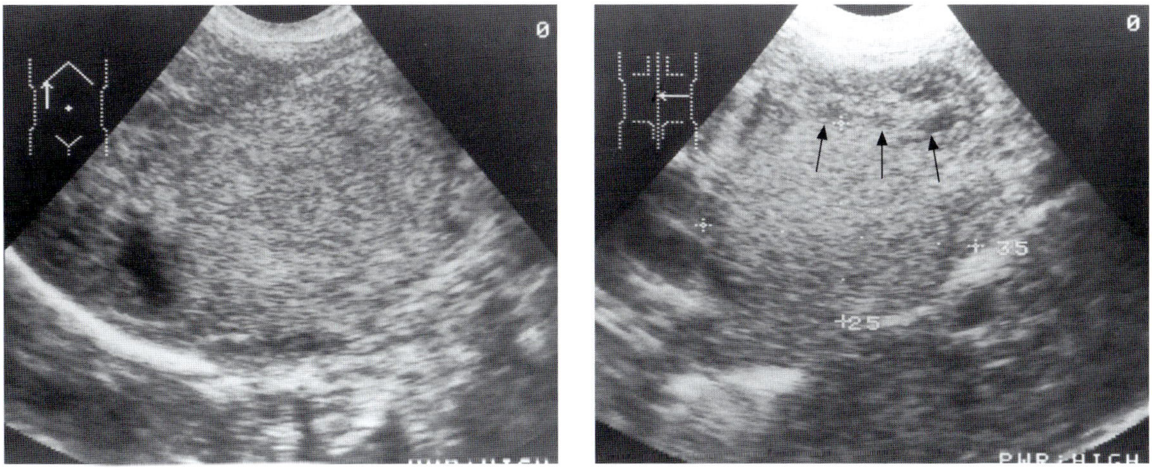

a b

10-7a und b Neuroblastom bei einem neugeborenen Jungen.
Der ausgedehnte Tumor ist echoreich und weist kranial ein echoarmes Nekroseareal auf. Erhebliche Kompression der rechten Niere (—▷).

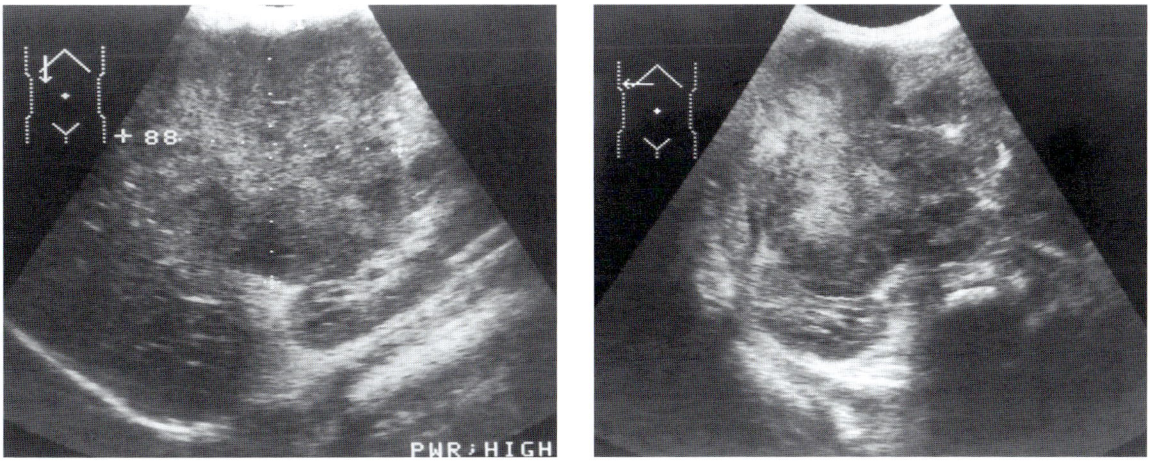

a b

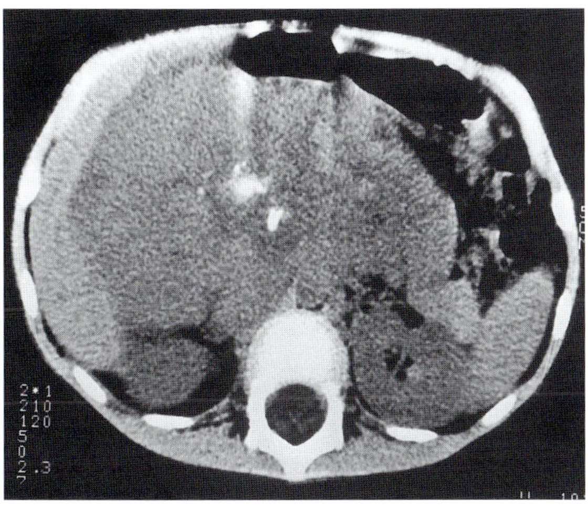

c

10-8a bis c Neuroblastom bei einem 4jährigen Jungen.
Der Tumor ist inhomogen, zentral echoreich, marginal echoärmer strukturiert und weist zentral eine umschriebene, echoreiche Verkalkung auf. Diese wird im CT (c) bestätigt. Der ausgedehnte Tumor komprimiert und disloziert die angrenzende Niere nach kaudo-dorsal.

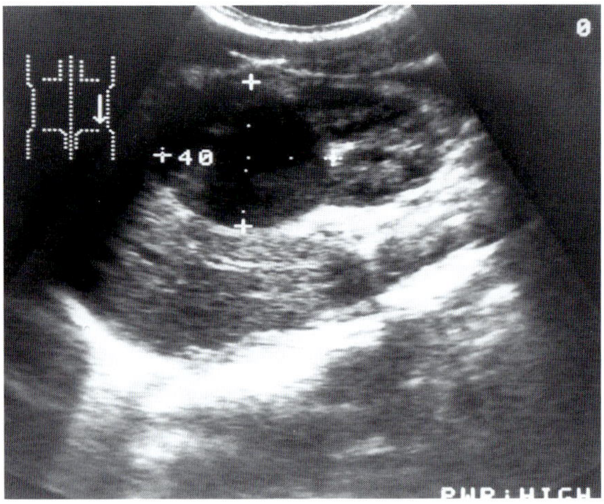
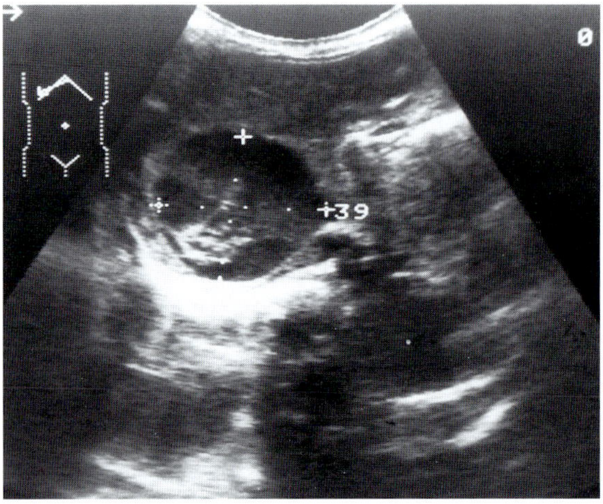

a b

10-9a und b Zystisches Neuroblastom bei einem 4 Tage alten Mädchen.
Glatt begrenzter, zystischer Tumor mit echoreichen Binnenstrukturen. Die Differentialdiagnose zu einer solitären Nierenzyste mit Einblutung ist schwer zu stellen.

komprimiert und disloziert. Das echoarme zystische Neuroblastom (s. Abb. 10-9a und b) kann besonders im Neugeborenenalter schwer von einer Nebennierenblutung zu unterscheiden sein. Zeigen kurzfristige Verlaufskontrollen keine Echogenitätsveränderung und Größenabnahme der zystischen Raumforderung, ist eher das Vorliegen eines Neuroblastoms anzunehmen. In Zweifelsfällen kann nur die laborchemische und radiologische, manchmal lediglich die histologische Untersuchung Klarheit schaffen.

10.8 Weiterführende Diagnostik

Bei einer sonographisch sicher diagnostizierten Nebennierenblutung sind lediglich Verlaufskontrollen im Ultraschall indiziert. Sollte sich in 2 bis maximal 4 Wochen keine Rückbildungstendenz der Raumforderung in der Nebennierenregion zeigen, muß die Diagnostik in Richtung auf ein Neuroblastom erfolgen (MRT, CT, Vanillinmandelsäure im Urin, eventuell MIBG-Szintigramm).

Ein Nebennierenadenom kann in einem Dünnschicht-CT dargestellt werden, die Sonographie reicht hier meistens nicht aus.

Ein Nebennierentumor muß ebenfalls mittels CT ergänzend untersucht werden, es wird im allgemeinen eine Nativserie (zum Nachweis von Verkalkungen) und eine Kontrastmittelserie angefertigt. Die Tumorausdehnung kann auch mittels MRT erfaßt werden, die manchmal in einem Neuroblastom vorhandenen Verkalkungen entgehen jedoch hier dem Nachweis.

11 Genitale

11.1 Allgemeines

11.1.1 Indikationen

- Bauchschmerz
- abdominelle Raumforderung
- Pubertas praecox, Hochwuchs, Kleinwuchs
- klinisch auffälliger Befund (z. B. Hodenschwellung, ektoper Hoden)
- anormaler Karyotyp

11.1.2 Vorbereitungsmaßnahmen

Zur sonographischen Darstellung des inneren Genitale sind für **Neugeborene** und **Säuglinge** keine Vorbereitungsmaßnahmen erforderlich.

Für **Kleinkinder** und **größere Kinder** hat sich folgendes Procedere bewährt:
- entblähende Maßnahmen werden 1 Tag vor der geplanten Untersuchung eingeleitet und konsequent bis zum Untersuchungstermin fortgeführt;
- ca. 2 Stunden vor der Untersuchung erfolgt eine Abführmaßnahme (Mikroklist);
- nach der Abführmaßnahme soll das Kind genügend trinken, damit zum Untersuchungstermin die Harnblase gut gefüllt ist.

Die sonographische Darstellung der Hoden erfordert keine Vorbereitungsmaßnahmen.

11.1.3 Lagerung

Das Kind liegt in Rückenlage, es hält nach Möglichkeit die Hände hinter dem Kopf verschränkt.

11.1.4 Schallkopf

- Mädchen
- Curved-array-Schallkopf, je nach Größe des Kindes 7,5 bzw. 5 MHz, gelegentlich auch 3,5 MHz
- Jungen
- Hoden: Curved-array-Schallkopf, 7,5 bzw. 5 MHz
- in vielen Fällen auch Linearschallkopf, 7 oder 5 MHz, um oberflächennahe Strukturen mit hoher Auflösung darzustellen

11.1.5 Standardebenen mit Standardabbildungen

Uterus und Ovarien

1. Uterus im Längsschnitt
2. Uterus im Längsschnitt (Kontrollmessung)
3. Uterus im Querschnitt
4. Uterus im Querschnitt (Kontrollmessung)

5.–8. Ovarien bds. im Querschnitt
9.–12. Ovarien bds. im Längsschnitt bzw. Schrägschnitt

Die Aufnahmen 9.–12. sind fakultativ und lassen sich auch bei guter Vorbereitung eines Kindes nicht immer anfertigen.

Männliches Genitale

1. rechter Hoden im Längsschnitt
2. rechter Hoden im Längsschnitt (Kontrollmessung)
3. linker Hoden im Längsschnitt
4. linker Hoden im Längsschnitt (Kontrollmessung)

5.–8. Hoden bds. im Querschnitt

Ein im Ultraschall wenig geübter Untersucher hält Darmanschnitte bzw. quergetroffene Anteile des M. iliopsoas leicht für die gesuchten Ovarien. Hier hilft zum einen, den Schallkopf einige Zeit auf der gleichen Untersuchungsregion zu belassen und auf eventuelle Peristaltik der vermeintlichen Ovarien zu achten. Zum anderen sollte der Schallkopf langsam auf der Stelle in die Längsrichtung gedreht werden: Setzen sich die vermeintlichen Ovarien nun in langgestreckte Gebilde mit geringer Echogenität fort, handelt es sich um Anschnitte der Psoasmuskulatur! Auch die Iliakalgefäße werden gelegentlich für die gesuchten Ovarien gehalten, in denen dann sogar noch vermeintlich Follikel gesehen werden! Wenn man darauf achtet, erkennt man die A. iliaca interna aber leicht an ihrer Pulsation. Natürlich ist diese Differenzierung mit der Farb-Duplex-Sonographie noch leichter zu treffen.

11.2 Uterus und Ovarien

11.2.1 Normalbefund

Der **Uterus** des Neugeborenen weist in Relation zum Korpus einen großen Zervixanteil auf. Bedingt durch die mütterliche Östrogenstimulation kann ein feiner echoreicher, sog. Endometriumreflex sichtbar sein, der im Einzelfall bis jenseits des 6. Lebensmonats persistiert.
Der infantile Uterus hat ein deutlich kleineres Volumen als der Uterus des Neugeborenen und zeigt in der Regel bis zum 8. Lebensjahr keinen Endometriumreflex (Abb. 11-1a und b). Zervix und Korpus sind in dieser Altersphase nur schwer voneinander abgrenzbar, das gesamte Organ ist mehr tubulär geformt.
Der präpubertäre Uterus weist einen feinen echoreichen „Endometriumreflex“ auf, Korpus und Zervix sind etwa gleich groß (Abb. 11-2).
Der postpubertäre Uterus (adulte Form) ist charakterisiert durch die typische Birnenform mit prominentem und gegenüber der Zervix deutlich größerem Corpus uteri. Der echoreiche „Endometriumreflex“ ist prominent (Abb. 11-3a bis d).
Die Normwerte für Uteruslänge und -volumen zeigen Diagramm 11-1 und Diagramm 11-2.
Die **Ovarien** sind in der Neugeborenenphase wegen des altersphysiologischen Meteorismus der Kinder sonographisch nicht immer zu erfassen, obwohl ihr Volumen relativ groß ist. Wenn die Ovarien sich darstellen lassen, erkennt man in dieser Altersgruppe oft zahlreiche echoarme, kleinzystische Follikel.
Die Ovarien des Kleinkindes sind sonographisch homogen und von mittlerer Echogenität, Follikel lassen sich kaum nachweisen.

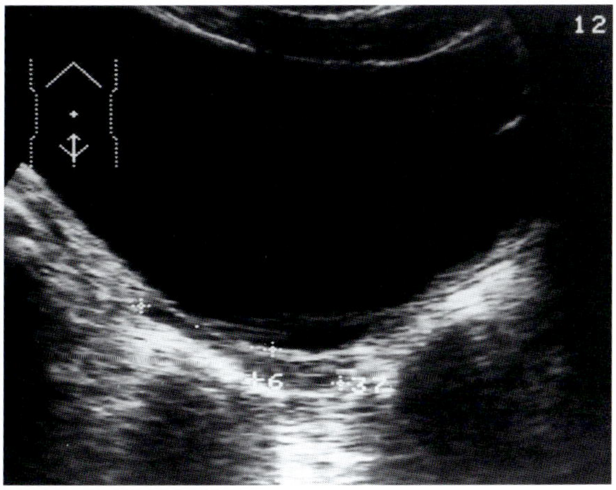
a

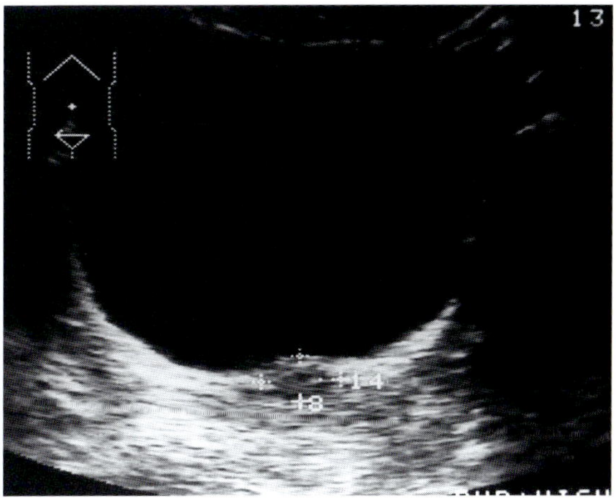
b

Abb. 11-1a und b Infantiler Uterus bei einem 6jährigen Mädchen.
Der Uterus ist echoarm, Zervix und Korpus gehen kontinuierlich ineinander über, ein Endometriumreflex ist nicht sichtbar.

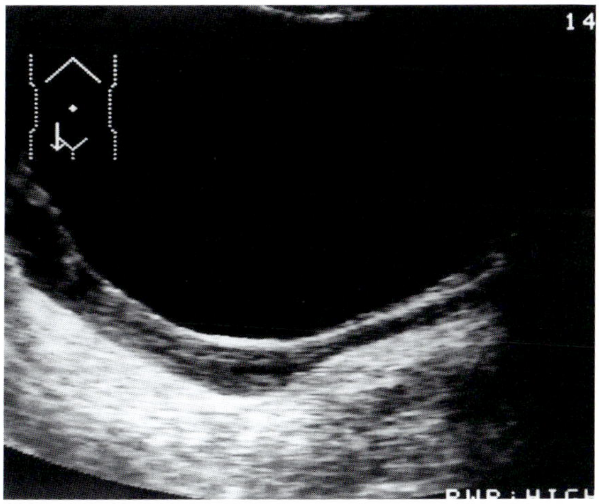

Abb. 11-2 Präpubertärer Uterus bei einem 10jährigen Mädchen.
Der Uterus weist einen feinen echoreichen Binnenreflex auf, der dem sogenannten Endometriumreflex entspricht. Korpus und Zervix sind voneinander zu differenzieren.

In der präpubertären Phase treten wiederum kleine, echoarme Follikelzysten auf, außerdem nimmt das Ovarvolumen zu.

Die postpubertären Ovarien (Abb. 11-4a bis c) weisen multiple, echoarme Follikelzysten auf, von denen einzelne unter hormoneller Stimulation einen Durchmesser von 1 cm deutlich überschreiten können. Die Lokalisation der Ovarien ist in dieser Altersphase sehr variabel, sie können dorsal, aber auch kranial des Uterus liegen. Diagramm 11-3 zeigt die Normwerte für das Ovarialvolumen.

Normalbefund – typische Formulierung

Beschreibung: Der Uterus ist mittelständig und weist eine normale Form auf. Es findet sich kein/ein feiner/deutlicher Endometriumreflex. Das Uterusvolumen liegt bei ... ml und entspricht somit demjenigen eines ... jährigen Mädchens.

Die Ovarien lassen sich abgrenzen und weisen multiple echoarme Areale auf, welche Follikeln entsprechen. Das Volumen des rechten Ovars liegt bei ... ml (entsprechend einem ... jährigen Mädchen), dasjenige des linken liegt bei ... ml (entsprechend einem ... jährigen Mädchen).

Beurteilung: Infantiler/prä-/postpubertärer Uterus sowie normale/polyzystische Ovarien. Uterus- und Ovarvolumen entsprechen einem Lebensalter von ... Jahren.

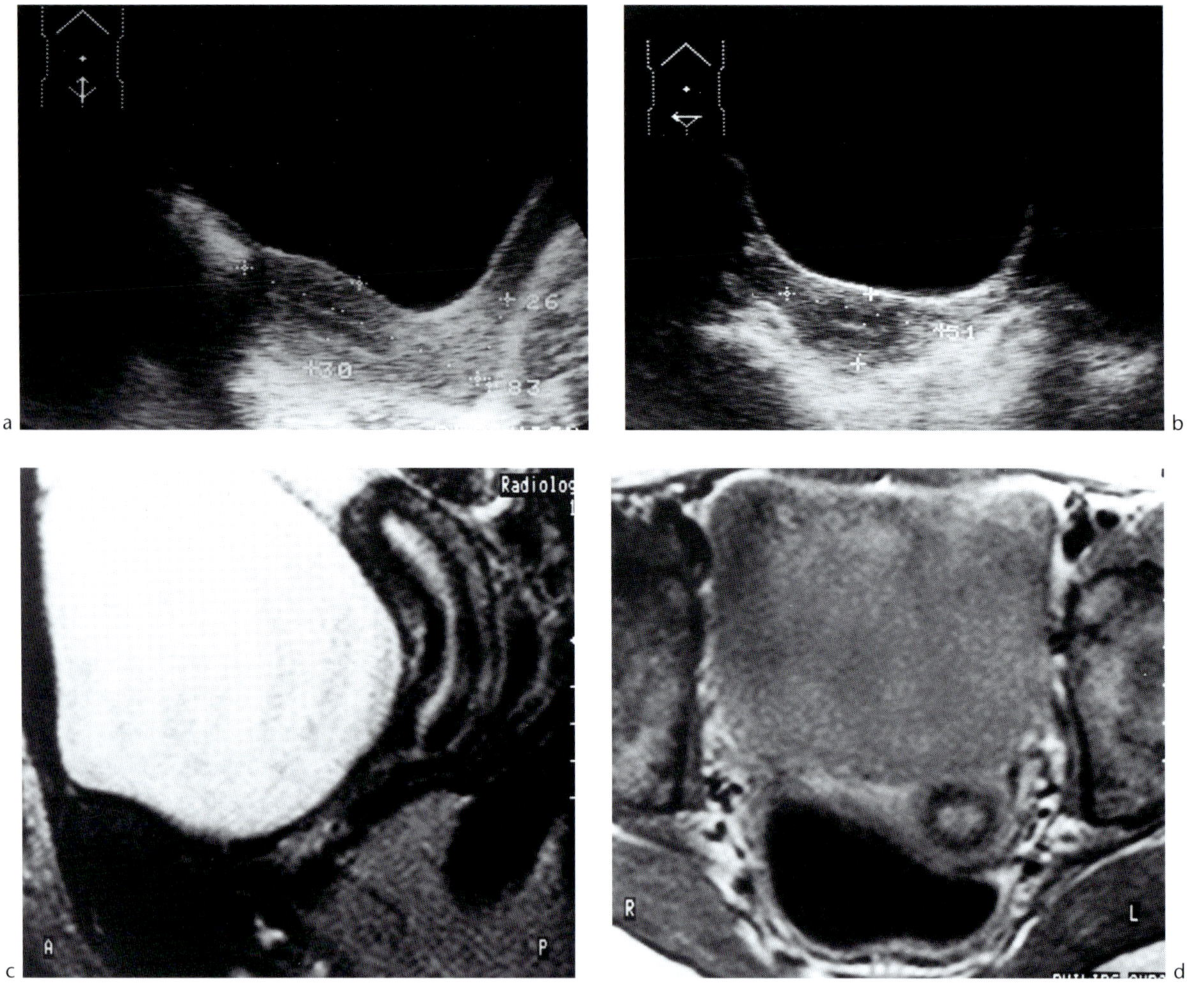

Abb. 11-3a bis d Postpubertärer Uterus bei einem 19jährigen Mädchen.
a und b) Der Uterus hat im Längsschnitt die typische „Birnenform". Das Korpus hat jetzt einen deutlich größeren Durchmesser als die Zervix. Das Uteruskavum, welches dem sog. Endometriumreflex entspricht, ist als echoreiche bandförmige Struktur gut zu erkennen. Angrenzend findet sich das echoarme eigentliche Endometrium, die Uterusmuskulatur ist breit und von mittlerer Echogenität (Sonogramm, Längs- und Querschnitt).
c und d) Die Uterusschichten sind auch im MRT gut zu unterscheiden (Längs- und Querschnitt).

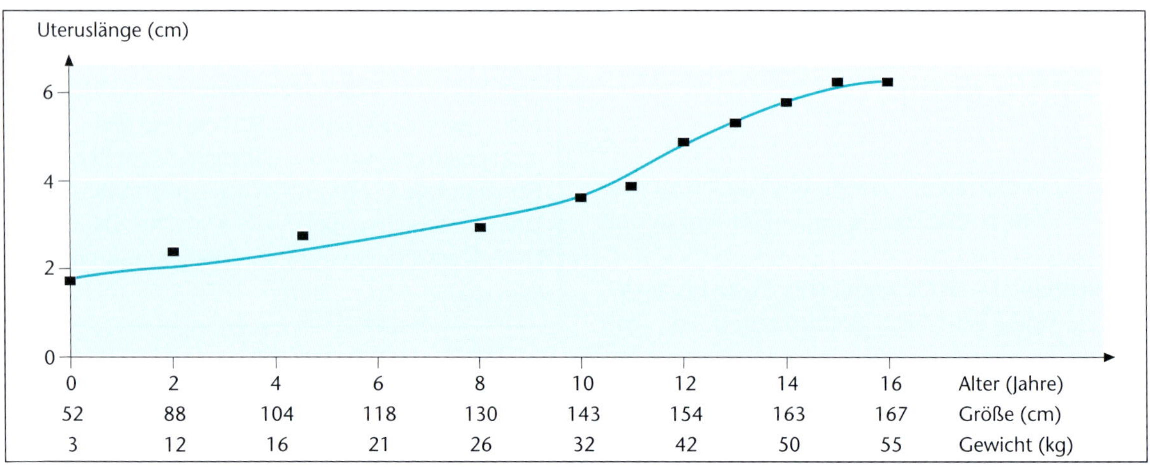

Diagramm 11-1 Uteruslänge (Normwerte nach Alter, Größe und Gewicht; nach Andre, 1982).

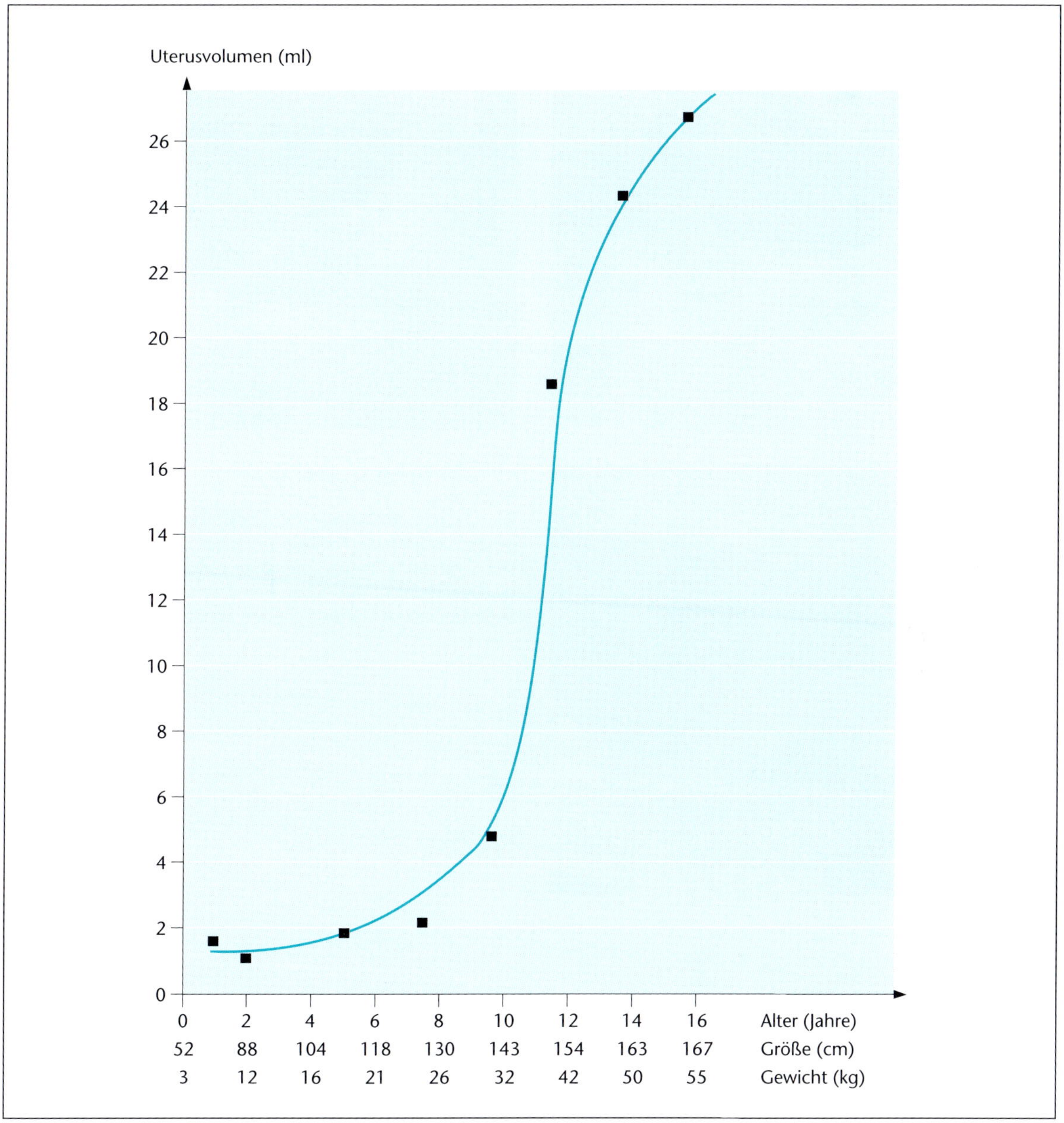

Diagramm 11-2 Uterusvolumen (Normwerte nach Alter, Größe und Gewicht; nach Pelzer, 1990).

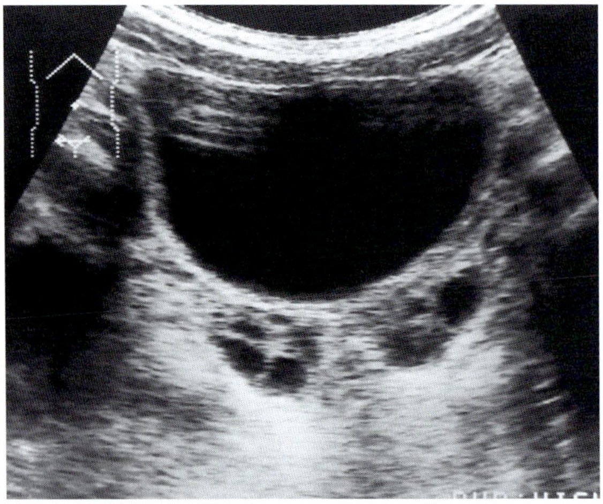
a

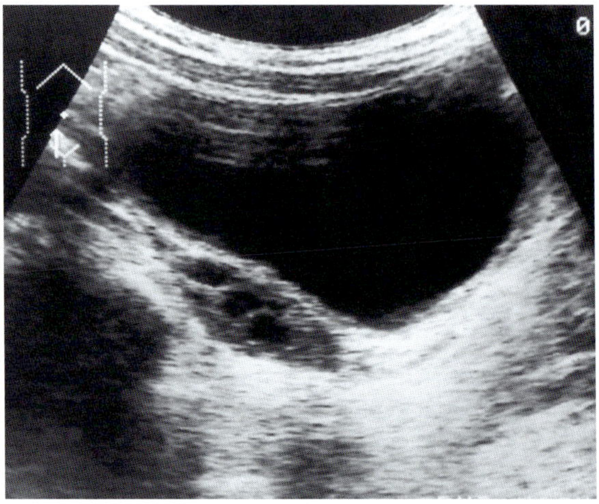
b

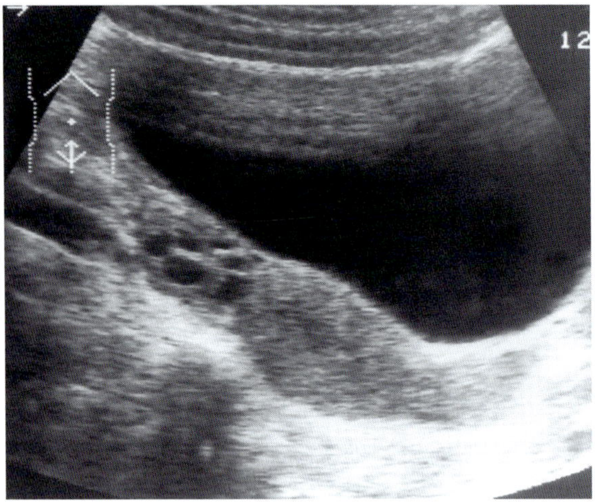
c

Abb. 11-4a bis c Normale Ovarien bei einem 13jährigen Mädchen.
Die Ovarien sind ovalär mit vielen kleinen, unterschiedlich großen, echofreien Follikeln (a Querschnitt, b Längsschnitt). Der Sagittalschnitt (paramedianer Längsschnitt, c) zeigt, daß die Ovarien nicht nur neben dem Uterus liegen, sondern sich auch kranial des Uterus befinden können.

11.2.2 Normvarianten und Fehlbildungen

Die Ovarien liegen normalerweise in Höhe des Lig. latum uteri, im Extremfall können sie im Niveau des unteren Nierenpols, selten auch im Leistenkanal lokalisiert sein (Abb. 11-5a und b).
Bei Chromosomenanomalien kann es zu gonadalen Dysgenesien und/oder Agenesien kommen. So sind beispielsweise beim Ullrich-Turner-Syndrom (Karyotyp 45, X0) sog. „streaky ovaries" vorhanden, die sich sonographisch meist nicht darstellen lassen. Die Uterusgröße entspricht bei diesen Patientinnen in der Regel derjenigen der Präpubertärphase, kann jedoch in Abhängigkeit vom Vorhandensein eines Mosaiks des Karyotyps bis zur adulten Form variieren.

Eine seltene Form der gonadalen Dysgenesie ist die testikuläre Feminisierung (Karyotyp 46, XY; Abb. 11-6), bei der der Uterus einer bindegewebigen Platte entspricht und Ovarien nicht angelegt sind. Intraabdominelle Hoden können als Weichteilstrukturen im Becken nachgewiesen werden.

11.2.3 Benigne Erkrankungen des inneren Genitale

- Ovarialzysten
- polyzystische Ovarien
- Ovarialtorsion
- Hydrometrokolpos

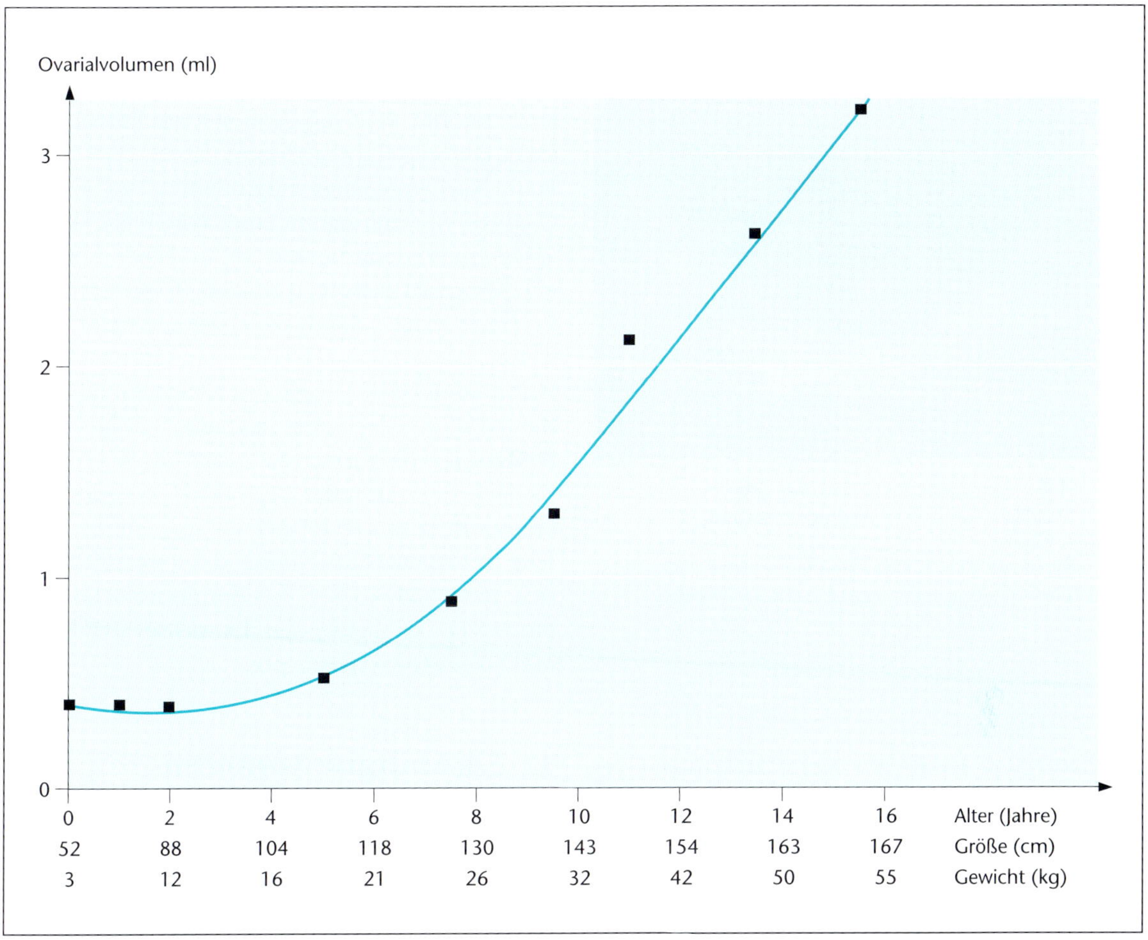

Diagramm 11-3 Ovarialvolumen (Normwerte nach Alter, Größe und Gewicht; nach Pelzer, 1990).

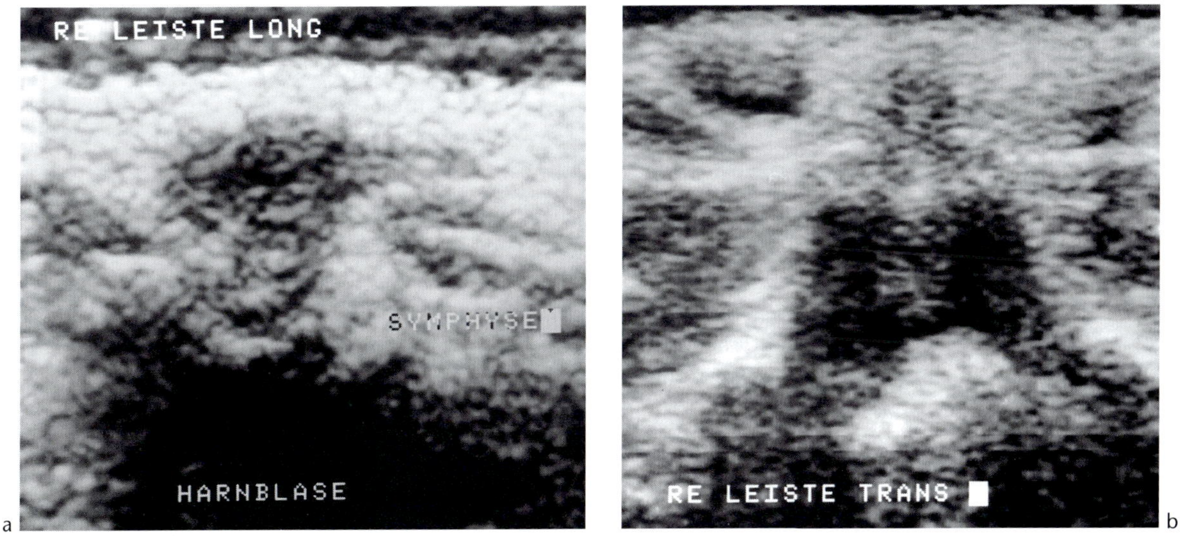

Abb. 11-5a und b Ektopes Ovar bei einem Neugeborenen.
Das rechte Ovar liegt als echoarme Formation im Leistenkanal (Längs- und Querschnitt).

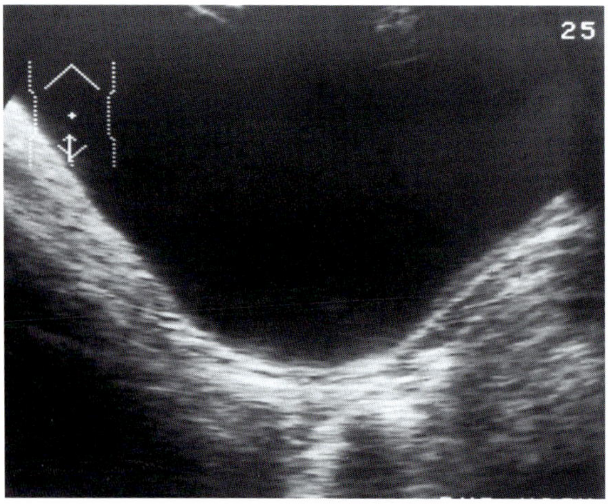

Abb. 11-6 Testikuläre Feminisierung (Karyotyp 46, XY, klinisch weiblich, komplette Androgenresistenz) bei einem 7jährigen Kind.
Der Uterus ist nur als echoarme, bindegewebige Platte retrovesikal zu erkennen. Ovarien waren nicht nachweisbar.

Die häufigsten gutartigen Raumforderungen der Ovarien sind solitäre **Ovarialzysten** (Abb. 11-7a bis f). Diese können schon beim Neugeborenen vorhanden sein und eine erhebliche Größe erreichen, so daß ihre Zuordnung zum Ovar schwierig sein kann. Sonographisch sind Ovarialzysten oft echofrei. Sie können aber auch homogene oder inhomogene Binnenechos enthalten, die meist Einblutungen entsprechen. Echoreiche Binnenstrukturen können Verkalkungen repräsentieren, in diesen Fällen muß differentialdiagnostisch auch das Teratom mit in die Überlegungen einbezogen werden.

Zysten mit einem Durchmesser von nicht mehr als 5 cm haben in der Regel keine therapeutische Konsequenz, da sie sich spontan zurückbilden können. Zysten von mehr als 5 cm Durchmesser prädestinieren zur Ovartorsion und sollten interventionell behandelt werden.

Polyzystische Ovarien sind durch zahlreiche uniforme echoarme Zysten charakterisiert. Sie werden unter anderem im Rahmen einer Pseudopubertas praecox beobachtet, das Ovarvolumen ist in diesen Fällen nicht wesentlich vermehrt. Eine deutliche Volumenzunahme der polyzystischen Ovarien muß an das Vorliegen eines Stein-Leventhal-Syndroms (Amenorrhö, Infertilität, Hirsutismus) denken lassen. Diese Patientinnen haben eine erhöhte Prädisposition für die Entwicklung eines Endometriumkarzinoms.

Beim Nachweis eines vergrößerten, echoreichen Ovars in Verbindung mit einer akuten abdominellen Schmerzsymptomatik ist in erster Linie an eine **Ovarialtorsion** zu denken, besonders, wenn sich im Douglas-Raum gleichzeitig Aszites nachweisen läßt.

Eine seltene, den Uterus des Neugeborenen oder Kleinkindes betreffende Raumforderung ist der **Hydrometrokolpos,** der meist durch eine Hymenalatresie und/oder Vaginalatresie bedingt ist. Er imponiert sonographisch als ausgedehnte zystische echoleere Auftreibung des Organs. Lassen sich innerhalb dieses Pseudotumors echoreiche Binnenreflexe nachweisen, handelt es sich um einen **Hämatometrokolpos.**

11.2.4 Maligne Tumoren

- Dysgerminom
- malignes Teratom
- Embryonalzellkarzinom
- Rhabdomyosarkom

Die malignen Tumoren des weiblichen Genitale treten meist postpubertär auf. Der häufigste maligne Tumor der *Ovarien* ist das **Dysgerminom,** gefolgt von dem **malignen Teratom** sowie dem **Embryonalzellkarzinom.** Das sonographische Bild dieser Tumoren ist variabel, sie können solide sein oder auch zystische – nekrotische – Anteile aufweisen. In fortgeschrittenen Fällen bestehen oft ein begleitender Aszites, manchmal auch eine Lebermetastasierung sowie ein parailiakaler und paraaortaler Lymphknotenbefall.

Der häufigste maligne Tumor des *Uterus* ist das **Rhabdomyosarkom** (Abb. 11-8a und b), welches vornehmlich im Kleinkindalter vorkommt. Sonographisch ist der Tumor eher echoarm, manchmal treten echofreie nekrotische Areale auf.

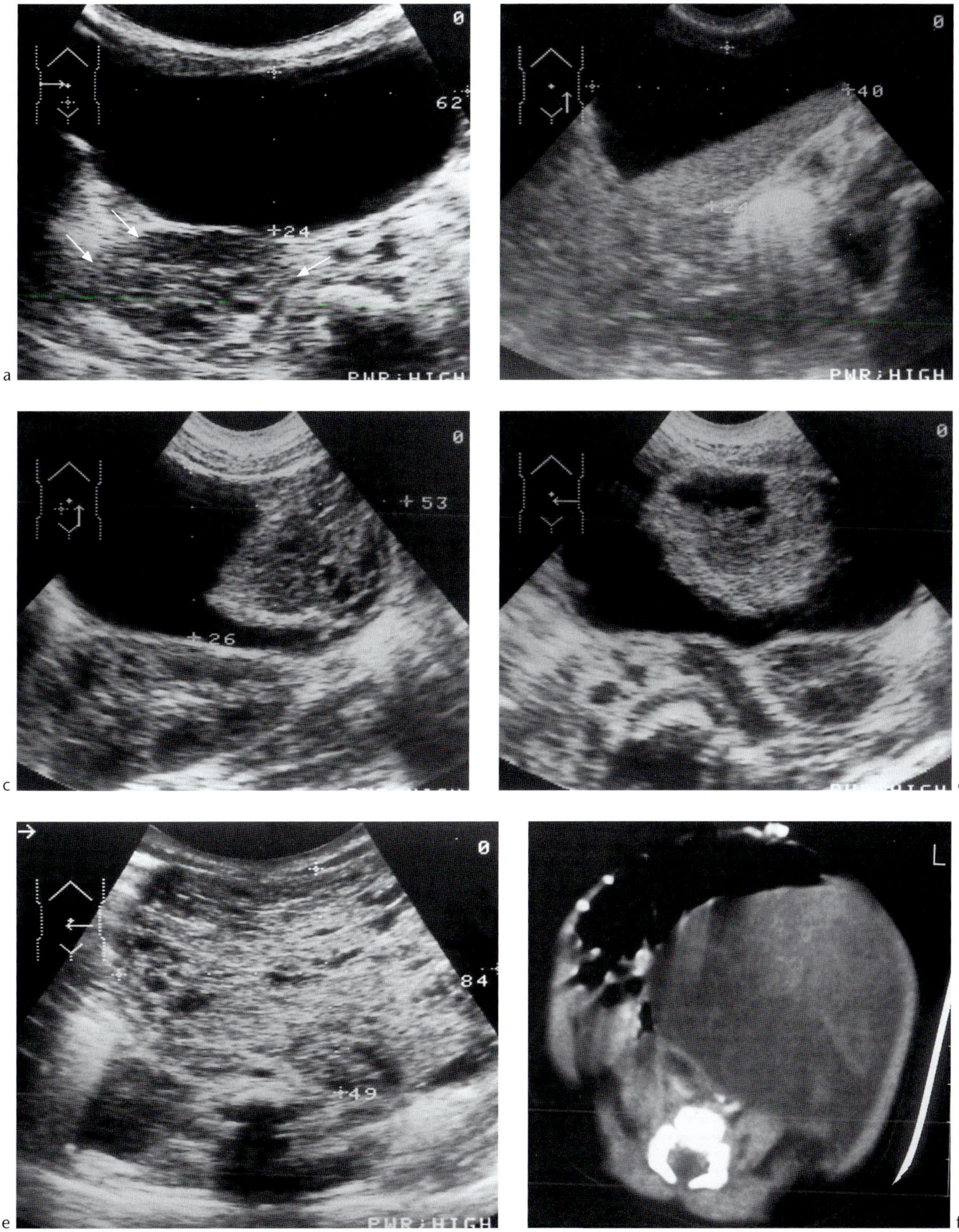

Abb. 11-7a bis f Ovarialzysten.
a) Stielgedrehte Ovarialzyste links bei einem neugeborenen Mädchen (Querschnitt). Die riesige Zyste ist echofrei und überschreitet die Mittellinie weit von links nach rechts. Dorsal der Raumforderung liegt die rechte Niere (—▷).
b) Ovarialzyste links mit echoreicher Einblutung bei einem 16 Tage alten Mädchen (paramedianer Längsschnitt).
c und d) Ovarialzyste links bei einem 9 Tage alten Mädchen.
Die echoreiche unregelmäßige Binnenstruktur innerhalb der Zyste ist das Korrelat einer ausgedehnten Einblutung.
e und f) Ovarialzyste links bei einem neugeborenen Mädchen. Die Zyste ist nahezu komplett von echoreichen Blutmassen ausgefüllt. Diese weisen im CT (f) eine unterschiedliche Densität auf.

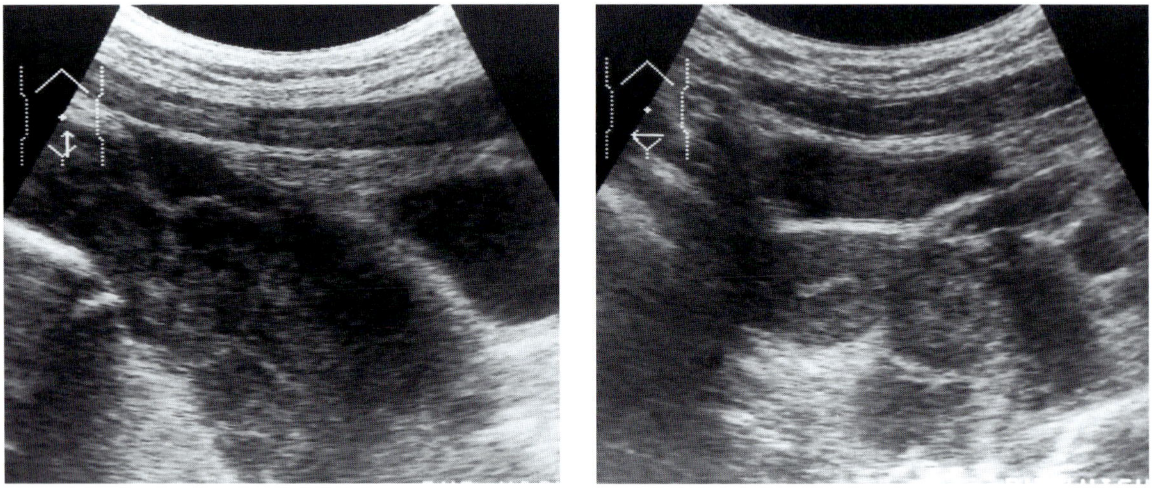

a b

Abb. 11-8a und b Rhabdomyosarkom des Uterus bei einem 16jährigen Mädchen.
Der überwiegend echoarme, unregelmäßig begrenzte, teilweise septierte Tumor liegt links und dorsal des Uterus und ist teilweise von diesem schwer abgrenzbar.

11.3 Hoden und Nebenhoden

11.3.1 Normalbefund

Der normale Hoden des Neugeborenen und Kleinkindes (Abb. 11-9a und b) ist ovoid geformt, glatt begrenzt und von homogener mittlerer Echogenität. Der Nebenhoden läßt sich vom Hoden nicht immer abgrenzen, manchmal gelingt lediglich die Darstellung des kranial des Hodens liegenden Nebenhodenkopfes. In der präpubertären Phase kommt es zu einem enormen Volumensprung des Hodens von ca. 2 ml auf bis zu 14 ml (Diagramm 11-4). Bei Kindern jenseits des 10. Lebensjahres weist der Hoden im Längsschnitt ein breites echoreiches Band auf. Dieses entspricht dem sog. Mediastinum testis, einer dorsal gelegenen Einstülpung der Tunica albuginea, einer bindegewebigen Struktur, welche Arterien und Venen und das Rete testis enthält.

Der Nebenhoden sitzt dem Hoden am kranialen Pol posterolateral kappenartig auf und unterscheidet sich in seiner Echogenität kaum von derjenigen des Hodens.

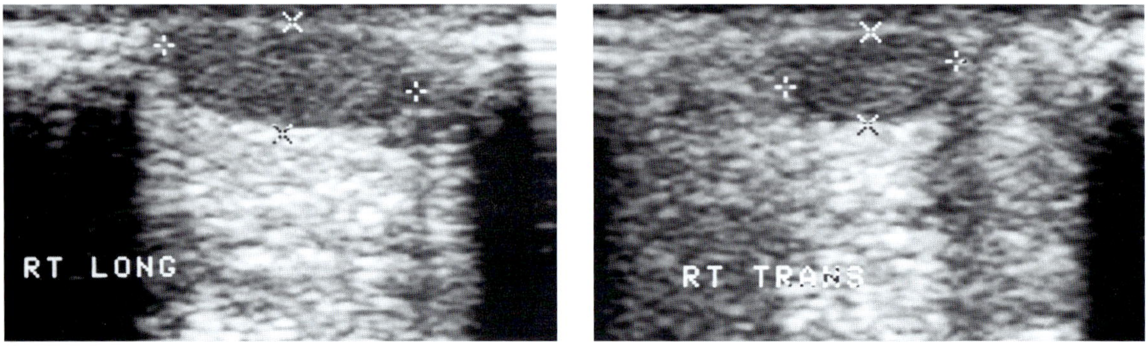

a b

Abb. 11-9a und b Normaler Hoden bei einem 4jährigen Jungen.
Der ovoid geformte Hoden ist von homogener Struktur und weist eine mittlere Echogenität auf (Längs- und Querschnitt).

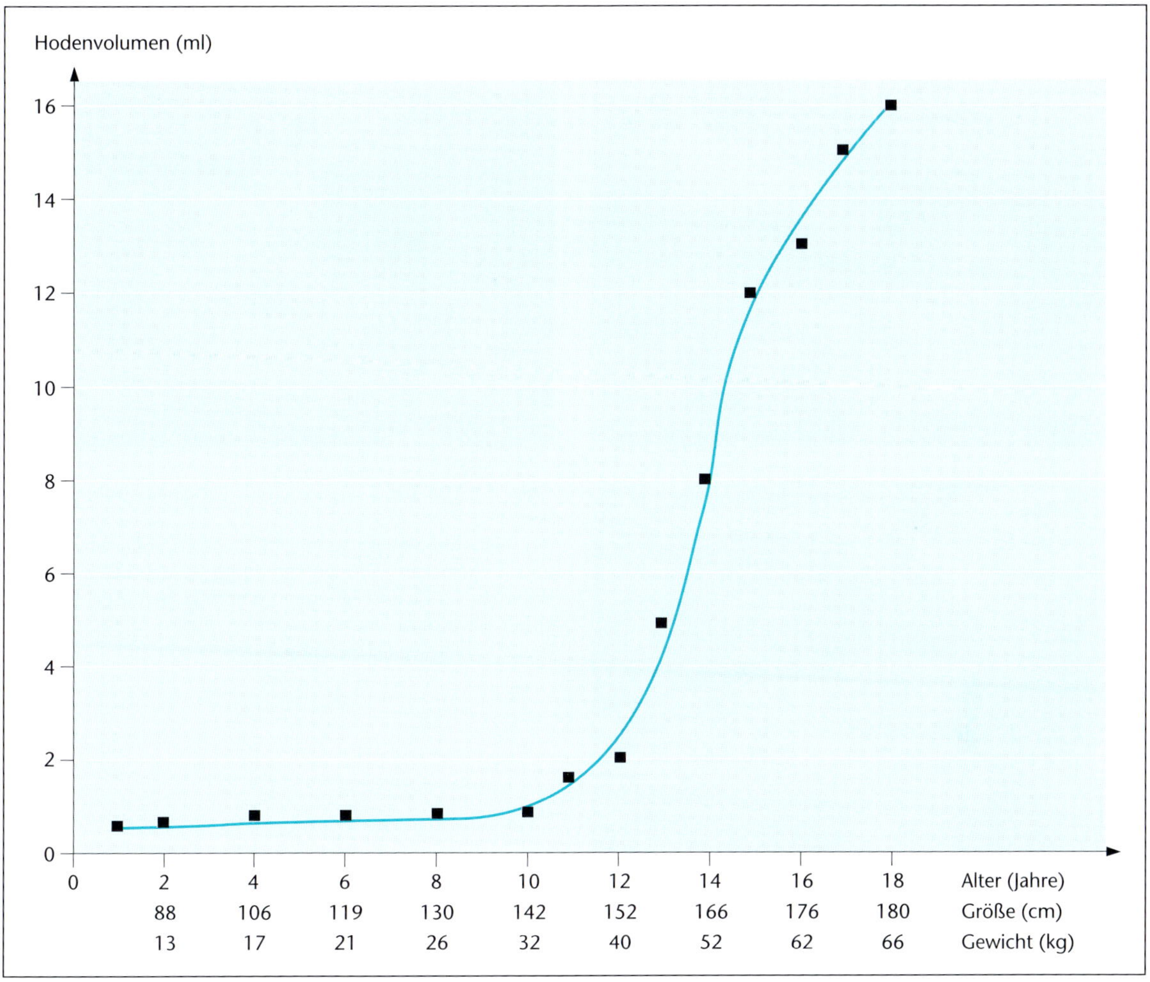

Diagramm 11-4 Hodenvolumen (Normwerte nach Alter, Größe und Gewicht; nach Kaplan, 1982).

Normalbefund – typische Formulierung

Beschreibung: Beide Hoden sind von mittlerer Echogenität und feiner Echotextur. Das Volumen des rechten Hodens liegt bei ...ml, dasjenige des linken Hodens bei ... ml.
Beurteilung: Normales Sonogramm beider Hoden.

11.3.2 Normvarianten und Fehlbildungen

Die wichtigste Normvariante ist der nicht in das Skrotalfach deszendierte, sondern ektop liegende Hoden. Liegt dieser im Leistenkanal, ist er sonographisch meist leicht nachzuweisen. Liegt der nicht deszendierte Hoden im Becken, ist die sonographische Untersuchung meist durch Darmgas deutlich erschwert bzw. nicht sinnvoll durchführbar. Beim Nachweis ektop gelegener Hoden kann in solchen Fällen die MRT-Untersuchung sehr hilfreich sein.
Bei ca. 1 von 5000 männlichen Neugeborenen ist nur ein Hoden angelegt, das Fehlen beider Hoden ist eine Rarität.

11.3.3 Infektionen

Eine Infektion kann sowohl den Nebenhoden (Abb. 11-10a bis c) als auch den Hoden oder beide Organe betreffen. Eine Nebenhodenentzündung, die meist bakteriell bedingt ist, greift in ca. 30%

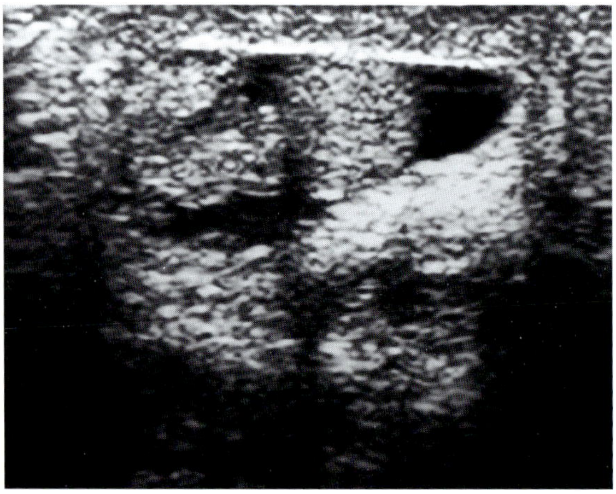

a

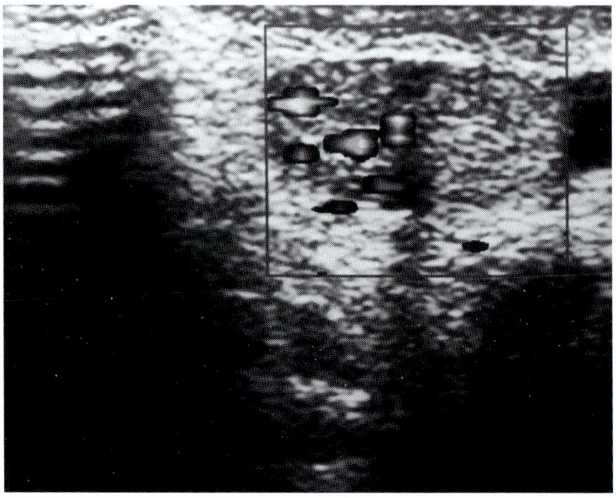

b

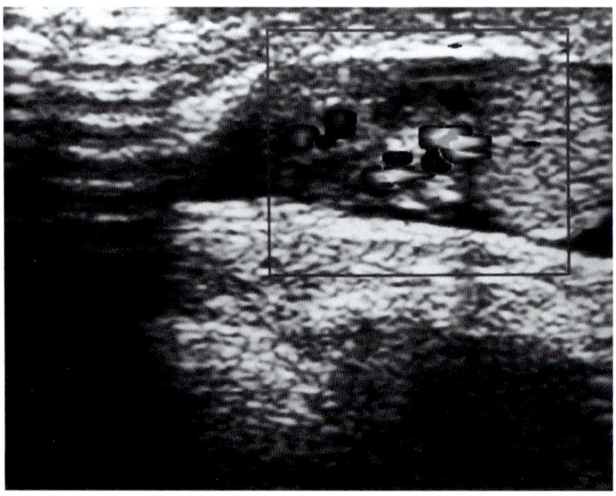

c

Abb. 11-10a bis c Epididymitis bei einem 6jährigen Jungen.
Der Nebenhoden ist echoreich, deutlich volumenvermehrt und aufgelockert. Die Durchblutung ist deutlich vermehrt. Hoden in Größe und Echogenität normal, peritestikulär echoarmer Flüssigkeitssaum. (a und b Quer-, c Längsschnitt; b und c inklusive Farb-Duplex.)

auf den Hoden über. Eine Orchitis ist dagegen meistens viral verursacht und greift in 85% auf den Nebenhoden über. Sonographisch kommt es zu einer Volumenvermehrung und zu einer Echogenitätsanhebung des betroffenen Gewebes, welches im Vergleich zum Normalbefund aufgelockert erscheinen kann. Selten ist bei einer Epididymitis das Nebenhodengewebe von normaler Echogenität oder echoärmer als das angrenzende Hodengewebe. Mittels einer Farb-Duplex-Sonographie kann der bei einer Infektion vermehrte Blutfluß nachgewiesen werden.

Cave: Verwechslungsgefahr mit einer Hodentorsion, bei der der Hoden ebenfalls – marginal – einen vermehrten Blutfluß aufweist! Oft kommt es bei einer Nebenhoden- bzw. Hodeninfektion zur Ausbildung einer reaktiv bedingten Hydrozele.

11.3.4 Hodentorsion

Bei einer erst wenige Stunden bestehenden Hodentorsion (Abb. 11-11) ist dieser meist vergrößert und echoarm, er kann von echoarmer Flüssigkeit umgeben sein. Im weiteren Verlauf kommt es zur Ausbildung echoarmer Nekrosezonen und somit zu einer inhomogenen Echotextur des Hodengewebes. Die Farb-Duplex-Sonographie ist geeignet, innerhalb des Hodengewebes eine normale Durchblutung nachzuweisen oder auszuschließen, diese Methode gehört allerdings in die Hand eines geübten Untersuchers. Findet sich ein deutlicher Seitenunterschied der Hodendurchblutung oder lassen sich auf der betreffenden Seite lediglich marginal Skrotalwandgefäße erkennen, ist von einer Hodentorsion auszugehen.

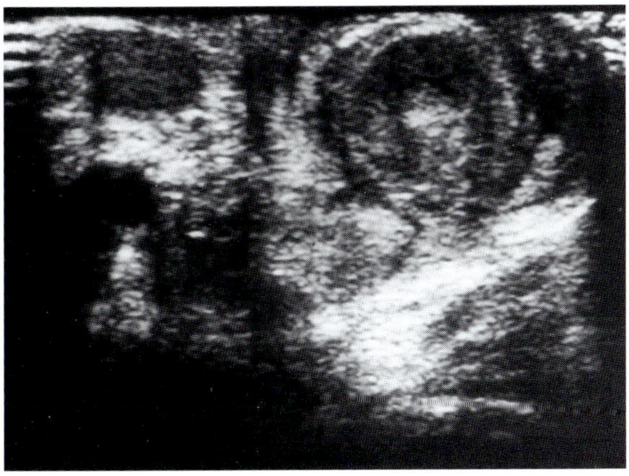

Abb. 11-11 Hodentorsion links bei einem 2jährigen Knaben.
Der vergrößerte linke Hoden ist von echoarmer Flüssigkeit umgeben. Echoarme Nekroseareale innerhalb des Hodens deuten darauf hin, daß die Torsion schon länger besteht. Rechtsseitig normaler Hoden.
(Die Aufnahme verdanken wir Herrn Prof. Dr. M. Reither, Kinderradiologie, Klinikum Nürnberg-Süd.)

Da die Patienten meist trotz eindrucksvoller klinischer Symptomatik mit akut einsetzenden, heftigen Schmerzen im Unterbauch oder in der Leiste in Kombination mit Übelkeit und Erbrechen erst spät zum Arzt kommen, muß die Diagnostik rasch erfolgen. In Zweifelsfällen ist die umgehende operative Intervention anzustreben.

11.3.5 Raumforderungen und Tumoren

- Hydrozele
- Varikozele
- Skrotalhämatom
- maligne Tumoren
  - Dottersacktumoren

Die häufigste benigne Raumforderung des Hodens ist die **Hydrozele** (Abb. 11-12a und b). Der Hoden weist klinisch eine schmerzlose Schwellung auf und ist sonographisch bei meist normaler Größe und Echogenität von einer ausgedehnten echofreien Flüssigkeitsansammlung umgeben. Bedingt durch die Flüssigkeitsansammlung ist der Nebenhoden oft besser abgrenzbar als normalerweise (Abb. 11-12c).
Eine weitere gutartige Raumforderung ist die **Varikozele.** Sie ist aus zahlreichen tubulären Unterstrukturen zusammengesetzt und kann voluminös sein (Abb. 11-13a bis c).

Ein **Skrotalhämatom** (Abb. 11-14) ist sonographisch echoreich und ist meist traumatisch bedingt. Reaktiv ist der Hoden von einer echoarmen Flüssigkeitsansammlung umgeben.

Maligne Tumoren des Hodens sind bei Kindern sehr selten. Bei Säuglingen und Kindern bis zur Pubertät handelt es sich bei den malignen Tumoren meist um **Dottersacktumoren** (Abb. 11-15). Gelegentlich kommt auch im Rahmen einer Leukämie eine Infiltration des Hodens vor. Diese führt zu einer Vergrößerung des Organs und zu einer Echogenitätsanhebung.

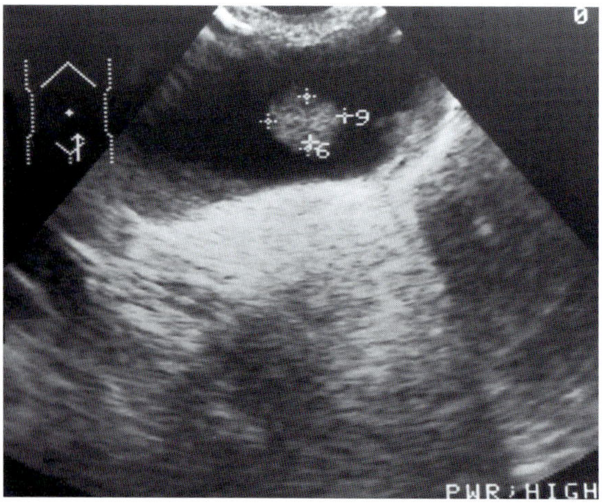

a

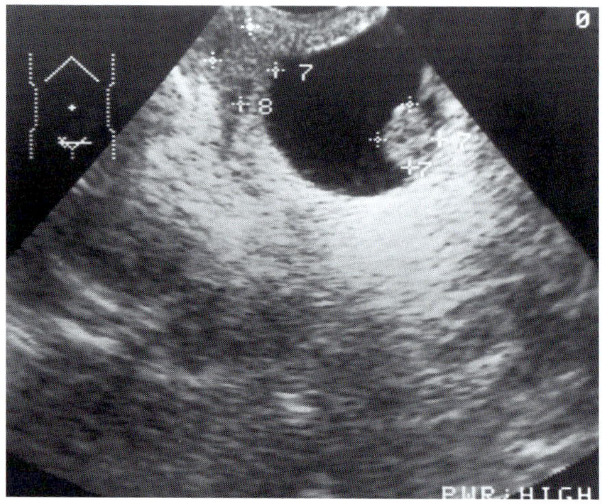

b

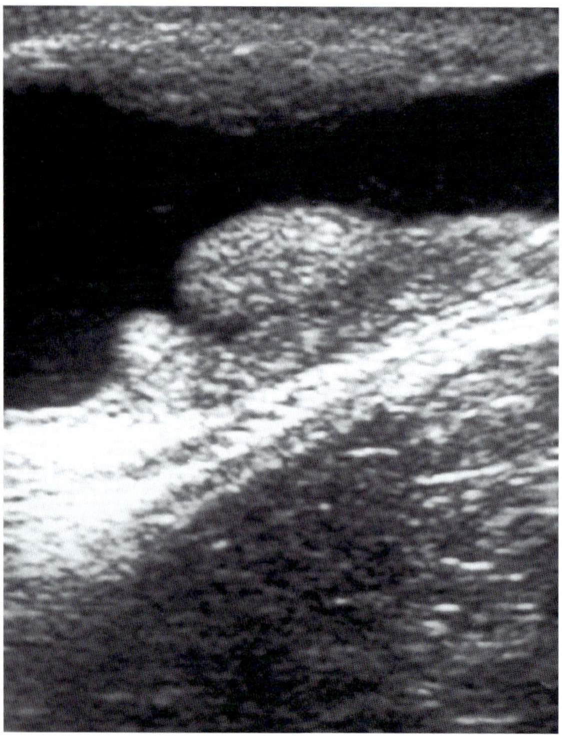

c

Abb. 11-12a bis c Hydrozele.

a) Hydrozele links bei einem 2 Monate alten Jungen. Der normale Hoden ist von echoarmer Flüssigkeit umgeben (Längsschnitt).

b) Der rechte Hoden ist in Größe und Struktur normal (Transversalschnitt).

c) Hydrozele bei einem 4 Monate alten Knaben (bilateral). Im Längsschnitt (Linearschallkopf, 7 MHz) läßt sich, kappenförmig dem Hoden aufsitzend, der Nebenhoden erkennen.

a b

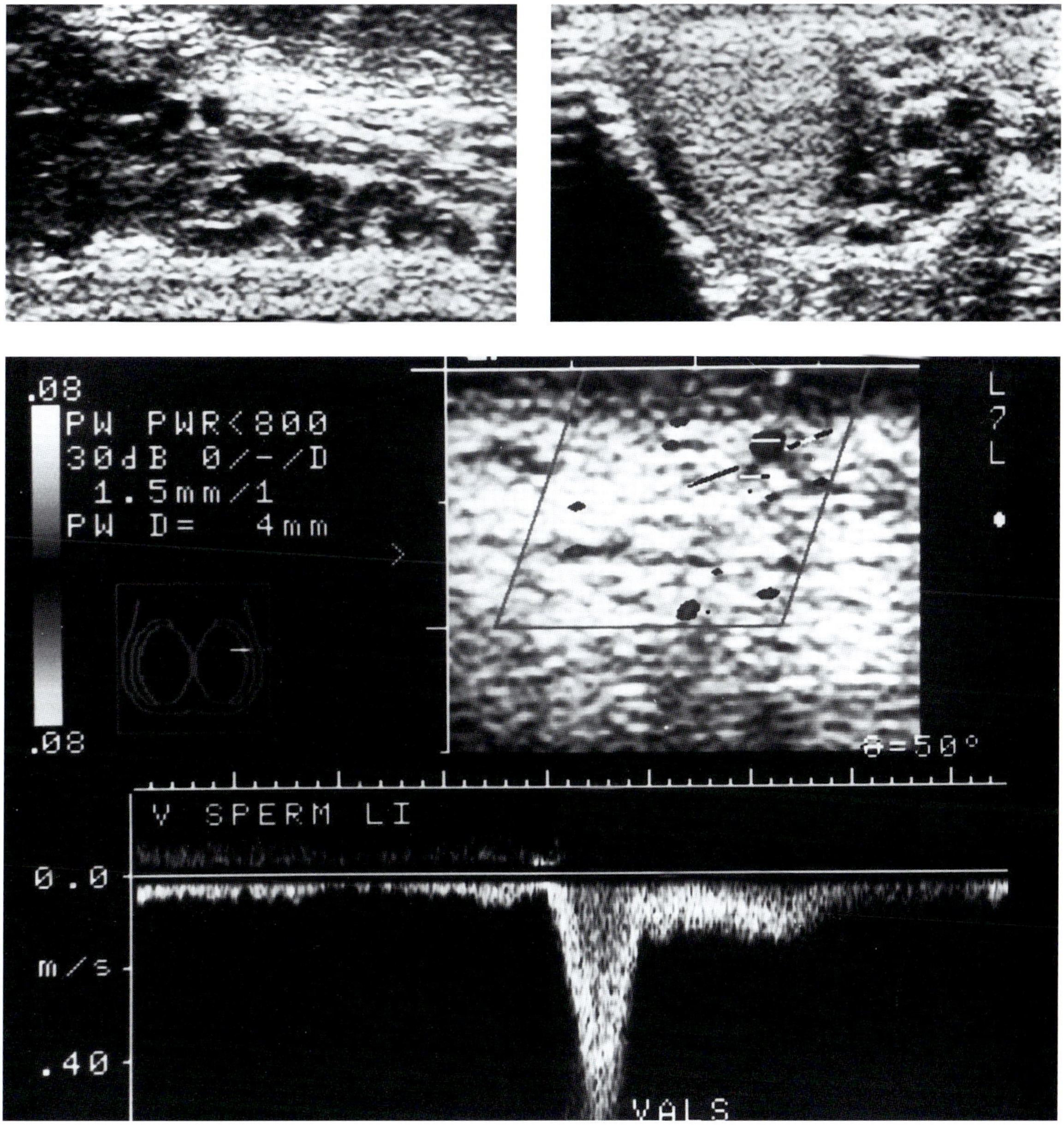

c

Abb. 11-13a bis c Varikozele bei einem 12jährigen Jungen.
Die Varizen sind als unregelmäßig begrenzte echoarme tubuläre Strukturen erkennbar. Der normale Hoden ist glatt begrenzt und von mittlerer Echogenität.
a) Varikozele im Längsschnitt.
b) Hoden und Varikozele im Querschnitt.
c) Bei intraabdomineller Druckerhöhung (Pressen) deutlicher Rückfluß in das Venenkonvolut der Varikozele mit entsprechendem Anstieg in der Dopplerkurve über der V. spermatica.

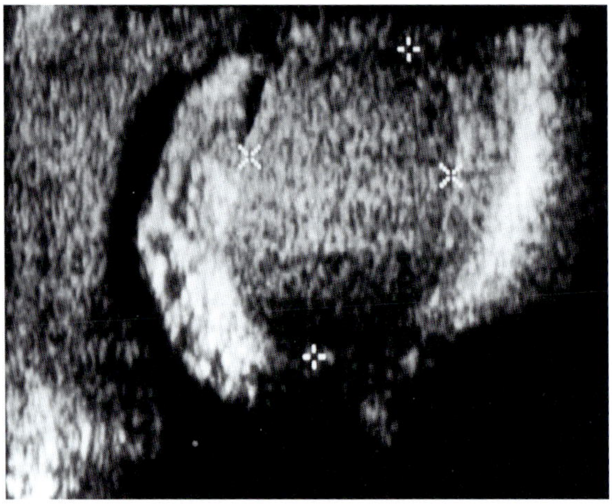

Abb. 11-14 Skrotalhämatom bei einem 16jährigen Jungen.
Das echoreiche Hämatom liegt dem normalen Hoden sichelförmig an. Es wird von einem echoarmen Flüssigkeitssaum begleitet.
(Die Aufnahme verdanken wir Frau PD Dr. Helga Schmidt, Kinderradiologie, Universität Frankfurt.)

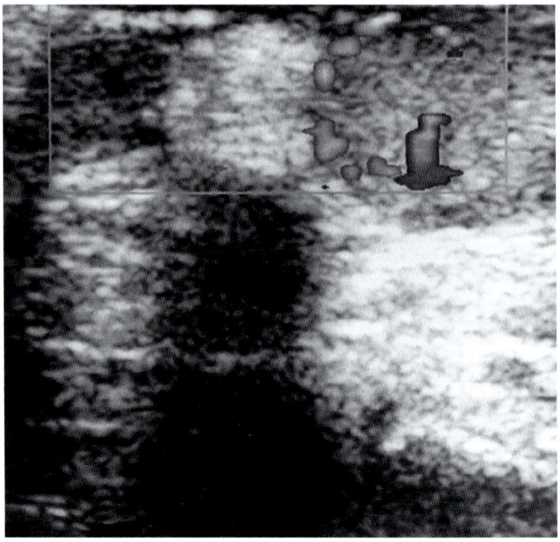

Abb. 11-15 Dottersacktumor des Hodens bei einem 8 Monate alten Knaben.
Der tumorös infiltrierte Hoden links ist diffus echoangehoben und vergrößert.
(Die Aufnahme verdanken wir Herrn Prof. Dr. M. Reither, Kinderradiologie, Klinikum Nürnberg-Süd.)

11.4 Weiterführende Diagnostik

Zur bildgebenden Diagnostik der Ovarien und des Uterus eignet sich hervorragend die MRT, insbesondere in T2-gewichteten Aufnahmen lassen sich Ovarien mit Follikelzysten gut darstellen. Die Muskelschichten des Uterus lassen sich in Protonendichteaufnahmen sehr gut unterscheiden und ausmessen.

12 Abdomen

12.1 Indikationen

- unklare Bauchschmerzen
- Kardiainsuffizienz
- hypertrophische Pylorusstenose
- Invagination
- perityphlitischer Abszeß
- Verdacht auf Fehlbildung
- Raumforderung

12.2 Allgemeines – Abdomen gesamt

Für die Fälle, bei denen die Ultraschalluntersuchung des gesamten Abdomens unvermeidlich erscheint, ist im folgenden ein **Kurzprogramm** angegeben, welches ohne häufige Umlagerung des Patienten auskommt und die wichtigsten Organe (Leber, Milz, Pankreas, Nieren, Paraaortalregion) umfaßt.

12.2.1 Vorbereitungsmaßnahmen

Vorbereitungsmaßnahmen sollten wie bei den einzelnen Organen angegeben erfolgen.

12.2.2 Lagerung

Das Kind liegt zunächst in Rückenlage und hält nach Möglichkeit die Hände hinter dem Kopf verschränkt. Für die Darstellung der Nieren von dorsal liegt das Kind auf dem Bauch, die Lordose der Lendenwirbelsäule ist durch ein Kissen unter dem Bauch auszugleichen.

12.2.3 Schallkopf

Curved-array-Schallkopf 5 MHz oder 3,5 MHz

12.2.4 Standardebenen mit Standardabbildungen

1. Harnblase im Querschnitt
2. Harnblase im Längsschnitt
3. Niere rechts im Längsschnitt von ventral bzw. lateral
4. Niere links im Längsschnitt von lateral

5. Leber im Querschnitt, subkostal rechts
6. Leber im Längsschnitt in STL
7. Leber im Längsschnitt in MCL
8. Leber im Längsschnitt in VAL

9. Milz im Längsschnitt von ventrolateral
10. Milz im Querschnitt interkostal ventrolateral links
11. Paraaortalregion im Längsschnitt
12. Parakavalregion im Längsschnitt

13. Pankreaskörper im Längsschnitt
14. Pankreasschwanz im Längsschnitt
15. Pankreaskopf im Längsschnitt
16. Pankreaskopf im Querschnitt

17. Niere links im Längsschnitt von dorsal
18. Niere rechts im Längsschnitt von dorsal
19. Niere rechts im Querschnitt von dorsal
20. Niere links im Querschnitt von dorsal

Ergänzend müssen alle Organe am Bildschirm auf Parenchyminhomogenitäten durchgemustert werden. Auffällige Areale müssen mindestens in zwei Ebenen dokumentiert werden.
Die Paraaortalregion muß immer in Transversalschnitten in gesamter Länge untersucht werden, eine Bilddokumentation erfolgt als Transversalschnitt nur bei einem pathologischen Befund.

Bei Anforderungen eines „Ultraschall-Abdomens" sollte man immer versuchen, eine genaue Fragestellung zu erhalten bzw. diese gemeinsam mit dem klinisch tätigen Kollegen zu erarbeiten.

Normalbefund – typische Formulierung

Beschreibung: Leber, Milz, Pankreas und beide Nieren weisen eine normale Echogenität und Binnenstruktur auf. Die Leber mißt in STL ... cm, in MCL ... cm sowie in VAL ... cm, sie ist somit normal groß. Die Milz mißt im Längsschnitt ... × ... cm, im Querschnitt ... × ... cm und ist ebenfalls normal groß. Das Pankreas ist nicht verbreitert. Die Nierenlängsdurchmesser liegen mit ... bis ... cm im Normbereich. Die Harnblase ist wenig/mäßig/gut gefüllt und glatt begrenzt. Die Paraaortalregion ist komplett/nur partiell einsehbar, vergrößerte Lymphknoten finden sich hier nicht. Kein Aszites.
Beurteilung: Unauffällige Sonographie von Leber, Milz, Pankreas, der Paraaortalregion, beider Nieren sowie der ableitenden Harnwege.

12.3 Allgemeines – Verdauungstrakt

12.3.1 Vorbereitungsmaßnahmen

Zum Nachweis oder Ausschluß einer Kardiainsuffizienz sollte die Mutter oder die Begleitperson des Säuglings eine Flasche mit Tee oder Milch sowie einen Schnuller bereithalten.

12.3.2 Lagerung

Das Kind liegt in Rückenlage.

12.3.3 Schallkopf

- für Kardia und Pylorus: kleiner Sektorschallkopf, 7,5 MHz oder Curved-array-Schallkopf, 5 MHz

- bei Invaginationsverdacht: größerer Curved-array-Schallkopf, 5 MHz

12.3.4 Standardebenen mit Standardabbildungen

Kardia

1. Kardia im Längsschnitt (während oraler Fütterung)
2. Kardia im Längsschnitt (während oraler Fütterung Kontrollmessung)
3. Kardia im Längsschnitt (nach erfolgter Nahrungsaufnahme)
4. Kardia im Längsschnitt (nach erfolgter Nahrungsaufnahme Kontrollmessung)

Der Schallkopf wird substernal in Längsrichtung leicht schräg aufgesetzt, so daß der distale Ösophagus und die Kardia in einer schrägen sagittalen Schicht erfaßt werden.
Für die Aufnahmen unter 3. und 4. sollte man sich viel Zeit lassen, da es meistens einige Minuten dauert, bis bei einer Kardiainsuffizienz der Reflux auftritt. Wichtig ist in dieser Phase der Untersuchung, daß das Kind entspannt ist, was sich oft mittels eines Schnullers erreichen läßt.

Pylorus

1. Pylorus im Querschnitt
2. Pylorus im Querschnitt (Kontrollmessung)
3. Pylorus im Längsschnitt
4. Pylorus im Längsschnitt (Kontrollmessung)

Der Pylorus läßt sich im rechten Oberbauch etwa in der Medioklavikularlinie am besten darstellen. Im Querschnitt sollte der minimale Querdurchmesser aufgesucht werden, damit keinesfalls Antrumanteile mit in die Messung einbezogen werden. Anfänger in der Ultraschalldiagnostik sollten darauf achten, nicht das deutlich weitere Antrum des Magens abzubilden. Bei den Aufnahmen des Pylorus im Längsschnitt wird eine schräge transversale Ebene des Oberbauchs abgebildet, der Übergang des Pyloruskanals in den Magen sollte miterfaßt werden.
Die Normwerte für die Pyloruslänge, die Muskelschichtdicke und den Pylorusdurchmesser sind in Tabelle 12-1 zusammengestellt.

Tab. 12-1 Normwerte für Pyloruslänge, Muskeldicke und Querdurchmesser für ein reifes Neugeborenes (nach Blumhagen und Noble, 1983; Bowen, 1988; O'Keeffe, 1991).

Pyloruslänge	≦ 17 mm
Muskeldicke	≦ 4 mm
Querdurchmesser	≦ 14 mm

Normalbefund: Kardia und Pylorus – typische Formulierung

Beschreibung: Der Pyloruskanal weist sowohl im Längs- als auch im Querschnitt normale Durchmesser auf. Die Muskelschichtdicke beträgt ... mm und liegt somit ebenfalls im Normbereich.
Oral applizierte Nahrung tritt komplikationslos in den Magen über. Nach Beendigung der Mahlzeit (... ml Milch) kommt es nicht zu einem gastroösophagealen Reflux.
Beurteilung: Kein Anhalt für eine Kardiainsuffizienz, Pyloruskanal normal.

Invagination

1. Invaginat im Querschnitt
2. Invaginat im Querschnitt (Kontrollmessung)
3. Invaginat im Längsschnitt
4. Invaginat im Längsschnitt (Kontrollmessung)

Der häufigste Typ der Invagination ist die ileokolische Invagination, welche sich naturgemäß meist im rechten Mittelbauch (rechte Flexur bis Mitte des Colon transversum) findet. Bei sehr langstreckigen ileokolischen Invaginationen kann das sonographisch darstellbare Invaginat aber auch im linken Mittel- oder sogar Unterbauch auftreten.

Appendizitis – perityphlitischer Abszeß

1. Appendixregion im Querschnitt
2. Appendixregion im Querschnitt (Kontrollmessung)
3. Appendixregion im Längsschnitt
4. Appendixregion im Längsschnitt (Kontrollmessung)

Die **Appendix** liegt an der Grenze zwischen rechtem Mittel- und Unterbauch, diese Region sollte sorgfältig durchgemustert werden. Es muß bedacht werden, daß die Appendix gelegentlich auch retrozökal – und somit weiter kranial als erwartet – liegt. Sie kann bei Malrotation und inverser Rotation auch im linken Mittel- bis Unterbauch lokalisiert sein.

Bei Verdacht auf eine Appendizitis bzw. einen perityphlitischen Abszeß muß immer auch nach Aszites gefahndet werden.

Der sonographische Nachweis bzw. sichere Ausschluß eines gastroösophagealen Refluxes bei Kardiainsuffizienz erfordert viel Geduld und Übung des Untersuchers, dies gilt erst recht bei der Frage nach einer Hiatusgleithernie. Da das Kind eventuell bis zu 20 Minuten mit entblößtem Oberkörper und Bauch untersucht wird, muß der Raum warm genug sein (Wärmelampe!). Mindestens eine Hilfsperson ist erforderlich, die das Kind zunächst unter Sonographiekontrolle mit der Flasche füttert. Dabei wird der Übertritt der Nahrung in den Magen am Monitor beobachtet, es empfiehlt sich sehr, ein Videoband mitlaufen zu lassen. Es sollte eher weniger als die Menge einer für das Kind normalen Mahlzeit gegeben werden. Nach beendeter Fütterung sollte das Kind in einem entspannten Zustand bleiben (Schnuller). Plötzlich auftretende Bewegungsunruhe kündigt dem aufmerksamen Untersucher den kurz bevorstehenden gastroösophagealen Reflux an, welcher technisch bei Sonographiegeräten ohne Cine-Loop oft schwer im Bild zu erfassen ist. Wie bei der entsprechenden Röntgenuntersuchung kann der Reflux natürlich auch durch Gabe einer geringen Flüssigkeitsmenge nach Beendigung der eigentlichen Mahlzeit provoziert werden (Carvalho-Probe).

12.4 Paraaortale Gefäße mit ihren Aufzweigungen

Aorta abdominalis und V. cava (Abb. 12-1a bis i) lassen sich sonographisch durch ihre Form, Lage und unterschiedliches Pulsationsverhalten gut unterscheiden. Das Lumen der Aorta ist im Querschnitt kreisrund und echoleer, die Aorta liegt im Normalfall prävertebral bzw. links paravertebral. Die V. cava hat im Querschnitt eine querovale Form, sie liegt rechts paravertebral und weist im

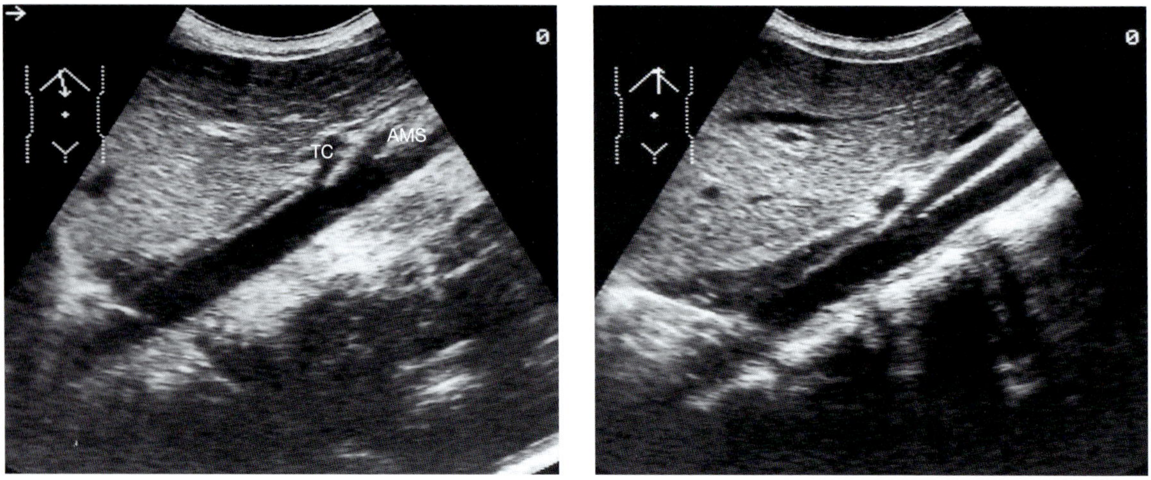

a b

Abb. 12-1a bis i Normale abdominelle Gefäße.
a) Aorta abdominalis im Längsschnitt. Abgang der A. mesenterica superior (AMS) nach ventrokaudal, kranial Abgang des Truncus coeliacus (TC).
b) Aorta abdominalis im Längsschnitt, ventral langstreckig die A. mesenterica superior.

Vergleich zur rhythmisch pulsierenden Aorta eine sog. Doppelschlagpulsation auf. Diese ist besonders im Längsschnitt gut zu erkennen. Die Aorta wie auch die V. cava teilen sich etwa in Höhe des 1. Sakralwirbels in die Iliakalgefäße (s. Abb. 12-1i) auf, dabei liegen die Arterien ventral.

Die ersten wesentlichen, großen arteriellen Abgangsgefäße aus der Aorta abdominalis sind der Truncus coeliacus und die A. mesenterica superior (s. Abb. 12-1a, b und e). Der Truncus coeliacus geht im Niveau des Pankreas aus der Aorta ab, verläuft bogenförmig nach kranial und zweigt sich nach rechts in die A. hepatica communis und nach links in die A. lienalis (s. Abb. 12-1e) auf. Die A. mesenterica superior entspringt ca. 1–2 cm kaudal des Truncus coeliacus aus der Aorta, sie verläuft bogenförmig nach ventrokaudal. Paraaortale Lymphknoten sind häufig hier lokalisiert und lassen sich sonographisch hier auch gut darstellen (s. Abb. 12-21a bis e).

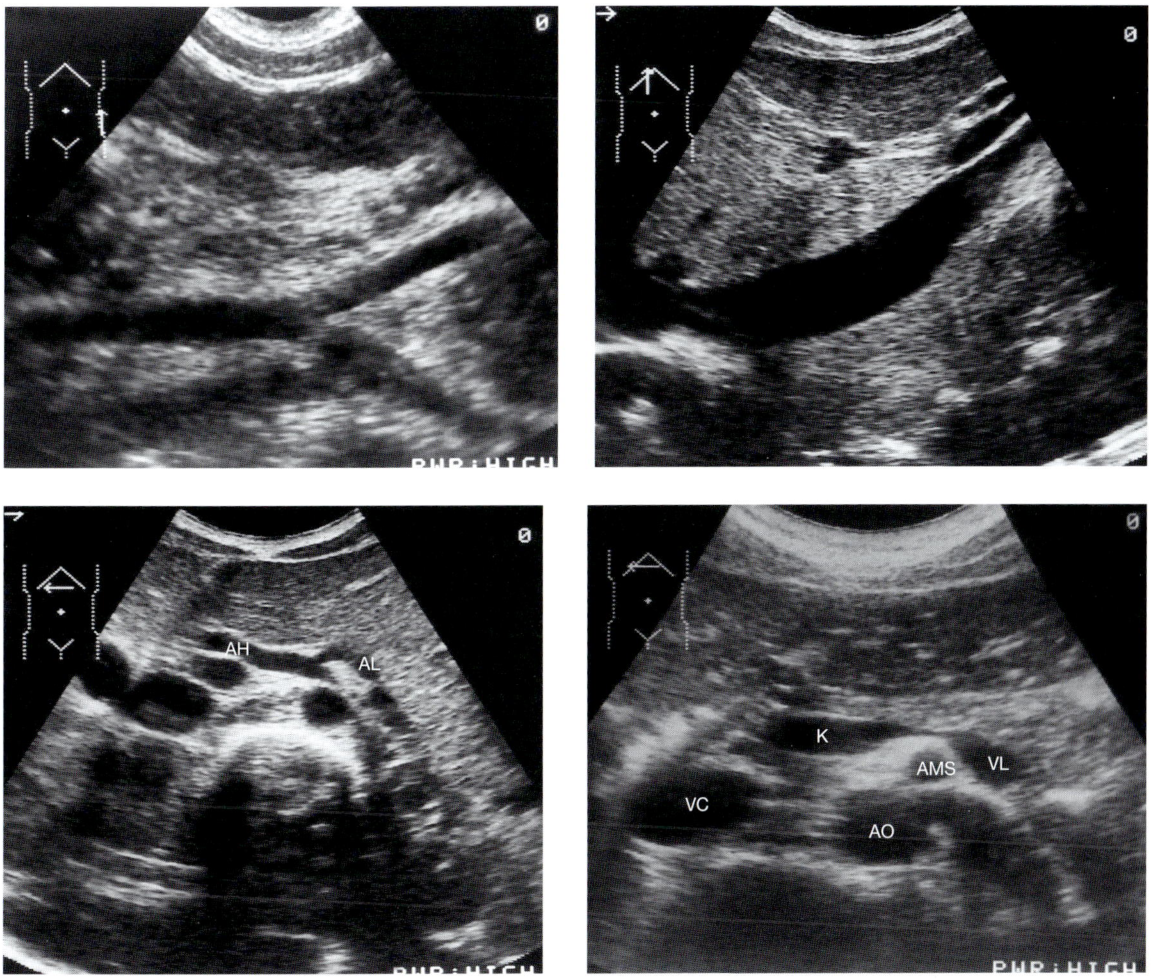

c d e f

Abb. 12-1a bis i Normale abdominelle Gefäße (Fortsetzung).
c) Bifurkation der Aorta im Koronarschnitt von links lateral.
d) V. cava im Längsschnitt.
e) Truncus coeliacus im Querschnitt. Nach rechts geht die A. hepatica (AH), nach links die A. lienalis (AL) ab.
f) Querschnitt des Abdomens in Höhe des Pankreas. Aorta (AO) und V. cava (VC) im Querschnitt, ventral der Aorta (dorsal des Pankreas) A. mesenterica superior (AMS) im Querschnitt und V. lienalis (VL) sowie Konfluens (K) mit der V. mesenterica superior subpankreatisch.

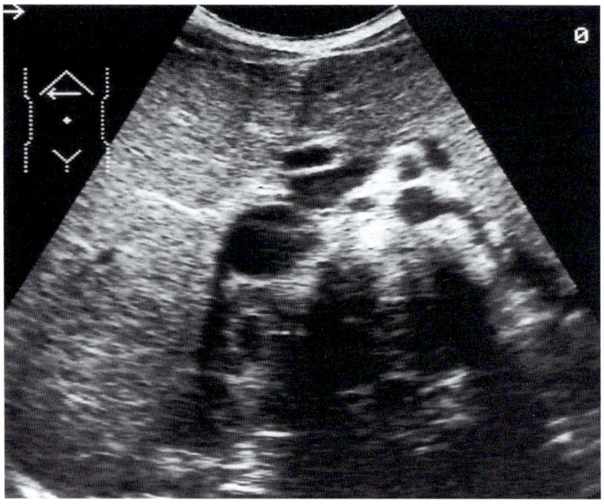
g

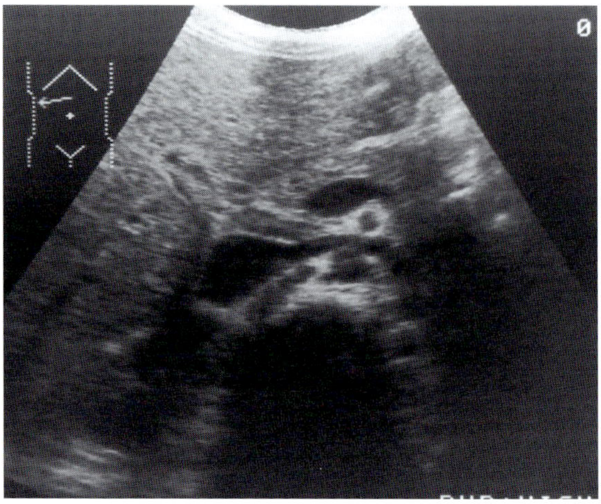
h

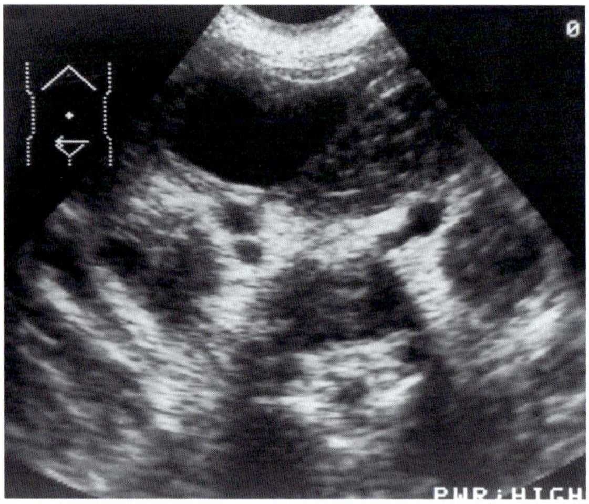
i

Abb. 12-1a bis i Normale abdominelle Gefäße (Fortsetzung).
g) Aorta und Vena cava im Querschnitt in Höhe des Nierenhilus. Die Aorta ist kreisrund, die V. cava queroval. Abgang der linken Nierenarterie aus der Aorta.
h) Aorta und V. cava im Querschnitt in Höhe des Nierenhilus. Einmündung der linken Nierenvene in die V. cava.
i) Iliakalgefäße im Querschnitt. Die Iliakalarterien liegen ventral, die Iliakalvenen dorsal, der Wirbelsäule bzw. dem M. iliopsoas benachbart.

12.5 Kardiainsuffizienz

Die Kardia liegt subdiaphragmal paramedian links vor der Aorta. Sie läßt sich in sagittalen Schrägschnitten leicht an ihrer echoarmen Muskelwand erkennen. Unter oraler Applikation von Flüssigkeit läßt sich gut beobachten, wie sich die Kardia öffnet. Die Flüssigkeit ist als echoreiches Flußphänomen auch im Bild zu erkennen, bei Übertritt von Flüssigkeit in den Magen (Abb. 12-2a und b) lassen sich oft Einstromphänomene und Turbulenzen beobachten. Auch refluktierende Flüssigkeit, die meist mit Luft untermischt ist, ist sonographisch echoreich und somit leicht identifizierbar.

Der sonographische Nachweis einer Kardiainsuffizienz (Abb. 12-3a und b) gelingt am besten, wenn der Säugling nach oraler Flüssigkeitsgabe mit einem Schnuller beruhigt wird. Oft wird man dann beobachten, daß das Kind nach kurzer Ruhephase unruhig wird, was offensichtlich durch den beginnenden Reflux hervorgerufen wird. Es ist dann nicht immer einfach, den Schallkopf in geeigneter konstanter Position zu halten, um den Reflux ideal zu erfassen. Hilfreich ist es manchmal, ein Videoband mitlaufen zu lassen. Mittels der Farb-Duplex-Sonographie läßt sich der Nachweis eines Refluxes – insbesondere bei geringer Ausprägung – optimieren. Im Einzelfall läßt sich sogar das Vorhandensein einer **Hiatushernie** sonographisch nachweisen, dies erfordert allerdings viel Erfahrung des Untersuchers.

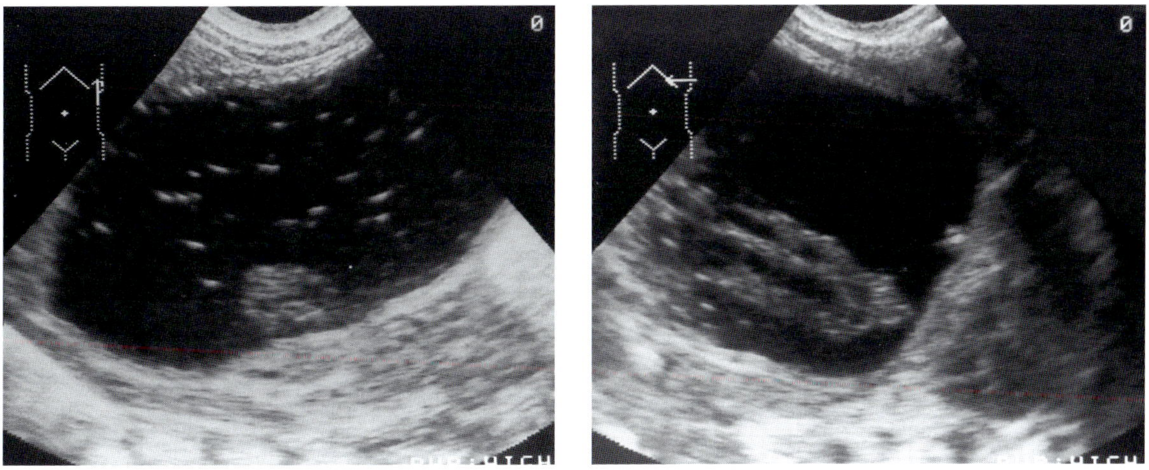

a b

Abb. 12-2a und b Normaler Magen.
Der Magen ist mit Flüssigkeit gefüllt, daher überwiegend echoleer. Die kleineren echoreichen Binnenstrukturen entsprechen Luftblasen, die grobscholligen Komplexe Speiseresten (Längs- und Querschnitt).

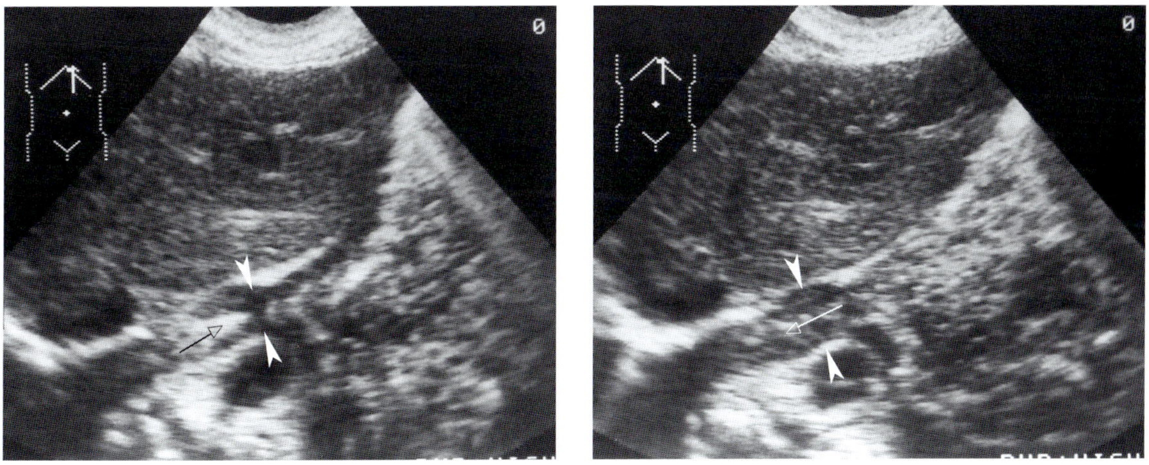

a b

Abb. 12-3a und b Kardiainsuffizienz.
Kardia (➤) in geschlossenem (a) und geöffnetem (b) Zustand. Echoreiche, refluktierende Flüssigkeit (—▷).

12.6 Hypertrophische Pylorusstenose

Der Pylorus (Abb. 12-4a und b) liegt rechts paramedian im Niveau des Pankreaskopfes. Seine muskuläre Wand ist echoarm, das Lumen echoreich. Im Querschnitt imponiert der normale Pylorus als eine Kokarde mit maximalem Durchmesser von 14 mm. Dabei liegt die Wandstärke der Muskulatur maximal bei 4 mm, meist jedoch niedriger. Im Längsschnitt ist der Pylorus nicht länger als 17 mm. Die angegebenen Meßwerte gelten als Normwerte für reif geborene Kinder im Alter von 2–6 Wochen. Bei Frühgeborenen kann eine hypertrophische Pylorusstenose auch dann vorliegen, wenn die oben genannten Normalwerte nicht überschritten werden, in diesen Fällen ist klinisch über die Operationsindikation zu entscheiden. Bei Persistenz einer **hypertrophischen Pylorusstenose** (Abb. 12-4c und d) über längere

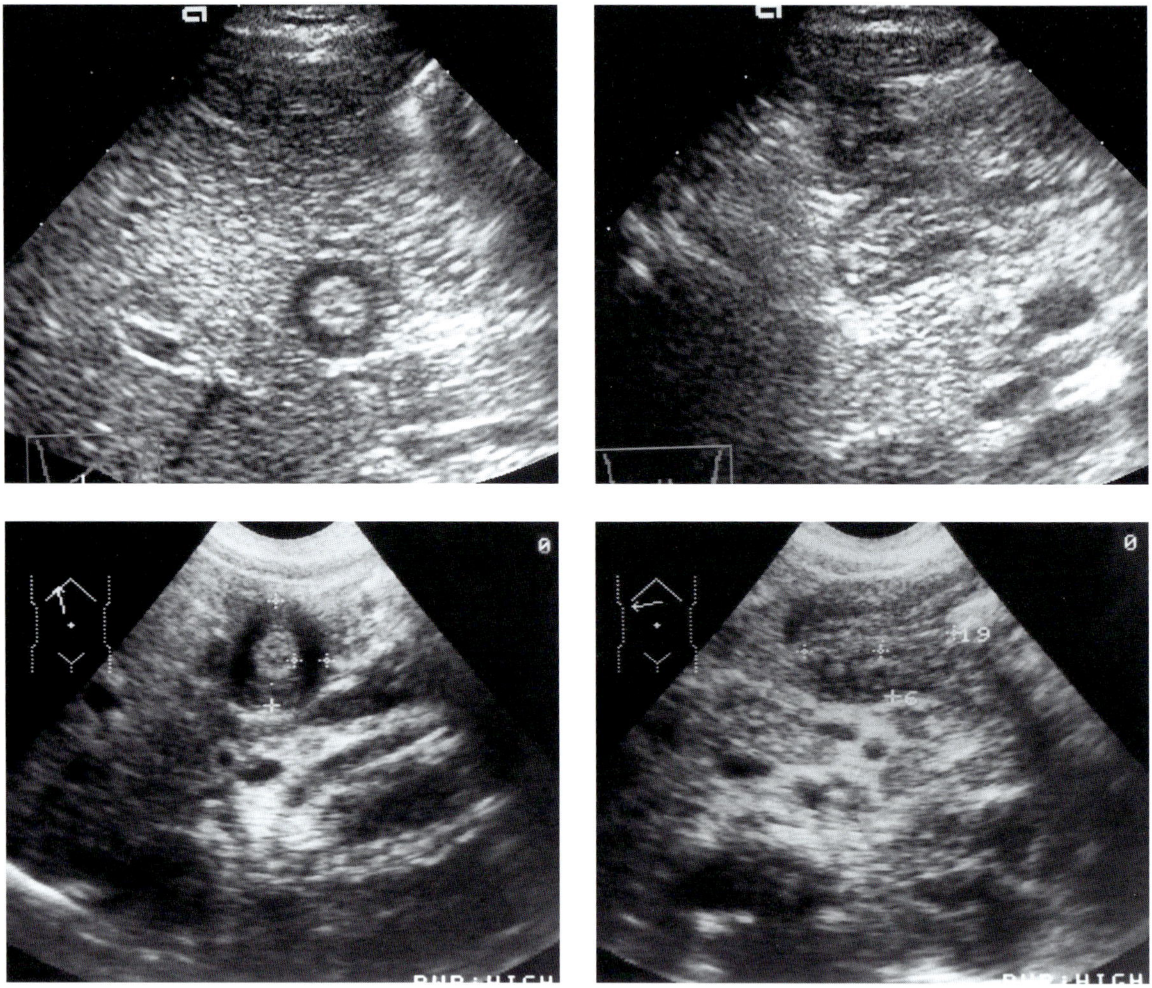

a b c d

Abb. 12-4a bis d Pylorus.
a und b) Pylorus im Transversal- und Längsschnitt (10 Wochen alter männlicher Säugling) Pylorusdurchmesser (11 mm), Muskeldicke (2,7 mm) und Länge des Pyloruskanals (13 mm) sind normal.
c und d) Pylorusstenose im Quer- und Längsschnitt bei einem 8 Wochen alten männlichen Frühgeborenen (operativ bestätigt).

Zeit nimmt die Muskelwandstärke zu, außerdem kommt es zu einer bogigen Deformierung des elongierten Pyloruskanals.

12.7 Invagination

Die häufigste Form der Invagination stellt die ileokolische dar, entsprechend findet sich das **Invaginat** (Abb. 12-5a bis c, Abb. 12-6a bis c) im rechten Mittelbauch im Colon ascendens bzw. im Colon transversum. Es kann in seltenen Fällen bis zum Sigma reichen. Betroffen sind meist Jungen im Alter von 6 Monaten bis 2 Jahren. Sonographisch ist das Invaginat im Querschnitt kokardenförmig mit mehreren echoarmen und echoreichen Ringstrukturen sichtbar (s. Abb. 12-5a, s. Abb. 12-6b). Der Längsschnitt des Invaginats erinnert an einen Nierenlängsschnitt, man spricht auch vom „pseudo-kidney-sign“. Der echoarme Ring der Kokarde entspricht der ödematösen Muskelwand des aufnehmenden Dickdarmanteils, während das echoreiche Zentrum ein Summationseffekt von Grenzflächenphänomenen der komprimierten Mukosa und Serosa des Invaginats

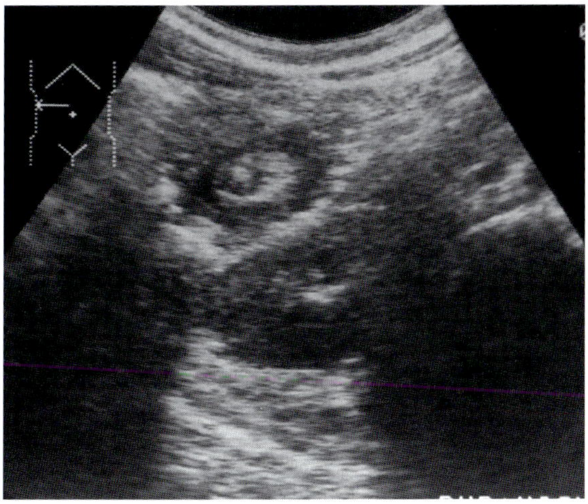
a

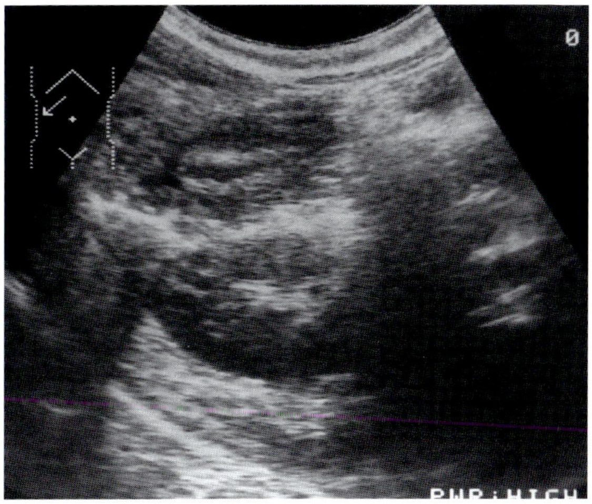
b

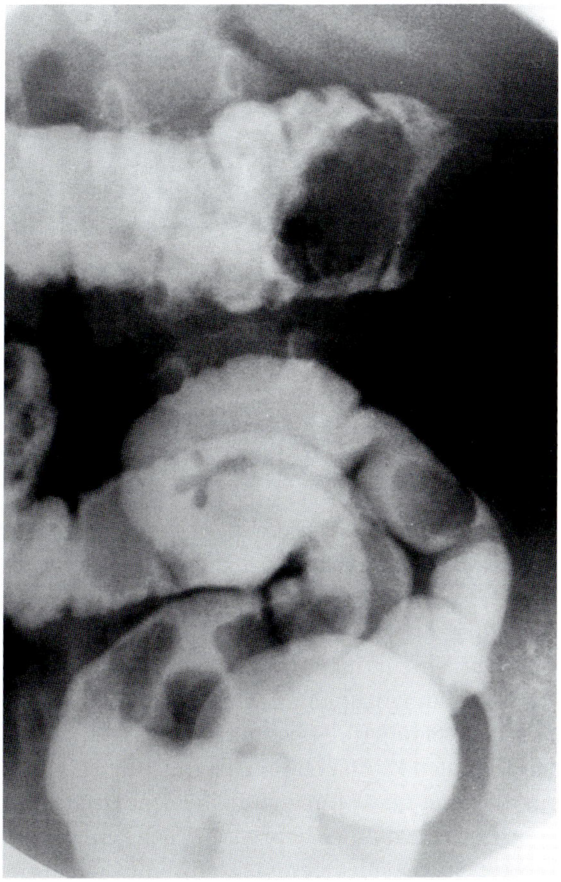
c

Abb. 12-5a bis c Ileokolische Invagination bei einem 2jährigen Jungen.

a) Typisches Kokardenphänomen (Querschnitt).

b) Dorsal des Invaginats ist die rechte Niere erkennbar. Die Konfiguration von Niere und Invaginat ist ähnlich: „pseudo-kidney-sign" (Längsschnitt).

c) Röntgenbefund des Invaginats (Aufnahme in Bauchlage).

ist. In Einzelfällen findet sich begleitend ein Aszites.

Heutzutage erfolgt die Reposition eines Invaginats oft unter sonographischer Kontrolle. Hierbei empfiehlt es sich, für eine eventuell noch notwendige nachfolgende Röntgenkontrolle, der zu instillierenden Kochsalzlösung ein Röntgenkontrastmittel (wasserlöslich, nichtionisch) beizumengen. Nach erfolgreicher Reposition sind dann sonographisch Dünndarmschlingen mit echoarmem Lumen – somit flüssigkeitsgefüllt – gut nachweisbar (s. Abb. 12-6c).

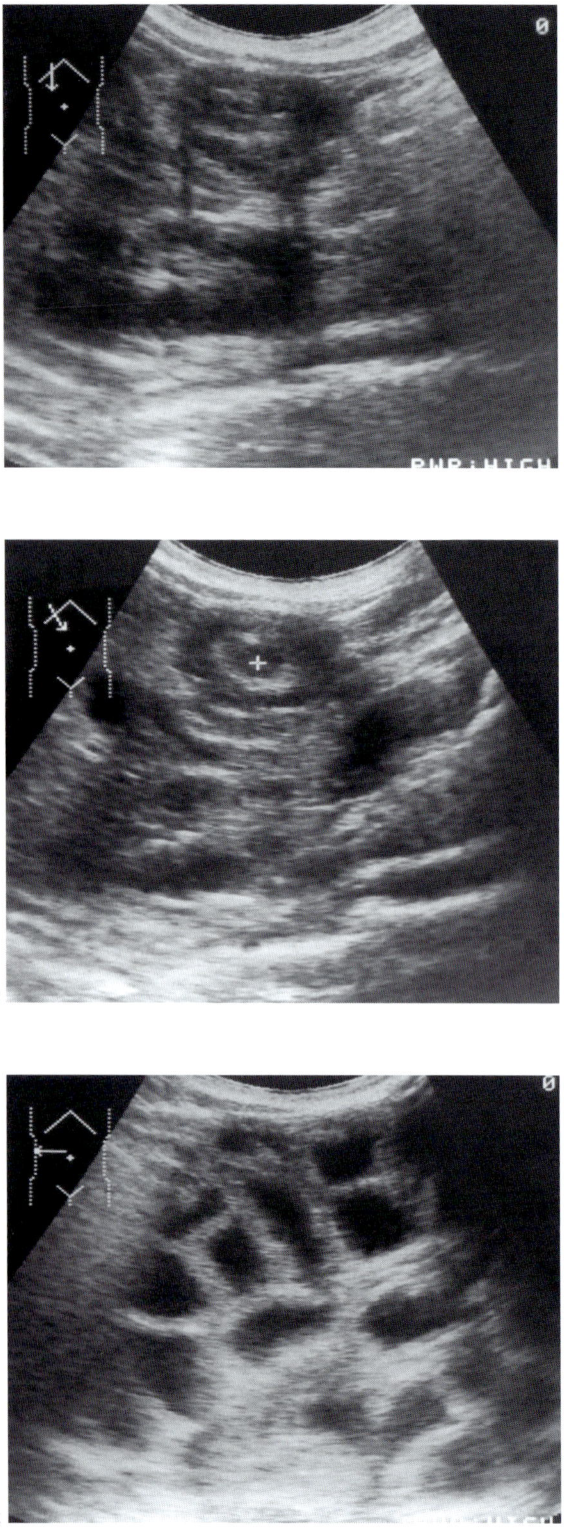

a

b

c

Abb. 12-6a bis c Invagination bei einem 3 Monate alten Mädchen.
a und b) Längs- und Querschnitt.
c) Querschnitt nach gelungener Reposition. Nach rektaler Applikation von Kochsalzlösung stellen sich Dünndarmanteile echoarm und somit flüssigkeitsgefüllt dar.

Normalbefund bei Invaginationsverdacht – typische Formulierung

Beschreibung: Im gesamten Mittel- und Unterbauch lediglich Darstellung von unauffällig konfigurierten Darmschlingen mit normaler Motilität. Eine für ein Invaginat typische kokardenartige Formation bzw. ein „pseudo-kidney-sign" findet sich nicht.
Beurteilung: Kein Anhalt für eine Invagination.

12.8 Entzündliche Darmerkrankungen

- Appendizitis
- perityphlitischer Abszeß
- Morbus Crohn

Die normalerweise im rechten Unterbauch gelegene **Appendix** stellt sich beim gesunden Kind als tubuläre Struktur mit echoarmer Wand dar (Abb. 12-7a bis d). Das Lumen ist meist flüssigkeitsgefüllt und wird von der echoreichen Mukosa zirkulär umgeben.

Der maximale Querdurchmesser der Appendix liegt bei etwa 6 mm.

Eine akute **Appendizitis** (Abb. 12-8a und b) führt durch das entzündliche Wandödem zu einer deutlichen Volumenzunahme des Organs. Die entzündlich veränderte Appendix ist im Gegensatz zu der normalen kaum kompressibel. Häufig läßt sich um die entzündete Appendix eine echoarme Flüssigkeitsansammlung nachweisen. Bei Perforation der Appendix bildet sich meistens eine echoarme Flüssigkeitsansammlung, außerdem ist im Regelfall die normalerweise echoreiche Submukosa nicht mehr nachweisbar.
Die entzündliche Mitreaktion des umliegenden Gewebes führt zur Ausbildung eines **perityphlitischen Abszesses** und sonographisch zu einer Echogenitätsanhebung um die Appendix (Abb. 12-9). Als *Komplikation* der Perforation kann sich ein Abszeß entwickeln, der meist tief im Becken,

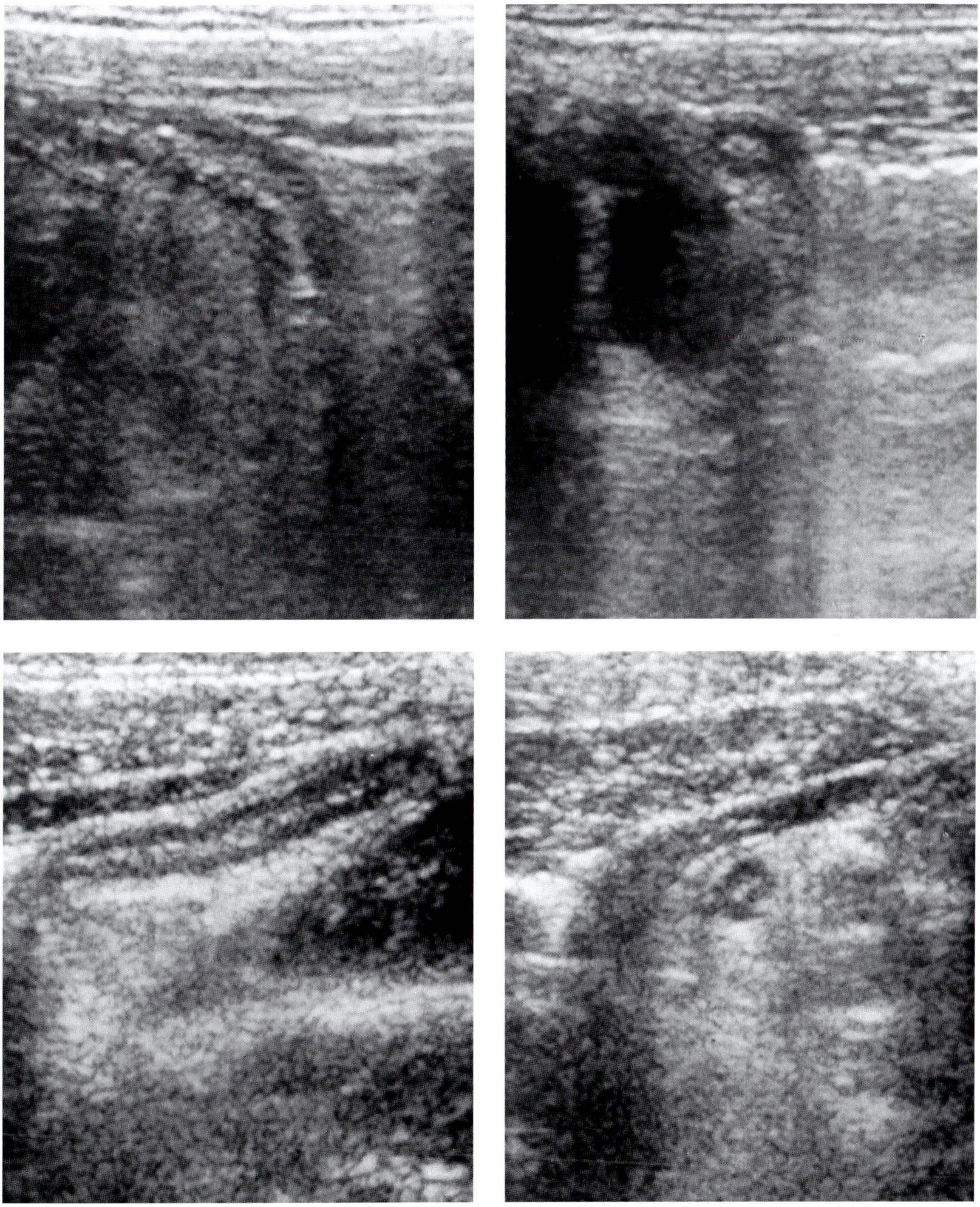

a b c d

Abb. 12-7a bis d Normale Appendix.
a und b) Normale Appendix bei einem 12jährigen Mädchen (Längs- und Querschnitt).
c und d) Normale Appendix bei einem 12jährigen Jungen (Längs- und Querschnitt).
Die Appendix stellt sich als tubuläre Struktur mit echoarmer Wand dar, sie liegt bei Abb. 12-7a und b unmittelbar unter der Bauchdecke.
(Die Aufnahmen verdanken wir Herrn Prof. Reither, Klinikum Nürnberg-Süd.)

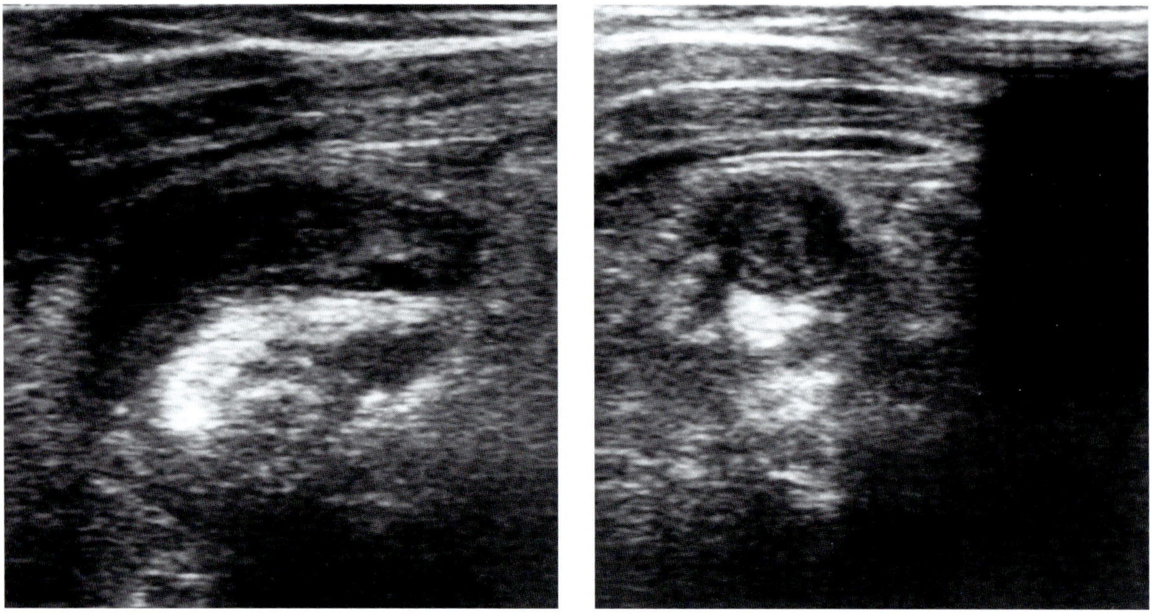

a b

Abb. 12-8a und b Appendizitis.
Akute Appendizitis bei einem 13jährigen Mädchen. Die Appendix ist aufgrund der ödematös aufgetriebenen Wand deutlich volumenvermehrt (Längs- und Querschnitt).
(Die Aufnahmen verdanken wir Herrn Dr. Peitz, Städtische Kinderkliniken Köln.)

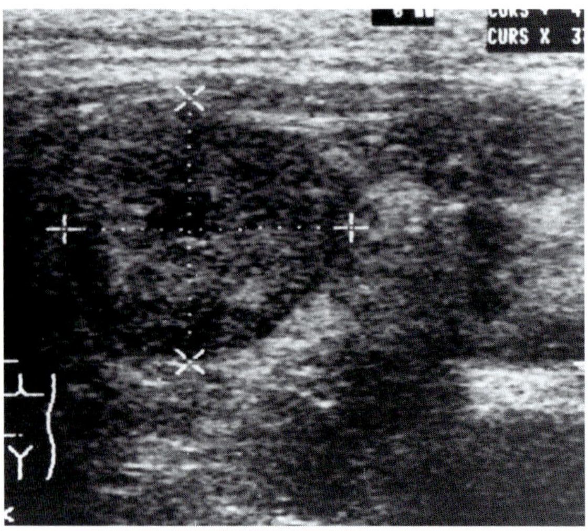

Abb. 12-9 Perityphlitischer Abszeß bei einem 7½ jährigen Mädchen.
(Die Aufnahme verdanken wir Herrn Prof. Dr. M. Reither, Kinderradiologie, Klinikum Nürnberg-Süd.)

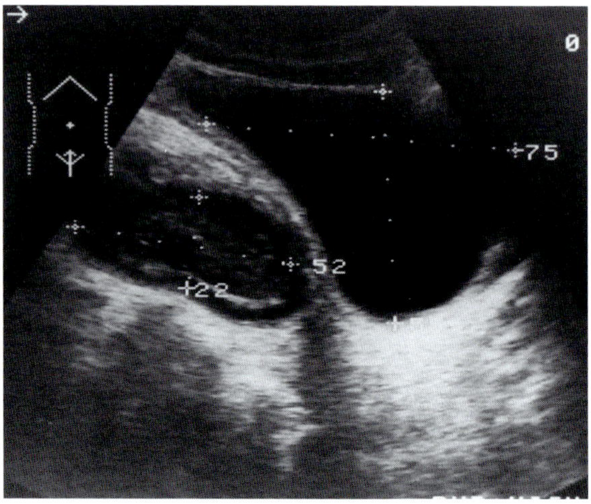

Abb. 12-10 Gedeckt perforierte Appendizitis. Der überwiegend echoarme Abszeß liegt im Douglas-Raum, somit retrovesikal, und ist von einer breiten, teilweise echoreichen Abszeßmembran umgeben.

unter anderem im Douglas-Raum (Abb. 12-10, Abb. 12-11a und b, Abb. 12-12) gelegen ist und selten auch kranial der Appendix im Peritonealraum liegen kann.

Sonographisch ist ein Abszeß meist echoarm mit manchmal echoreicher Wandreaktion. Im Gefolge einer chronisch-rezidivierenden Appendizitis können sich Fäkolithen entwickeln (Abb. 12-13).

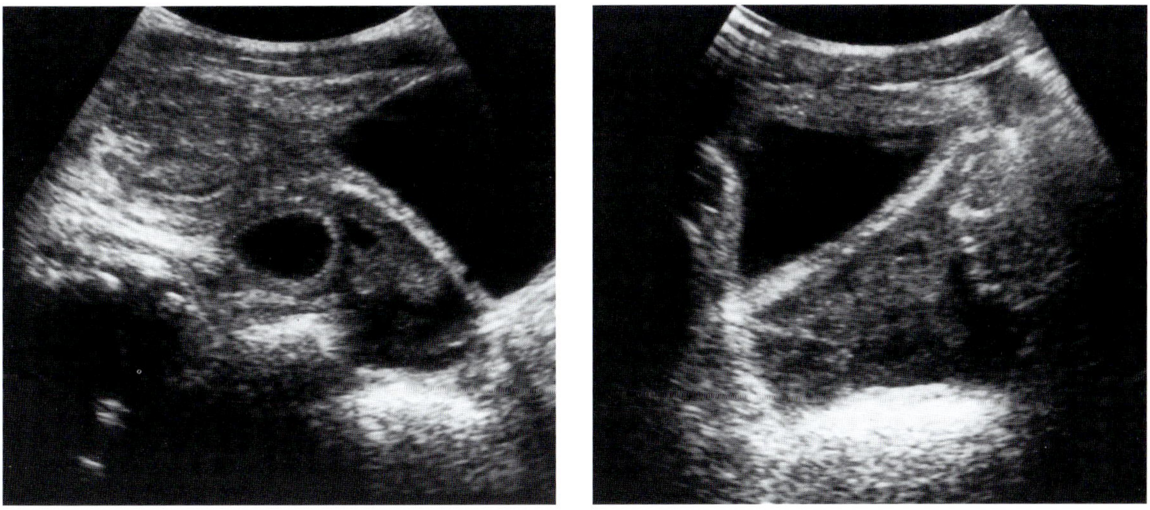

a b

Abb. 12-11a und b Perforierte Appendizitis mit retrovesikalem Abszeß bei einem 9jährigen Jungen (operativ bestätigt; Längs- und Querschnitt).
(Die Aufnahmen verdanken wir Herrn Dr. Peitz, Städtische Kinderkliniken Köln.)

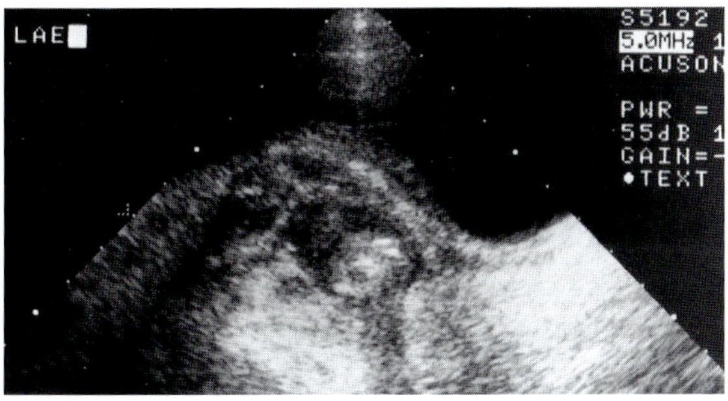

Abb. 12-12 Douglas-Abszeß bei einem 10jährigen Jungen nach perforierter Appendizitis (Längsschnitt).
(Die Aufnahme verdanken wir Herrn Prof. Dr. M. Reither, Kinderradiologie, Klinikum Nürnberg-Süd.)

Normalbefund bei Verdacht auf Appendizitis oder einen perityphlitischen Abszeß – typische Formulierung:

Beschreibung: Im rechten Mittel- und Unterbauch Darstellung unauffällig konfigurierter Darmschlingen mit normaler Motilität. Keine Echogenitätsanhebung oder Verbreiterung der Appendix. Keine kokardenförmige Struktur wie bei einem perityphlitischen Abszeß. Kein Aszites.
Beurteilung: Kein Anhalt für eine Appendizitis oder einen perityphlitischen Abszeß.

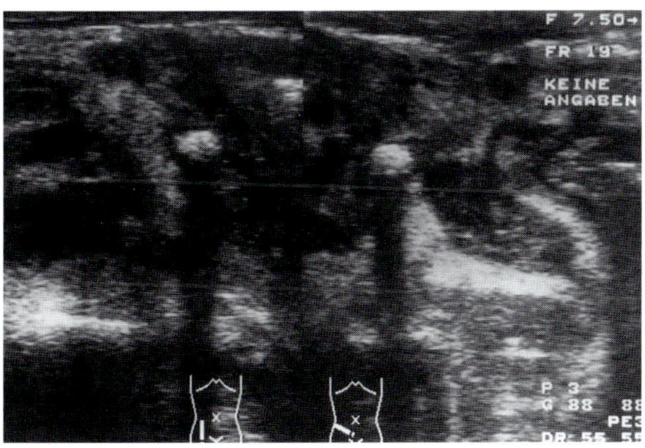

Abb. 12-13 Fäkolithen bei chronisch-rezidivierender Appendizitis (Längs- und Querschnitt).
(Die Aufnahme verdanken wir Herrn Dr. Peitz, Städtische Kinderkliniken Köln.)

Der **Morbus Crohn** (Abb. 12-14a und b, Abb. 12-15) tritt bevorzugt im terminalen Ileum auf, kann aber auch jeden anderen Darmabschnitt segmental befallen. Im betroffenen Darmanteil kommt es zu einer lokalen, entzündlich bedingten Wandverdickung. Sonographisch ist die verdickte Darmwand echoarm, das echoreiche Lumen des betroffenen Darmabschnittes ist eingeengt (s. Abb. 12-14a). In Abhängigkeit vom Ausmaß des Entzündungsgrades sind die betroffenen Darmabschnitte nur wenig kompressibel.

a

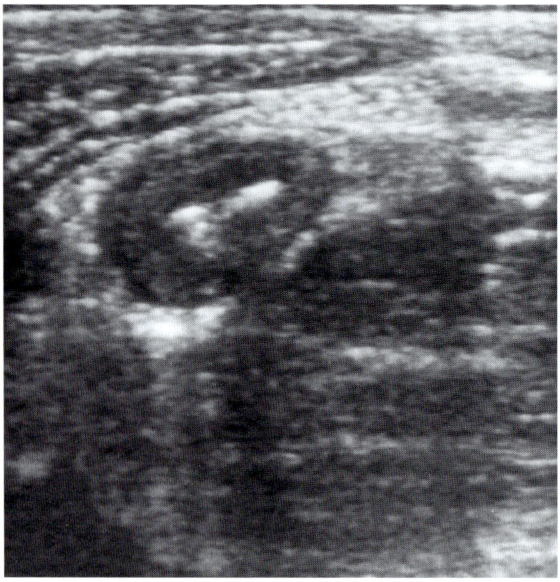

b

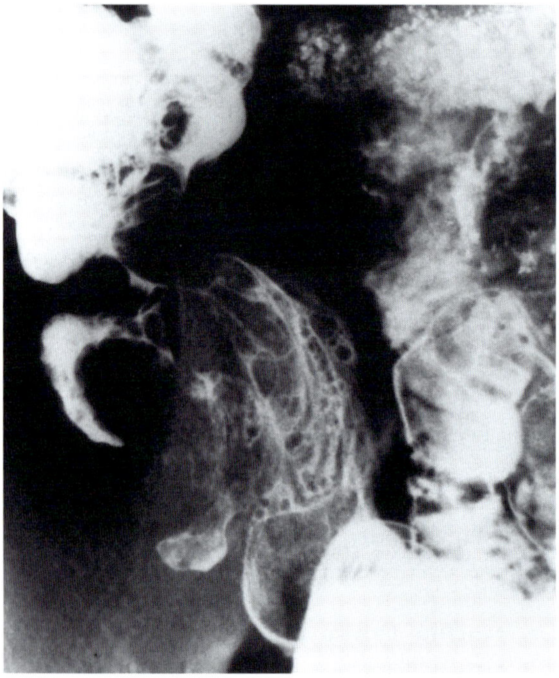

Abb. 12-14a und b Morbus Crohn bei einem 19jährigen Jungen.
a) Die abgebildete Ileumschlinge zeigt eine deutlich verdickte echoarme Darmwand. Zentral stellt sich die Mukosa echoreich dar.
b) Entsprechender Befund im Röntgenbild. Pflastersteinrelief im terminalen Ileum und Zökumschrumpfung.
(Die Aufnahmen verdanken wir Herrn Prof. von Lengerke, Kinderradiologie der Universität Münster.)

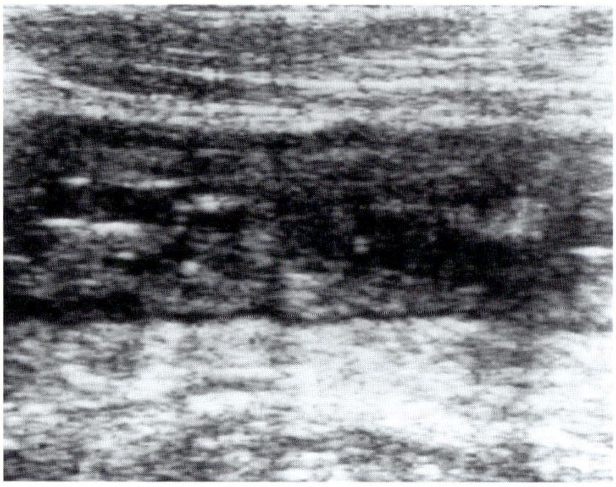

Abb. 12-15 Morbus Crohn bei einem 22jährigen Mann. Ileumschlinge im Längsschnitt mit deutlich verbreiterter echoarmer Darmwand.

12.9 Fehlbildungen

- Darmduplikaturen
- Meckel-Divertikel
- Duodenalstenose

Zystische **Darmduplikaturen** sind am häufigsten im terminalen Ileum und in der Ileo-Zökalregion lokalisiert (Abb. 12-16a und b). Ihre Wand enthält Mukosa und glatte Muskulatur und erscheint somit relativ dick. Der Zystendurchmesser überschreitet in der Regel nicht 6 cm. Sonographisch stellen sich die Darmduplikaturen meistens als solitäre, nahezu echofreie, umschriebene Raumforderungen im rechten Mittel- bis Unterbauch dar. Die nur selten vorkommenden Einblutungen in eine zystische Darmduplikatur stellen sich echoreich dar. Das **Meckel-Divertikel** ist sonographisch schwer von einer Darmduplikatur zu unterscheiden. Die **Duodenalstenose** imponiert sonographisch in Form eines deutlich erweiterten echoarmen Duodenums, im Fall einer **Duodenalatresie** ist auch im Ultraschall das aus der Röntgendiagnostik bekannte „double-bubble-sign" nachvollziehbar.

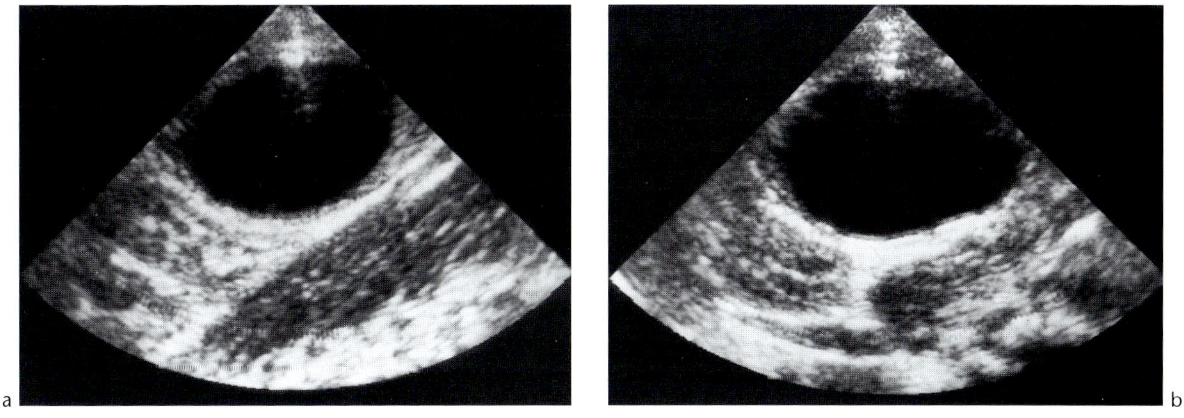

Abb. 12-16a und b Ileale Darmduplikatur bei einem 3 Tage alten männlichen Neugeborenen. Gut begrenzte, dickwandige, echoleere, zystische Formation im rechten Mittelbauch, ventral der Niere und des M. ileopsoas (Längs- und Querschnitt).

12.10 Raumforderungen

- Aszites – Pleuraerguß
- Lymphknotenvergrößerungen
- Abszeß
- Tumoren

Aszites – Pleuraerguß. Aszitesflüssigkeit läßt sich sonographisch sehr gut nachweisen, sie ist meistens echoarm, in Abhängigkeit vom Eiweißgehalt kann sie auch von mittlerer Echogenität sein oder inhomogen mit echoreichen Binnenstrukturen. Bevorzugte Lokalisationen von Aszites sind der Douglas-Raum, der perihepatische Raum rechts (Abb. 12-17a bis d) sowie die Morrisonsche Tasche und die Bursa omentalis. Bei erheblichem Ausprägungsgrad verteilt sich der Aszites in der gesamten Peritonealhöhle, so daß die Darmschlingen auf dem Aszites schwimmen (Abb. 12-18a und b). Ursächlich kommen für einen Aszites meist entzündliche Abdominalprozesse, seltener auch eine Hypoalbuminämie oder eine tumorbedingte Lymphabflußbehinderung in Betracht. Bei perihepatischer Ansammlung von Aszitesflüssigkeit ist auf die topographische Beziehung zwischen Zwerchfell und Aszites zu achten, um diesen von einem subpleuralen Erguß zu unterscheiden (Abb. 12-19a und b, Abb. 12-20a und b).

Lymphknotenvergrößerungen. Lymphknoten (Abb. 12-21a bis e; Abb. 12-22a und b) lassen sich am besten entlang der großen abdominellen Gefäße als Leitstrukturen finden. Insbesondere ist dabei auf paraaortale Lymphknoten in Höhe des Abgangs der A. mesenterica superior zu achten. Sonographisch sind Lymphknoten echoarm und weisen zentral einen echoreichen Sinus auf. Diese Differenzierung gelingt bei abdominellen Lymphknoten infolge der begrenzten Ortsauflösung nicht immer. Sie treten entweder solitär oder gruppiert auf.

Ein Durchmesser eines Lymphknotens von mehr als 1 cm ist als pathologisch anzusehen. Im Ultraschall ist die Lymphknotendiagnostik aufgrund von z.B. Darmgasüberlagerung nicht immer einfach, so daß in Zweifelsfällen andere diagnostische Verfahren (z.B. CT, MRT) notwendig sind.

Abszeß. Ein intraabdomineller Abszeß ist sonographisch in Abhängigkeit von seinem Alter von mittlerer Echogenität oder weitgehend echofrei. Er kann von einem echoreicheren Rand umgeben sein (Abb. 12-23a und b; Abb. 12-24a bis d).

Tumoren. Bei intraabdominellen Raumforderungen, die sich aufgrund der sonographischen Untersuchung nicht einem Organ zuordnen lassen, ist in erster Linie an das Non-Hodgkin-Lymphom (Abb. 12-25a bis c) zu denken. Darüber hinaus kommen das Teratom, das Dermoid und das äußerst seltene Lipoblastom (Abb. 12-26a bis c)

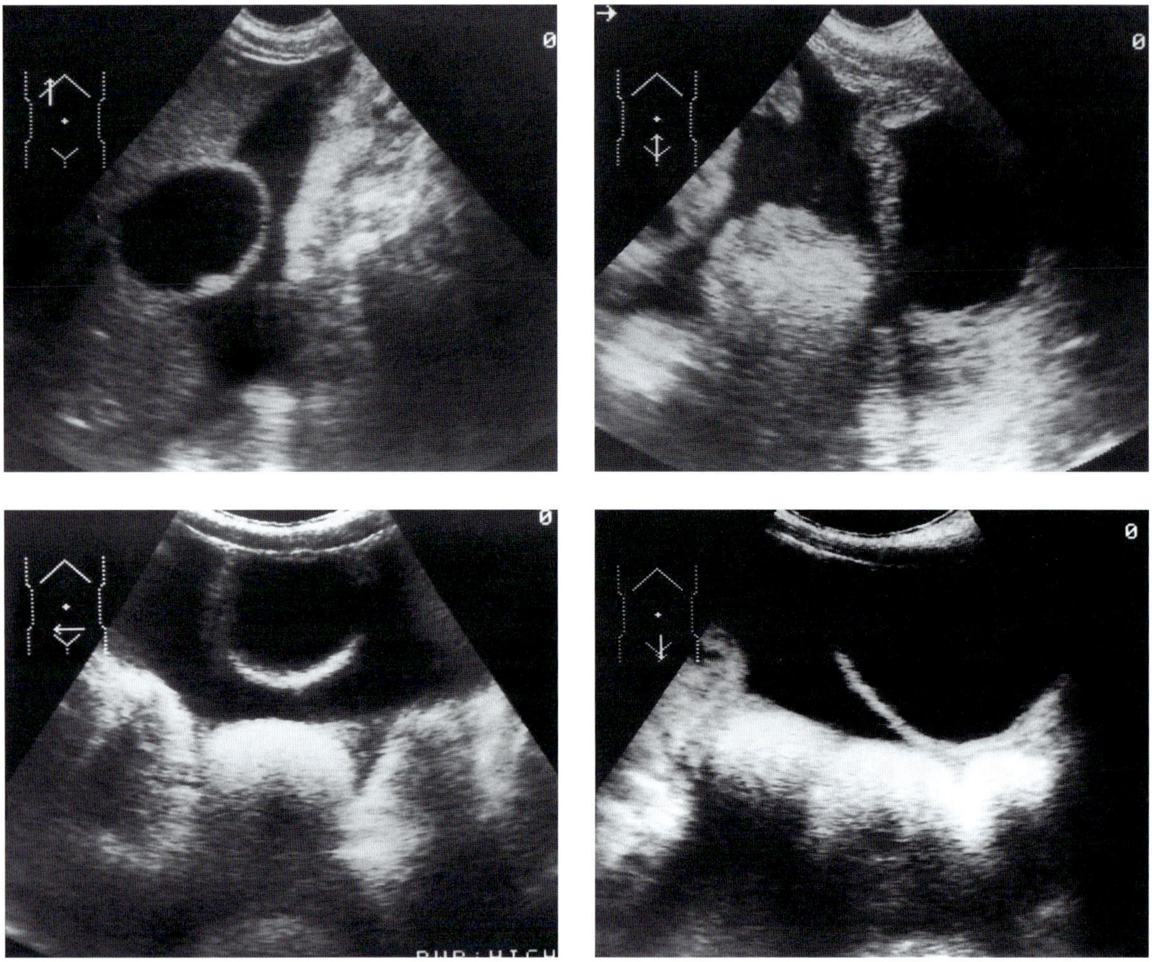

Abb. 12-17a bis d Aszites.
a und b) Bei einem 4½jährigen Jungen mit ALL. Echofreie Aszitesflüssigkeit kaudal der Leber und im Douglas-Raum.
c und d) Im Douglas-Raum. Ventral läßt sich mit echoreicher Wand die Harnblase abgrenzen (Quer- und Längsschnitt).

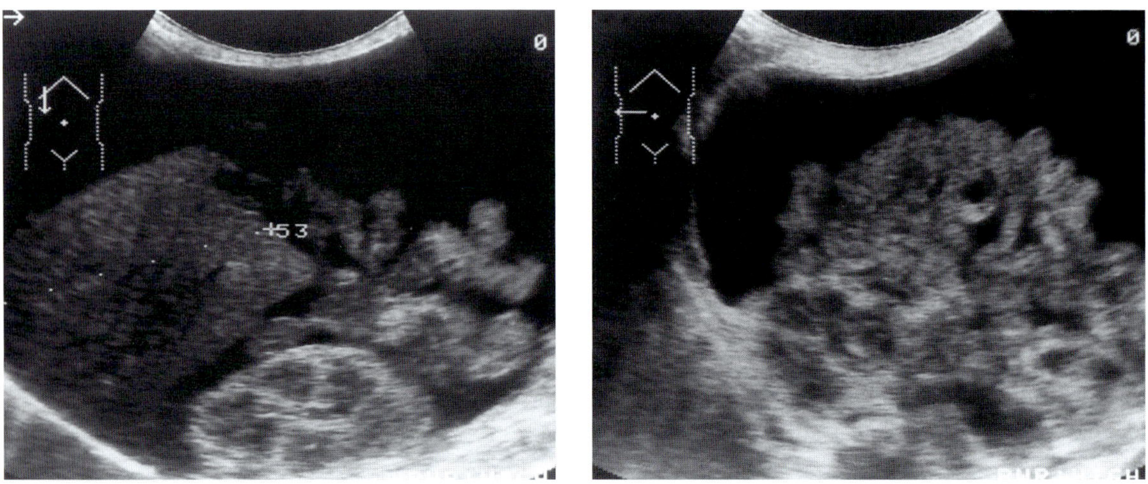

Abb. 12-18a und b Aszites bei einem Frühgeborenen mit Sepsis.
Echoarme Aszitesflüssigkeit umfließt die Leber und Niere; Darmschlingen flottieren in der Flüssigkeit (Längs- und Querschnitt).

vor. Sonographisch ist ein Lymphom gut abgrenzbar, homogen strukturiert und von mittlerer Echogenität. In einem Teratom können echoreiche Strukturen (Verkalkungen, Zahnanlagen) vorkommen, es kann auch zystisch-septiert sein und ist dann schwer von mesenterialen Zysten bzw. einem mesenterialen Lymphangiom und auch einer Ovarialzyste zu unterscheiden.

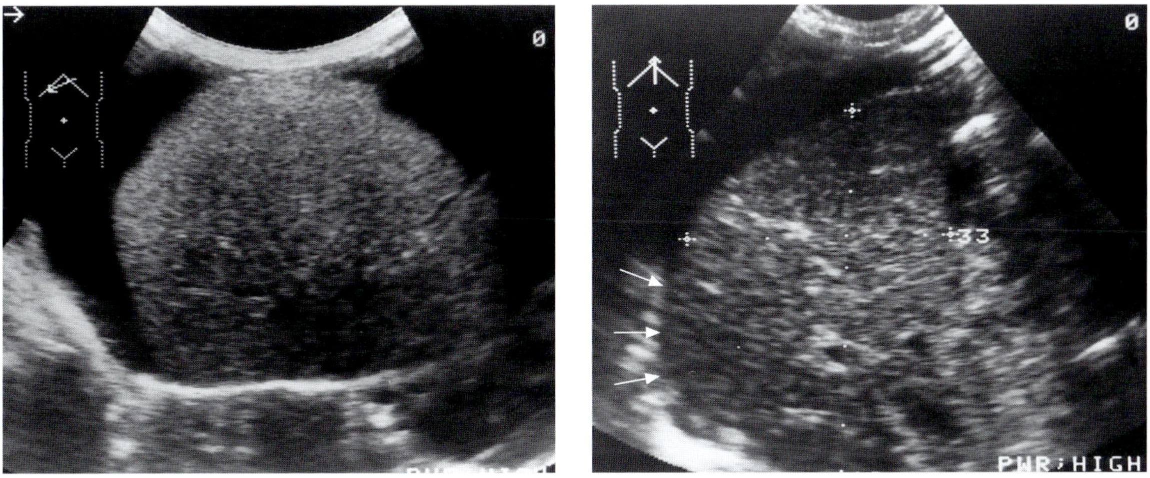

a b

Abb. 12-19a und b Aszites.
Echoarme Flüssigkeit kaudal des Zwerchfells (—▷), somit eindeutig als Aszites und nicht als Pleuraerguß einzuordnen (Quer- und Längsschnitt).

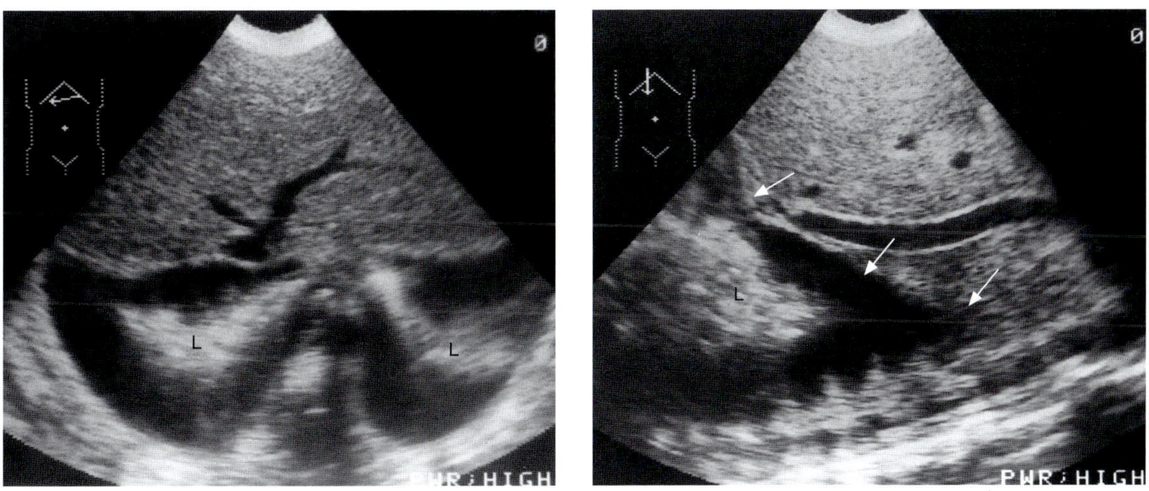

a b

Abb. 12-20a und b Bilateraler Pleuraerguß bei mediastinalem T-Zell-Lymphom bei einem knapp 3 Jahre alten Jungen.
Die echoarme Ergußflüssigkeit befindet sich kranial des Zwerchfells (—▷). Die komprimierten echoreichen Lungenanteile (L) werden vom Erguß umspült (Quer- und Längsschnitt).

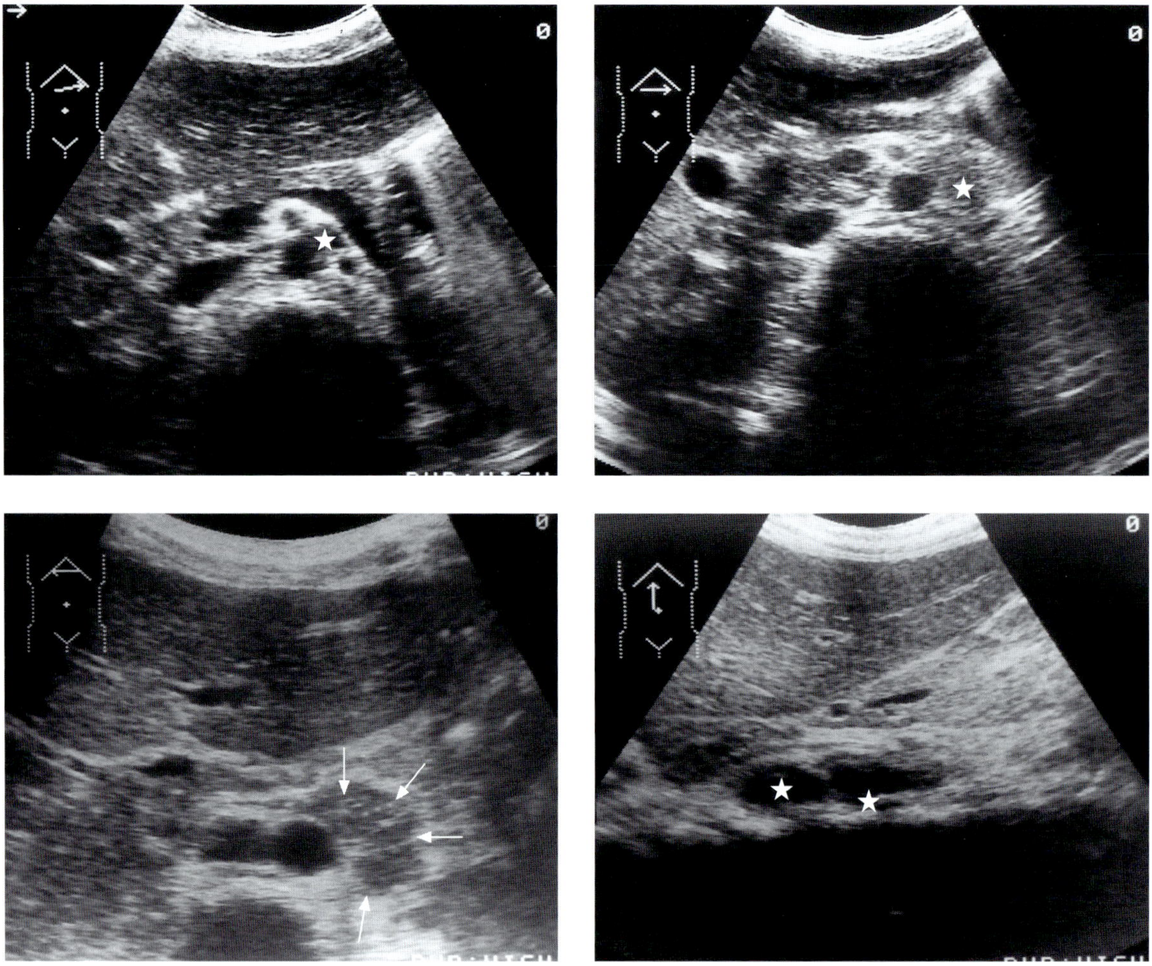

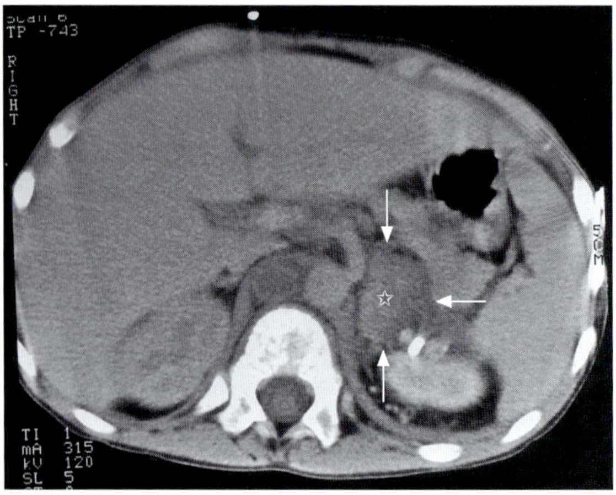

Abb. 12-21a bis e Paraaortale Lymphknoten.

a und b) Vergrößerte paraaortale Lymphknoten (★) bei einem 13jährigen Knaben mit hepatozellulärem Karzinom. Die Lymphknoten sind von mittlerer Echogenität und teilweise etwas unscharf begrenzt.

c bis e) Vergrößerte paraaortale Lymphknoten (—▷) mit zentraler Einschmelzung bei einem 6jährigen Jungen mit Neuroblastom. Im CT (e) ist die Einschmelzungszone hypodens (☆).

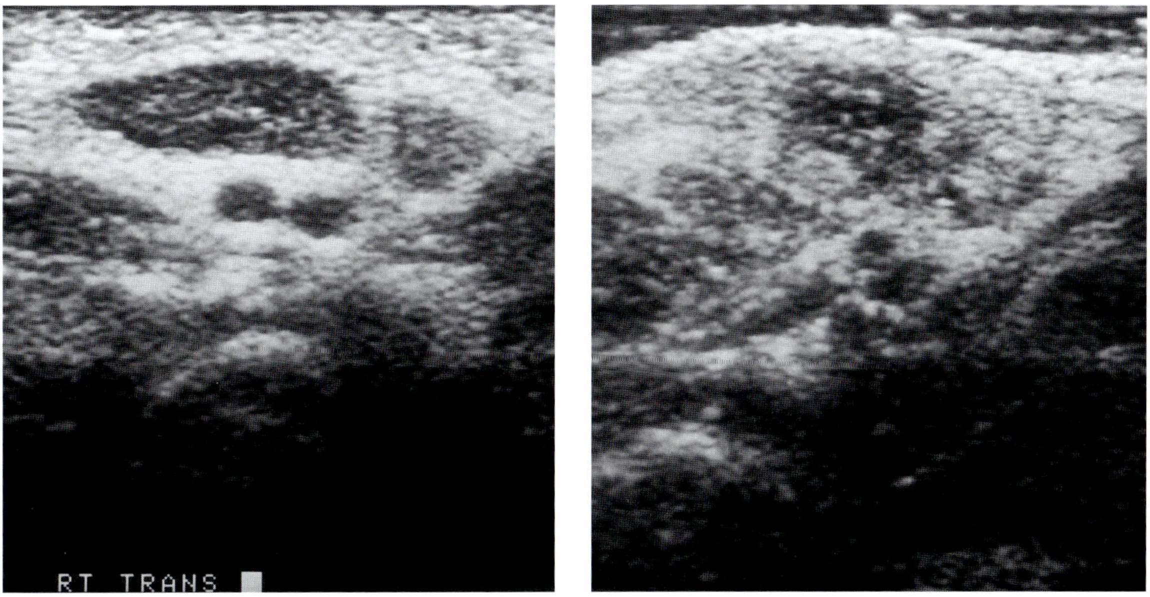

a b

Abb. 12-22a und b Vergrößerte inguinale Lymphknoten.
a) Bei einem 5jährigen Mädchen mit Erysipel (Querschnitt).
b) Bei einem 6jährigen Knaben mit abszedierender Lymphadenitis inguinalis (Querschnitt).
Die vergrößerten Lymphknoten weisen teilweise (b) schon zentrale Einschmelzungsareale auf.

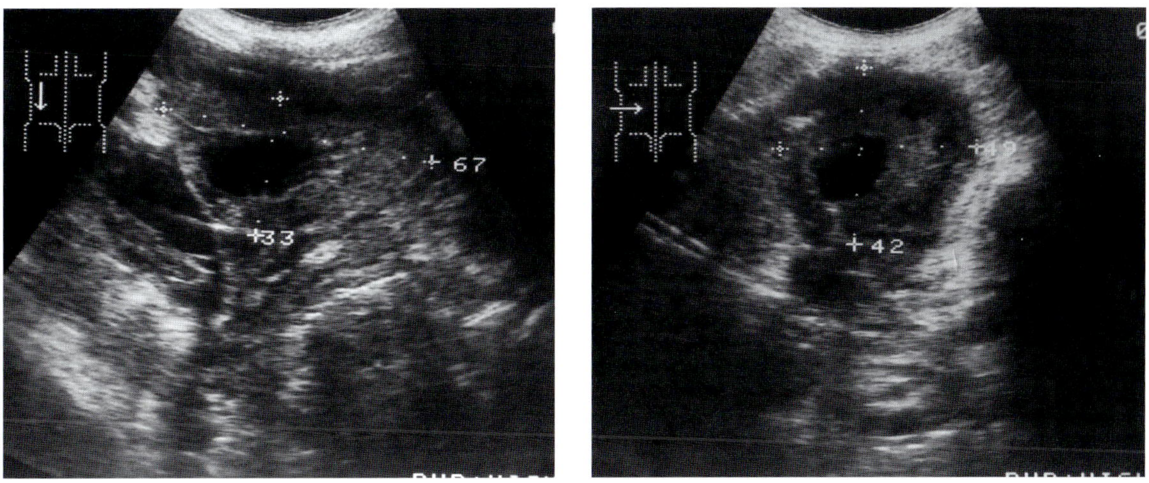

a b

Abb. 12-23a und b Retroperitonealer Abszeß in der Nierenloge links bei einem 6jährigen Jungen. Der Abszeß ist überwiegend echoarm mit zentral echofreier Einschmelzung, echoreiche Abszeßwand (Längs- und Querschnitt von dorsal).

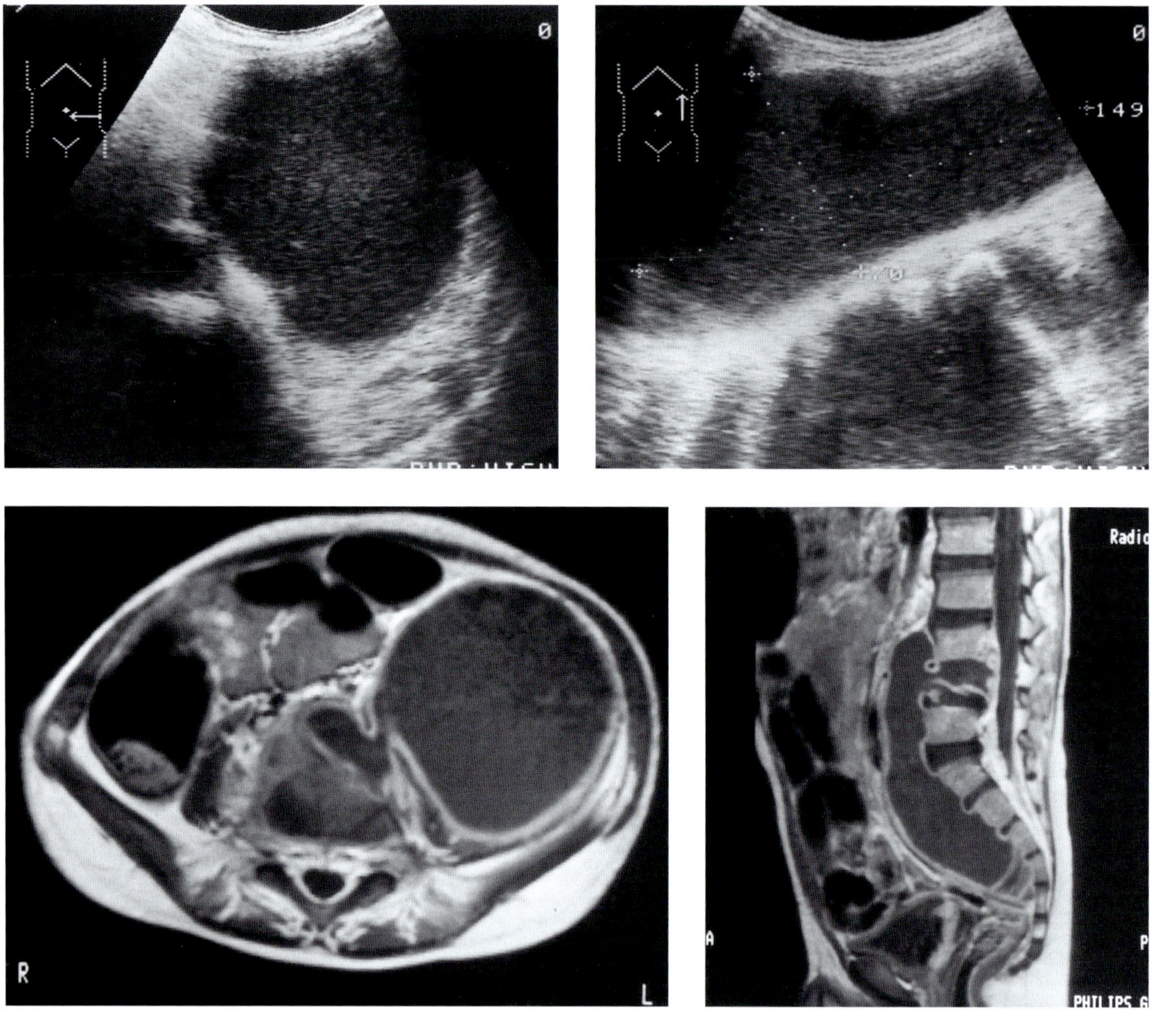

Abb. 12-24a bis d Tuberkulöser Senkungsabszeß bei einem 4jährigen Jungen.
a und b) Sonographisch ist der retroperitoneale Abszeß nahezu homogen und weitgehend von mittlerer Echogenität (Quer- und Längsschnitt von ventral).
c und d) Im MRT demarkiert sich nach intravenöser Kontrastmittelgabe eine dicke hyperintense Abszeßmembran. Der Abszeß reicht weit in den eingeschmolzenen Wirbelkörper hinein.

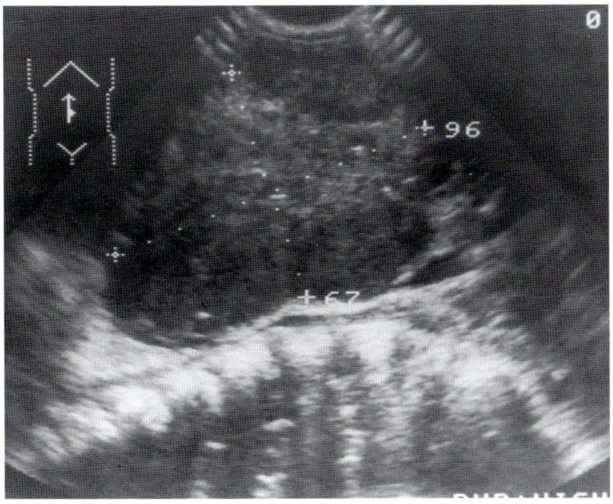

a

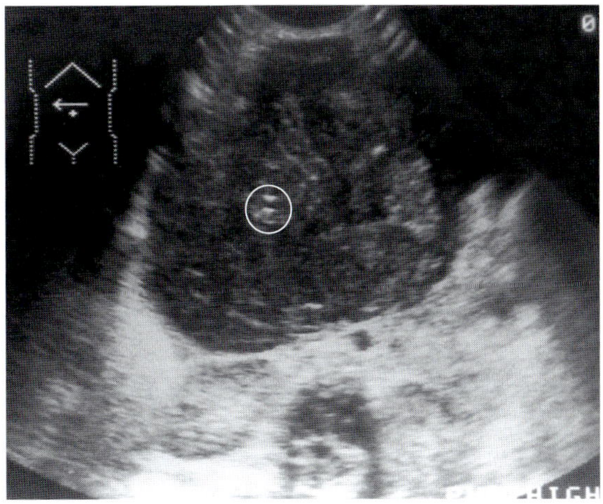

b

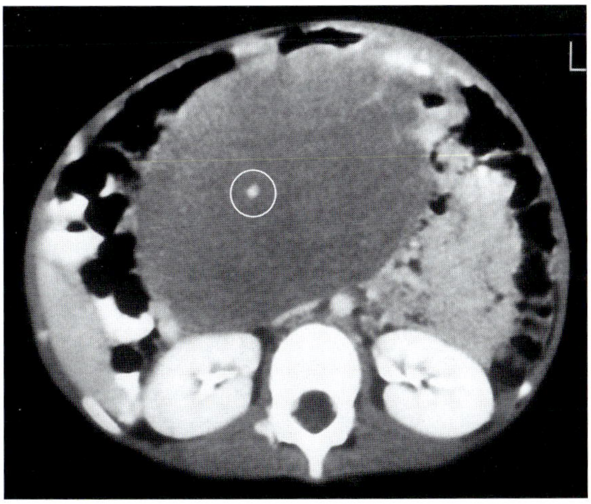

c

Abb. 12-25a bis c B-Lymphom bei einem 5jährigen Jungen.
a und b) Ausgedehnter, echoarmer prävertebraler Tumor, der die A. mesenterica superior (○) nach ventral verlagert (Längs- und Querschnitt).
c) Korrespondierender Befund im CT.

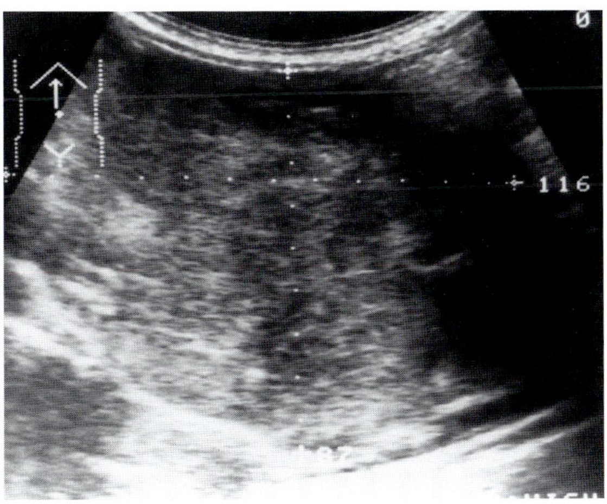

a

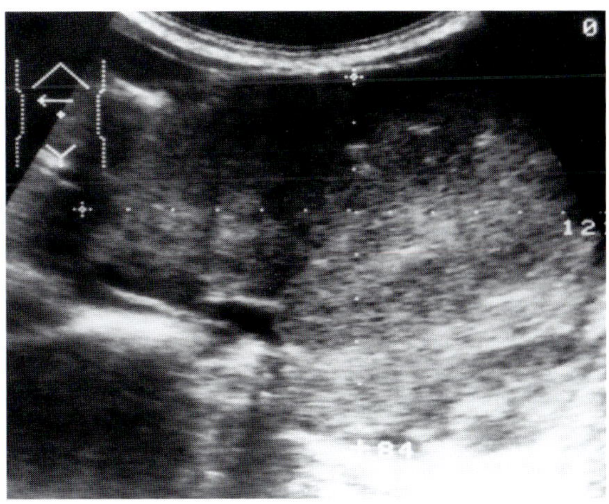

b

Abb. 12-26a bis c Lipoblastom bei einem 4jährigen Jungen.
a und b) Der ausgedehnte Tumor ist inhomogen und von überwiegend mittlerer Echogenität (Längs- und Querschnitt).

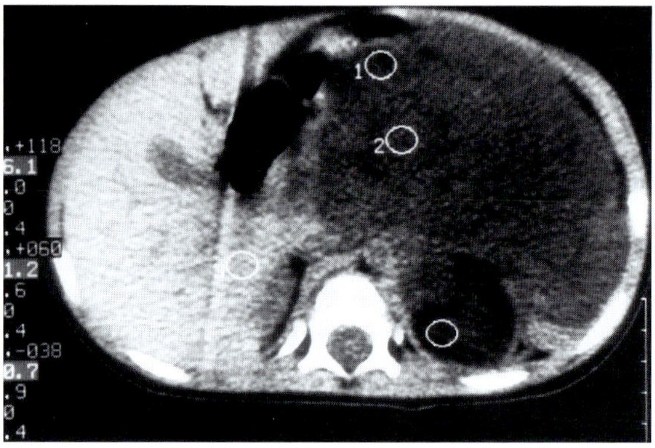

Abb. 12-26a bis c Lipoblastom bei einem 4jährigen Jungen (Fortsetzung).
c) Korrespondierender Befund im CT.

12.11 Weiterführende Diagnostik

Falls sich eine Kardiainsuffizienz oder eine hypertrophische Pylorusstenose sonographisch weder beweisen noch ausschließen läßt, sollte im Einzelfall – in Abhängigkeit von der klinischen Symptomatik – eine obere Magen-Darm-Passage unter Durchleuchtung durchgeführt werden. Der Verdacht auf eine Appendizitis bzw. einen perityphlitischen Abszeß wird meist klinisch-chirurgisch abgeklärt, eine Darstellung mittels CT ist möglich, gilt aber nicht als Routineverfahren. Bei intraabdominellen Tumoren ist ergänzend zur Sonographie – insbesondere zur OP-Planung – eine MRT-Untersuchung, ggf. ein CT des Abdomens anzustreben.

Schemata und Diagramme

1 Schädel

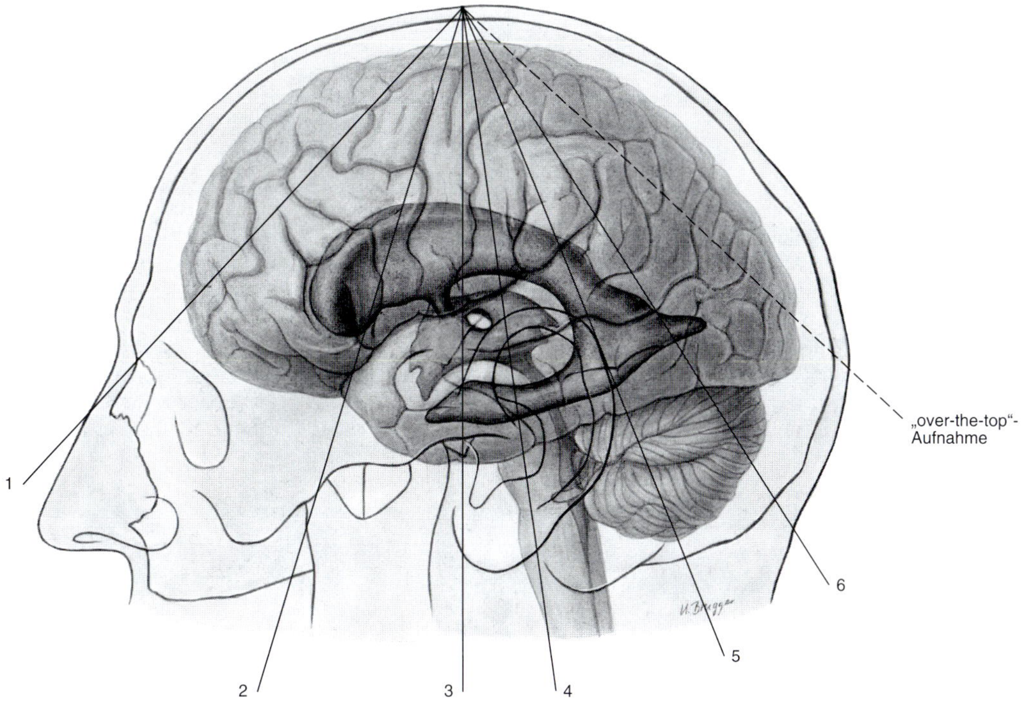

Darstellung der koronaren Schnittebenen.
Schicht 1 = Frontalhirn, Darstellung der kranialen Orbitabegrenzung beidseits
Schicht 2 = Frontalhirn, Darstellung des vorderen Temporalpols sowie der frontalen Anteile der Fissura Sylvii („Mercedesstern"-Formation)
Schicht 3 = Medianebene, 3. Ventrikel
Schicht 4 = Medianebene, dorsale Anteile des 3. Ventrikels, 4. Ventrikel, Pedunculi cerebri
Schicht 5 = „Kleeblattformation", Darstellung der Cellae mediae sowie der Unterhörner beider Seitenventrikel mit hinterem Temporalpol und choroidaler Fissur
Schicht 6 = beide Hinterhörner mit Plexus choroideus
(modifiziert nach Putz, R., R. Pabst (Hrsg.): Sobotta. Atlas der Anatomie des Menschen, 20. Aufl., Bd. 1, S. 298. Urban & Schwarzenberg, München–Wien–Baltimore 1993).

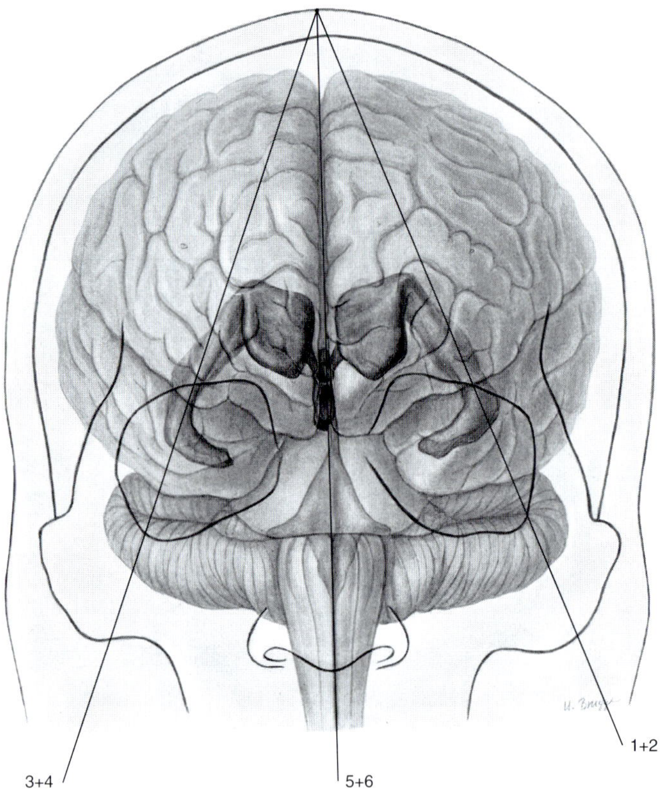

Darstellung der sagittalen Schnittebenen.
Schicht 1 = linker Seitenventrikel
Schicht 2 = linker Seitenventrikel, Kontrolldarstellung
Schicht 3 = rechter Seitenventrikel
Schicht 4 = rechter Seitenventrikel, Kontrolldarstellung
Schicht 5 = Medianebene, Corpus callosum und Kleinhirn inklusive Schädelbasis
Schicht 6 = Medianebene, vergrößerte Darstellung des Corpus callosum
(modifiziert nach Putz, R., R. Pabst (Hrsg.): Sobotta. Atlas der Anatomie des Menschen, 20. Aufl., Bd. 1, S. 298. Urban & Schwarzenberg, München–Wien–Baltimore 1993).

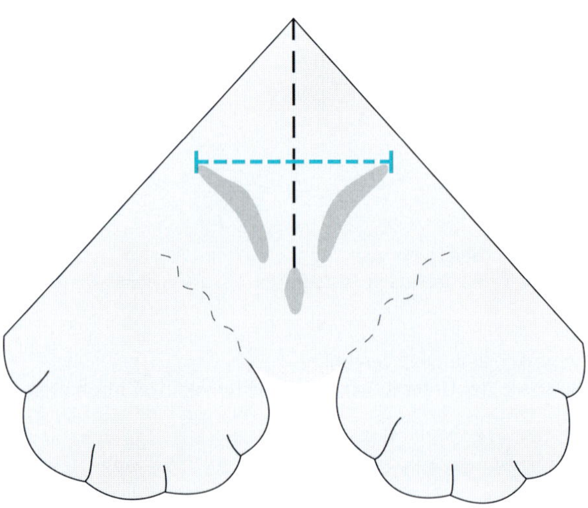

Ventrikelspannweite,
Normwert: 22 mm (±1,7 mm).

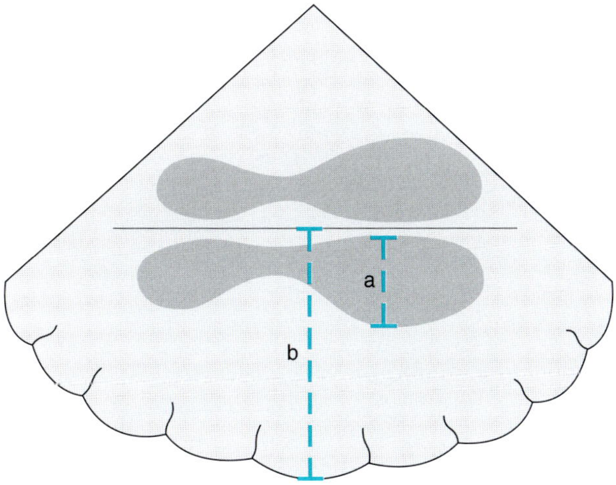

Ventrikel-Hirn-Quotient,

$\frac{a}{b} \times 100$ = Ventrikel-Hirn-Quotient (%).

Normwerte: Frühgeborene: 31% (24–34%)
Reifgeborene: 28% (24–30%)

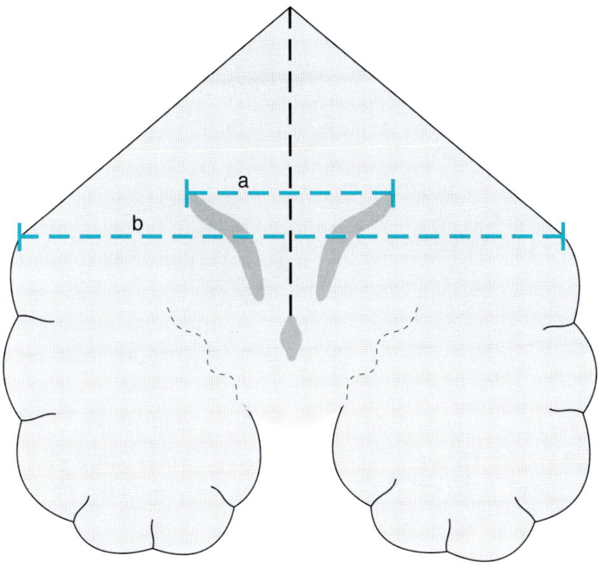

Cella-media-Index,

Normwert: $\frac{\text{Hirndurchmesser}}{\text{Ventrikelspannweite}} = \frac{b}{a} \geqq 4{,}1.$

4,0–3,6 = mäßiggradiger Hydrozephalus,
3,5–3,0 = mittelgradiger Hydrozephalus,
> 2,9 = hochgradiger Hydrozephalus.

Okzipitales Restparenchym.

4 Schilddrüse

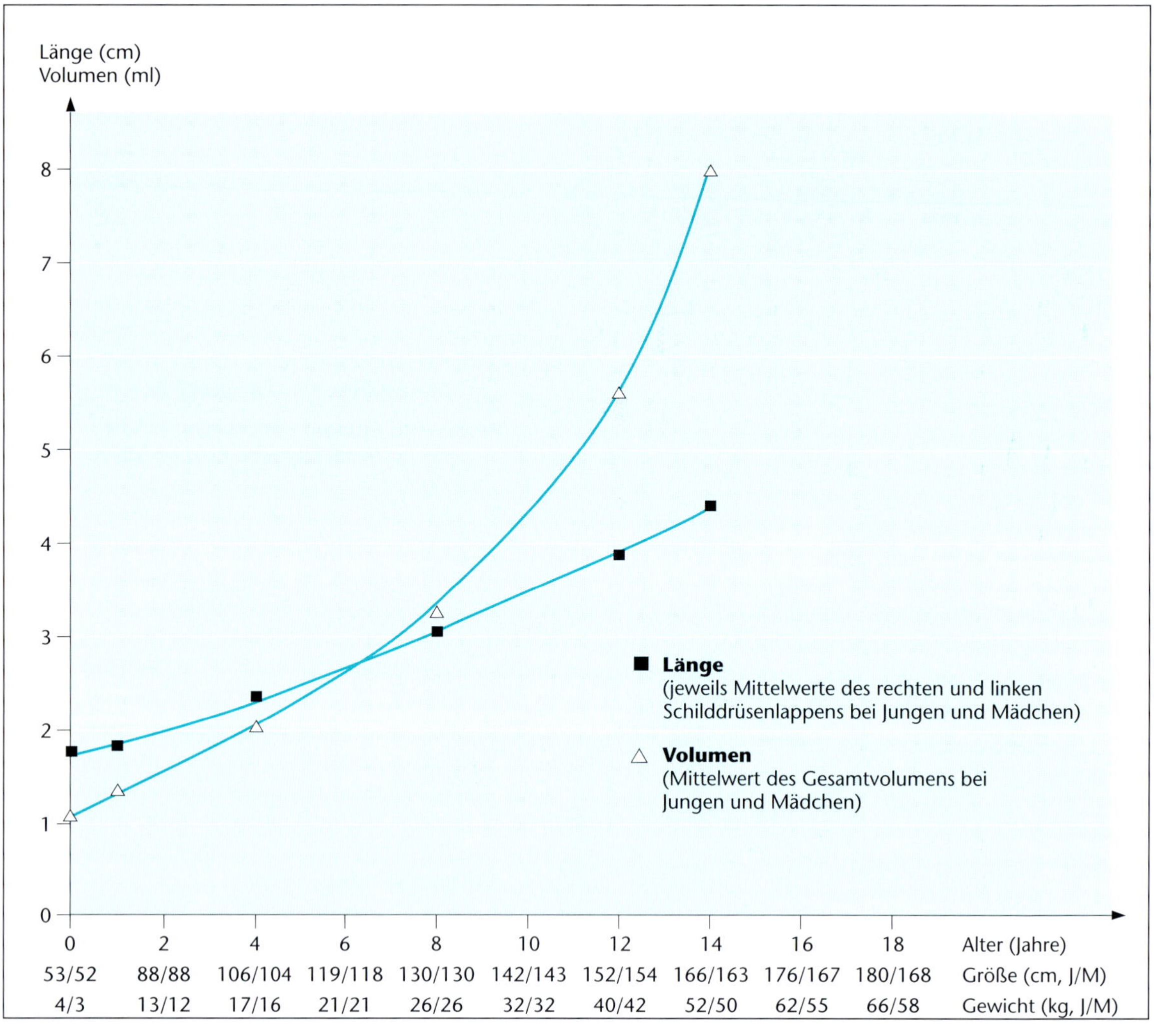

Länge und Gesamtvolumen der Schilddrüse
(Normwerte bezogen auf Alter, Größe und Gewicht; nach Klingmüller, 1991).

5 Leber

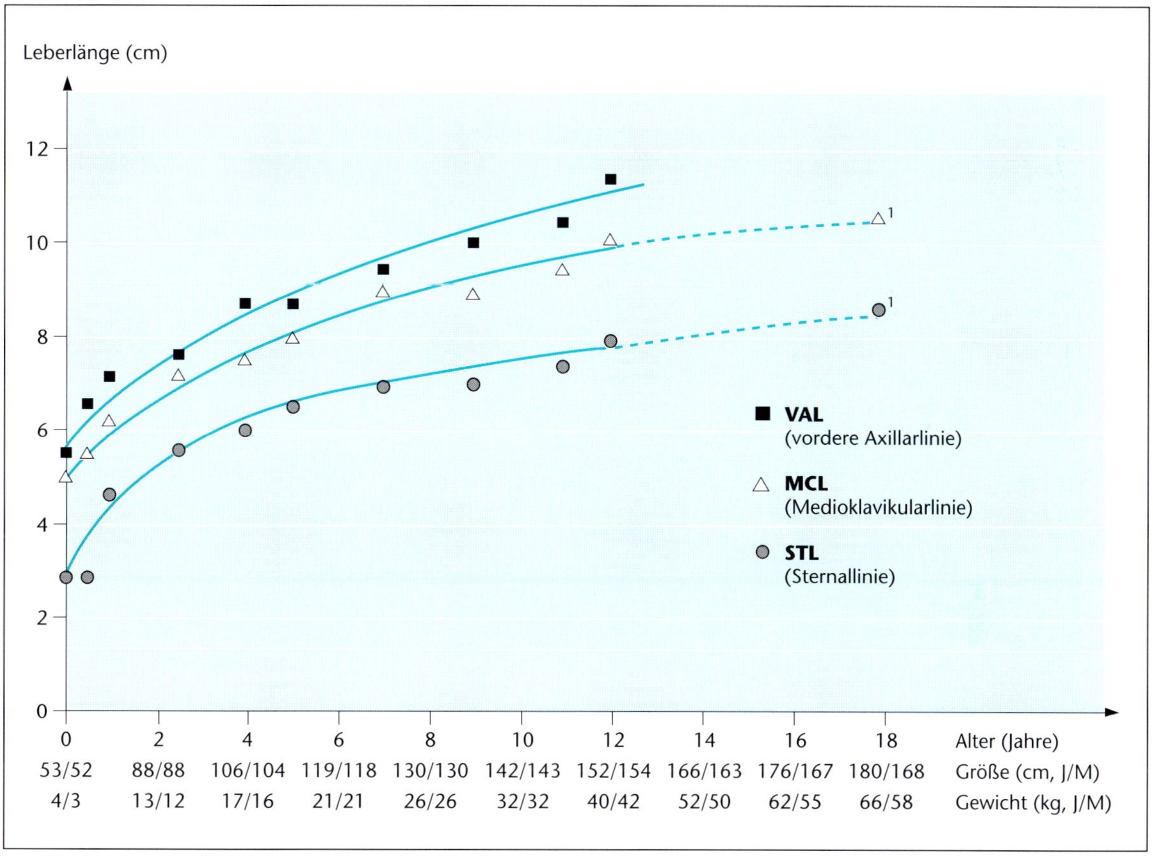

Leberlänge
(Normwerte bezogen auf Alter, Größe und Gewicht; Weitzel, 1984; [1] Normwerte für Erwachsene nach Niederau, 1983).

8 Milz

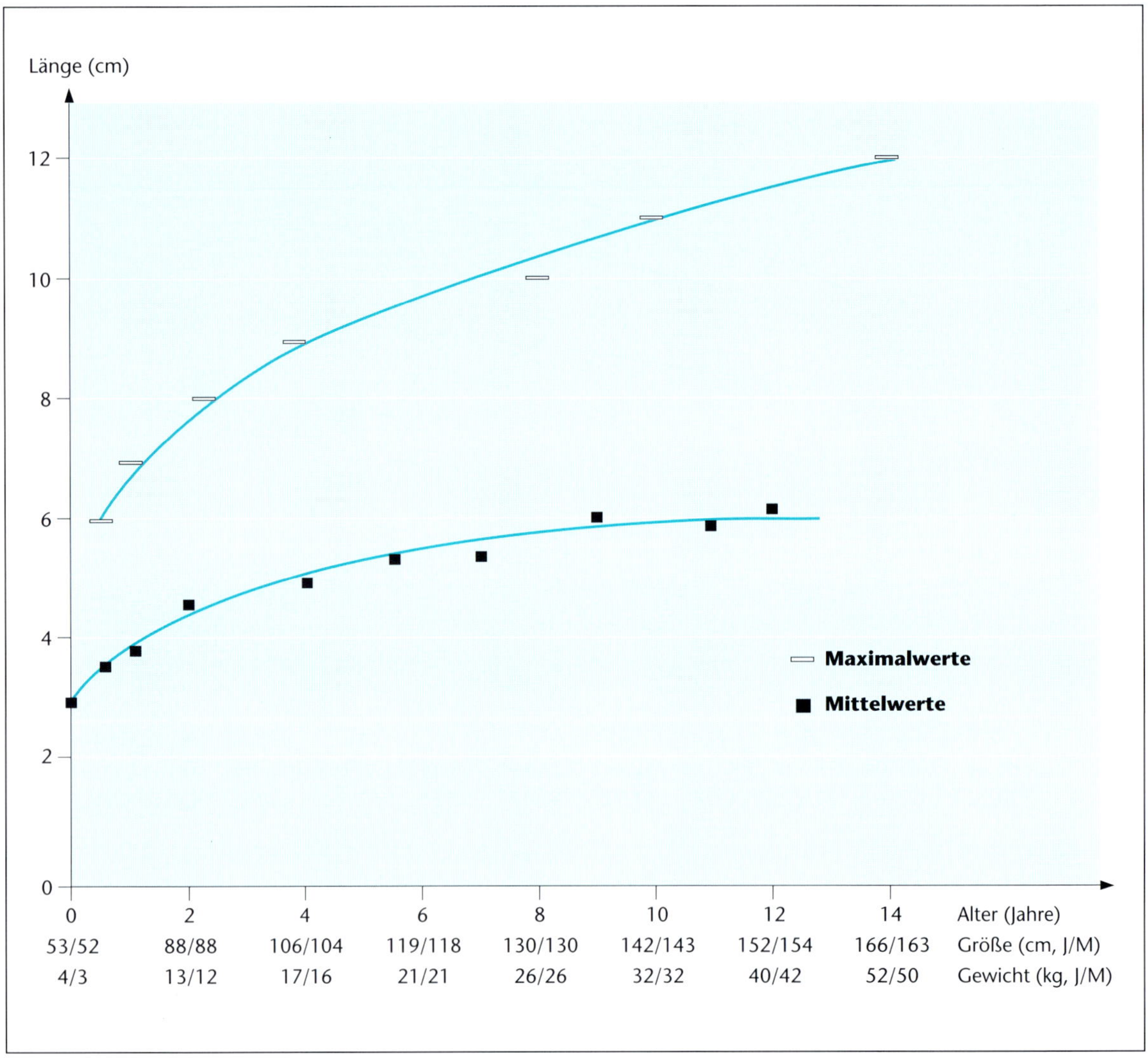

Milzlänge
(Normwerte bezogen auf Alter, Größe und Gewicht; Maximalwerte nach Rosenberg, 1991; Mittelwerte nach Weitzel, 1978).

9 Nieren und ableitende Harnwege

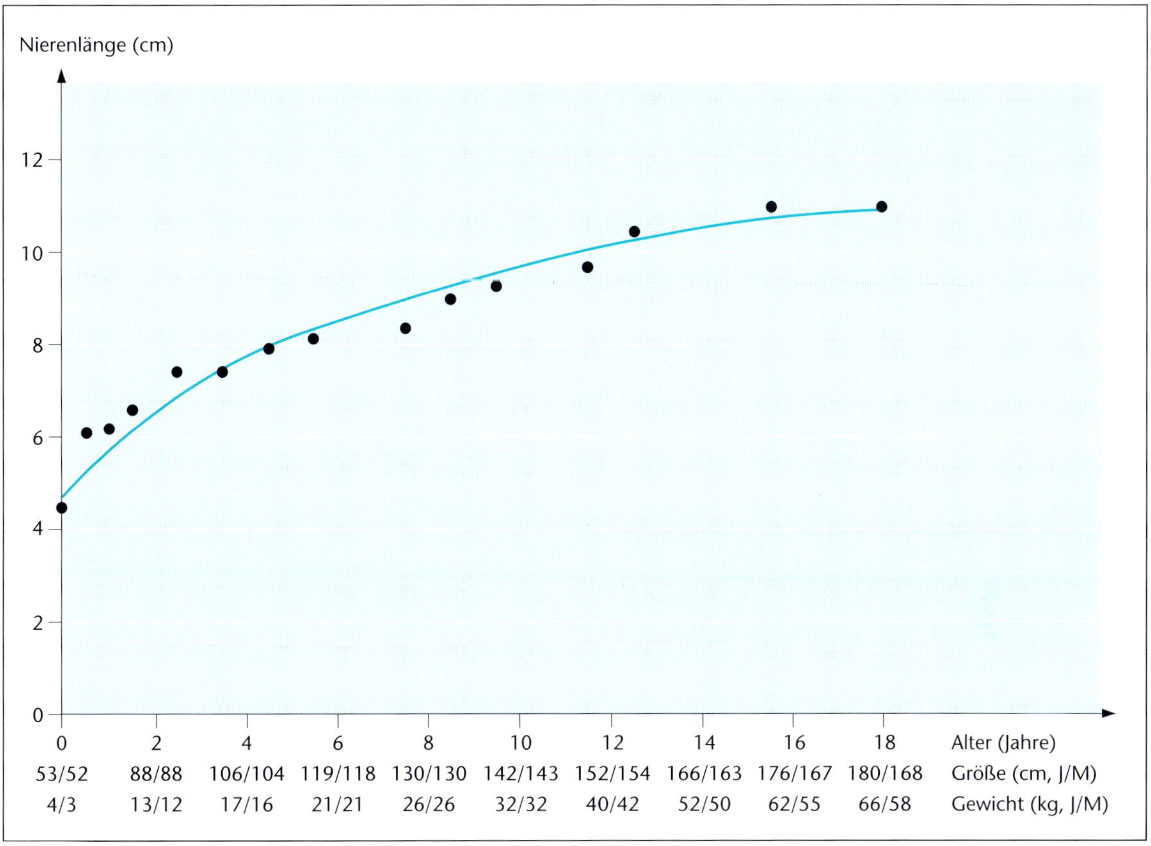

Nierenlänge
(Normwerte bezogen auf Alter, Größe und Gewicht; Weitzel, 1984; Rosenbaum et al., 1984).

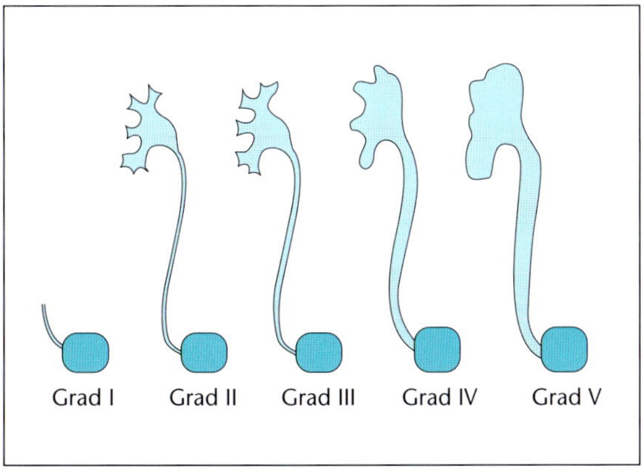

Refluxstadien
(nach Heikel und Parkkulainen, 1966).

11 Genitale

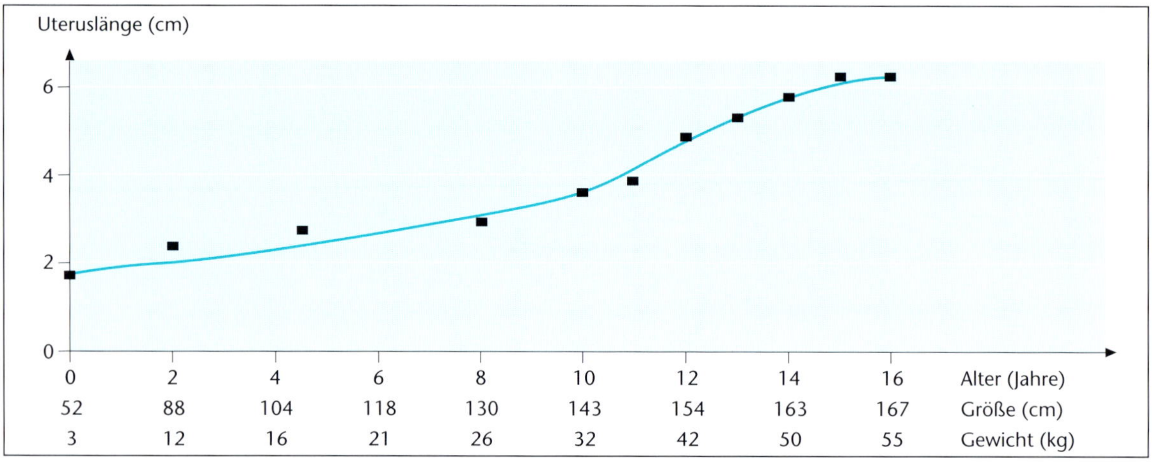

Uteruslänge
(Normwerte nach Alter, Größe und Gewicht; nach André, 1982).

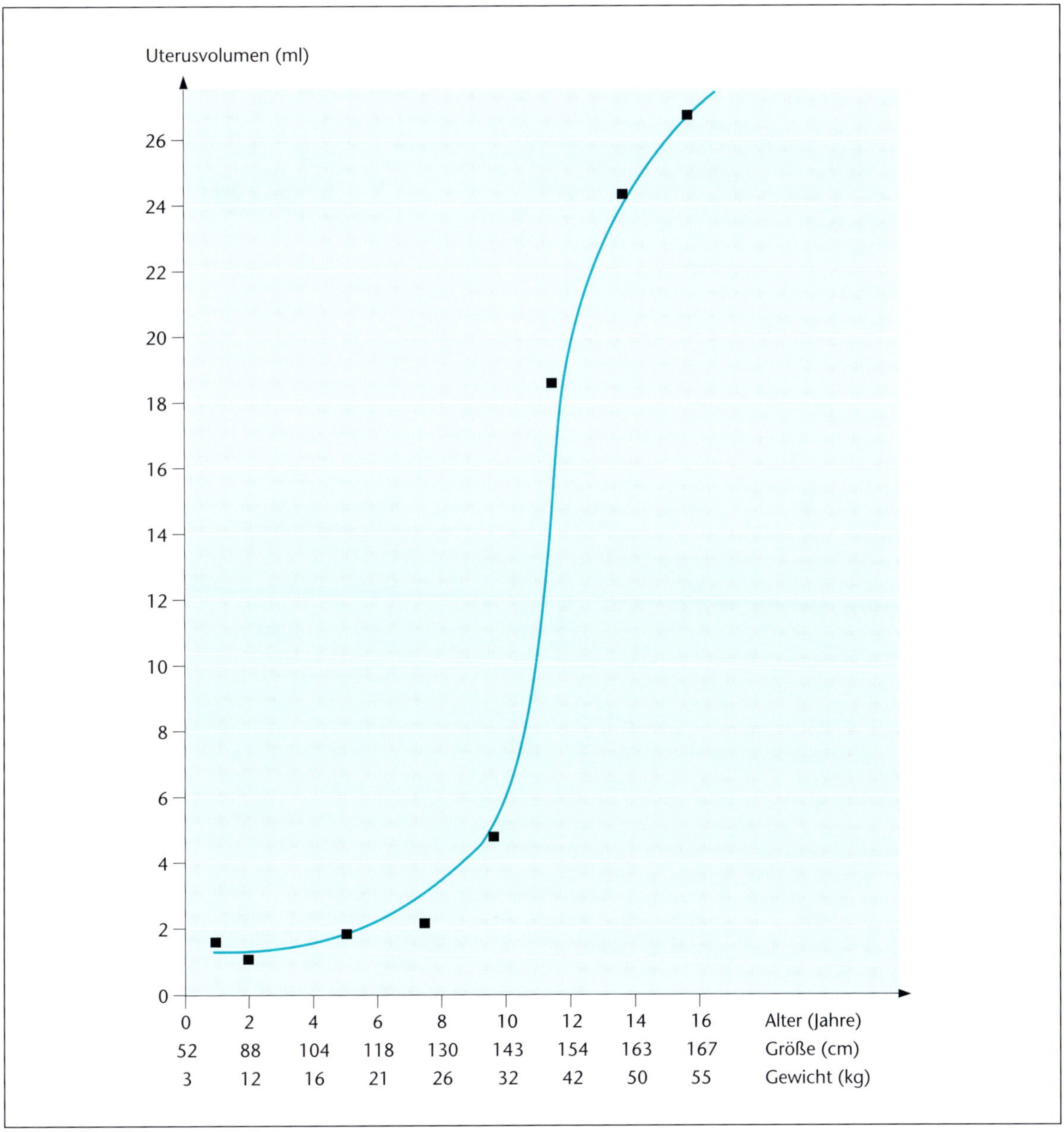

Uterusvolumen
(Normwerte nach Alter, Größe und Gewicht; nach Pelzer, 1990).

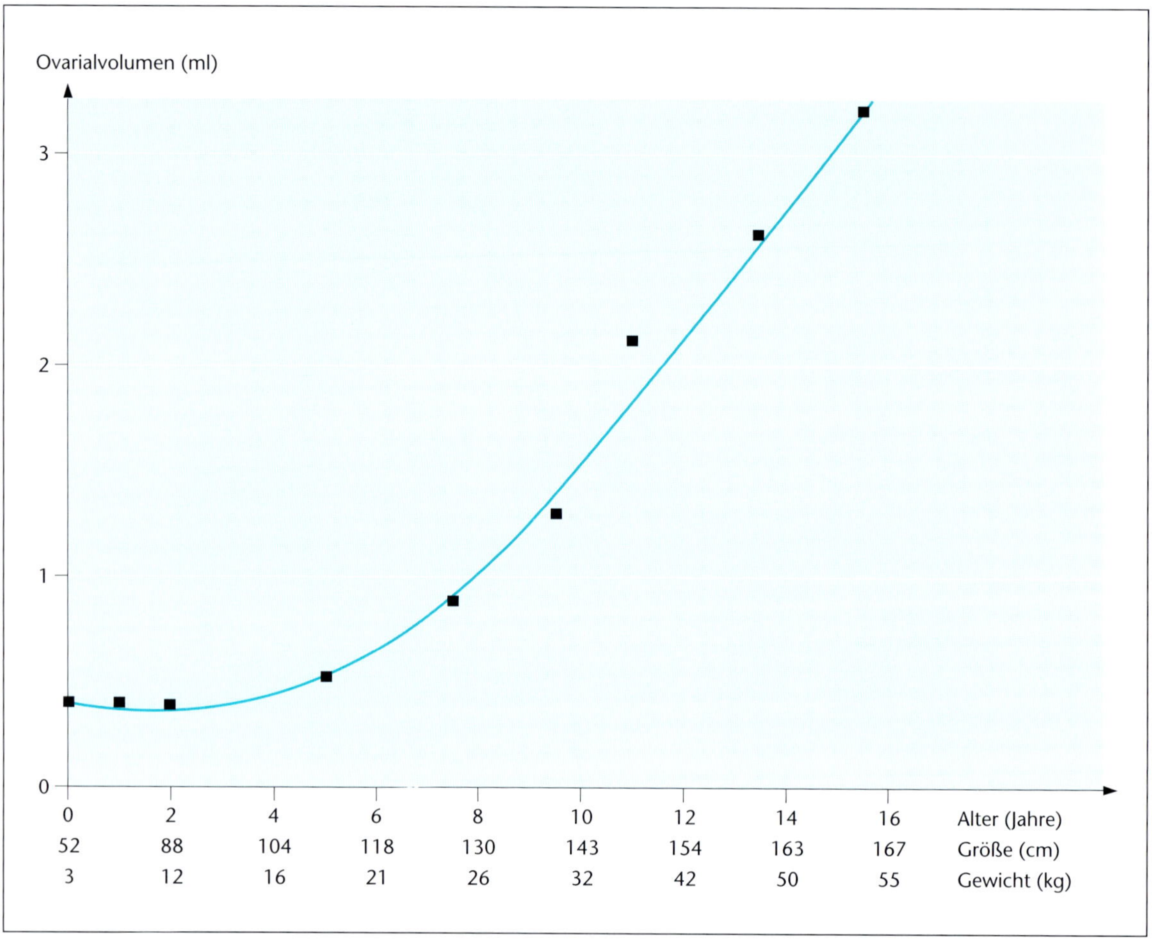

Ovarialvolumen
(Normwerte nach Alter, Größe und Gewicht; nach Pelzer, 1990).

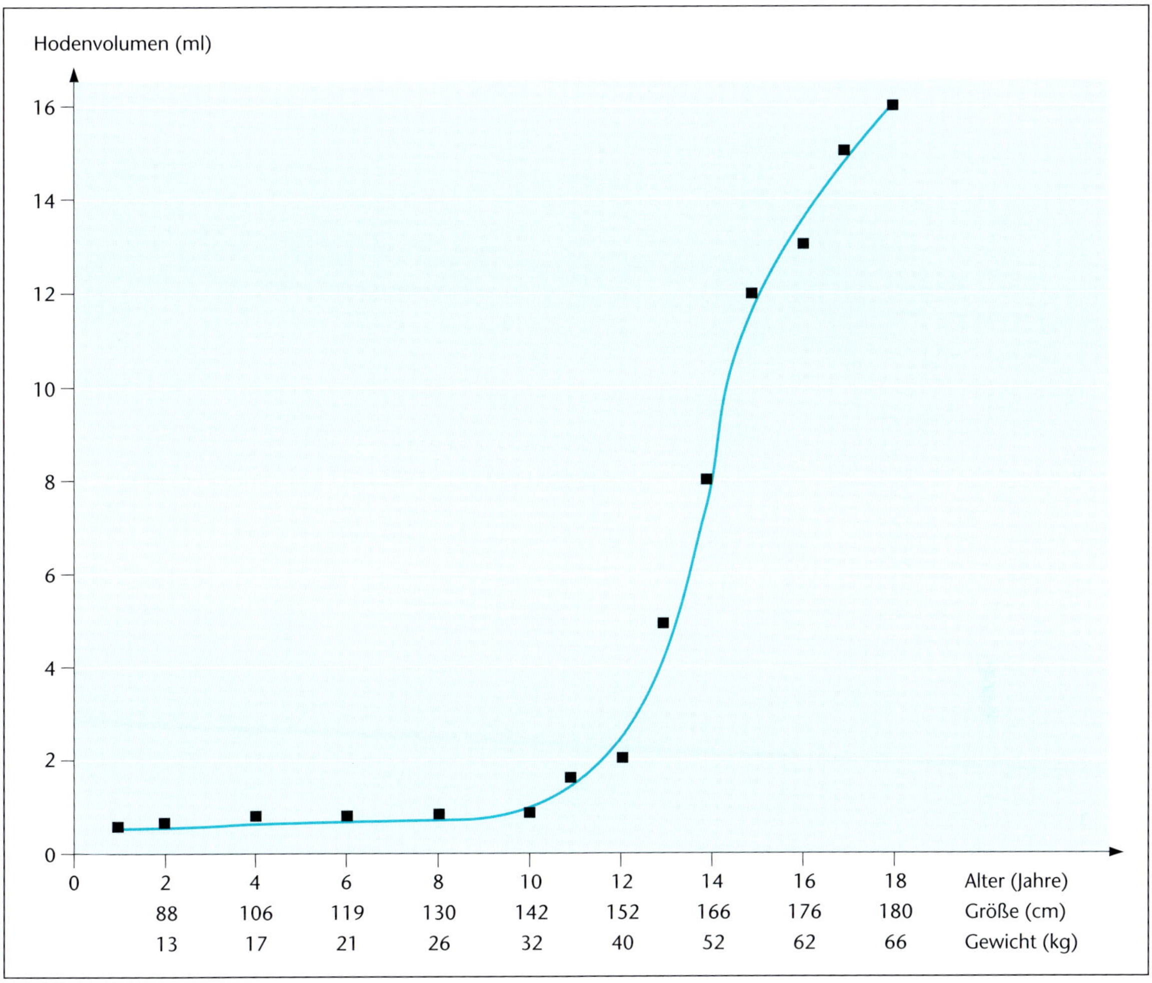

Hodenvolumen
(Normwerte nach Alter, Größe und Gewicht; nach Kaplan, 1982).

12 Abdomen

Normwerte für Pyloruslänge, Muskeldicke und Querdurchmesser für ein reifes Neugeborenes
(nach Blumhagen und Noble, 1983; Bowen, 1988; O'Keeffe, 1991).

Pyloruslänge	≦ 17 mm
Muskeldicke	≦ 4 mm
Querdurchmesser	≦ 14 mm

Literatur-verzeichnis

Literatur zur Vertiefung der Thematik

Deeg, K. H., H. Peters, R. Schumacher: Die Ultraschalluntersuchung des Kindes. Springer, Heidelberg–New York–Tokyo 1997.

Dittrich, M., H. M. Straßburg, E. Dinkel, B. J. Hackelöer: Zerebrale Ultraschalldiagnostik in Pädiatrie und Geburtshilfe. Springer, Berlin–Heidelberg–New York–Tokyo 1985.

Goldberg, B. B., A. B. Kurtz: Atlas of Ultrasound Measurements. Year Book, Chicago–London–Boca Raton 1990.

Hayden, C. K. jr., L. E. Swischuk: Pediatric Ultrasonography. Williams & Wilkins, Baltimore–London–Los Angeles–Sydney 1987.

Hofmann, V., K. H. Deeg, P. F. Hoyer: Ultraschalldiagnostik in Pädiatrie und Kinderchirurgie. Thieme, Stuttgart–New York 1996.

Kalifa, G.: Pediatric Ultrasonography. Springer, Berlin–Heidelberg–New York–Tokyo 1986.

Littlewood-Teele, R., J. Chrestman-Share: Ultrasonography of Infants and Children. Saunders, Philadelphia–London–Toronto–Sydney–Tokyo 1991.

Schulz, R. D., U. V. Willi: Atlas der Ultraschalldiagnostik beim Kind. Thieme, Stuttgart–New York 1990.

Siegel, M. J.: Pediatric Sonography, 2nd ed. Raven Press, New York 1995.

Weitzel, D., E. Dinkel, M. Dittrich, H. Peters: Pädiatrische Ultraschalldiagnostik. Springer, Berlin–Heidelberg–New York–Tokyo 1984.

1 Schädel

Aicardi, J., J. Lefebvre, A. Lerique: Spasms in flexion, callosal agenesis, ocular abnormalities: a new syndrome. Electroenceph. clin. Neurophysiol. 19 (1965) 609.

Auriemma, A., C. Poggiani, P. Menguini, C. Bellan, A. Colomba: Lipoma of the corpus callosum in a neonate: sonographic evaluation. Pediat. Radiol. 23 (1993) 155–156.

Bennet, F. C., G. Silver, E. J. Leung, L. A. Mack: Periventricular echodensities detected by cranial ultrasonography: usefulness in predicting neurodevelopment outcome in low-birthweight, preterm infants. Pediatrics 85 (1990) 400–404.

Cabanas, F., A. Pellicer, A. Perez-Higueras, A. Garcia-Alix, C. Roche, J. Quero: Ultrasonographic findings in thalamus and basal ganglia in term asphyxiated infants. Pediat. Neurol. 7 (1991) 211–215.

Carson, S. C., B. S. Hertzberg, J. D. Bowie, P. C. Burger: Value of sonography in the diagnosis of intracranial hemorrhage and periventricular leucomalacia: a postmortem study of 35 cases. Amer. J. Radiol. 155 (1990) 595–601.

Chiari, H.: Über Veränderungen des Kleinhirns infolge von Hydrocephalie des Großhirns. Dtsch. med. Wschr. 17 (1891) 1172.

Clausner, B., R. Bolwin, J. Frenzel, I. Sander, M. Rappsilber, M. Eiselt: Der prognostische Aussagewert der neonatalen Ultraschalluntersuchung des ZNS und des EEG-Monitorings für die statomotorische Entwicklung im Alter von 1 Jahr. Kinderärztl. Prax. 59 (1991) 375–379.

Comstock, C. H., J. S. Kirk: Arteriovenous malformations. Locations and evolution in the fetal brain. J. Ultrasound Med. 10 (1991) 361–365.

Dandy, W. E., K. D. Blackfan: Internal hydrocephalus: an experimental, clinical and pathologic study. Amer. J. Dis. Child. 8 (1914) 406.

DeMorsier, G.: Etudes sur les dysgraphies cranioencephaliques. III. Agenesie du septum lucidum avec malformation du tractus optique la dysplasie septooptique. Schiveig Arch. Neurol. Neurochir. Psychiatr. 77 (1956) 267.

Estroff, J. A., M. R. Schott, B. R. Benacerraf: Dandy-Walker variant: prenatal sonographic features and clinical outcome. Radiology 185 (1992) 755–758.

Gaisie, G., M. S. Roberts, T. W. Bouldin, J. H. Scatliff: The echogenic ependymal wall in intraventricular hemorrhage: sonographic-pathologic correlation. Pediat. Radiol. 20 (1990) 297–300.

Goldenhar, M.: Associations malformatives de l'oeil et de l'oreille, en particulier le syndrome dermoide épibulbaire-appendices auriculaires-fistula auris congenita et ses relations avec la dysostose mandibulofaciale. J. Génét. Hum. 1 (1952) 243.

Harwood-Nash, D., C. R. Fitz: Neuroradiology in Infants and Children. Mosby–Year Book, St. Louis 1976.

Heibel, M., R. Heber, D. Bechinger, H. H. Kornhuber: Early diagnosis of perinatal cerebral lesions in apparently normal full-term newborns by ultrasound of the brain. Neuroradiology 35 (1993) 85–91.

Jorch, G.: Periventrikuläre Leukomalazie. Mschr. Kinderheilk. 141 (1993) 567–572.

Kirks, D. R., J. D. Bowie: Cranial ultrasonography of neonatal periventricular/intraventricular hemorrhage: who, how, why and when? Pediat. Radiol. 16 (1986) 114–119.

Libicher, M., J. Tröger: US Measurement of the subarachnoid space in infants: normal values. Radiology 184 (1992) 749–751.

Lu, J. H., D. Emons, S. Kowalewski: Differentialdiagnose periventrikulärer Pseudocysten im Neugeborenenalter. Klin. Pädiat. 203 (1991) 8–14.

Mott, S. H., J. B. Bodensteiner, W. C. Allan: The cavum septi pellucidi in term and preterm newborn infants. J. Child. Neurol. 7 (1992) 35–38.

Papile, L, J. Burstein, R. Burstein, H. C. Koffler: Incidence and evolution of subependymal and intraventricular hemorrhage: a study of infants with birthweights less than 1500 grams. J. Pediat. 92 (1978) 529–534.

Peter, M., G. Kreller-Laugwitz, H.-C. Oppermann: Balkenlipom bei einem Säugling mit Krampfanfällen. Mschr. Kinderheilk. 137 (1989) 165–167.

Slovis, T. L., S. Shankaran: Ultrasound in the evaluation of hypoxic-ischemic injury and intracranial hemorrhage in neonates: the state of art. Pediat. Radiol. 14 (1984) 67–75.

Sturge, W. A.: A case of partial epilepsy, apparently due to a lesion of one of the vaso-motor centers of the brain. Trans. Clin. Soc. Lond. 12 (1879) 162–167.

Weber, F. P.: Right-sided hemi-hypotrophy resulting from right-sided congenital spastic hemiplegia, with a morbid condition of the left side of the brain revealed by radiograms. J. Neurol. Psychopath. 3 (1922) 134.

2 Spinalkanal

Di Pietro, M.: The conus medullaris. Normal US' findings throughout childhood. Radiology 188 (1993) 149.

Garcia, C. J., M. S. Keller: Intraspinal extension of paraspinal masses in infants: detection by sonography. Pediat. Radiol. 20 (1990) 437.

Glasier, C. M., W. M. Chadduk, R. E. Leithiser jr., S. L. Williamsen, J. J. Seibert: Screening spinal ultrasound in newborn with neural tube defects. J. Ultrasound Med. 9 (1990) 339.

Naidich, T. P., S. K. Fernbach, D. G. McLone, A. Scholnik: Sonography of the caudal spine and back: congenital anomalies in children. Amer. Neuroradiol. 5 (1984) 221.

Nelson, M. D. jr., J. A. Sedler, F. H. Gillies: Spinal cord central echo complex: histoanatomic correlation. Radiology 170 (1989) 479.

Schlesinger, A. E., T. P. Naidich, R. M. Quencer: Concurrent hydromyelia and diastematomyelia. Amer. J. Neuroradiol. 7 (1986) 473.

Zieger, M., U. Dörr: Pediatric spinal sonography. Part I: anatomy and examination technique. Pediat. Radiol. 18 (1988) 9.

Zieger, M., U. Dörr, R. D. Schulz: Pediatric spinal sonography. Part II: malformations and mass lesions. Pediat. Radiol. 18 (1988) 105.

3 Hals und Gesichtsschädel

Chan, Y. L., Y. C. Y. Cheng, C. Metrewelli: Ultrasonography of congenital muscular torticollis. Pediat. Radiol. 22 (1992) 356.

Crawford, S. C., H. R. Harnsberger, L. Johnson, J. R. Aoki, J. Giley: Fibromatosis colli of infancy: CT and sonographic findings. Amer. J. Radiol. 151 (1988) 1183.

Friedmann, A. P., J. O. Haller, J. D. Goddman, H. Nagar: Sonographic evaluation of non-inflammatory neck masses in children. Radiology 147 (1983) 693.

Hajek, P. C., E. Salomnowitz, R. Turk, D. Tscholakoff, W. Kumpan, H. Czembirek: Lymph nodes of the neck: evaluation with US. Radiology 158 (1986) 739.

Seibert, R. W., J. J. Seibert: High resolution sonography of the parotid gland in children. Pediat. Radiol. 16 (1986) 374.

Siegel, M. J., W. H. McAlister, F. N. Askin: Lymphangiomas in children: report of 121 cases. J. Can. Assoc. Radiol. 30 (1979) 99.

4 Schilddrüse

Chanoine, J. P., V. Toppet, R. Lagasse, M. Spehl, F. Delange: Determination of thyroid volume by ultrasound from the neonatal period to late adolescence. Europ. J. Pediat. 150 (1991) 395.

Klingmüller, V.: Schilddrüsensonographie im Kindesalter. Untersuchungen zur Größe und Struktur der kindlichen Schilddrüse. Thieme, Stuttgart–New York 1991.

Klingmüller, V., C. Fiedler, A. Otten: Besonderheiten der Schilddrüsensonographie im Säuglings- und Kindesalter. Radiologe 32 (1992) 320.

Stubbe, P., P. Heidemann, W. Weigel, N. Krüger, W. Gebel, H. Thal: Variations of thyroid volumes and hormone concentrations in children with iodine-deficient goiter during treatment with iodide. Acta endocr. 120 (1989) 24.

Ueda, D.: Normal volume of the thyroid gland in children. J. clin. Ultrasound 18 (1990) 455.

5 Leber

Brunelle, F., P. Chaumont: Hepatic tumors in children: ultrasonic differentiation of malignant from benign lesions. Radiology 150 (1984) 695.

Dachman, A. H., J. E. Lichtenstein, A. C. Friedman, D. S. Hartman: Infantile hemangioendothelioma of the liver: a radiologic-pathologic-clinical-correlation. Amer. J. Radiol. 140 (1983) 1091.

Dachman, A. H., R. L. Pakter, P. R. Ros, E. K. Fishman, Z. D. Goodman, J. E. Lichtenstein: Hepatoblastoma: radiologic-pathologic correlation in cases. Radiology 164 (1987) 15.

Henschke, C. I., H. Goldman, R. L. Teele: The Hyperechogenic liver in children: cause and sonographic appearance. Amer. J. Radiol. 138 (1982) 841.

Kaude, J. V., A. H. Felman, I. F. Hawkins jr.: Ultrasonography in primary hepatic tumors in early childhood. Pediat. Radiol. 9 (1980) 77–83.

Laurin, S., J. V. Kaude: Diagnosis of liver-spleen abscesses in children – with emphasis on ultrasound for the initial and follow-up examinations. Pediat. Radiol. 14 (1984) 198.

Miller, J. H., B. S. Greenspan: Integrated imaging of hepatic tumors in childhood. Part I: malignant lesions (primary and metastatic). Radiology 154 (1985) 83.

Niederau, C., A. Sonnenberg, J. E. Miller: Sonographic measurement of the normal liver, spleen, pancreas and portal vein. Radiology 149 (1983) 537.

Patel, P. J., A. Z. Karrar, M. A. Babiker, N. D. Hawass: Ultrasound findings in childhood chronic liver parenchymal diseases. An analysis of 41 patients. Europ. J. Pediat. 146 (1987) 565.

Scatarige, J. C., W. W. Scott, P. J. Donovan, S. S. Siegelman, R. C. Sanders: Fatty infiltration of the liver: Ultrasonographic and computed tomographic correlation. J. Ultrasound Med. 3 (1984) 9.

Weitzel, D., E. Dinkel, M. Dittrich, H. Peters: Pädiatrische Ultraschalldiagnostik, S. 298. Springer, Berlin–Heidelberg–New York 1984.

Willi, U. V., J. M. Reddish, R. L. Teele: Cystic fibrosis: its characteristic appearance on abdominal sonography. Amer. J. Radiol. 134 (1980) 1005.

6 Gallenblase und Gallenwege

Babbit, D. P., R. J., Starshak, A. R. Clemett: Choledochal cyst: a concept of etiology. Amer. J. Radiol. 119 (1973) 57.

Engel, J. M., E. A. Deitch, W. Sikkema: Gallbladder wall thickness: sonographic accuracy and relation to disease. Amer. J. Radiol. 134 (1980) 907.

Garel, L., D. Lallemand, J. Ph. Montagne, F. Forel, J. Sauvegrain: The changing aspects of cholelithiasis in children through a sonographic study. Pediat. Radiol. 11 (1981) 75.

Laing, F. C., R. B. Jeffrey: The pseudo-dilated common bile duct: ultrasonographic appearance caused by the gallbladder neck. Radiology 135 (1980) 405.

Marchal, G. J., V. J. Desmet, W. C. Proesmans, P. L. Moerman, W. W. van Roost, M. T. van Holsbeeck, A. L. Baert: Caroli disease: high frequency US and pathologic findings. Radiology 158 (1986) 507.

Patriquin, H. B., M. DePietro, F. E. Barber, R. L. Teele: Sonography of thickened gallbladder wall: causes in children. Amer. J. Radiol. 141 (1983) 57.

Schaad, U. B., J. Wedgwood-Krucko, H. Tschäppeler: Reversible Ceftriaxone-associated biliary pseudolithiasis in children. Lancet 8625 (1988) 1411.

7 Pankreas

Baker, L. L., G. E. Hartman, W. H. Northway: Sonographic detection of congenital pancreatic cysts in the newborn: report of a case and review of the literature. Pediat. Radiol. 20 (1990) 488.

Daneman, A., K. Gaskin, D. J. Martin, E. Cutz: Pancreatic changes in cystic fibrosis: CT and sonographic appearances. Amer. J. Radiol. 141 (1983) 653.

Fleischer, A. C., P. Parker, S. G. Kirchner: Sonographic findings of pancreatitis in children. Radiology 146 (1983) 151.

Horie, A., Y. Yano, Y. Kotoo, A. Miwa: Morphogenesis of pancreatoblastoma, infantile carcinoma of the pancreas, report of two cases. Cancer 39 (1977) 247.

Siegel, M. J., K. W. Martin, J. L. Worthington: Normal and abnormal pancreas in children: US studies. Radiology 165 (1987) 15.

Taxy, J. B.: Adenocarcinoma of the pancreas in childhood: report of a case and a review of the english language literature. Cancer 37 (1976) 1508.

8 Milz

Dittrich, M., S. Milde, E. Dinkel, E. Baumann, D. Weitzel: Sonographic biometry of liver and spleen size in childhood. Pediat. Radiol. 13 (1983) 206.

Filiatrault, D., D. Longpré, H. Patriquin: Investigation of childhood blunt abdominal trauma: a practical approach using ultrasound as the initial diagnostic modality. Pediat. Radiol. 17 (1987) 373.

King, D. J., A. A. Dawson, A. P. Bayliss: The value of ultrasonic scanning of the spleen in lymphoma. Clin. Radiol. 36 (1985) 473.

Jequier, S., F. Guttman, M. Lafortune: Non-surgical treatment of a congenital splenic cyst. Pediat. Radiol. 17 (1987) 248.

Rosenberg, H. R., R. I. Markowitz, H. Kolberg et al.: Normal splenic size in infants and children: sonographic measurements. Amer. J. Roentgenol. 157 (1991) 119–121.

Rudick, M. G., B. P. Wood, R. M. Lerner: Splenic abscess diagnosed by ultrasound in the pediatric patient. Report of three cases. Pediat. Radiol. 14 (1983) 269.

Voet, D., M. Afschrift, P. Nachtegaele, M. J. Delbeke, K. Schelstraete, Y. Benoit: Sonographic diagnosis of an accessory spleen in recurrent idiopathic thrombocytopenic purpura. Pediat. Radiol. 13 (1983) 39.

Weitzel, D., E. Dinkel, M. Dittrich, H. Peters: Pädiatrische Ultraschalldiagnostik, S. 295–298. Springer, Berlin–Heidelberg–New York–Tokio 1984.

9 Nieren und ableitende Harnwege

Avni, E. F., D. van Gansbeke, Y. Thoua: US demonstration of pyelitis and ureteritis in children. Pediat. Radiol. 18 (1988) 134.

Boal, D. K., R. L. Teele: Sonography of infantile polycystic kidney disease. Amer. J. Radiol. 135 (1980) 575.

Cohen, H. L., J. O. Haller, S. Schechter, T. Slovis, R. Merola, D. H. Eaton. Renal candidiasis of the infant: ultrasound evaluation. Urol. Radiol. 8 (1986) 17.

Cremin, B. J.: Wilms' tumor: ultrasound and changing concepts. Clin. Radiol. 38 (1987) 465.

Fernbach, S. K., K. A. Feinstein, J. S. Donaldson, E. S. Baum: Nephroblastomatosis: comparison of CT with US and urography. Radiology 166 (1988) 153.

Filiatrault, D., C. Hoyoux, P. Benoit, L. Garel, D. Esseltine: Renal metastases from neuroblastoma. Report of two cases. Pediat. Radiol. 17 (1987) 137.

Glasier, C. M., R. A. Stoddard, N. B. Ackerman jr., F. A. McCurdy, D. M. Null jr., R. A. de Lemos: Nephrolithiasis in infants: association with chronic furosemide therapy. Amer. J. Radiol. 140 (1983) 107.

Haller, J. O., W. E. Berdon, A. P. Friedman: Increased renal cortical echogenicity: a normal finding in neonates and infants. Radiology 142 (1982) 173.

Heikel, P. E., K. V. Parkkulainen: Vesico-ureteral reflux in children. A classification and results of consecutive treatment. Ann. Radiol. Diagn. Bologna 9 (1966) 37.

Hoffer, F. A., A. M. Hanabergh, R. L. Teele: The interrenicular junction: a mimic of renal scarring on normal pediatric sonograms. Amer. J. Radiol. 145 (1985) 1075.

Jequier, S., O. Rousseau: Sonographic measurements of the normal bladder wall in children. Amer. J. Radiol. 149 (1987) 563.

Mesrobian, H-G. J.: Wilms' tumor: past, present, future. J. Urol. 140 (1988) 231.

Nussbaum, A. R., J. P. Dost, R. D. Jeffs, J. P. Gearhart, R. C. Sanders. Ectopic ureter and ureterocele: their varied sonographic manifestations. Radiology 159 (1986) 227.

Patriquin, H. B., S. O'Regan. Medullary sponge kidney in childhood. Amer. J. Radiol. 145 (1985) 315.

Reiman, T. H., M. J. Siegel, G. D. Shackelford: Wilms' tumor in children: abdominal CT and US evaluation. Radiology 160 (1986) 501.

Rosenbaum, D. M., E. Korngold, R. Littlewood-Teele: Sonographic assessment of renal length in children. Amer. J. Radiol. 142 (1984) 467.

Schneider, K., C. Jablonski, M. Wiessner, M. Kohn, F. Fendel: Screening for vesicoureteral reflux in children using real-time sonography. Pediat. Radiol. 14 (1984) 400.

Vinocur, L., T. L. Slovis, A. D. Perlmutter, F. B. Watts jr., C.-H. Chang: Follow-up studies of multicystic dysplastic kidneys. Radiology 167 (1988) 311.

Wood, B. P., T. Ben-Ami, R. L. Teele, R. Rabinowitz: Uretrovesical obstruction and megaloureter: diagnosis by real-time US. Radiology 156 (1985) 79.

Worthington, J. L., G. D. Shackelford, B. R. Cole, E. D. Tack, J. M. Kissane: Sonographically detectable cysts in polycystic kidney disease in newborn and young infants. Pediat. Radiol. 18 (1988) 287.

10 Nebennieren

Alanen, A., M. Kormano: Real time sonographic diagnosis of adrenal haemorrhage. Europ. J. Radiol. 4 (1984) 210.

Bolkenius, M., U. H. Heinrich, R. Daum: Tumoren der Nebenniere im Kindesalter. Chirurg 55 (1984) 569.

Cohen, E. K., A. Daneman, D. A. Stringer: Focal adrenal hemorrhage: a new US appearance. Radiology 161 (1986) 631.

Enriquez, G., J. Lucaya, P. Dominguez: Sonographic diagnosis of adrenal hemorrhage in patients with fulminant meningococcal septicaemia. Acta paediat. scand. 79 (1990) 1255.

Hendry, G. M. A.: Cystic neuroblastoma of the adrenal gland – a potential source of error in ultrasonic diagnosis. Pediat. Radiol. 12 (1982) 204.

Mittelstaedt, C. A., F. M. Vollberg, D. F. Merten: The sonographic diagnosis of neonatal adrenal hemorrhage. Radiology 131 (1979) 453.

Pery, M., J. K. Kaftori, J. A. Bar-Maor: Sonography for diagnosis and follow-up of neonatal adrenal hemorrhage. J. clin. Ultrasound 9 (1981) 397.

Schröder, C., A. Quirin, H.-C. Oppermann: Zystische Raumforderung am oberen Nierenpol eines Neugeborenen. Mschr. Kinderheilk. 139 (1991) 632.

Winkler, P., T. Abel, K. Helmke: Neue Zeichen der echographischen Identifikation der Nebennieren bei Kindern und Jugendlichen. Fortschr. Röntgenstr. 148 (1988) 150.

Yeh, H. Ch.: Sonography of the adrenal glands: normal glands and small masses. Amer. J. Roentgenol. 135 (1980) 1167.

11 Genitale

André, C., B. Le Bihan: Pelvic echography. In: Kalifa, G. (ed.): Pediatric Ultrasonography, p. 208. Springer, Berlin–Heidelberg 1986.

Atkinson, G. O. jr., L. E. Patrick, T. I. Ball jr., C. A. Stephenson, B. H. Broecker, J. R. Woodard: The normal and abnormal scrotum in children: evaluation with color doppler sonography. Amer. J. Radiol. 158 (1992) 613.

Babcock, D. S., B. K. Hann: the pediatric pelvis. Clin. Diagn. Ultrasound 15 (1984).

Benson, C. B., P. M. Doubilet, J. P. Richie: Sonography of the male genital tract. Amer. J. Radiol. 153 (189) 705.

Bird, K., A. T. Rosenfield, K. J. W. Taylor: Ultrasonography and testicular torsion. Radiology 147 (1983) 527.

Bundscherer, F., F. H. Deeg: Die sonographische Beurteilung der Uterusentwicklung im Kindesalter. Mschr. Kinderheilk. 136 (1988) 246.

Ehren, I. M., G. H. Mahour, H. Isaacs: Benign and malignant ovarian tumors in children and adolescents. Amer. J. Surg. 147 (1984) 339.

Frey, P., C. H. Fliegel, C. Herzog: Testicular tumors in infancy and childhood. – A review of 10 germ cell tumors and 10 non germ cell tumors. Z. Kinderchir. 45 (1990) 229.

Friedland, G. W., P. Chang: The role of imaging in the management of the impalpable undescended testis. Amer. J. Radiol. 151 (1988) 1107.

Goeffray, A., D. Couanet, J. P. Montagne, J. Leclere, F. Flamant: Ultrasonography and computed tomography for diagnosis and follow up of pelvic rhabdomyosarcomas in children. Pediat. Radiol. 17 (1987) 132.

Haber, H. P., E. I. Mayer: ultrasound evaluation of uterine and ovarian size from birth to puberty. Pediatr. Radiol. 24 (1994) 11.

Ivarsson, S. A., K. O. Nilsson, P. H. Persson: Ultrasonography of the pelvic organs in prepubertal and postpubertal girls. Arch. Dis. Childh. 58 (1983) 352.

Kaplan, S. A.: Clinical pediatric and adolescent endocrinology, pp. 307–308. Saunders, Philadelphia 1982.

Luker, G. D., M. J. Siegel: Pediatric testicular tumors: evaluation with grey scale and color doppler US. Radiology 191 (1994) 561.

Nussbaum, A. R., R. C. Sanders, M. D. Jones: Neonatal uterine morphology as seen on real time ultrasound. Radiology 160 (1986) 641.

Nussbaum, A. R., R. C. Sanders, R. M. Benator, J. A. Haller, D. L. Dutgeon: Spontaneous resolution of neonatal ovarian cysts. Amer. J. Radiol. 148 (1987) 175.

Pelzer, V.: Die ultrasonographische Beurteilung des normalen und gestörten inneren Genitale beim Mädchen mit besonderer Berücksichtigung neuer Diagnostik und Therapie. Habil.-Schrift, Heinrich-Heine-Universität, Düsseldorf 1990.

Salardi, S., L. F. Orsini, E. Cacciari, L. Bovicelli, P. Tassoni, A. Reggiani: Pelvic ultrasonography in premenarcheal girls: relation to puberty and the hormone concentrations. Arch. Dis. Childh. 60 (1985) 120.

Surratt, J. T., M. J. Siegel: Imaging of pediatric ovarian masses. Radiographics 11 (1991) 553.

Zoeler, G., R. H. Ringert: Color coded duplex sonography for diagnosis of testicular torsion. J. Urol. 146 (1991) 1288.

12 Abdomen

Barr, L. L., C. K. Hayden jr., S. D. Stansberry, L. E. Swischuk: Enteric duplication cysts in children: are their ultrasonographic wall characteristics diagnostic? Pediat. Radiol. 20 (1990) 326.

Bisset, R. A. L., S. C. Gupta: Hypertrophic pyloric stenosis, ultrasonic appearances in a small baby. Pediat. Radiol. 18 (1988) 405.

Blumhagen, J. D., L. Maclin, D. Krauter, D. M. Rosenbaum, E. Weinberger: Sonographic diagnosis of hypertrophic pyloric stenosis. Amer. J. Radiol. 150 (1988) 1367.

Blumhagen, J. D., H. G. S. Noble: Muscle thickness in hypertrophic pyloric stenosis: sonographic determination. Amer. J. Radiol. 140 (1983) 221–223.

Blumhagen, J. D., B. J. Wood, D. M. Rosenbaum: Sonographic evaluation of abdominal lymphangiomas in children. J. Ultrasound Med. 6 (1987) 487.

Bowen, A.: The vomiting infant: recent advances and unsettled issues in imaging. Radiol. Clin. N. Amer. 26 (1988) 377.

Dinkel, E., M. Dittrich, H. Peters: Real time ultrasound in Crohns disease: characteristic features and clinical implications. Pediat. Radiol. 16 (1986) 8.

Fisher, M. F., B. D. Fletcher, B. B. Dahms: Abdominal lipoblastomatosis: radiographic, echographic and computed tomographic findings. Radiology 138 (81) 593.

Gomes, H., B. Menanteau: Gastro-esophageal reflux: comparative study between sonography and pH monitoring. Pediat. Radiol. 21 (1991) 168.

Hayden, C. K., J. Kuchelmeister, T. S. Lipscomb: Sonography of acute appendicitis in childhood: perforation versus non-perforation. J. Ultrasound Med. 11 (1992) 209.

Hirsch, W., R. Kedar, U. Preiß: Color doppler in the diagnosis of the gastroesophageal reflux in children: comparison with pH-measurements and B-mode ultrasound. Pediat. Radiol. 26 (1996) 232.

Hornback, N. B., H. Shidnia: Rhabdomyosarcoma in the pediatric age group. Amer. J. Radiol. 126 (1976) 542.

Jackson, G. H., V. S. Yiu-Chiu, W. L. Smith, L. C. Chiu: Sonography of combined esophageal and duodenal atresia. J. Ultrasound Med. 2 (1983) 473.

Jeffrey, R. B., F. C. Laing, R. R. Townsend: Acute appendicitis: sonographic criteria based on 250 cases. Radiology 167 (1988) 327.

Kao, S. C. S., W. L. Smith, M. M. Abu-Yousef: Acute appendicitis in children: sonographic findings. Amer. J. Radiol. 153 (1989) 375.

O'Keeffe, F. N., S. D. Stansberry, L. E. Swischuk, C. K. Hayden jr.: Antropyloric muscle thickness at US in infants: what is normal? Radiology 178 (1991) 827–830.

Loyer, E., Eggli, K. D.: Sonographic evaluation of superior mesenteric vascular relationship in malrotation. Pediat. Radiol. 19 (1989) 173.

Meckler, U., P. Herzog: Sonographischer Darmwandaufbau – Bedeutung für die Diagnose entzündlicher Darmerkrankungen. Ultraschall 10 (1989) 152.

Riebel, T., R. Bassir, K. Weber: US-guided hydrostatic reduction of intussusception in children. Radiology 188 (1993) 513.

Sommer, B., W. Stäblein, H. Kaufmann: Die Bedeutung der Ultraschalldiagnostik bei der Diagnose der kindlichen Invagination. Chir. Prax. 36 (1986) 299.

Staudt, R., E. Struck, K. Keller: Ultraschalldiagnostik bei Kindern mit Mesenterialcysten. Mschr. Kinderheilk. 131 (1983) 725.

Swischuk, L. E., C. K. Hayden, T. Boulden: Intussusception: indications for ultrasonography and an explanation of the doughnut and pseudo kidney signs. Pediat. Radiol. 15 (1985) 388.

Swischuk, L. E., S. D. Stansberry: Ultrasonographic detection of free peritoneal fluid in uncomplicated intussusception. Pediat. Radiol. 21 (1991) 350.

Teele, R. L., C. I. Henschke, D. Tapper: The radiographic and ultrasonographic evaluation of enteric duplication cysts. Pediat. Radiol. 10 (1980) 9.

Teele, R. L., J. C. Share: The abdominal mass in the neonate. Semin. Roentgenol. 23 (1988) 175.

Sachverzeichnis

B

C

D

E

F

G

H

I

J

K

L

M

N

O

P

R

T

U

V

W

Z